ロシア近現代と国際関係

歴史を学び、政治を読み解く

小田　健［著］

ミネルヴァ書房

はじめに

ロシアは世界の大国であり日本の隣国だが、ソ連崩壊後、日本におけるロシアへの関心は徐々に低下し、北方領土問題での強硬姿勢とテロ事件やシリア空爆など時々の血生臭い事件に限られるようになった。こうして生まれるロシア像はステレオタイプになりやすい。今のロシアを理解するには歴史を知る必要があるとの認識の下、複眼的視点を重視し、ロシア史全体に目配せしながら、その近現代史と現代ロシアの国際関係を描いてみた。

本書には筆者自身の経験・取材の結果も反映させた。筆者は一九八七年から一九九一年にかけて新聞社の特派員としてモスクワに駐在した。この時期はミハイル・ゴルバチョフ・ソ連共産党書記長が進めたペレストロイカ（立て直し）政策の後期にあたり、ソ連が改革努力の末、結局は崩壊するという現代世界史における重要な転換点だった。その後もモスクワを中心にロシア、ウクライナなど旧ソ連諸国を訪問し最新の動向を調べてきた。

ロシア像を描くにあたっては、地理的条件に焦点をあてることが重要だ。それはまず、アイデンティティをめぐる葛藤に作用している。どの国の歴史もその国民のアイデンティティの模索の歴史であると言える。自分は何者であり、他者とどう違い、どの道を歩むべきかという問いである。ロシアの場合、自分たちは欧州に属するのか、それともアジアか、そのどちらにも属さないのかが問われてきた。この命題がロシア史の底流に流れている。

自己アイデンティティをめぐる議論は、ロシアが近代化の時期を迎えた十九世紀に一段と顕著になった。スラブ主義と西欧主義という二大思想潮流が生まれ、西欧主義者は西欧に見習うべきだと主張、スラブ主義者はロシアの歴史に根ざした価値観を大切にした国づくりを求めた。日本における幕末の開国と攘夷の対立、明治以降の脱亜入欧をめぐる議論にも似ているが、息の長い論争だ。それはソ連崩壊後の新生ロシアの進路の動揺にも反映している。

ロシアは欧州とアジア、イスラム世界の中間に位置する。東スラブ族やスカンジナビア半島の民族バランジャン人（バイキング）が作ったロシア最初の国家、キエフ・ルーシの地はドイツやフランスなどからみると欧州の縁に位置し、その末裔が徐々に東へと進出、さらにロシアが十三世紀半ばから十五世紀後半にかけ約二百四十年間、モンゴル・タタール人の支配を受けたことでロシアは西側世界との関係を強く意識せざるをえなかった。

ロシア史は悲しい出来事の連続だと言う人がいる。確かに戦争、内乱、革命、粛清、権力闘争、飢饉といった災厄・混乱が相次ぎ、平和で安定した時期が少なく、多くの血が流れた。これもロシアの地理的位置が要件になっているのではないだろうか。なお今年（二〇一七年）はロシア革命（二月革命と十月革命）から百周年という節目にあたる。ロシア革命については第二章で取り上げた。

国境が海や険しい山で仕切られず、常に外から侵入を受けやすく、外部勢力と対峙しなければならなかった。南のステップ（温帯草原）からモンゴル・タタール人、西の欧州平原からは十七世紀初めにポーランド、十九世紀にナポレオン・ボナパルトのフランス、そして二十世紀にはアドルフ・ヒトラーのナチ・ドイツが攻め込んだ。このためロシアの統治者たちは緩衝地帯の獲得に積極的だった。その意識は現在、北大西洋条約機構（NATO）が加盟国を増やし東方、つまりロシアの国境に迫ってくることへの強い反発にも作用しているのかもしれない。

さらにロシアの国土の大半が寒冷地にあり不凍港がなかったという地理的条件が、通年で貿易ができて艦船を動かせる港への欲求の強さに現れているように思われる。ロシアはバルト海、黒海、太平洋といった海への出口を追い求めた。

ロシアの領土拡大の歩みをみると、モンゴル・タタール人やポーランドの侵入によって縮小した領土の回復や、十九世紀のポーランド分割などにみられるような帝国主義的行動もあるが、緩衝地帯と不凍港を確保したいとの意思が主な推進力の一つになっていたことは指摘できるだろう。

こうして、小さな国家だったキエフ・ルーシはモスクワ大公国を経てロシア帝国、さらにはソ連へと拡大した。その過程では当然、紛争を引き起こした。そしていったん拡大すると、広大さは防衛上の利点になった。厳しい冬の寒さも味方にしてロシア／ソ連は、奥深く入り込んできたナポレオン軍やナチ・ドイツ軍を疲弊させ、撃退することができた。その一方で、獲得した広大な土地には異民族も住むし、指摘したように敵が侵入しやすく、統治者は強い権力を保持し専制君主・独裁者となって強大な軍や治安機構を作り、内外の敵に立ち向かわざるを得なかった。

寒冷地が多いという地理的条件は農業に適した土地が少ないことも意味し、飢饉の頻発をもたらした。「動乱の時代」と呼ばれる十七世紀初めの飢饉では当時の人口の三分の一にあたる二百万人が餓死したといわれる。ヨシフ・スターリンが統治していた一九三〇年代初めの飢饉も悲惨だった。

ロシア史を論じるにあたっては、改革の試みとその失敗の連続の過程という切り口を用意することも面白いかもしれない。改革は十八世紀ピョートル大帝の西欧化の試みからソ連末期ゴルバチョフのペレストロイカに至り、新生ロシアの「ショック療法」と続き、今もその過程は続いている。

米国のソ連学者、ロバート・G・ウェッソンは著書『ソ連とは何か』で次のように書いた。

> ロシアはあまりにも巨大で、煩雑をきわめ、超越的な権威なしには分解する危険をはらんでいたため、過去数世紀にみられた西欧諸国のような、半封建的な法治国家にも、ましてや開放的な代議制国家にもなりえなかった。それにもかかわらず、西方から大いに学ぶために、相応の開放性と合理性を許容しないわけにはいかなかった。国力を増強するために、ある程度は西欧化せざるをえなかったものの、それを最後まで徹底させることもできなかったのである。
>
> （大朏人一訳、サイマル出版会、一九七〇年、二〇九～二一〇ページ）

ウェッソンが一九六九年にソ連外交について論じた著書の中の一節だ。ロシアの歴史を適確に表わしている。経済、政治、軍事、さらに外交を総合した今のロシアの地政学的地位を一言で表現するなら、西にも東にも属さないということになろう。この場合の西とは米欧諸国、東とは中国などアジアを意味する。ソ連崩壊後、ロシアは西側世界の一員になることをめざした。しかし米欧諸国はロシアを仲間として歓迎せず、ロシアも米欧諸国から距離を置いて歩んでいる。その一方で共産主義とは手を切った。中国との関係は極めて良好だが、同盟関係を樹立しようという意思は双方にみられない。

本書では「なぜ」という視点も大切にした。歴史を理解するには、それぞれの事象の内容、その発生時期を知ることは基本的に重要であるが、同時にそれがなぜ起きたのかを問う必要もあろう。スターリンがなぜ大粛清を実行したのか、なぜニキタ・フルシチョフはスターリン批判に踏み切ったのか、ゴルバチョフはなぜペレストロイカを開始し、なぜそれは成果をあげなかったのかといった疑問である。もちろん、誰もが同意する決まった答があるわけではないが、そうした問いに挑んでみた。

執筆時点でのロシアの基本情報と国家的課題を確認しておきたい。

最新の二〇一〇年の国勢調査によると、人口は一億四千百八十万人。世界で九番目に多い。民族としてのロシア人が八割を占め圧倒的に多く、次にタタール人 Tatars／татары が四％いる。民族の数は百をはるかに超える多民族国家だ。タタール人は十三世紀初めにチンギス・ハンの軍に参加、モンゴル人と一体化した民族である。

ロシア国民の宗教については、各種世論調査で数字には少しばらつきがあるが、正教徒が人口の四割、ついでイスラム教徒が一割、ほかにカトリック教徒、プロテスタント教徒、仏教徒などがいる。

面積は千七百十万キロ平方メートルで、世界の地表面積の一一・五％を占める。旧ソ連の面積の七六％だが、世界最大の国であることには変わりない。日本は三十七万七千キロ平方メートルだからロシアは日本の四十五倍の国土を誇る。ただし、広い面積の七五％は気象条件や地理的条件によって居住が難しい。

経済規模は世界で十位前後にある。国内総生産（GDP）は一九九〇年代に極端に不振で、ドル表示で一九九九年には二千億ドルを下回るまで落ち込んだ。しかし、二〇〇〇年代に入って石油価格の上昇に支えられ増加、二〇一〇年代には世界第十位以内に入るまで大きくなった。ただし、二〇一四年のウクライナ危機をきっかけにした通貨ルーブルの大幅下落で、ドル表示の名目GDPでみた位置は下がった。国民生活の豊かさは世界的には中位にある。

ロシア経済の特徴として、資源大国であることを指摘できる。原油、天然ガスに大きく依存しており、ソ連崩壊後ほぼ一貫して両部門がGDPの約三割を占める。その一方で、製造業は軍事産業とその関連部門を除いて総じて弱く、特にロシア製の消費製品は日本市場ではほとんど見当たらない。

今のロシアの政治体制をどう規定するかについては様々な議論がある。ロシアは共産主義国家ではないが、米欧流の民主主義国でないことも確かだ。「準強権国家」といった表現がふさわしいのかもしれない。

ロシアは国際政治の分野で大きな影響力を持つ。国連安全保障理事会の常任理事国である。多くの旧ソ連諸国をまとめあげる力も有し、独立国家共同体（CIS）、集団安全保障条約機構（CSTO）、ユーラシア経済同盟などを組織している。さらには旧ソ連圏以外の国も参加する上海協力機構（SCO）を中国と主導している。

ソ連から軍事大国としての地位を引き継いでいる。軍の効率化を進め、兵員数を徐々に減らし、二〇一〇年代には百万人以下に抑えた。しかし、その規模は世界的には五本の指に入る。米国と並ぶ核兵器保有大国であることもソ連時代と変わっていない。米国とロシアの二カ国で世界の核兵器（核弾頭）の九五％を保有している。

今のロシアが抱える基本的な国家課題としては、まず経済の多角化を指摘できる。経済の資源への依存度が高いために資源が枯渇すれば国は没落する。技術革新を進め産業基盤を強くする必要がある。だが同時に、多角化の必要とは矛盾するようだが、資源開発に力を入れなければならない。原油、天然ガスの生産の減少は経済の弱体化に直結する。地域的には過疎化の進む極東地方の開発が喫緊の課題だ。

日本と同様、人口減少と老齢化への対応も極めて重要だ。ロシアでは二〇一〇年代に入って人口減少に歯止めがかかったと言われ始めたが、自然減の傾向は中長期的には変わらないとみられている。労働人口や若年人口の減少で徴兵制度の維持、年金制度改革が待ったなしの課題になっている。

民族宥和の維持という課題もある。ロシアは多民族国家であることは指摘したが、実はムスリム（イスラム教徒）が千四百万人を超えるムスリム大国でもある。彼らは独立・自立意識の強いタタルスタンや北コーカサス地方に多い。さらにロシアは旧ソ連の中央アジア諸国からの非合法滞在者を含め多数の移民労働者をかかえる。

政治の分野では民主化がある。ボリス・エリツィンを含め歴代大統領が民主主義国家の看板を取り下げようとしたことはない。だが、政権側に有利な選挙のあり方、デモや集会に対する規制、民間団体の活動規制など民主化に逆行する動きがみられる。

日本との関係では北方領土問題の解決をロシアの国家課題として挙げておきたい。

執筆にあたってはやさしい表現を心がけ、アネクドート（ロシアのジョーク）や逸話も加えた。重要な用語には英語とロシア語の表記も付け加えた。また、ソ連崩壊後に明らかにされた各国の公文書、指導者たちの回顧録など最新の著書、資料、記事に目配せしたつもりである。本書を読めばロシア史全体を見渡せる。少しでもロシアの理解に役に立てれば幸いである。また、出版にあたってはミネルヴァ書房編集部の大木雄太氏に細部に至るまで目を配っていただいた。改めてお礼申し上げる。

二〇一二年からは秋田市にある国際教養大学でロシア近現代史の講義を担当し、改めてロシアについて考える機会を得た。初代理事長・学長であり恩師の故中嶋嶺雄先生に感謝したい。

二〇一七年七月

小田　健

ロシア近現代と国際関係——歴史を学び、政治を読み解く

目次

はじめに

第Ⅰ部　ロシア国家の起源から現代まで

関係地図
北極海
ノルウェー
スウェーデン
フィンランド
バレンツ海
ムルマンスク
カラ海
ベーリング海
サンクトペテルブルグ
ベラルーシ
ウクライナ
モスクワ
ボロネジ
ボルガ川
カザン
ドン川
黒海
クラスノダール
エカテリンブルグ
オビ川
エニセイ川
ノリリスク
ロシア
レナ川
ヤクーツク
マガダン
オホーツク海
アムール川
ハバロフスク
日本
ノボシビルスク
イルクーツク
バイカル湖
中国
ウラジオストク
モンゴル
カザフスタン
ウズベキスタン
カスピ海

第Ⅰ部

ロシア国家の起源から現代まで

第1章

古代国家、帝国、そして革命への道

キエフ・ルーシの興亡

ロシア人の先祖が歴史に最初に登場する地域は黒海の北側のステップ地帯（現在のロシア欧州部やウクライナ）である。この地には紀元前から様々な民族が往来、居住した。まず紀元前に中央アジアからスキタイ族 Scythians / **скиры**、サルマチア族 Sarmatians / **сарматы**、紀元後は北西からゴート族 Goths / **готы**、東からフン族 Huns / **гунны**、アバール族 Avars / **авары**、さらにはハザール族（カザール族とも言う）Khazars / **хазары** といった遊牧民族が次々と現れ、支配体制を築き、そしてやがてその勢力は衰えた。スキタイ族とサルマチア族は遊牧民族で、両民族とも言語、文化の面でペルシャと関係が深い。スキタイ族は金の細工の才能があったことでも知られる。ゴート族はゲルマン民族の一部族。ハザール族はフン族やアバール族同様、チュルク語系 Turkish languages の民族（日本ではチュルクとトルコを使い分けることが多いが、元は同じ）。八世紀から九世紀にかけユダヤ教を採用した。

スラブ族に属するロシア人の祖先がこの地と関わり始めた経緯の詳細は定かではないが、欧州では四世紀から中世初期にかけ民族の大移動 Migration of the Nations が起き、スラブ族もその一環で移動した。この時の大移動でその後の欧州の民族配置の基本ができあがった。民族移動の理由としては、ローマ帝国の富をめざしたとか、気候の寒冷化、人口増などが指摘されている。

スラブ族は六世紀半ばにはカルパチア山脈（ポーランド南部、スロバキア、ウクライナ西部、ルーマニア北部から西部に至る山脈）の一帯に居住していたが、七世紀から九世紀にかけ三方向に移動した。西スラブ族（チェコ人、スロバキア人、ポーランド人の祖先）がエルベ川、オーデル川、ビストラ川の周辺に、南スラブ族（セルビア人、クロアチア人、スロベニア人、ブルガリア人の祖先）がバルカン半島に、そして東スラブ族（ロシア人、ウクライナ人、ベラルーシ人の祖先）がドニエプル川、ボルガ川、イリメン湖、ペイプス湖の周辺にそれぞれ移動した。これがスラブ族の移動について有力視されている説明である。

スラブ族とはインド・ヨーロッパ語系の諸言語に属する特徴の似た言語を話す集団を指す。身体的特徴が同じであるとは限らない。スラブ人 Slavs / **славяне** という民族を指す言葉の語源についてはいくつか説があり定まらないが、その一つはスローボ **слово**（今のロシア語では言葉、単語を意味する）に由来するという説がある。ほかに名誉や栄光を意味するスラバー **слава** が語源だとか、川の名前が語源であるといった説も有力だ。

スラブ族の中の東スラブ族が七世紀には黒海の北側の地域で多数派民族として定住していたことははっきりしており、九世紀に国としてまとまり、キエフ・ルーシ Kievan Rus / **Киевская русь** という国家が成立した。だが、その建国の経緯はあいまいで、学者間で論争が展開されている。

キエフ・ルーシの起源について最初に有力な説として流布したのは、スカンジナビア半島の民族、バランジャン人 Varangians / Varyags / **Варяги**（バイキング Vikings とも言う）による建国説。ノルマン（北方民族）説と言われる。その論拠は十二世紀までに修道士たちが言い伝えや記録を編纂した『原初年代記 *Primary Chronicle* / *Повесть временных лет*（『過ぎし歳月の物語』とも訳されている）』の記述。この年代記は日本で言えば『古事記』や『日本書紀』に類する歴史書だ。

『原初年代記』は、東スラブ族の人々は互いの争いに飽き、バランジャン人に対し「われわれの土地は広く豊

ロシア史区分

［Ⅰ］ロシア最初の国家キエフ・ルーシから現在のロシア連邦までロシア史は国名の変遷を基軸に7つに区分することができる。	
1	**キエフ・ルーシ：882～1240年** キエフ・ルーシは882年にオレグ公によってキエフを中心にドニエプル川周辺につくられた国家。12世紀に入り内部対立で分裂，さらに1240年にモンゴル人の支配下に入り，崩壊した。
2	**モンゴル・タタール支配とモスクワ大公国：1240～1547年** キエフ・ルーシが凋落した後，バラバラになったリューリク系の諸公国の中からモスクワ大公国が台頭，1480年にイワン3世がモンゴル・タタール人による支配に終止符を打った。1547年にイワン4世（雷帝）が大公の称号に代わってツァーリ（皇帝）を名乗り，ロシア・ツァーリ国が始まった。
3	**ロシア・ツァーリ国：1547～1721年** イワン4世が1547年にツァーリ就任を宣言してロシア・ツァーリ国が発足，1721年にピョートル大帝（1世）がロシア帝国の樹立を宣言するまで続いた。首都は1712年までモスクワ大公国時代と同じモスクワだったが，同年，ピョートル大帝がサンクトペテルブルグに移した。
4	**ロシア帝国：1721～1917年3月** ピョートル大帝が樹立を宣言したロシア帝国は1917年の2月革命によってニコライ2世が退位するまで続いた。彼がロマノフ王朝最後の皇帝。
5	**「二重権力」，ロシア共和国，ソビエト・ロシア：1917年3月～1922年12月** ニコライ2世が退位するとすぐに国家ドゥーマ（国会）有志が臨時政府を作ったが，同時に左派系の政党を中心に労働者，兵士，農民が「ソビエト」を組織した。この2つの組織が互いに牽制しながら10月革命までロシアを統治した。これが二重権力の時代。この間，臨時政府は9月14日にロシア共和国を宣言した。 10月革命で二重権力とロシア共和国が消滅，その後，国名は定まらなかったが，1918年7月19日に新憲法が発効し，ロシア社会主義連邦ソビエト共和国が正式国名となった（この名称は1936年のソ連憲法で「社会主義」と「ソビエト」の順番が入れ替わり「ロシア・ソビエト連邦社会主義共和国」となった）。 首都は1918年3月にペトログラード（1914年にサンクトペテルブルグを改称）からモスクワに移転。
6	**ソ連：1922年12月～1991年12月** 1922年12月30日にはロシアはウクライナ，外コーカサス，ベラルーシにあった名目的なそれぞれのソビエト共和国と一緒にソビエト社会主義共和国連邦（ソ連）を結成した。その後，中央アジアの行政区分の改編，さらに1940年にはバルト三国とベッサラビア（モルドバ）が編入され，ソ連は16の共和国から構成されるようになった。1956年にカレリアが連邦構成共和国から格下げされ，15共和国体制になり，それが1991年12月26日まで続いた。
7	**ロシア連邦：1991年12月～現在** ソ連を構成していた15の共和国がそれぞれ独立国となり，その中で最大の面積，人口を持つロシア・ソビエト連邦社会主義共和国はロシアへと名前を変え，今日に至る。
［Ⅱ］王朝の変遷からみた区分	
1	**リューリク王朝：862～1598年** 12世紀に編纂された年代記によると，キエフ・ルーシが建国される前，スカンジナビアからやってきたバランジャン人のリューリクが862年にノブゴロドに国家を作った。これがリューリク王朝の始まり。リューリク王朝はモンゴル・タタール支配（1240～1480年）を生き残ったが，1598年に皇帝ヒョードルに息子がいなかったことから血筋の異なるボリス・ゴドノフが新皇帝に就任し，リューリク王朝は終焉した。
2	**動乱の時代：1598～1613年** ゴドノフの皇帝就任で言わばゴドノフ王朝が始まったのだが，後継者が暗殺され，2代で終了，新たに1613年にミハイル・ロマノフが皇帝に就任した。この15年は後継者問題のほか，飢饉，ポーランド・リトアニア共同体による攻撃を受け，社会が混乱し，「動乱の時代」と呼ばれる。
3	**ロマノフ王朝：1613～1917年** ミハイル・ロマノフから1917年3月の革命でニコライ2世が廃位するまで続いた。10月革命はロマノフ王朝の終焉後に起きた。

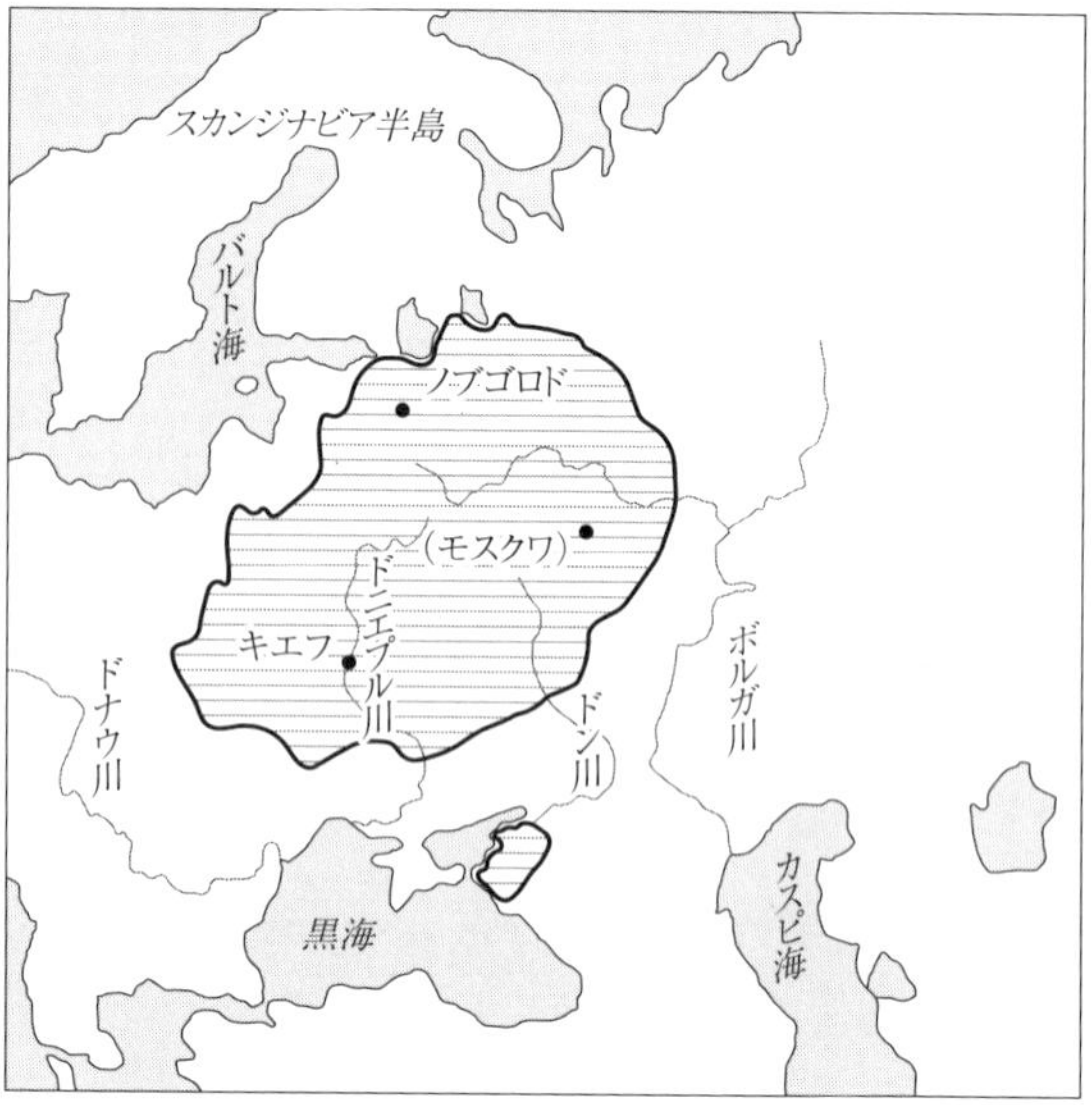

10〜11世紀のキエフ・ルーシ（太線で囲った領域）

かだが秩序がない。われわれのところにやってきて、公として治めてほしい」と求め、バランジャン人のリューリク Rurik or Riurik / Рюрик と彼の二人の弟を呼んで統治してもらうことにしたと記述している。彼らバランジャン人が*ルーシ Rus / Русь と言われる民族であるとも書いている。要請に基づき八六二年にバランジャン人の公、リューリクが当時の主要都市ノブゴロドを支配した。リューリクの死後に親戚のオレグ Oleg / Олег が南に進みキエフに移り、八八二年にキエフを首都にした。これがキエフ・ルーシの始まりとされる。

だが、この記述は信用できないとの反論がある。特にソ連時代の歴史学者の間では、ルーシと呼ばれた人たちがバランジャン人であるとの説に強い異論があった。この年代記はキエフ・ルーシの成立後に書かれており、リューリクの支配を正当化する目的を有していたとか、年代記述があいまいで不正確である、あるいは**ロシア語の中にバランジャン人の言葉がほとんど存在せず文化的影響が薄いことなどを問題視した。彼らによると、ルーシと呼ばれる人たちは東スラブ族である。これを東スラブ族説という。

誰が東スラブ族最初の国家、キエフ・ルーシを建国したのか。そもそもルーシと呼ばれる民族は何者なのか、バランジャン人であるのか、東スラブ族なのか、それとも複数の民族の集団だったのか。また果たしてリューリクなる人物は実在したのかどうか。こうしたロシア国家の起源に関する重大な問題は決着していないが、年代記などの文書のほかに考古学、言語学の分析などを総合した結果として、九世紀にノブゴロドに政治的にまとまった国家的組織が台頭、それが同じ世紀中にドニエプル川中流の流域に移動し、キエフ・ルーシという国家が成立したことは定説になっている。

ルーシの正体をめぐる論争は今後も続くだろうが、キエフ・ルーシの支配層の中にバランジャン人がいたことでは多くの研究者は一致する。バランジャン人はキエフ・ルーシができた九世紀末から十世紀初めに突然この地に現れたのではなく、スカンジナビア半島から東ローマ帝国（ビザンチン帝国）に抜ける交易ルートをすでに往来しており、東スラブ族と一定の共存関係にあった。また、住民の大多数は東スラブ族であり、バランジャン人が現地化していったであろうことを考えると、キエフ・ルーシが東スラブ族の国家であったことは間違いないだろう。つまり、現代のロシア、ベラルーシ、ウクライナの国家としての起源をさかのぼるとキエフ・ルーシにたどり着く。なお、キエフ・ルーシという呼称は十九世紀前半に使われ始めたと言われる。

＊ルーシ……ルーシという言葉は、民族名を指すとともに土地の名前でもある。現代のロシアの辞書や百科事典では、「九世紀にドニエプル川中流流域に成立した東スラブ族の国家的組織の名称で、キエフ・ルーシ全域に広がっていた」とか、「十二世紀から十三世紀においては古代ロシアの土地と公国の名称」などと説明されている（例えば『大百科辞書 *Большой Энциклопедический словарь*』）。ルーシは十五世紀から十六世紀にかけてロシア **Россия**（ロシア語の発音はラシーア）へ形を変えて使われ始め、ロシアという表現がその後定着した。なお、ロシア語にはロシア人を意味する単語にルースキー **русский**（女性は **русская**、複数形は **русские**）とラシヤーニン **россиянин**（女性は **россиянка**、複数形は **россияне**）がある。前者は民族としてのロシア人、後者は国民（国籍を持つ市民）としてのロシア人という意味合いが強い。日本語や英語にはそうしたニュアンスの違いを示す対応する単語はなく、単にロシア人 Russian と表現している。ロシア語は **русский язык**（ルースキー・イズィーク）であり、**российский язык**（ラシースキー・イ

ズィーク）ではない。

＊＊ロシア語……ロシア語の祖先はインド・ヨーロッパ祖語 Proto-Indo-European（PIE）。この祖語がどの地域にいつ頃生じたかについては、学界ではステップ説とアナトリア説に分かれ、考古学、ＤＮＡ分析などを総動員して論議が続いている。ステップ説によると、この祖語は約六千年前に黒海の北のステップ地帯にいた牧畜民が使用していた。アナトリア説によると、約八千年前にアナトリア（今のトルコ）に住んでいた農民が使用していた。[1] いずれにせよ、インド・ヨーロッパ祖語がその後分岐し、西に拡散して今の大半の欧州諸国の言語に、東に拡散してインドやイランなどの言語に変わっていった。欧州に拡散した言語体系の一つがバルト・スラビック祖語。これがラトビア語などのバルト系言語やスラブ系言語に分かれ、スラブ系言語がさらに東、西、南へと分かれた。ロシア語はこの中の東スラブ系言語に入る。東スラブ系言語にはほかにウクライナ語、ベラルーシ語がある。

（本文中に出てくる用語、表記の短い解説を各項毎に「追加のひとこと」として＊印を付けて記した）

ウラジーミル公の洗礼

一般的にキエフ・ルーシはモンゴル・タタール人の支配下に入った一二四〇年まで続いたとされる。その間、最も重要な出来事の一つに九八八年のウラジーミル公によるキリスト教化がある。これがロシアのアイデンティティ形成の柱になった。

キエフ・ルーシにキリスト教が伝わったのは九世紀で、ウラジーミル公の治世前にもキリスト教信者はいたが、ウラジーミル公がビザンチン帝国の首都だったコンスタンチノープル（現在のイスタンブール）の総主教の布教を受け入れ、九八八年に自ら洗礼を受け、その後、家族や家臣らに改宗を進め、キリスト教化が進んだ。それまではスラブ民族に伝統的な様々な神が信仰されていた。

ウラジーミル公が洗礼を受けた場所が当時、キリスト教布教の拠点があったクリミア半島のチェルソネソス Chersonesos。ウクライナ語とロシア語ではヘルソネス Херсонес。紀元前からあったギリシャ人の植民地だ。二〇一四年三月十八日、ロシアのウラジーミル・プーチン大統領はウクライナ領土の一部だったクリミア半島をロシアに編入すると宣言した演説で次のように述べ、併合を正当化した。

クリミアのすべてがわれわれと歴史と誇りを共有していることを物語っている。そこにはウラジーミル公が洗礼を受けた古代のヘルソネスがある。彼が正教を採用するという精神的偉業を成したことが、ロシア、ウクライナ、ベラルーシの人たちをつなぐ文化、文明、人間的価値の基礎を形成した。(2)

プーチン大統領が強調したように、ロシアではルーシがキリスト教を採用したことがロシア、ウクライナ、ベラルーシといった東スラブ族からなる「ルースキーの世界 **русский мир**」を形成する大きな要因になったと考えられている。

キリスト教会は一〇五四年に東西に分裂する（「大分裂 Great Schism」と言われる）。この場合の東とはコンスタンチノープルの総主教が管轄するキリスト教会、西はローマの教皇（法王とも言う）が管轄するキリスト教会で、教義解釈や典礼などの違いによる対立がそれ以前から進行していた。東の教会は東方正教会 Eastern Orthodox Church、あるいは単に正教会 Orthodox Church などと呼ばれ、西はローマ・カトリック教会 Roman Catholic Church、あるいは単にカトリック教会 Catholic Church という。

大分裂後はキエフ・ルーシのキリスト教会は東方正教会に属した。この意義も大きい。ロシアの西欧社会との知的、文化的交流が近代に至るまで少なかった要因の一つともいわれる。正教の特徴としては、個人の救済でなく集団の救済を重視していること、独特の外観へのこだわりを持つことが挙げられる。それが教会の建物、装飾、イコンなどに反映されている。また禁欲主義も特徴の一つだ。

現在、世界各地にそれぞれが独立して運営されている正教会があり、ロシアの正教会はロシア正教会 Russian

Orthodox Church / Русская православная церковь で、首座は「モスクワ及び全ロシア総主教 Patriarch of Moscow and All Russia / Святейший Патриарх Московский и всея Руси」という。日本には日本正教会がある。

ロシア正教会はその後、十七世紀後半にニコン総主教が儀礼の改定に乗り出したことを機に分裂するという大変動を経験する。ニコンはロシアの典礼、経典が独自の発展を遂げて言わば本場のギリシャからかけ離れている部分があることを問題視して、一六五〇年代から一六六〇年代にかけ儀礼の改定に乗り出した。当時のロシア・ツァーリ国のアレクセイ一世もこれを後押しした。アレクセイ一世はビザンチウムの後継者を自任、東方正教の守護者としてロシアとギリシャの儀礼の統一をめざした。小ロシアと言われたウクライナなどロシア周辺の地ではギリシャの儀礼が浸透しており、アレクセイ一世は宗教の面でも支配力を強めるため儀礼の統一を推し進めた。ニコンにも小ロシアの信者を取り込む意図があったのかもしれない。

しかし、この改革に強く反対する信者も多かった。彼らは古い儀式を固守する人たちという意味で後に*古儀式派、あるいは旧信者と呼ばれるようになった。正教会主流派は彼らに異端の烙印を押し、皇帝も重税を課し、さらに追放、投獄、拷問、処刑で迫害した。このため、今のリトアニアやロシアのシベリアや極東地方といった遠隔地、さらには外国に逃亡する信者も多かった。現在、ロシアの古儀式派人口は二百万人を超えると言われる。外国ではバルト三国、ルーマニア、米国、カナダなどに古儀式派の人たちの集落がある。

***古儀式派**……ロシア語では一般的にスタロオブリャーツィ **старообрядцы** = 複数形、英語は Old Ritualists。古儀式派の信者を旧信者（スタロベールィ **староверы**、英語では Old Believers）と呼ぶこともある（スタロオブリャーツィとスタロベールィを厳格に分けて使う人もいる）。ロシア正教会は彼らを批判の意味を込めて分離派（ラスコーリニキ **раскольники**）と呼んでいた。フョードル・ドストエフスキーの小説『罪と罰』の主人公、ラスコーリニコフという名前はラスコーリニキに由来する。

ロシア正教会との典礼の違いの一つが十字を描く際の指の形。ロシア正教会は十字を描く際、親指、人差指、中指の三本の指をくっつけ、薬指と小指を折り曲げる。三本の指は三位一体を象徴する。一方、古儀式派は人差指をまっすぐに伸ばし、中指を少しだけ曲げ、薬指と小指は折り曲げ、二本指で十字を描き、「イスス（イエスのこと）の祈り」と言われる短い言葉を唱える。

古儀式派は皇帝やロシア正教会を「アンチキリスト」とみなし、帝政に対する反抗心や憎悪が強く、一九〇五年革命、一九一七年二月革命を資金面などで支え、臨時政府の誕生を歓迎した。彼らはロシアの工業化が始まった十九世紀に商工業で才覚を表わし、資金力を備えていた。さらに十月革命の主役であるボリシェビキに対しても援助を与えていたことが分かっている。古儀式派の出身者でボリシェビキの幹部となった人も多い。古儀式派の研究で知られる下斗米伸夫は、古儀式派がロシア革命全体に大きな影響を与えたと指摘する。(3) ただし、革命後のソビエト政権下では、彼らは宗教弾圧の一環で苦しんだ（ロシア革命については、第２章を参照のこと）。

モンゴル・タタール支配

キエフ・ルーシは一一〇〇年頃から衰退、十を超える公国が分立する状態に陥った。キエフの政治経済的、文化的地位は衰退していくが、それでもキエフはまだルーシの国の中心とみなされていた。十三世紀に入るとモンゴル・タタール人が南方から襲来、諸公国の多くが一二四〇年までに次々とその支配下に入った。

今のロシア、ウクライナ、カザフスタン、モルドバ一帯を支配下に置いたのは、チンギス・ハンの孫のバトゥ・ハンで、彼が築いた汗国（ハン国）khanate / **ханство** を黄金軍団 Golden Horde / **Золотая орда** と言う。汗国とはユーラシア・ステップのモンゴル・タタール人やトルコ人など遊牧民族の首長である汗が支配した国を指す。

黄金軍団の汗国は広大なモンゴル帝国の北西部に位置した。彼らのテントの色が黄色だったことに由来する呼び名だとも言われる。別名キプチャク汗国 Kipchak Khanate、あるいはジョチ・ウルス Ulus of Jochi。首都的存在だった都市はボルガ川の下流のサライ・バトゥで現在のロシア・アストラハン州にあった。

九世紀末から続いたキエフ・ルーシは黄金軍団に制圧され、十三世紀前半までの三百五十年あまりで終わりを迎えた。なお、キエフ・ルーシはロシア史では「古代ロシア国家 Ancient Russian State / Древнерусское государство」と呼ばれる。欧州の一般的な時代区分では中世国家のはずだが、ロシアではモンゴル人による支配の前を「古代」と表現している。

モンゴル・タタール人によるロシア支配は一般的に単にモンゴルのくびき、あるいはモンゴル・タタールのくびき Mongol-Tatar Yoke / Монголо-татарское иго とも言われる。タタール人は日本では韃靼《だったん》とも呼ばれ、彼らの祖先は七世紀までにボルガ川の中流一帯のステップにいたブルガル族 Bulgars であるというのが定説。それ以前については諸説あるが、五世紀にモンゴリア北東部からバイカル湖にかけて居住していたチュルク語系の遊牧民族とも言う。のちにモンゴル人の支配下に入り、融合した。またロシアやハンガリーに侵入したモンゴル人を欧州ではタタール人と呼んだこともあり、タタール人の定義は難しい。現在、ロシアでタタール人が多く住む地方はタタルスタン共和国で、人口の五三％を占める。タタール人の多くはイスラム教徒である。

モンゴル・タタール人による支配は間接統治に近く、脅威を受けない限りスラブ人の内部問題には干渉せず、宗教的にも寛大だった。モンゴル・タタール人とロシアの諸公国は共生 symbiosis / симбиоз の関係にあったと言う人もいる。黄金軍団は十四世紀末にはカザンやアストラハンなどの汗国に分裂するが、そのロシア支配は十五世紀後半まで約二百四十年間続いた。

モンゴル・タタール人の支配がロシアの進路にどのような影響を与えたかについて様々な見解がある。来襲で多くの人が殺されたし、ロシアをほかのヨーロッパから隔絶して、産業、技術、さらには文化の水準が低下したとも言われる。その後の経済の後進性の元凶だとか、ロシアの政治が伝統的に専制になってしまった要因だとも言う。その一方で、ばらばらで国としてまとまりを失っていたキエフ・ルーシの中からモスクワ公国（のちモスクワ大公国 Grand Duchy of Moscow / Великое княжество Московское）の台頭を促し、ロシアが国としての結束を取り戻すきっかけになったとの前向きの評価もある。公国の統治機構を弱める一方でロシア正教会を保護、正教会が権威ある存在として社会に定着することも促した。いずれにせよ、政治、経済、宗教、文化、言語の面で様々な影響を与えた。

現代のロシア語にモンゴル・タタール支配を物語る言葉が数多く残っている。例えば、アンバール амбар（納屋）、バザール базар（市場）、デェーニギ деньги（通貨）、ローシャチ лошадь（馬）、タモージニャ таможня（税関）、ヤム ям（駅場）などを挙げることができる。ところで、彼らの末裔のタタール人が多く住むタタルスタンではチンギス・ハンは征服者ではなく、改革者と位置づけられている。

モンゴル・タタール支配下の十三世紀に今のロシアで最も偉大な歴史上の人物と評価されている人物が現れている。アレクサンドル・ネフスキーである。キエフ・ルーシが内部対立で弱体化、各地の公国に分かれ始める中、ネフスキーはその中のノブゴロド公国、次にウラジーミル大公国を支配した。彼は類まれな軍人とされ、ロシアに侵入してきたスウェーデン軍とドイツ騎士団を打ち破り、ロシアではロシアを外敵から救った英雄とされる。しかし、ネフスキーも黄金軍団に朝貢していた。モンゴル人がロシアを間接支配にとどめたことで折り合っていた。ロシア正教会は十六世紀にネフスキーを聖人に加え、帝政ロシア、ソ連、そして現在のロシアでも軍人の鑑として尊敬され、勲章や艦船に彼の名が付されている。

モンゴル・タタール人はスラブ人との間に子孫を多く残した。彼らの血が入った貴族も多かった。現在のロシアの慣習の多くがモンゴル・タタール人に起源を持つとも言われる。

彼らはロシアに侵入しただけでなく、ポーランド、ハンガリー、さらにはオーストリア国境近くやクロアチア、セルビアにも押し寄せた。同じ頃、彼らは日本も襲った。一二七四年の文永の役と一二八一年の弘安の役である。

モスクワ大公国の台頭

ロシア関連の年代記にモスクワが最初に登場するのは一一四七年。当時は小さな村だったが、十四世紀のドミトリー・ドンスコイ公の時代に大公国に発展、モスクワ大公国が一四八〇年にモンゴル・タタール支配に終止符を打ち、ロシアの最有力公国として浮上した。その立役者がイワン三世 Ivan III the Great / **Иван III Великий** でモスクワ大公国初の強力な指導者として、主に北方に領土を拡大、中央集権化を進めた。イワン三世の統治がその後のロシア国家の発展に大きく貢献した。大帝といわれる。

彼の治世にモスクワが第三のローマ Third Rome / **Третий Рим** であるとの意識も高まった。第一のローマはローマ帝国、第二のローマは東ローマ帝国（ビザンチン帝国、三九五～一四五三年）で、モスクワ大公国がその後継の帝国であると称した。イワン三世は東ローマ帝国最後の皇帝コンスタンチン十一世の姪と結婚しており、モスクワが東ローマ帝国の後継だという主張にまったく根拠がなかったわけではない。

モスクワ大公国史を語る際には、もう一人の実力者、イワン四世（雷帝）Ivan IV the Terrible / **Иван IV Грозный** に触れなければならない。イワン四世はイワン三世以上に領土拡大に積極的で、一五五二年に十五万人の軍隊を率い黄金軍団に起源を持つカザン汗国 Khanate of Kazan に攻め込み、首都カザンを攻め落とした。続いてアストラハン汗国も打ち破り、ボルガ流域一帯を制圧した。モスクワ大公国は非ロシア国家を初めて併合し、その後、東方に領土を拡張、シベリアに進出、南方へはカスピ海周辺にまで領土を広げた。カザン陥落は多民族国家としてのロシア帝国発展の大きな契機となった。モスクワ赤の広場にある聖ワシーリー大聖堂はイワン四世の指示でカザン攻略を記念して建設された。

イワン四世は西方でもドイツ騎士団、ポーランド・リトアニア共同体 Polish-Lithuanian Commonwealth / **Речь Посполитая**（一五六九年にポーランド王国とリトアニア大公国が合同して成立した国。共同体のほか連邦、王国、共和国という訳もある。一七九五年まで続いた）、スウェーデンと戦いバルト海沿岸への進出を試みたが、これには失敗した。

イワン四世は三歳でモスクワ大公の座に就き、十八歳の時には全ロシア（ルーシ）のツァーリ Czar（Tsar）／**Царь**（皇帝。ツァーリはロシア語の発音。英語はザーあるいはツァーと発音。それまでは公あるいは大公と称していた）を名乗った。彼がツァーリを名乗った最初の人物だ。これ以降、一七二一年にピョートル大帝がロシア帝国 Russian Empire／**Российская империя** を宣言するまでのロシア国家をロシア・ツァーリ国 Russian Tsardom／**Русское царство** とも言う。なお、ツァーリの語源はシーザー Caesar。

イワン四世は残忍なことでも知られ、政敵、気に食わない人物に陰謀の容疑をかけるなどして次々と処刑した。自ら処刑の場に立ち会ったとも言う。精神病を患い、息子とその妻も殺害した。このため雷のように怖いと恐れられ、雷帝との異名を付けられている。彼は恐怖を撒き散らす一方で、聖職者、貴族、商人などからなるロシア型議会のゼムスキー・ソボール（全国会議）を作った。

モスクワ赤の広場にある聖ワシーリー大聖堂。現在は博物館になっている。

「動乱の時代」とロマノフ王朝の始まり

イワン四世が一五八四年に死去した後、息子フョードル（フョードル一世）が十六歳で後を継いだが、一五九八年に死去した。イワン四世にはフョードルのほかにも息子たちがいた。しかし彼らはフョードル一世が死去した時には全員、幼少時など結婚前に死去しており、リューリク王朝は終焉した。当時の支配層はゼムスキー・ソボールを開き、後継の新皇帝に有力貴族でフョードル一世の摂政団の一員だったボリス・ゴドノフを選んだ。皇帝を会議で選出するとは驚きだ。ゴドノフの祖先はタタール人で、彼はリューリク家の血を引かない初めての皇帝として登場した。ゴドノフは病気を長く患った末、一六〇五年に死去した。彼はプーシキンの劇詩やムソルグスキーのオペラの主人公に取り上げられている。

ボリス・ゴドノフが死去すると、息子のフョードル（フョードル二世）が皇帝の座に就いたのだが、その治世はわずか二カ月と短かった。ボリスの時代にフョードル一世の異母弟ですでに死去していたドミトリーを名乗る人物（偽ドミトリーと呼ばれる。のちに他にも偽ドミトリーが出現した）が現れていたが、彼はフョードル二世の死去後、ポーランド（正確にはポーランド・リトアニア共同体）などの支援を受けてモスクワに入り、皇位を主張、その混乱に乗じてゴドノフ家に反感を抱く貴族らがフョードル二世を母親とともに暗殺した。皇位はその後、偽ドミトリー、さらに有力貴族ワシーリー・シュイスキーと短期間にめまぐるしく変わり、シュイスキーが退位してからは皇帝不在となった。

ゼムスキー・ソボールが一六一三年に再び新皇帝を選んで混乱に終止符が打たれた。選ばれたのはミハイル・ロマノフ。十六歳だった。ロマノフ王朝の始まりである。この時期、皇帝の後継をめぐる争いに加え、ひどい飢饉が発生、農民の反乱も相次いだ。餓死者は二百万人、人口の三分の一に及んだともいう。

混乱に乗じてポーランド・リトアニア共同体の軍が侵入、一時はモスクワを含めロシアの中央部を占領した。さらにポーランド・リトアニアと競合するようにスウェーデンもロシアに介入した。モスクワ赤の広場の聖ワシーリー大聖堂の前にミーニンとポジャルスキーの像 Monument to Minin and Pozharsky / Памятник Минину и Пожарскому がある。二人は一六一二年、兵を組織しポーランド・リトアニア軍に抵抗、撃退した英雄。クジマ・ミーニンは商人、ミハイル・ポジャルスキーは貴族。像は一八一八年に設置された。

ロシア史では一五九八年から一六一三年までを動乱の時代 Time of Troubles / Смутное время（あるいは Смута）と呼ぶ。内乱と外国からの侵攻にさらされ、ロシア史を通じても最大級の国家的危機の時期だった。動乱の時代という表現は現代ロシアの政治や社会秩序の乱れを描写する際にしばしば登場する。

ロシアはその後、一六五四年にはポーランド・リトアニア共同体からキエフと左岸ウクライナ（ドニエプル川の東側）も回復した。

動乱の時代の英雄としてロシアではミーニン、ポジャルスキーのほかにイワン・スサーニンも登場する。特に作曲家ミハイル・グリンカがオペラ『皇帝に捧げた命 *A Life for the Tsar* / *Жизнь за царя*』でスサーニンの物語を取り上げて彼の名前が広く知られるようになった。スサーニンは皇帝に選出されたばかりのミハイル・ロマノフをポーランド軍の襲撃から守った農夫。オペラは一八三六年初演。ロマノフ王朝の歴代皇帝はスサーニンを愛国の英雄として扱い、オペラも大好評を博した。ソ連時代は題名を『イワン・スサーニン *Ivan Susanin* / *Иван Сусанин*』に変え、また帝政賞賛につながらないよう配慮して上演された。

動乱の時代は収束したものの、ロマノフ王朝に入っても重税や圧制に反発する乱は相次いだ。その中で最も大規模な反乱がドン・コサックのステンカ・ラージン Stenka Razin / **Стенка Разин** が引き起こした乱。一六六七

ロマノフ王朝の歴代皇帝*

皇帝名	在位期間
ミハイル	1613～1645
アレクセイ	1645～1676
フョードル３世	1676～1682
イワン５世	1682～1696**
ピョートル１世	1696～1725
エカテリーナ１世	1725～1727
ピョートル２世	1727～1730
アンナ	1730～1740
イワン６世	1740～1741
エリザベータ	1741～1762
ピョートル３世	1762
エカテリーナ２世	1762～1796
パーベル１世	1796～1801
アレクサンドル１世	1801～1825
ニコライ１世	1825～1855
アレクサンドル２世	1855～1881
アレクサンドル３世	1881～1894
ニコライ２世	1894～1917

＊モスクワ大公だったイワン４世が1547年に「全ルーシのツァーリ」を名乗ってからロシアの最高支配者はツァーリの称号を使ってきたが，ピョートル１世が1721年にインペラートル **Император** / Emperor を名乗った。それ以降，インペラートルが定着したが，ツァーリという称号も継続して広く使われた。一般にツァーリもインペラートルも皇帝と訳される。

＊＊イワン５世はピョートル１世と共同で統治したため，ピョートル１世の在位の始まりを1682年とする場合もある。

年から一六七一年にかけて南部のステップ地帯にコサックの共和国を作ろうともくろんだ。ラージンは偽の皇帝、偽の総主教をでっち上げ、皇帝の軍に対抗したが、最後は制圧された。ラージンはモスクワに連行され、赤の広場で四つ裂きの刑に処せられた。

コサック Cossacks という言葉は英語で、ロシア語はカザキー Казаки（単数の発音はカザーク）。チュルク語系の遊牧民や放浪民を意味する言葉が語源といわれる。十四、十五世紀に今のロシア南部やウクライナに登場した軍事的自治集団で、ポーランドやモスクワ大公国から農奴になることを嫌って逃亡した農民も加わりドン川やドニエプル川 Днепр（英語ではニーパ Dnieper）の流域で自治集団を形成した。タタール人に対抗する目的で集団としてまとまったとも言われる。十六世紀初めにはドニエプル川の西側流域のザポロージエのコサックとドン川流域のコサックが二大集団として台頭した。

コサック集団とモスクワ大公国やロシア・ツァーリ国との関係は、付かず離れずのようでもあったが、国家当局が強い忠誠を求め、税を課すと、自由を旨とするコサックがこれに反発した。ステンカ・ラージンの乱はその最初の大きな抵抗運動で、のちのコンドラーチイ・ブラービン Kondraty Bulavin / Кондратий Булавин の乱（一七〇七～一七〇八年）やイエメリヤン・プガチョフ Yemelyan Pugachev / Емельян Пугачёв の乱（一七七三～一七七四年）も同様にコサックによる反乱である。

こうした乱が制圧されて彼らは時の権力の支配下に入り、一定の特権を認められながらも、乗馬技術に秀でていたことなどから騎兵隊として戦争に駆り出され、また国境警備や警察活動を命じられた。シベリア探検でも存在感を示した。

さらにコサックはロシアとナポレオン軍との戦いで力を発揮、敗退するナポレオン軍をパリの近くまで追いかけ苦しめた。ナポレオン軍兵士は、彼らが大酒飲みで死傷者などから金品を強奪する「戦場のハゲタカ」と恐れ、ナポレオン自身、コサックを「人類の恥」とまで言った(4)。

一九一七年の十月革命後にロシアは内戦に突入、彼らの多くは白軍に参加したが、赤軍についた者もいる。赤軍が勝利してからは飢えや抑圧に苦しみ、多くが海外に移住した。コサックの現在の人口の公式な統計はないが、ロシア、ウクライナを含めて七百万人だとか、ロシア南部、北コーカサス地方の住民の大多数がコサックの末裔といわれる。

今のロシア、ウクライナではコサックは自由、抵抗、規律、保守といった言葉で形容されることが多い。一方で反ユダヤ的だとの評判もある。ポグロムに参加したからだ（ポグロムについてはこの章の終わりの「ユダヤ人へのポグロム」の項を参照のこと）。彼らの多くは正教キリスト教の信者であり、自らをスラブ民族の一員とみなしている。ただし、コサックは宗教集団でも民族集団でもないから、スラブ民族以外の例えばイスラム教徒であってもコサックだと名乗る人もいるという。

ロマノフ王朝初期の動きでもう一つ注目されるのは農奴制の定着。農奴の存在自体はキエフ・ルーシ時代にさかのぼるが、農奴が増えたのは十七世紀で十七世紀末には農民の六〜七割が貴族の農奴（領主の農奴）になり、そうした状態が二百年間続いた。領主農奴にならない農民は国や教会に所属していた。彼らも広い意味で農奴と呼ばれることがある。

近代化の太祖ピョートル大帝

ピョートル一世 Peter I the Great / **Пётр I Великий** は一六八二年、十歳で即位した。幼少の頃から戦争ごっこが好きで、兵器のおもちゃ、そして船に関心を寄せ、外国に興味を持ち、モスクワの外国人集落に出入りして外国について学習した。一六九七年には約二百五十人の学生を連れて欧州諸国の行脚に出て、造船技術を学び、海軍、陸軍の専門家を徴用した。プロシア、オランダ、英国などに足を伸ばし一年半に及ぶ大旅行になった。

モスクワ大公国時代の残忍な大公といえば、イワン四世だが、ピョートル大帝も十分に残忍だ。外国旅行中に

ピョートル大帝（ポール・ドラローシュ作，1838年）

反乱を起こした兵士千二百人を処刑、死体を切り刻み、そのまま放置することもあった。

生活慣習を西欧風に改めることに意欲を示し、モスクワ大公国時代の男の風貌の特徴の一つだった髭をそり落とす運動を展開した。服装もハンガリー風、ドイツ風に変えさせた。徴税方法の改革にも取り組んだが、軍の充実に力を入れ、軍艦の建造に熱心だった。欧州諸国と結ぶ貿易ルートの構築を進め、一七〇三年にネバ川の河口の荒野に*サンクトペテルブルグ St.Petersburg / Санкт-Петербург を建設した。何万人もの農奴や囚人を動員、過酷な作業で多数が死亡した。彼は北方のスウェーデンからこの町を守るためにクロンシュタット要塞も作った。

対外政策では当時の北欧の大国スウェーデンと大北方戦争 Great Northern War / Северная война（一七〇〇～一七二一年）を戦い、勝利を収めロシアを欧州の大国の座に引き上げた。一七二一年には「ロシア帝国 Russian Empire / Российская империя」を宣言、正式な国名をそれまでのロシア・ツァーリ国からロシア帝国に変え、自らインペラートル Император / Emperor であると宣言した。大北方戦争の勝利で、ペテルブルグとフィンランドの間の土地、さらには現在のエストニア、ラトビアを領土に組み入れ、バルト海を貿易ルートに組み込んだ。イワン四世がめざし失敗した西方での海への出口の確保を達成した。

ピョートル大帝はロシアを西欧諸国に伍していける海洋国家につくろうとし、強引にロシアの近代化を進め、かなりの程度成功した。歴代の皇帝の中で最も冒険的で意気盛んだったとも言えよう。十九世紀にロシアでは西欧主義とスラブ主義という二つの相対立する思想潮流が生まれるが、その基準に照らすと、ピョートル大帝は明らかに西欧主義者だ。ただし、農奴制は維持した。

強引な西欧化によって、貴族階級の西欧化は進んだが、聖職者、商人、農民は伝統的な生活、文化と深く結びついたままで、社会の分化が進んだ。それが高じて一九一七年の二つの革命に至ったと言うこともできる。ピョートル大帝は一七二五年に死去した。結石と有痛排尿の症状があった。梅毒によると言われる。

＊**サンクトペテルブルグ**……サンクトペテルブルグの名前はこれまで三度変わっている。第一次世界大戦でドイツと戦う帝政は一九一四年、サンクトとブルグがドイツ語に由来するためロシア風のペトログラード Petrograd／**Петроград** に変えた。一九二四年にはソビエト政権が指導者レーニンの名前を取ってレニングラード Leningrad／**Ленинград** に変更、そして一九九一年十月にロシアのボリス・エリツィン大統領が（この時のロシアはソ連を構成する一共和国）が再びサンクトペテルブルグに戻した。一般には、「サンクト」を省いて「ペテルブルグ」、あるいはさらに「ブルグ」を省いて「ピーテル **Питер**」と呼ぶことが多い。サンクトペテルブルグは一七一三〜一七二八年と一七三二〜一九一八年にロシアの首都だった。

領土拡大とエカテリーナ二世

ピョートル大帝に並び称されるロシア帝国の強力な支配者は一七六二年に即位した女帝エカテリーナ二世 Yekaterina II the Great／**Екатерина II Великая**（ロシア語では「イエカテリーナ」と発音される。日本では「エカテリーナ」あるいは「エカチェリーナ」などと表記されることが多い。本書では日本でほぼ定着している「エカテリーナ」という呼称を採用した）。プロイセンのポメルン地方シュテッティン生まれ。いわばドイツ人である。欧州では皇室・王室間の結婚は頻繁で、彼女はロシアのピョートル三世に嫁いだ。しかし、夫との折り合いが悪く、やがて宮廷政治に深く関与するようになり、最後は夫に対するクーデターを敢行、一七六二年に夫を皇帝の座から追放、自ら即位した。外国人が皇帝になった。間もなくピョートル三世は幽閉中に暗殺された。女帝は一七九六年まで三十四年間近く君臨し、ロシアの勢力拡張、近代化を進めた。

ロシア史ではエカテリーナ二世はピョートル一世らと同様に大帝 Great／**Великая** と呼ばれる。その理由の一つは領土・植民地の拡大という偉業にある。南方ではオスマン・トルコと露土戦争を戦い（一七六八〜一七七四年）、勝利し、黒海の北側一帯を獲得、クリミア・タタール人の本拠地のクリミア汗国を併合した。西方ではポーランド分割に参加し領土を獲得した。南の新領土に欧州諸国から外国人を呼び寄せ、特にドイツ人を入植させた。彼女の治世にボルガ川下流に二万人以上のドイツ人が移り住んだといわれる。

シベリアへの入植も継続、さらにアラスカにもロシア人を送り、「ロシアのアメリカ Russian America」を確保した。ロシアの東方への進出はすでに十七世紀に本格化、コサックを中心に当時、欧州への主力輸出品だった毛皮を求め、オホーツク海をめざし勢力を広げ、十七世紀半ばには極東地方を含むシベリアをほぼロシア圏に引き入れていた。シベリアには原野が広がり、おおむね現地民族の抵抗なしに掌握することができた。

ロシアの歴史にはポーランド分割が三度現れる。ポーランド（一五六九〜一七九五年の間の国名はポーランド・リトアニア共同体）は十四世紀から十七世紀にかけ大王国だったが、十八世紀後半には隣国のロシア、プロイセン、オーストリアに三度分割され（ただし、一七九三年の第二回分割にオーストリアは参加しなかった）、最後には消滅した。第一次世界大戦後の一九一八年に独立を回復したが、第二次世界大戦でドイツとソ連の侵略を受けて再び分割された。戦後一九五二年に人民共和国として国家主権を回復、一九八九年に共産党政権が倒れ、現在に至る。

一方、「ロシアのアメリカ」という言葉はあまり耳にしないが、一七三〇年代から一八六七年まで現在の米国アラスカ州を中心にロシアがアメリカ大陸に保有していた領地を言う。ロシアは狩猟の場としてのアラスカに関心を持っていた。一八六〇年代に入り過剰狩猟で獲物が減少しアラスカへの関心が薄れ、アレクサンドル二世時代の一八六七年にロシアは七百二十万ドルで「ロシアのアメリカ」、つまりアラスカを米国に売却した。入植していたロシア人人口は最も多い時でも七百人程度といわれる。

エカテリーナ二世は啓蒙思想の信奉者としても知られる。ボルテール、ディデロ、ダランベールと文通し、モンテスキューの『法の精神』が愛読書だった。宮廷ではフランス語が話され、啓蒙思想が宮廷にも広がった。富裕な貴族の家庭はフランス人の家庭教師を雇い、パリで暮らすロシア貴族も増えた。女帝は欧州初の公立女学校であるスモーリヌイ学院を設立したことでも知られる。

啓蒙思想に基づいた近代化精神で内政面では貴族のほか、一般市民、公務員、農民、それに外国人から成る諮問機関の「立法委員会」を発足させ、広範な社会層の意見に耳を傾けた。またグベルニア **губерния**（「県」と訳されることが多い）という地方行政組織を置き、知事を任命、効率的な統治を進めた。

だが、一方で農奴制を強化、拡大、さらに圧制を敷いた。すでにその頃、農奴制に対する批判がくすぶっていたが、ロシアの社会批評家アレクサンドル・ラジーシチェフが一七九〇年に『ペテルブルクからモスクワへの旅 *Journey from Petersburg to Moscow* / *Путешествие из Петербурга в Москву*』と題する本を出版、その中で旅行中に見聞した農奴制の悲惨さを詳細に指摘した。これにエカテリーナ二世が激怒、本を発禁処分にし、彼を逮捕した。ラジーシチェフはいったん死刑判決を受けた後、減刑されシベリアに送られた。

女帝もラジーシチェフも啓蒙思想の影響を受けた点で共通するが、一七八九年にはフランス革命が起きており、女帝はその影響の波及を恐れたと言われる。実際、女帝の圧制に反発する反乱が起きた。その最大の乱がプガチョフの乱（一七七三～一七七五年）。プガチョフはステンカ・ラージン同様、ドン・コサックで、二～三万人の配下を従え、重税や圧制からの解放、農奴の解放をめざした。暗殺されたピョートル三世を自称、一時はボルガ川からウラル山脈に至る地域の大半を掌握した。ロシア史上最大規模の農民の乱といわれる。コサックのほか、農奴、タタール人、バシキル人などが加わった。しかし、これも制圧された。プガチョフは一七七五年、檻に入れられてモスクワに運ばれ、体をばらばらに切り刻まれた。アレクサンドル・プーシキンの小説『大尉の娘 *Captain's Daughter* / *Капитанская дочка*』はプガチョフの乱を題材にしている。

エカテリーナ二世は美術品の収集家でもあった。今のエルミタージュ美術館の中興の祖である。エルミタージュ Hermitage / **Эрмитаж** は修道院、あるいは隠遁者の隠れ家を意味する言葉だが、女帝が一七六四年に美術館として設立した。一般公開されたのは一八五二年からだ。現在、冬宮 Winter Palace / Зимний дворец など六つの建物がエルミタージュ美術館を構成、このうち四つの建物の一部が公開されている。冬宮は一七三二年から一九一七年まで皇帝の住居で、もともとは美術館ではなかった。

冬宮あるいはその周辺は二十世紀には三件の歴史的出来事の舞台になっている。一九〇五年の血の日曜日事件、一九〇六年の第一回国家ドゥーマ State Duma / Государственная дума（国会）の開会式、そして一九一七年の十月革命だ。

エルミタージュ美術館は質量ともに世界屈指の美術館だが、第二次世界大戦中に赤軍がドイツから持ち出した多数の絵画がエルミタージュ美術館に保管されている。それが公になったのは一九九一年で、一九九五年に公開展示したことがある。今は一部のみを展示しているといわれる。

女帝は多くの愛人を抱えていたことでも知られる。最後の愛人は自分より四十歳若かった。数人の非嫡出子を産んだ。

エカテリーナ二世は日本とも関わりを持つ。江戸時代の天明二年（一七八二年）、伊勢国白子（現在の三重県鈴鹿市）の港を拠点とした回船の船頭、大黒屋光太夫が江戸へ向かう途中に嵐に遭って船が漂流、アリューシャン列島のアムチトカ島に漂着した。彼はその後、イルクーツクを経てサンクトペテルブルグに行き、一七九一年にエカテリーナ二世に謁見、帰国を許され、漂流から十年後の一七九二年に帰国した。謁見した日は十一月一日で、その場で紅茶を出された。日本紅茶協会によると、彼が最初に紅茶を飲んだ日本人。そこで日本紅茶協会が十一月一日を「紅茶の日」と定めている。

ナポレオンの侵攻

ロシア近代史における大きな出来事にナポレオン軍 Grande Armée の侵攻がある。ロシアではナポレオン軍との戦いは一八一二年祖国戦争 Patriotic War of 1812 / Отечественная война 1812 года と呼ばれ、ピョートル大帝時代の大北方戦争、エカテリーナ二世時代の露土戦争にもましてロシアの対外的地位を引き上げるきっかけとなった。ロシアは欧州で最強の国とみなされ、欧州政治に大きな影響力を持つようになった。一方でナポレオンにとってロシア遠征の失敗は勢力衰退の引き金となった。

ナポレオンが十八世紀末〜十九世紀初めに対外的勢力拡大に乗り出すと、アレクサンドル一世のロシアは英国、オーストリア、スウェーデンなどとともにこれを警戒、対仏同盟を組んだ。ロシアにとっては英国との経済関係が大切だったし、オーストリアとは伝統的に友好関係を維持していた。

こうしてロシアは遂に一八〇五年十二月二日、フランツ一世（神聖ローマ帝国の皇帝としてはフランツ二世）のオーストリアと連合し、オーストリアのアウステルリッツ（現在チェコ共和国スラフコフ・ウ・ブルナ）でナポレオン軍と戦った。世界の戦史に残るアウステルリッツの戦い Battle of Austerlitz / Битва при Аустерлице である。ロシア・オーストリア連合軍の規模は約八万五千人（うちロシア軍六万人）。約七万三千人のナポレオン軍を上回っていたが、ナポレオンの策略にはまり連合軍は大敗を喫した（両軍の兵員の規模についてはいくつか説がある。ここでは広く採用されている説に従った）。この結果、オーストリアは対仏同盟から脱落、約一千年続いた神聖ローマ帝国も終焉を迎えた。

アレクサンドル一世はその後、いったんはナポレオンとの講和に応じたが、ナポレオンがフランスに楯突く英国を懲らしめるため一八〇六年から同盟国や支配下の国に対し英国との貿易を禁止する大陸封鎖 Continental System or Continental Blockade を実施すると、反発を強めた。

大陸封鎖は今で言う厳しい経済制裁である。ナポレオンは欧州各地で次々と戦争を引き起こし、膨大な地域を支配下に置いたが、英海軍は強力だったため、これを打ち負かすことは困難と判断、大陸封鎖に踏み切った。

ロシアも当初はナポレオンの方針に従っていたが、アレクサンドル一世は英国との貿易停止でロシア経済に悪影響が出始めたことから大陸封鎖からの離脱を検討、これにナポレオンが怒り、離脱を阻止するためにロシア遠征を始めた。ロシアに離脱を許すことは支配下の諸国に示しがつかないとの判断があった。当時、ナポレオンは英国の抵抗を受け、スペイン、ポルトガルで苦戦していたという事情もある。

ロシアに侵攻したナポレオン軍は四十五万〜六十万人で、これほどの大部隊が編成されたのは、歴史上初めてと言われる。その構成をみると、フランス人兵士は半分以下で、イタリア人、ポーランド人、ドイツ人など支配下の国の人たちを兵士として調達した。モンゴルが元寇に朝鮮半島の高麗の兵士を入れたことに似ている。

ナポレオン軍は一八一二年六月二十四日にネマン川を渡ってロシアに侵入、モスクワをめざした。当時のロシアの首都はモスクワではなく、サンクトペテルブルグだった。ナポレオンはなぜ首都を攻めずモスクワを攻めたか。モスクワはモスクワ大公国の時代からロシアの中心でピョートル大帝時代まで首都であり、ナポレオンはロシアにとっては宗教上も産業の面からもモスクワがより重要であると判断したとか、ナポレオン軍が追跡したロシア軍がモスクワめざし撤収したのでそれを追いかけモスクワに向かったなどの説明が可能だろう。サンクトペテルブルグへの補給路の確保がモスクワに比べ難しかったという見方もある。

ロシア侵攻で最大の激戦が同年九月七日のボロディノの戦い Battle of Borodino / Бородинское сражение である。モスクワから西へ百二十キロメートルほど離れたボロディノの地で両軍合わせて二十二万人が参戦、六万八千人が戦死した。ミハイル・クトゥーゾフ将軍が率いるロシア軍は兵士の三分の一にあたる四万人、ナポレオン軍は二万八千人を失ったと言われる(5)。この犠牲者数は一日の戦闘の死者としてはそれまでの世界中の戦争で最も多い。どちらも明確には勝利を得られなかったが、ナポレオン軍が優勢でボロディノからモスクワをめざした。

ロシア軍はボロディノの後、モスクワからも撤収するという作戦を取り、ナポレオン軍は戦うことなしに九月十四日にこの大都市に入り、占領した。しかし、二十七万人いたといわれるモスクワの住民の大半はそれまでに市内から退去、さらにその日から火災が全市に広がり、同十八日まで続いた。当時の建物の多くは木造で火の回りが早かった。街の四分の三、あるいは三分の二が焼け落ちたといわれる。このためナポレオン軍は食糧の確保や宿営地の確保に苦労した。

このモスクワ大火の原因については諸説あるが、モスクワ総督 Governor-General of Moscow／генерал-губернатор Москвы（モスクワ市長に相当）のフョードル・ロストプチーン伯爵の指示で警察官や住民らが建物に火を放ったためという説が最も有力。ほかには、ロシア人住民自身やナポレオン軍兵士が火の扱いに注意しなかったためという説もある。

『1812年ボロディノの戦い』（ルイ・フランソワ・ルジュヌ作，1822年。英ブリッジマン美術館所蔵）

アレクサンドル一世はモスクワを占領されても降伏せず、ナポレオン軍はモスクワで立ち往生した。冬が近づき食糧の確保が一段と難しくなったため、撤退を余儀なくされた。退却の途中でゲリラ攻撃、飢え、寒さに見舞われ甚大な犠牲者を出した。結局ロシアから脱出できたのは四十五万～六十万人のうちわずか三万～五万人程度だった。ナポレオン軍はロシア侵攻で壊滅的打撃を受けた。

ナポレオン軍に勝利したことはロシア国民に歴史的遺産として記憶され、詩、小説、楽曲、映画の題材になっている。アレクサンドル・プーシキンが詩『ボロディノ記念日 Borodino Anniversary／**Бородинская годовщина**』（一八三一年）で、ミハイル・レールモントフが詩『ボロディノ Borodino／**Бородино**』（一八三七年）で勝利を誇り、レフ・トルストイは小説『戦争と平和 *War and Peace*／***Война и мир***』でロシアの貴族五家族の生き方を通じてナポレオン軍の侵攻とそれがロシアに及ぼした影響を描いた（一八六五〜一八六九年に雑誌に掲載）。チャイコフスキーは『一八一二年序曲 *1812 Overture / 1812 год*』を作曲した（一八八〇年）。

ナポレオン軍侵攻を取り上げた本格的な映画が二本ある。一つは一九五六年の米伊共同製作映画『戦争と平和』でキング・ビダー監督、パラマウント・ピクチャーズ配給。上映時間は二百八分で、ナターシャ・ロストワにオードリー・ヘプバーンが配されている。もう一つは一九六五年製作のソ連映画『戦争と平和』。セルゲイ・ボンダルチューク監督。製作に七年かかり、一九六五〜一九六七年にかけ四部に分け配給された。ギネス記録本によると、キャストは十二万人で世界一。こちらは上映時間七時間を超える超大作。

ロシア遠征の失敗でナポレオンの権勢は一気に凋落、彼は一八一五年のワーテルローの戦いで敗北し島流しになった。ナポレオンが戦った一連の戦争はロシア遠征を含めナポレオン戦争 Napoleonic Wars と呼ばれる。

フランス革命戦争からナポレオン戦争にいたる戦争を総括し、欧州の新秩序を作るための会議が一八一四〜一八一五年にかけてウィーンで開かれた。一八一四年十月一日に開幕、欧州のすべての国の代表が参加した。会議を仕切ったのは英国、オーストリア、プロイセン、そしてロシアの四カ国。会議は正統主義 legitimism と勢力均衡 balance of power を二大原則に進行した。正統主義とはフランス革命前の版図が正統であるという原則である。勢力均衡は、大国同士が軍事力を均衡させ一国が他の国々を支配できないようにすることで国際秩序を維持するという安全保障戦略だ。ウィーン会議で実現した勢力均衡を「欧州協調体制 Concert of Europe」と言い、第一次世界大戦の勃発まで続いた。

ウィーンでは集まった皇族、外交官をもてなすため、軍事パレード、劇、音楽会、舞踏会などが催されたが、討議自体は利害の衝突から遅々として進まなかった。そのためオーストリア領ネーデルランド出身のC・J・リニュ公爵が「会議は進まず、踊っている Le congres ne marche pas, il dance」とつぶやいたとされ、このためウィーン会議は「踊る会議」と評された。会議といっても全体会合が開かれたわけではなく、討議は四カ国を中心に非公式に、またばらばらに進行、ようやく一八一五年六月九日、「最終文書」の調印に漕ぎ付けた。

ウィーン会議の結果、ロシアはワルシャワ公国（ポーランド）の大半を獲得、フィンランドの領有継続を認められた。フィンランドはロシアが一八〇九年にスウェーデンから引き離して併合、結局一九一七年まで領有した。

ウィーン会議が終わった後、アレクサンドル一世が霊能者の影響を受けて神聖同盟 Holy Alliance / **Священный союз** を提唱、プロシア、オーストリアが賛同し、三カ国で一八一五年に神聖同盟を設立した。後に英国王、ローマ法王、トルコ皇帝の三者を除くヨーロッパのすべての国の君主が参加した。神聖同盟は表向きにはキリスト教の慈悲と平和の価値を広めることを目的にしたが、実際には革命運動阻止の組織だった。しかし結束力が弱く、神聖同盟は事実上機能しなかった。一八二五年にアレクサンドル一世が死去すると自然消滅した。

デカブリストの乱

ロシア史は反乱の歴史でもある。ステンカ・ラージンの乱（一六六七〜一六七一年）、プガチョフの乱（一七七三〜一七七五年）があり、一八二五年にはデカブリストの乱 Decembrist revolt / **Восстание декабристов** が起きた。さらに後には一九〇五年革命、一九一七年には二月革命と十月革命が起きている。すべて時の権力者に対する反乱である点は共通するが、ステンカ・ラージンの乱とプガチョフの乱はコサックと農民の乱、デカブリストの乱は知識階級の乱、一九〇五年革命と一九一七年二月革命は都市労働者と農民出身の兵士の乱、そして十月革命は基本的には知識階級の乱だったと言えよう。

一八二五年十二月二十六日（*旧暦十四日）、サンクトペテルブルグで貴族らが組織していた秘密結社の主導で約三千人の兵士が蜂起、政権転覆を図った。十二月に起きた乱であるから、後に彼らをデカブリスト Decembrists / **Декабристы** と呼ぶようになった。反乱は一日で鎮圧されたが、貴族が主導した初のクーデターで、帝政に反対する勢力の存在を明らかにした。

蜂起に至る経緯を少し詳しくみてみたい。ナポレオンの侵攻を押しとどめたロシア軍は敗走するナポレオン軍を追いかけて欧州諸国を通過、パリまで進軍した。その過程で貴族出身の青年将校たちは欧州諸国の自由な雰囲気に接した。また彼らは戦争中、農奴出身の兵士が悲惨な扱いをうけていることを目の当たりにしていた。ナポレオン軍との戦争の前にもロシアに欧州の政治思想は入っていたが、道中での見聞によって啓蒙思想やロマン主義が一段と浸透した。彼らを中心に農奴制廃止、立憲君主制への移行、基本的自由の実現などをめざす秘密結社、救済同盟 Union of Salvation / Союз　спасения の結成につながった。救済同盟には**フリーメーソン団の会員も多数参加した。デカブリストの乱の主役はフリーメーソン団だという説が有力だ。

救済同盟に参加していた人たちはその後、内部対立など紆余曲折を経て、北方結社 Northern Society / Северное общество と南方結社 Southern Society / Южное общество に分かれ活動を続けた。

北方結社は拠点をサンクトペテルブルグに、南方結社はウクライナ西部のツリチンに構えた。二つの組織は農奴解放、自由拡大などをめざす点では一致していたものの、主張には違いもあった。南方結社はパーベル・ペステリが率い、過激な手段による君主制打倒、共和国設立、農民への土地の分配などの要求を掲げた。北方結社の指導者はニキタ・ムラビヨフやセルゲイ・ツルベツコイなどで、英国にならった立憲君主制の設立をめざした。

一八二五年十二月二十六日（新暦）にサンクトペテルブルグで蜂起したのは北方結社で、彼らは立憲君主制をめざしながらも、計画の中には場合によっては新皇帝ニコライ一世とその家族の殺害もやむなしとの考えや、暫定革命政府樹立の構想もあったというから立派なクーデターの試みである。

北方結社はアレクサンドル一世が死去し近衛部隊が後継のニコライ一世に忠誠を誓う日に照準を合わせて決起した。忠誠を誓う式典の会場はサンクトペテルブルグの元老院広場。三十人の反乱将校が約三千人の兵士を動員、政府軍一万二千人と対峙した。広場には数万人の市民が集まり、反乱軍に同情する者も多かった。ニコライ一世は正教会の主教らを動員して投降を呼びかけたが、拒否され、夜になれば群集が反乱軍に味方するのではないかとの危惧もあり、軍に発砲を指示し反乱を鎮圧した。この時、多数の市民が巻き添えとなり、全体で千二百七十一人が死亡したとも言われるが、これを大幅に下回るはずだとの異論もある。

南方結社も蜂起の準備を進めたが、事前にペステリなど有力な指導者たちは逮捕された。残された幹部が翌一八二六年初めに南部で蜂起したが、結局鎮圧された。

政府は南北結社の将校など約六百人を逮捕、ペステリ、ムラビヨフら五人を絞首刑に、約三百人をシベリア流刑、あるいは一兵卒として兵役につかせるなどの処分を下した。ペステリは裁判で「種を蒔く前に収穫しようとした」と述べ、準備不足を嘆いたが、デカブリストの理念がロシア社会に広く浸透していなかったことが、乱が不首尾に終わった基本的理由だろう。当時はこの事件を報じることは禁止されたが、その後も反体制運動の間で語り継がれた。

＊**旧暦**……ロシア史でも暦の扱いに注意する必要がある。ロシアは一九一八年二月に暦をユリウス暦からグレゴリオ暦に変えた。グレゴリオ暦はユリウス暦より先に進んでおり、その差は、十八世紀では十一日、十九世紀では十二日、二十世紀で十三日。一九一七年の二月革命とか十月革命という呼称は当時ロシアで採用されていたユリウス暦に基づく。グレゴリオ暦では三月革命、十一月革命となってしまうが、歴史的呼称としては二月革命、十月革命といった表記が適切だろう。本書では基本的に日付の表記には新暦（グレゴリオ暦）を使っているが、必要と判断した場合は旧暦（ユリウス暦）を付け加えた。日本は明治五年（一八七二年）にグレゴリオ暦を採用した。ロシアでは正教会が今もユリウス暦を使っている。それによると、クリスマスは一月七日、新年元旦は一月十四日で、信者たちはこの暦を守ってお祝いをしている。
ユリウス暦はジュリアス（ユリウス）・シーザーが紀元前四六年に制定したローマ暦で、地球が太陽を回る時間を基準とする太陽暦であるが、実際の太陽暦との間には誤差があったため、一五八二年にグレゴリー法王が今の新しい暦に切り替えた。それがグレゴリオ暦である。

＊＊**フリーメーソン団** Freemasonry / Масонство……中世イングランドで教会建設に携わった石工 mason が作った友愛組織

にさかのぼる団体で、その後世界各地に広がった。ロッジ lodge と呼ばれる組織が基本的構成単位だが、世界全体を統轄する団体はない。自由で自立した人が友愛、平等、相互扶助の精神で自発的に組織する団体とされ、道徳の普及、慈善活動を重視、哲学の学習にも力を入れている。

長い間、入会の儀式や会員名簿が秘密にされ、団体内の独特の位階制や会員相互間の作法、団体のシンボルが神秘的で、秘密結社と言われることもある。キリスト教の聖書に相当するような特定の聖典は持たず、宗教団体ではないとされる。会員の門戸は様々な宗教の信者に開かれている。ただし、既存の主要な宗教団体からはその自然神論、神秘性などが批判されている。各国で政治家をはじめ、文化人、社会活動家なども会員になっており、進歩的な知識人による社会改革運動という側面があるが、政治的陰謀の団体とみられることもあった。なお、フリーメーソン free-mason とは会員個人を指し、団体あるいは運動としてはフリーメースンリ Freemasonry と言う。

ロシアにはエカテリーナ二世時代の後半にドイツなどから浸透、デカブリストの乱の主役、ペステリ、ムラビヨフ、ツルベツコイは少なくとも一時期、フリーメーソン団の会員だった。フリーメーソン団はその後、紆余曲折を経て、ロシア革命前後にもその存在感を示した。

スラブ主義と西欧主義

ロシアではナポレオン戦争、そしてデカブリストの乱を経て一八三〇年代から一八四〇年代にロシア文明の本質、ロシアの進路を論じる二つの思想潮流が現れた。スラブ主義者 Slavophiles / славянофилы と西欧主義者 Westernizers / западники である。十九世紀に入り西側世界が近くなり、啓蒙思想、さらに自我中心主義とも言えるドイツ観念論 German Idealism（理想主義ともいう）、同様に感情、個性、自由を重んじるロマン主義 Romanticism がロシアに浸透し、特に観念論のシェリングとヘーゲルがロシアの哲学者、思想家に強い影響を与えた。

論争の直接のきっかけは哲学者ピョートル・チャアダーエフが一八二九年にフランス語で手書きした『哲学書簡』を発表したこと。ロシア語版は一八三六年から流布した。彼はロシアが西にも東にも属さず、世界の文化の進歩になんら貢献してこなかったと論じ、ロシアは西欧に見習って出直す必要がある旨主張した。この『書簡』が回し読みされ、知識階級の間で論議を巻き起こした。彼はニコライ一世の統治を批判したこともあって当局は彼を精神的に病んでいると判断、一時、軟禁状態に置いた。

チャアダーエフの主張に対し、ロシアの文明、伝統、特に正教の伝統、思想の独自性を強調し、ロシア文明が西欧文明より優れていると論じる人たちが現れた。スラブ主義者である。西欧文明に汚されないロシア、絆、平和、調和といったロシアに独特の徳、農民共同体、家族を大切にし、農民生活を理想化する。西欧流の個人主義や法律万能主義、奔放な資本主義は回避すべきであると考える。ロシアの独自性の尊重、正教会への敬意、そして西欧を模範に近代化を進めたピョートル大帝に対する批判が三大特徴。これにスラブ民族の連帯重視を加えることもできる。

スラブ主義者は改革すべてに反対したわけではなく、農奴解放、基本的人権の尊重を掲げたが、歴史に根ざした独自の生き方に回帰することでロシアの未来は開かれると主張した。アレクセイ・ホミャコフ、コンスタンチン・アクサコフ、イワン・アクサコフ、イワン・キレエフスキー、ユーリー・サマリンなどが代表だ。

一方、西欧主義者は、西欧の技術に学び、リベラルな政治を実現するよう主張し、ピョートル大帝を礼賛した。合理主義、個人の自由の尊重を訴え、感情論や神秘主義を排した。スラブ主義者が正教の伝統を大切にするよう主張したのに対し、西欧主義者は宗教の役割をあまり重視しなかった。西欧主義者はまたスラブ主義者に比べ意見が多様だったという特徴もある。

西欧主義者の中には革命を主張する急進派が少数ながらいて、彼らがその後のロシア社会の歩みに大きな影響を与えた。文芸批評のビサリオン・ベリンスキー、ロシア社会主義の父といわれるアレクサンドル・ゲルツェン、のちにアナキストとして名をはせたミハイル・バクーニンなどがそうした急進派の人たちだ。小説家イワン・ツルゲーネフ、コンスタンチン・カベリン、ボリス・チチェリンらは急進派ではないが、西欧主義者である。

西欧主義者に関してはこんな逸話もある。一八四〇年代にサンクトペテルブルグで若き外務省職員ミハイル・ペトラシェフスキーが自宅でフランスの空想社会主義者シャルル・フーリエの教えを中心に学習する会を催し、四十人ほどが参加していた。農奴制廃止を求め専制政治に反対する人たちの会でもあり、当局が一八四九年に摘発、会員二十一人に死刑判決が下った。その死刑判決を受けた一人が二十七歳のフョードル・ドストエフスキー。ニコライ一世は減刑することを決めていたが、全員が刑場に連行され、あとは銃殺刑を執行されるだけという時点で減刑が言い渡された。ドストエフスキーはシベリア送りとなった。ドストエフスキーはシベリアからの帰還後、スラブ主義、特に穏健なスラブ主義とも言われる「土壌主義（почвенничество＝ポーチベンニチェストボ。土地主義ともいう）」を説いた。これは、農民生活を大切にし生まれ育った土地への回帰を訴える思想である。

スラブ主義と西欧主義の主張は鋭く対立したが、双方ともドイツ観念論の影響を受け、主義主張、原理原則を重視し、当時の体制を嫌い、ロシアの未来に希望を託していたなどの点は共通する。つまり国を思う心は同じだったとも言え、互いに議論を戦わせた。ゲルツェンは両派をロシア帝国の国章である*双頭の鷲にたとえ、向いている方向は異なるが、同じ心を持っていると表現した。

両派のその後の動向だが、一八四八年にフランスを起点に欧州各地に広がった革命の波が一段落し、共和主義とリベラリズムの力が弱まると、ロシアでは西欧主義者の間からスラブ主義に傾倒する人たちが出てきた。ゲルツェンを西欧主義者に挙げたが、彼はのちにスラブ主義を唱えるようになった。バクーニンも将来の革命の担い手として農民に注目し始めた。

スラブ主義と西欧主義という言葉は現代ロシアの国体 national identity や国の進路をめぐる議論の中にしばしば登場する。例えば、二〇一三年九月十九日、ウラジーミル・プーチン大統領はロシア内外の識者との懇談の場での演説で、「ネオ・スラブ主義者もネオ西欧主義者も国家主義者もリベラル派もわれわれは皆共同で共通の発展目的を考えなければならない」と述べた。[6]

＊**双頭の鷲**……古代中東に起源を持つ紋章で帝国を象徴する国章としてビザンチン帝国をはじめ様々な国が使用した。ロシアにはビザンチン帝国が十五世紀に滅びた後に伝わり、当時のモスクワ大公国が使用、それがロマノフ王朝に国章として引き継がれた。一九一七年の革命で国章として消滅したが、ソ連崩壊後の一九九三年、ボリス・エリツィン大統領が新生ロシアの国章として復活させた（写真）。今の双頭の鷲の図柄、色はロシア帝国時代とは少し異なる。ゲルツェンは東西の双方を見るロシアの国体の象徴であると解釈したが、図柄自体はロシアで生まれたわけではない。

近代ロシア文学の黄金期

デカブリストの乱が起き、スラブ主義と西欧主義が台頭した十九世紀はロシア文学の黄金期 Golden Age of Russian Literature／**Золотой век русской литературы** と言われ、世界的な傑作が相次いで発表された。その多くは専制政治・圧政で知られるニコライ一世の治世（一八二五～一八五五年）に集中している。

なぜこの時期に文学の黄金時代が出現したか。抑圧された社会ではあらゆる場を表現の場として探すようになり、その有力な場となったのが特に文学だったと言うことができるかもしれない。ただし、ニコライ一世の後の皇帝アレクサンドル二世は農奴解放をはじめとする「大改革」政策を推し進め、彼の治世下でも世界的な文学者が出ている。西欧文化の影響を受けた貴族出身の作家が農奴、農民、労働者をはじめとする一般庶民との距離を認識し、罪悪感を抱きながらそれを克服しようとし、文学が花開いたという面もあるのだろう。

この時期にロシア社会でインテリゲンツィア intelligentsia／**интеллигенция**（知識階級）という言葉も定着した。思想家、政治家に加え作家、作曲家もインテリゲンツィアに入る。

一八二〇年代から三〇年代にかけてアレクサンドル・プーシキン、ミハイル・レールモントフ、ニコライ・ゴーゴリ、一八五〇年代から七〇年代にかけてはイワン・ツルゲーネフ、フョードル・ドストエフスキー、レフ・トルストイが登場した。

文芸批評家としてのベリンスキーの存在も極めて大きい。プーシキンはベリンスキーの影響を受けて韻文小説『イエブゲニー・オネーギン *Eugene Onegin* / *Евгений Онегин*』を書き、当時の体制や社会に対する批判を作品に込めた。

この時期の文学には、社会で居場所を求めながら、それがうまくいかず鬱積した生活を送る若者が描かれている。彼らは「余計者 superfluous man / **лишный человек**」と評された。『イエブゲニー・オネーギン』のほか、レールモントフの『現代の英雄』、ツルゲーネフの『父と子』などがその姿を題材にしている。

十九世紀のロシアでは音楽の世界も一気に開花した。ミハイル・グリンカ、モデスト・ムソルグスキー、ニコライ・リムスキー・コルサコフ、そしてピョートル・チャイコフスキーがいる。彼らがロマンチックなバレエ、オペラ、交響曲を生み出した。

クリミア戦争――ロシア初の近代戦争

ロシアは十九世紀初頭にスウェーデンとの新たな戦争の結果、フィンランド全域を手に入れ、外コーカサスではジョージア（グルジア）とアルメニア、アゼルバイジャンを組み入れた。さらに十八世紀から始まっていた中央アジアへの進出を本格化させ、十九世紀末までに併合した。中国方面では同世紀後半に条約を結びアムール川岸、沿海地方を確保した。

領土拡大の勢いに乗っていたロシアだが、一八五三〜一八五六年のクリミア戦争 Crimean War / **Крымская война** では敗退、ロシアの南下政策に歯止めがかかった。これを機に国内では皇帝の権威が失墜、さらにロシアはほかの欧州列強に比べ後進的だという議論も強まり、西欧主義が勢いづいた。ナポレオン軍との戦争の時と同じようにクリミア戦争でも、兵士として駆り出された農奴が近代装備を与えられず、ひどい環境の中で戦い、犠牲になったことも改めて浮き彫りにされた。

ロシアは南方で十六世紀以来、オスマン・トルコ帝国と十度ほど戦争を繰り返し、トルコをどう抑えるかという懸案を抱えていた。オスマン・トルコが十九世紀に衰退し始めると、それに乗じてロシア、フランス、英国、ドイツ、オーストリアがバルカン半島で勢力圏を確保しようと駆け引きを演じた。

クリミア戦争は一八五三年、まずトルコがロシアに宣戦して始まった。この戦いはもともとロシアとトルコの戦争だが、トルコ艦隊が敗北してしまっては地中海やアジアで自分たちの権益を侵されると英国とフランスが危惧、トルコを支援するため参戦した。英仏軍は一八五五年にクリミア半島の要衝セバストーポリを落とし、戦争はロシアの敗北に終わった。翌一八五六年のパリ講和会議でロシアは屈辱的な条約を受け入れざるを得なかった。

クリミア戦争はロシアが戦った初の近代戦争であり、ナポレオン戦争後、第一次世界大戦が起きるまでに欧州諸国が関与した最大の戦争でもあった。戦闘の大半がクリミア半島で展開されたのでクリミア戦争という。これが初の近代戦争と言われるのは、鉄道、電報が使われ、戦況が新聞に報道されたためでもある。

英国の看護婦フローレンス・ナイチンゲールがメアリー・シーコールとともに傷病兵看護で活躍したことでも有名な戦争だ。

農奴解放の中途半端

改革意識が薄かったニコライ一世の後を継いだのがアレクサンドル二世。農奴の存在は十一世紀のキエフ・ルーシ時代にさかのぼることができるが、制度として定着したのは十七世紀。ロシア史に大改革者として名を残すピョートル大帝とエカテリーナ二世も農奴制には手をつけず温存した。だが、十九世紀に入りデカブリストのように知識階級の間に農奴の悲惨な境遇に終止符を打つべきだと考える人たちが増えた。さらに、プガチョフの乱ほどの規模ではないが、農奴による反乱が続き、農奴制は皇帝にとって社会不安要因だった。クリミア戦争での敗北でロシアの後進性が浮き彫りになったこともあり、アレクサンドル二世は士気が低い農奴からなる軍を改革する必要を感じていた。

皇帝は一八六一年三月三日、農奴解放 Emancipation Reform of 1861 / Крестьянская реформа 1861 года の令に署名した。解放令が各地の教会で読み上げられたのは、その十二日後。解放にあたっては事前に諮問委員会を設け、地主を含め広く意見を聴取した。解放令の対象となったのは五千二百万人で、うち二千万人が地主個人所有の農奴だった。これにより、農奴は建前では自由と農地を手に入れたのだが、当の解放された農民の多くは、解放令の内容に失望、裏切られたと感じた。

解放令は地主との妥協の産物で、地主への配慮がたくさん盛り込まれたからだ。確かに農奴は売買されない自由な市民となり、結婚の自由、資産所有も認められ、商売もできるようになった。しかし、農奴が得た農地は自分が耕作していた農地の半分で、しかもただではなく、農民は四十九年かけてその農地代金を支払い続けなければならなかった。返済不可能な農民には受け取る農地を四分の一しか与えなかった。しかも農地は多くの場合、農民個人にではなく、農村共同体に渡された。農民の不満が強く、解放令発令直後から暴動が頻発した。また解放後の五十年間で農民人口が倍増したため、農地が足りなくなり、食べていけない農民が続出した。農民の不満は帝政に終止符が打たれるまで続き、知識階級の中にも怒りを抱き、失望する人たちが多かった。

ちなみに米国のリンカーンによる奴隷解放宣言はロシアの農奴解放令発令の約二年後の一八六三年一月一日。対象となった黒人奴隷は四百万人だった。

農奴解放は中途半端な面があったにしても、思い切った措置であることは間違いない。アレクサンドル二世は農奴解放のほかにもゼームストボ Zemstvo / земство と呼ばれる地方自治機関を設置、初等教育の充実、軍役の軽減、軍の効率化、検閲を緩和し、公開裁判制度を整えた。彼の一連の施策は「大改革 Great Reforms / Великие реформы」と呼ばれる。

アレクサンドル二世時代には極東地方で二つの重要な動きがみられた。一つは一八六一年にウラジオストクを軍港として建設したこと。もう一つは一八六七年のアラスカの米国への売却である。ロシアはクリミア戦争で敗北して財政が逼迫していたし、英国がアラスカ近くのブリティッシュ・コロンビアに進出し、将来、英国との戦争でアラスカをただで取られてしまうかもしれないと考え、米国に売ったと言われる。

「人民の中へ」

アレクサンドル二世は大胆に改革に取り組んだつもりだったとしても知識階級の中には失望する人たちがいて、彼らの革命志向はむしろ強まった。彼らは一八七四年春には農民が革命の担い手になると期待し、「人民の中へ」をかけ声に自ら農村に赴き、教師、医者、看護婦、獣医師などとして農民とともに生活した。「人民の中へ」はロシア語で「ブ・ナロード **в народ**」といい、参加した人たちをナロードニキ **народники**（英語で populists）、ナロードニキの運動をナロードニチェストボ **народничество** と呼ぶ。

ナロードニキの多くはアレクサンドル・ゲルツェンとニコライ・チェルヌイシェフスキーに影響されて社会主義に共鳴した若きエリートたちだ。アレクサンドル二世はスイスに留学している若者が過激な思想に染まらないよう帰国を命じたが、その令に従って帰国した子女も運動に参加した。一八七四年から翌一八七五年にかけ約二千五百人が農村に入り、君主制打倒や富農への反抗を呼びかけた。しかし、農民の賛同を得ることはできなかった。農民から警察に通報され逮捕された者もいる。当局は運動を革命の試みであるとみて千五百人以上を逮捕、一八七七年にはモスクワとサンクトペテルブルグでそれぞれ「五十人裁判」、「百九十三人裁判」が実施された。量刑は軽く大半は無罪放免となった。

農民から拒絶され、当局が取り締まりを強める中で、急進的ナロードニキが一八七六年に準テロリスト集団とも言うべき組織、「土地と自由 Land and Freedom / **Земля и Воля**」を結成した。この組織は三年後に二つに分裂、その一つの「人民の意志 People's Will／Народная воля」がアレクサンドル二世の暗殺を企て、何度かの未遂を経て、一八八一年三月十三日（旧暦三月一日）についに暗殺した。

ナロードニキの運動は一九〇五年や一九一七年の革命の先鞭をつけたと言うことができよう。

ユダヤ人へのポグロム

アレクサンドル二世が暗殺され、アレクサンドル三世が後を継いだが、父とは対照的に改革志向が弱い皇帝で、外国人嫌いだった。祖父のニコライ一世が統治の原則とした正教、専制、民族性 народность の尊重を実践、ロシア人以外の民族にも正教やロシア語を押しつける努力を重ねた。彼の治世の下で広がった社会現象にユダヤ人に対するポグロム pogrom／погром がある。

ポグロムはロシア語のポグロミーチ погромить（略奪、破壊、粉砕を意味する動詞）に由来する言葉で、少数民族、特にユダヤ人に対する殺害、略奪など残虐行為を意味する。

ロシアではキエフ・ルーシの時代からユダヤ人の存在が確認されているが、エカテリーナ二世時代の十八世紀末のポーランド分割でロシアがポーランド東部を獲得するまでは実質的にはゼロに近かった。この分割で百万人近いユダヤ人がロシア帝国内に編入され、*ユダヤ人人口が一挙に増えた。アレクサンドル三世時代の十九世紀末には五百万人を超えていた。世界のユダヤ人の過半数がロシアにいたことになり、ロシア帝国はユダヤ人が最も多数いた国だった。

ロシア帝国のユダヤ人の大半はアシュケナジ Ashkenadi（複数形は Ashkenadim）と呼ばれる人たち。アシュケナジはユダヤ人のダイアスポラ（離散）の過程の中で中世に今のドイツやフランス北部に移動し居住していたユダヤ人で、彼らはその後、迫害を逃れ東欧のポーランドやリトアニアへと移動していた。アシュケナジに対しスペインやポルトガルに移動し居住していたユダヤ人はセファルディ Sephardi（複数形は Sephardim）と呼ばれる。

これら二つのユダヤ人集団にはユダヤ教の祭礼の方法や言語の使用などの面で違いがある。

ロシア社会におけるユダヤ人差別の歴史は長く、エカテリーナ二世は一七九一年にユダヤ人の居住地域をロシア帝国の西部、今のリトアニア、ベラルーシ、ポーランド、モルドバ、ウクライナ、そしてロシア西部に限定する令を出している。ユダヤ人に対する「居住制限地域」は Pale of Settlement / черта оседлости という。アレクサンドル三世はこの居住地域制限を強化、さらに中高等教育機関でユダヤ人子弟の数が増えないようユダヤ人の生徒・学生比率に上限を設けた。

ポグロムの一つのきっかけは、アレクサンドル二世の暗殺だったといわれる。暗殺団の中にユダヤ人女が参加していたとの噂が広がり、ユダヤ人に対する反感が高まった。アレクサンドル三世の政府はポグロムを奨励したわけではないが、傍観した。

最もひどいポグロムは一八八一年から一八八四年にキエフ、ワルシャワ、オデッサなどで発生した。その数、二百件以上で、家屋の破壊が相次いだ。ただし襲撃による死者の数は数人程度に収まったと言われる。ところが一九〇三年から一九〇六年にかけてオデッサ、キシニョフなどでのポグロムでは二千人が殺されたと推定されている。一九〇五年のオデッサ・ポグロムが特にひどかった。

ユダヤ人の生活は貧しく、加えてポグロムの発生で大勢のユダヤ人が外国に移住した。その数は十九世紀末から二十世紀初めにかけ推定で二百五十万人に上った(7)。大半は米国へ渡った。

一九六四年初演のブロードウェイのミュージカル『屋根の上のバイオリン弾き *Fiddler on the Roof*』は、この頃のユダヤ人居住地におけるユダヤ人一家の生活、過酷な運命を描いている。この一家も米国へ移住する。作品は日本でも森繁久彌などの主演で大ヒットした。

ユダヤ人をねらったポグロムは十一世紀から欧州各地で発生している。一三四八年にはペストの拡散を機にドイツやスイスで発生し、多くのユダヤ人がポーランドに移住した。一九三八年十一月九日から十日にドイツ各地で発生したクリスタルナハト（水晶の夜）と呼ばれる襲撃もポグロムだ。この時は少なくとも九十一人のユダヤ人が死亡、三万人が逮捕され収容所送りとなった。千を超えるシナゴグ（ユダヤの礼拝堂）が焼かれた。

＊**ロシアのユダヤ人人口**……ロシア／ソ連のユダヤ人人口は、アレクサンドル三世時代のほかに十月革命後の内戦中の大規模なポグロム（主として白軍兵士や住民によるが、赤軍兵士によるポグロムもあった）、それに伴う移住、さらには第二次世界大戦中のナチ・ドイツ軍による占領区域でのホロコースト、ミハイル・ゴルバチョフ時代の出国制限の緩和による移住などで激減した。

ソ連崩壊後、ロシアの二〇一〇年の国勢調査では、ユダヤ人と回答した人は十五万六千八百一人。全人口の〇・一％だった。スターリン時代の一九三四年にユダヤ人に配慮してハバロフスク近郊に「ユダヤ人自治州」が設けられたが、二〇一〇年の時点でユダヤ人住民は千六百人余りで同自治州の人口の一％にとどまった。

第2章

帝国崩壊とロシア革命

マルクス主義の台頭

アレクサンドル三世の治世（一八八一～一八九四年）からロシア社会は一段と急速に変化し始める。農民が工場労働者として雇用され、都市人口が増えた。低賃金、長時間労働を強いられ、生活環境は劣悪で苦しい生活を送り、政治意識を強める者が増えた。鉄道や通信インフラの整備が始まり、情報が地方にも伝わりやすくなった。知識階級の間に社会主義とリベラリズムが一段と浸透、こうしてロシアは革命への道を突き進むことになる。

社会の変化を背景に三つの政治潮流が生まれた。

一つはマルクス主義者の出現。彼らは一八九八年にロシア社会民主労働党 Russian Social Democratic Labour Party（RSDLP）/ **Российская социал-демократическая рабочая партия**（РСДРП）を設立した。この党はその後、ボリシェビキ Bolsheviks / **большевики** とメンシェビキ Mensheviks / **меньшевики** に分裂、ボリシェビキがのちのソ連共産党になる。

第二は農民を基盤にした社会主義の実現をめざした農業社会主義者の台頭。彼らの思想の源流はナロードニキ運動にさかのぼる。一九〇二年に社会革命党（略称「エスエル」）Party of Socialists Revolutionaries / **Партия социалистов-революционеров**（эсеры）を設立した。マルクス主義者も農民社会主義者も革命を志向した点では同じだが、互いにライバル関係にあった。

両党を現代の感覚で党名から判断すると、ロシア社会民主労働党は穏健な社会主義者の党で、社会革命党（エスエル）が過激な革命主義者の党であるかのような印象を受けるかもしれない。だが、社会民主労働党はマルクス主義政党であり、彼らが後に十月革命の主役となった。一方、社会革命党（エスエル）はマルクス主義政党ではなく、党員の多くは十月革命に反対した。

三番目の潮流は漸進的改革をめざすリベラル派の動きで、多くは立憲君主制への改革を志向、一九〇五年に立憲民主党 Constitutional Democratic Party / **Конституционная демократическая партия** を設立した（ロシア語の略称はカデートィ **кадеты**。日本ではカデットと表記されることが多い）。

ロシア人とマルクス主義のかかわりはミハイル・バクーニンにさかのぼる。マルクスが『資本論』第一巻を出版したのは一八六七年。それをバクーニンがドイツ語からロシア語に翻訳、一八七二年に出版した。『資本論』初の外国語訳である。バクーニンがロシアにマルクス主義を持ち込んだとすれば、マルクス主義をロシアの現実に適応させ、広めた人物はゲオルギー・プレハーノフだ。ロシアで最初にマルクス主義者を名乗った一人で、ロシア社会民主労働党の設立に手腕を発揮した。彼はロシアで最初にブルジョア革命が、その次にプロレタリア革命が起きるという二段階革命論を説いた。ロシアのマルクス主義者は一九〇三年にボリシェビキとメンシェビキに分裂するが、プレハーノフはメンシェビキの祖だ。

もちろんロシアのマルクス主義者の代表は十月革命の主役、ウラジーミル・ウリヤノフ（別名レーニン）であるが、レーニンはプレハーノフから大きな思想的影響を受けた。

ボリシェビキ対メンシェビキ

ロシア社会民主労働党は一八九八年にミンスクで第一回党大会を開き結党されたが、すぐに幹部が逮捕され、

ロシア・ソ連におけるマルクス主義政党の変遷

1898	ロシア社会民主労働党創設。Russian Social Democratic Labour Party / Российская социал-демократическая рабочая партия
1903	ボリシェビキとメンシェビキが対立。
1912	ボリシェビキが独立し，ロシア社会民主労働党(b)を創設。Russian Social Democratic Labour Party(b) / Pоссийская социал-демократическая рабочая партия (большевиков)。略称 РСДРП（б）。(b)はボリシェビキを意味。メンシェビキは従来通りロシア社会民主労働党を名乗った。
1918	十月革命後，(全)ロシア共産党(b)に名称変更。(All-)Russian Communist Party (b) / Росийская коммунистическая партия（б）。略称 РКП（б）。
1925	全連邦共産党(b)創設。All-Union Communist Party(b) / Всесоюзная коммунистическая партия(б)。略称 ВКП(б)。
1952	ソ連共産党創設。ボリシェビキを意味する(b)が外れた。Communist Party of the Soviet Union=CPSU / Коммунистическая партия Советского Союза。略称 КПСС。
1991	ソ連共産党解党。
1993	ロシア連邦共産党創設。ソ連を構成していたロシア共和国の共産主義者が作った。Communist Party of the Russian Federation=CPRF) / Коммунистическая партия Российской Федерации。略称 КПРФ。

活動できなかった。レーニンがこの党に参加し活動を開始するのは創設大会以降のことだ。第一回党大会には出ていない。出席者が国内で逮捕される危険があったため、第二回党大会は一九〇三年七月にブリュッセルのネズミが出る倉庫で開催した。しかしここにも警察の目が及んだため、大会途中の八月に会場をロンドンに移した。出席した代議員は四十三人。投票権を委任されて一人で二票の投票権を持つ者もいて、投票権数は五十一票だった。

大会では党の基本的な性格を決定する綱領と規約をめぐり議論した。綱領の問題では、プロレタリア独裁を目標として書き込むかどうかや農業政策、民族自決の取り扱いが焦点となった。大会最大の争点となったのは、規約に盛り込む党員資格をめぐる問題で、レーニンを中心とする派閥とユーリー・マルトフを中心とする派閥が対立した。

マルトフはさまざまな党機関の中の一つの指示を受けながら個人的に参加してくれる人たちを党員として迎えるよう主張した。これに対しレーニンは、党綱領に賛同し物質的手段および党機関で日常的に活動することで党を支える人を党員とするよう求めた。違いは大きくないようにも思えるが、マルトフは幅広く支持者を集めて党を作りたいと考えたのに対し、レーニンは党員をより厳格に選別し、職業革命家の党をめざした。激論の末、大会は綱領の問題ではレーニンの主張を支持、党員資格については二十八票対二十三票でマルトフ派の案を採択した。

綱領と規約の問題が決着した後、大会は党中央委員会と機関紙『イスクラ *Spark* / ***Искра***（火花という意味）』の編集部の選挙に移ったが、ブンド Bund / Бунд と呼ばれるユダヤ人活動家たちのグループが党内で自分たち独自の組織を保持できるよう求め、その主張が通らなかったことに抗議して退席、ほかに二人が別の問題の審議のあり方に不満で退席した。彼らは党規約の問題ではマルトフを支持していた。

会場ではレーニン派が多数を占め、マルトフ派は少数となり、選挙された党中央委とイスクラ編集部ではレーニン派が多数派となった。大会は無事終了したが、その後、レーニン派を「ボリシェビキ（多数派という意味）」、マルトフ派を「メンシェビキ（少数派）」と呼ぶようになった。ロシア社会民主労働党の第二回大会は事実上の党創立大会だったが、党は発足早々から分裂含みだった。

その後のボリシェビキとメンシェビキの主張も踏まえ両派の違いを一言で表現するなら、メンシェビキはブルジョア革命とプロレタリア革命の二段階革命を想定、双方の革命を民主的に遂行できると考えた。したがって帝政打倒のため資本家との協調を視野に入れた。これに対し、ボリシェビキはブルジョア革命とプロレタリア革命を職業革命家の指導の下に連続して、しかも暴力的に実現し帝政を打倒することを考えた。

日露戦争での屈辱的敗北

一九世紀末から二〇世紀初頭にかけ革命運動が勢いを増す中で、ロシアは日露戦争 Russo-Japanese War / Русско-японская война を戦い敗北した。この戦争も帝政への国民の信頼を弱め、革命運動を加速する要因となった。ロシアはクリミア戦争の後、一八七七〜一八七八年に再びトルコと戦い敗北、バルカン半島への進出の望みが絶たれた。次に極東への進出を重視、シベリア横断鉄道を建設、清国、さらに朝鮮半島での権益確保に乗り出し、日本と衝突した。ロシアは日本の士気や実力を過小評価していた。近代において欧州の大国がアジアの国に負けたのは初めて。ロシアには屈辱的な敗北だった。一九〇五年五月、対馬海戦でのバルチック艦隊の敗北は特に衝撃的だった。以来、ロシアの艦隊は海戦を戦ったことはない。

ロシアは国内の政情が混乱していたこともあり、セオドア・ルーズベルト米大統領の仲介による講和を受け入れ、一九〇五年八月にニューハンプシャー州ポーツマスで講和条約が締結された。ロシアは日本の朝鮮半島に対する支配権を認め、サハリンの南半分を日本に譲渡した。だが、ロシアはセルゲイ・ウィッテの巧みな外交交渉で賠償金の支払いを免れた。

レフ・トロツキー（英語圏ではレオン・トロツキーが一般的）が後に述べた言葉に「同志たちよ、戦争は歴史を動かす一大機関車だ(1)」がある。一九二二年十二月二十八日、第十回全連邦ソビエト大会の共産主義者会合での演説の一節だ。欧州でのプロレタリア革命と米国での共産党創設のどちらが早く起きるかを論じ、さらに日米戦争など新しい出来事が今後次々と発生する可能性があると指摘した下りで出てくる。ただし、一般的には、クリミア戦争での敗北で政治経済の改革の必要が叫ばれるようになり、日露戦争での敗北がサンクトペテルブルグ（ペトログラードへの改称は一九一四年）を舞台にした労働者運動や国家ドゥーマ State Duma / Государственная дума（国会）開設運動を促進したことを解説する言葉として受け止められている。この表現はクリミア戦争や日露戦争に限らず有効だろう。第一次世界大戦も帝政の終焉と十月革命を促した要因だ。確かに戦争が歴史を動かしてきた。

一九〇五年革命と皇帝の譲歩

日露戦争で旅順が日本軍に陥落してから約三週間後の一九〇五年一月二十二日（旧暦一月九日）にサンクトペ

テルブルグで血の日曜日事件 Bloody Sunday / Кровавое воскресенье が起きた。それを機に市内の工場でストが発生、全土に波及した。ニコライ二世は騒乱を抑えるため同年十月、国家ドゥーマ（国会）の設立や市民への基本的権利の承認などを柱とする十月詔書 October Manifesto / Октябрьский манифест を発布、ようやく騒乱状態に終止符を打った。この一連の事件を一九〇五年革命 Revolution of 1905 / Русская революция 1905 года という。その結果、帝政は一段と弱まった。

血の日曜日事件は労働者の不満が高まる中で起きた。警察がてこ入れしていた労働組合の指導者だったゲオルギー・ガポン司祭が労働者の要求をまとめ、皇帝に差し出す請願書を書いた。「われわれは人間とみなされていない〈中略〉われわれは奴隷のような扱いを受けている」と訴え、報道の自由、宗教・集会の自由、議会、法の前の平等、労働法、八時間労働、間接税の減税、累進所得課税、政治犯の釈放、日露戦争中止などを求めた。請願書には十三万五千人が署名した。

請願書を皇帝に渡そうと一月二十二日にガポンの統制の下で十五万人が冬宮に向かい行進した。平和的な行進で皇帝の肖像画、イコンを掲げ、賛美歌を歌っていたというから必ずしも反皇帝的なデモではなかった。しかし、これに軍が発砲し、約一千人が死亡、数千人が負傷した。「血まみれニコライ Nicholas the Bloody / Николай Кровавый」を非難する声が広がり、革命の炎を燃やすきっかけとなった。自由を求めるストが各地に拡大、テロが頻発、社会秩序は乱れ、無政府状態が出現した。一月末に五十万人がストに参加したという。

社会の混乱に追い討ちをかけるように戦局が悪化、五月には対馬海戦でバルチック艦隊が殲滅され、帝政に対する国民の信用はさらに弱まった。六月には黒海艦隊の戦艦ポチョムキンで水兵たちが待遇の悪さに怒り反乱を起こした。食事に差し出されたボルシチに蛆が入っていたという。日本と戦うため黒海艦隊からも優秀な将兵が駆り出され、ポチョムキンに忠誠心のある将兵が少なかったという背景もある。しかも対馬海戦での敗北で海軍の士気は一段と下がっていた。反乱兵士が乗っ取ったポチョムキンはオデッサ港に寄港、オデッサ市民はストで反乱を支持したが、結局、反乱は押さえ込まれた。反乱はのちにセルゲイ・エイゼンシュテイン監督によって『戦艦ポチョムキン *Battleship Potemkin* ／ *Броненосец «Потёмкин»*』の題で映画化された。

ニコライ二世は混乱の収拾をウィッテに頼った。ポーツマスでの対日講和交渉を担当させたほか、十月詔書を起草させ、十一月には新設の首相に任命し、改革政策に取り組んだ。しかし、成果は上がらず、ウィッテも国民の支持を得られなかった。彼は一九〇六年六月に辞任した。

欧州では一八七一年にパリ・コミューンが誕生している。普仏戦争で経済的困難に苦しんだうえ戦争に負けたことからパリ市民が蜂起し樹立した社会主義的革命政権だ。パリ・コミューンは同年五月から二カ月間パリを支配したが、一九〇五年革命はそれ以来最も衝撃的な社会主義的革命だった。だが、血の日曜日事件の主役がロシア正教会の司祭であったことに表れているように、特定の社会主義指導者が主導したのではなく、自然発生的だった。戦艦ポチョムキンの反乱も同様に自然発生的だった。レーニンなど革命勢力が先導したわけではない。

革命の主役ソビエトの発足

一九〇五年革命の過程で自然発生的に労働者がストや蜂起のために作った組織が*ソビエト soviet ／ совет だ。ソビエトの源流は一九〇五年三月にアラパイェフスクという町に作られた労働者代表ソビエトといわれるが、同年五月にイワノボ・ボスネスンスク（現イワノボ）の繊維工場労働者たちがストを組織するために立ち上げたソビエトが実質的なソビエト第一号。その後、秋にかけて各都市に工場労働者と兵士、そして農民によるソビエトが次々と作られていった。この時期のソビエトは特定の革命指導者や党が主導して組織されたわけではなかった。ソビエトはその後、いったん存在感を失ったが、一九一七年二月革命で再結成され始めた。

レーニンが率いるボリシェビキは当初、ソビエトを自然発生的で未熟な組織として軽視していた。ソビエトを重視したのはメンシェビキと社会革命党（エスエル）で、彼らはまずはブルジョア革命の遂行を考えてソビエトに参加していた。しかし、後にレーニンが「すべての権力をソビエトへ」とのスローガンを提唱、ソビエトをプロレタリア革命の道具として重視した。ソビエトは十月革命の主役だったから、ボリシェビキが最初から積極的に組織にかかわったと誤解しがちだが、そうではない。ボリシェビキはソビエトをうまく利用して十月革命を遂行した。

＊**ソビエト**……ソビエトは助言、会議を意味する普通名詞の単語だが、一九〇五年革命時に反帝政運動と関係した用語として使われ始めた。十月革命を経て一九二二年に「ソ連＝ソビエト社会主義共和国連邦」が建国され、ソビエトは国名にも採用された。そのためソビエトがソ連という国名の略称として定着したが、本来は地名を指す固有名詞ではない。

ストルィピン改革と弾圧

ニコライ二世はウィッテの後の首相にピョートル・ストルィピンを起用、今度は彼の改革手腕に期待した。ストルィピンは、一九〇五年革命が再発しないよう取り締まりを強化、その一方で農業近代化などを推し進めた。

農業近代化ではミール mir ／ **мир**（オプシチーナ obshchina ／ **община** とも言う）と呼ばれる伝統的農業共同体を解体して自由な独立した農民の創出に努めた。既述のように一八六一年の農奴解放でも農民の多くは国に対して借金を抱え、ミールの一員としても様々な制約を受けていたが、ストルィピン改革で一九一六年までに全農民世帯の八分の一にあたる二百万世帯がミールから独立し小規模ながら農地を所有するようになった。この改革はロシアの農業に農奴解放に次ぐ大きな影響を与えた。

農業改革以外では、ユダヤ人や古儀式派の人たちの自由を広げ、教育の普及、労働条件の改善に取り組んだ。しかし、ストルィピン改革は十月革命の発生をみても分かるように、革命への流れを止めることはできなかった。改革への着手が遅すぎたと言えよう。

ストルィピンは過激な革命運動には厳しく対処した。即決裁判で一九〇六年から一九〇九年にかけて三千人以上を絞首刑に処した。このため絞首台の首縄は、ストルィピンのネクタイ Stolypin's necktie ／ столыпинский галстук と呼ばれた。ストルィピンは彼の政策に反感を抱いた勢力から十一度も暗殺の対象にされ、遂に一九一一年九月、キエフのオペラハウスで暗殺された。暗殺者は逮捕、処刑されたが、犯行の動機は明確ではない。

ストルィピン改革に対する現代ロシアの知識人の評価は分かれるが、プーチン大統領はストルィピンを極めて高く評価している。プーチンは首相だった二〇一一年七月に閣僚を集めた会議で「彼（ストルィピン）は真の愛国者であり、賢明な政治家だった。彼は急進主義に対する理解が深かった。その一方で一カ所にとどまることが急進主義と同じように危険であることも理解していた」と述べた。閣僚にストルィピンの記念碑建設に寄付するよう働きかけるほどだった。プーチンは反政府運動を強く警戒、時に強権的手法で対応、その一方で経済改革にも熱心だ。プーチンは自分の統治スタイルがストルィピンに似ていると共感したのかもしれない。

黒の百人組のテロ

一九〇五年革命で帝政が動揺してから一九一七年の革命にいたる大変革期に、黒の百人組 Black Hundreds or Black Hundred ／ черносотенцы（Чёрная сотня）と呼ばれる運動が一定の存在感を示した。ニコライ二世の主張に呼応するように、正教、専制君主制、ロシア民族を守るとの目標を掲げた国粋主義的運動で、立憲民主党を中心とするリベラル改革勢力とエスエル、メンシェビキ、ボリシェビキの革命勢力の双方を敵視した。ニコライ二世とは反ユダヤ人主義という点でも共通している。

彼らは政治家の暗殺を繰り返し、ユダヤ人に対するポグロムを実行した。農民を中心に社会各層から多くの人が参加、その数は一九〇六年末に五十万人に上ったとも言われる。運動はいくつかの組織の総称であり、一つにまとまった機関を持っていたわけではないし、政党でもない。第一次世界大戦の勃発や内部対立もあって一九一七年には勢いを失った。

名称の中の「黒」の由来だが、ロシア語の「黒 чёрный（チョールヌィ）」には「（官職についていない）庶民の」という意味があり、ロシアに伝統的なミールやオプシチーナと言われる共同体の人たちを指す形容詞だった。黒の百人組という表現は自分たちを守る共同体員の集まりという意味で十七世紀から存在していたという。二十世紀初めの国粋主義的運動は黒ずくめで暗殺を繰り返す陰謀集団という意味で名付けられたわけではなく、内外の敵からロシアを守る運動として彼ら自身がその名称を受け入れていた。

第一次世界大戦の勃発

欧州では一八七〇年代から第一次世界大戦開戦前にかけて産業資本が成熟、主要国は市場と原料供給基地を確保するため植民地を持つようになった。また、それまでのパックス・ブリタニカ（英国による平和）が終焉し、米国、日本という非欧州諸国が世界政治の舞台に登場した。世界情勢が変遷する中、バルカン半島各地で民族解放運動が高まり、オスマン・トルコ帝国が分解、小さな民族国家がいくつか誕生した。このうちのセルビアとルーマニアが、隣のオーストリア・ハンガリー帝国内の自民族、あるいは自民族と類似の系統の民族が居住している地域を本国に併合するよう要求し始めた。

セルビアの民族解放運動は、同じセルビア民族の国であるモンテネグロを併せてオーストリア・ハンガリー帝国内のユーゴスラビア民族が居住する地方にユーゴスラビア国家の建設をめざす運動に発展した。ところがオーストリア・ハンガリー帝国は一九〇八年、逆にボスニア・ヘルツェゴビナを一方的に併合、これがユーゴスラビア建国運動を一段と刺激した。

こうした時代状況の中、一九一四年六月、オーストリア・ハンガリーの皇太子と皇太子妃がユーゴスラビアの統一国家を理想とするセルビア人青年に暗殺された。このサラエボ事件を機にオーストリア・ハンガリーがセルビアに宣戦、ロシアが相互援助条約を理由にセルビアを支持し参戦した。

一方、ドイツはオーストリア・ハンガリーを支持、フランスがロシアに加担、英国はドイツのベルギー侵入に反発しドイツに宣戦した。イタリアはドイツ、オーストリア・ハンガリーとの三国同盟の一員だったが、オーストリア・ハンガリーとの領土対立が高じて*協商国側に味方した。日本は極東におけるドイツの勢力の一掃をねらい、米国はドイツの潜水艦によって商船が撃沈されたことに反発し参戦し、欧州の戦争が世界大戦へと発展した。

大戦勃発前の欧州の国際秩序は、ドイツ、オーストリア・ハンガリー、イタリアの三国同盟 Triple Alliance とこれにフランス、英国、ロシアの三国協商 Triple Entente が対抗するという構図にあった。第一次世界大戦は、協商国を中心にした連合諸国とドイツ、オーストリア・ハンガリー、トルコ、ブルガリアの四カ国同盟（中央同盟国 Central Powers ともいう）の間の戦いだった。

＊**協商 entente**……協調や友好を意味するフランス語で、外交の世界では同盟 alliance ほど強くないが単なる友好 friendship よりは強い関係を意味するとも言われる。はっきりした定義が確立しているわけではない。協商と名の付いた結束は、Entente Cordiale（一九〇四年に成立した英仏協商、原語の意味は「親しい協商」）、Anglo-Russian Entente（一九〇七年の英露協商）、Triple Entente（二十世紀初めに成立していた英仏露の三国協商）などがある。日本語の「協商」は相談して取り決めることを意味する。この場合の「商」は諮るという意味を持ち、商業関係を指すわけではない。

ニコライ二世への高まる不満

第一次世界大戦が続く中、ロシアの人々の困窮の度は一段と深まった。戦費を賄うための財政膨張で超インフレが進行、値上がりを見越しての食糧の隠匿が横行した。さらにドイツがバルト海を封鎖したうえに、トルコが中央同盟諸国に味方して参戦し黒海などトルコ経由の貿易経路がなくなり、物資供給が細り、経済的困窮がひどくなった。国内の鉄道網の整備の遅れもあって特に大都市で食糧問題が深刻になった。戦地から逃れるポーランド人やユダヤ人の難民が流入し、混乱に拍車がかかった。しかし、それが後述するように他国との比較で特にひどかったかどうかは議論が分かれるところだ。

ニコライ二世と軍首脳はドイツ軍を二～三カ月で打ち負かせると高をくくっていた。しかし、ロシア軍は開戦後の五カ月間に三十九万人の戦死者と百万人の負傷者を出した。特に開戦直後の一九一四年九月、東プロシアのマスリア湖での戦い First Battle of the Masurian Lakes で敗北、精鋭の十二万五千人を失ったことは痛かった。この大敗北が後の戦況、さらには二月革命、十月革命に大きな影響を与えた。貧弱な鉄道網は兵士への物資補給に大きな影響を与え、兵士は腹ぺこ、弾薬、銃が不十分で士気が低下した。戦線からの逃亡も相次いだ。銃を持たされず戦地に送られ、戦死した兵士から銃を拾って確保したという話も伝わっている。

ロシア軍は主に現在のポーランド、リトアニア、ウクライナ西部、ルーマニアで戦闘、一九一七年一月までに六百万～八百万人が戦死、負傷、あるいは捕虜となった。第一次世界大戦で最も多くの戦死者を出したのがドイツとロシアだ。

ニコライ二世が一九一五年九月、おじのニコライ・ニコラエビッチ大公に代わって軍最高司令官に就任し、自ら戦争の指揮をとり始めたことも不評だった。

一九一六年六月から九月にかけてアレクセイ・ブルシーロフ将軍率いる軍が現在のウクライナ西部でオーストリア・ハンガリー軍を攻撃、大勝利を得るという「ブルシーロフの攻勢 Brusilov Offensive／**Брусиловский прорыв**」があったものの、敗走が続き、ニコライ二世は戦争指揮には不向きだとの批判が高まった。貴族の中からもニコライ二世は皇位をニコライ大公に譲るべきだとの声も出始め、中には宮廷クーデターを模索する動きもあった。

当時国家ドゥーマでは立憲民主党などリベラル派が結束して責任政府（内閣）制 Responsible Government／

Ответственное правительство の設立を求める動きがあった。責任政府制とは国会が内閣を組織し、内閣は皇帝ではなく国会に対して責任を持つという立憲君主制のこと。専制君主制を立憲君主制に変えようという主張だった。

帝政が第一次世界大戦に動員した兵士は当時のロシア帝国の総人口一億七千五百万人のうちのなんと千五百万人に上り、兵士の八～九割が農民出身だった。将校と兵士との身分格差は大きく、海軍基地クロンシタットでは「犬、兵士、水兵」立ち入り禁止の通りもあったという。兵士、農民に革命の気分が広がった背景にはこうした差別が横行した事情もある。

ロシアでは戦争中に十月革命が発生、誕生したボリシェビキ政権は一九一八年三月にドイツとその同盟諸国とブレスト・リトフスク条約を締結、戦線を離脱した。ロシアはこの講和によって膨大な領土を割譲しなければならなかった。だが、ロシアはとにかく生き延びた。

ロシア史をさかのぼると、一五九八年から一六一三年にかけての「動乱の時代」に暴動、ポーランドの介入、飢饉という三重苦を経験したが、国家としての崩壊を避けることができた。一八一二年にはナポレオン軍が侵入したが、これを押し返し、欧州の大国としての地位を固めた。第一次世界大戦、そして後の第二次世界大戦でもロシアは国難に直面しながらも生き延び生命力の強さを示した。

ベルサイユ条約と欧州新秩序

戦争は中央同盟諸国の敗北で終わり、一九一九年にパリ講和会議が開かれ、ドイツとのベルサイユ条約など五条約が締結され、新たな国境線画定、賠償、そして国際連盟の設立が決まった。ドイツに対しては懲罰的な巨額の賠償、領土縮小を課し、ドイツ経済は超インフレで疲弊、それがのちのアドルフ・ヒトラーの台頭を促す原因になった。

第一次世界大戦は各国合わせ九百万人とも千五百万人とも言われる死者を出し、それまで人類が経験したことのない大戦争だった。化学兵器が初めて使われ、あちらこちらで国境が変更された。ロシア、オスマン・トルコ、オーストリア・ハンガリー、ドイツという四つの帝国が崩壊、さらには二つの全体主義的イデオロギー、つまりナチズムと共産主義の台頭の契機となった。

第一次世界大戦が欧州に残した傷跡は深く、各地に顕彰碑が作られており、その数は第二次世界大戦関連の碑よりも多いともいう。ただしロシアでは十月革命、内戦と戦乱が続いたため、第一次世界大戦関連の碑はそう多くない。

ちなみに、パリ講和会議で英語が初めてフランス語と並んで外交用語として認知された。ベルサイユ条約は英文と仏文が正文である。フランス語は十四世紀半ばまでに欧州で最も広く普及、フランス以外の国でも外交の分野の共通語として使われていた。その後、フランスが大国としての地位を固めるにつれフランス語もさらに広まり、十七世紀には外交用語としての地位が確立した。帝政時代のロシアの外交官も頻繁にフランス語で文書をやりとりした。しかし、英米の勢力の台頭で英語の地位も向上、ベルサイユ条約にそれが反映された。

怪僧ラスプーチン

国民生活の困窮、戦争犠牲者の増大でニコライ二世に対する国民の不満が高まり、帝政の混乱が続いたが、宮廷での怪僧グリゴリー・ラスプーチンの暗躍がその混乱に拍車をかけた。ニコライ二世の息子アレクセイは血友病を患っていた。アレクセイの曾祖母は英国のビクトリア女王で、彼女から血友病が欧州各国の親戚に遺伝している。

皇后アレクサンドラは息子の健康を心配、そこへ登場したのが不思議な癒しの力を持つというラスプーチンで、アレクサンドラに取り入った。ニコライ二世は前線に赴くことが多く、皇后が留守を預かり、ラスプーチンは皇后を通じて政治に影響を与えた。ラスプーチンは性豪で、その放蕩な振る舞いで宮廷の秩序も乱れ、怒った貴族

グリゴリー・ラスプーチン

たちが一九一六年十二月、彼を暗殺した。ニコライ二世のいとこのドミトリー大公も暗殺を計画した貴族団に加わっていた。

ラスプーチンは大酒のみで、しかも毒入りワインを何杯も飲み青酸入りのケーキを食べても体調に大きな変化はなかったといった不死身の伝説の持ち主。彼を銃撃したフェリックス・ユスポフ公は彼が死んだと思って部屋を出たが、その後ラスプーチンが雪の積もった中庭をネバ川の土手に向かって進んでいたのを発見、さらに二発銃撃して殺害した。遺体はネバ川に捨てられたという。

二月革命と帝国崩壊

一九一六年にすでに大規模ストが発生し始めていたが、一九一七年三月八日（旧暦二月二十三日）の国際婦人の日にペトログラードで数千人の婦人労働者がパンや燃料をよこせと叫んで職場を放棄、これを機にストは一気に広がった。デモ参加者は停戦と皇帝の退位を要求した。

ニコライ二世は三月八日には前線にいた。首都の状況が緊迫していたにもかかわらず、これを軽視して軍最高司令本部の置かれていたモギリョフ（現在、ベラルーシ東部）に出かけていった。これも彼の判断の過ちだった。騒乱の連絡を受け、軍に鎮圧を命令したが、多数の兵士が反乱、反政府勢力に味方し、十一～十四日には銃撃戦が展開された。十四日には首都の守備隊十七万人全員が反乱側についたと研究者たちは指摘する。兵士の多くは農民出身で彼らは「土地と自由を」「ロマノフ家くたばれ」などと叫んだ。その意味で兵士の反乱は農民の蜂起だった。とにかく軍を掌握しきれていなかったことが皇帝には致命的だった。

一連の衝突でペトログラードの革命勢力側だけで三百人死亡、千二百人が負傷した。バルチック艦隊では百人の将校が殺害された(2)。

皇室、貴族、国家ドゥーマ（国会）議員の中にも皇帝批判が渦巻き、皇帝の信頼は地に堕ちていた。皇帝は十一日に国会を停止する挙に出たが、国会では有志議員が集まって翌十二日に臨時委員会を組織し、対応を考えた。さらに社会革命党（エスエル）やメンシェビキといった社会主義勢力が同日、ペトログラード労働者兵士代表ソビエト Petrograd Soviet of Workers' and Soldiers' Deputies / Петроградский Совет рабочих и солдатских депутатов（Петросовет）を組織した。略称ペトロソビエト。労働者のデモは自然発生したのだが、社会主義勢力が混乱に乗じて組織作りに乗り出した。

ニコライ二世は首都の混乱を受けて鉄道で帰ろうとしたが、反乱兵士の妨害にあい首都に帰れず、北部前線本部のあるプスコフで足止めされた。軍首脳が列車内にいる皇帝に対し、退位して全権を国会に委譲するよう迫った。皇帝は遂に三月十五日（旧暦同二日）に退位を決断した。皇帝を支えてきた人たちが皇帝を見限った。

ニコライ二世は、退位にあたってまず息子のアレクセイを即位させることを考えたが病気のことも考え、皇帝の弟のミハイル・アレクサンドロビッチ大公の即位を求めた。しかし、大公は身の安全に懸念を抱き即位を断った。一九一七年三月十六日（旧暦三日）のことだ。ここに一六一三年以来、三百年有余に及んだ*ロマノフ王朝は終焉を迎えた。ただし、この時点では将来招集される憲法制定会議で立憲君主制を選択する可能性が消えたわけではなかった。

ニコライ二世の退位は旧暦でも三月のことだったが、そのきっかけとなったスト、集会、デモ、衝突が旧暦二月に起きているため、この政変劇を「二月革命 February Revolution / Февральская революция」と言う。

ニコライ二世は二十二日、ペテログラードの南二十四キロメートルにあるツァールスコエ・セロー（現在、プーシキンという町の一地区）に戻り、臨時政府によってアレクサンドル宮殿内に軟禁された。

二月革命は特定の党や指導者が計画を練って主導、実行されたわけではなく、自然発生的だった。一九〇五年革命と似ている。十月革命の主役となるレーニンやトロツキーなどボリシェビキの幹部は二月革命時にはロシアにはいなかった。彼らの多くはスイスにいた。ボリシェビキにとっては、いわば自分たちの知らない間に革命が起きたことになる。レーニンは二月革命前の一月、チューリヒで開かれたスイスの青年労働者集会で「われわれ老人は、おそらく生きてこの来るべき革命の決戦をみることはないだろう」と語っている(3)。

主役は農民出身の兵士たちだった。ただし工場労働者が全労働者に占める割合はまだ少なく、彼らが全国的にまとまって組織的に動いたわけではない。二月革命は「革命家なき革命」と言うこともできる。

歴史に「もしも」を問うことはあまり意味がないのかもしれないが、ニコライ二世が支配層の間にも広がっていた退位あるいは立憲君主制への移行をもっと早くに受け入れていたなら、ロマノフ王朝は今も続いていたのかもしれない。退位は遅すぎた。

＊**ロマノフ王朝**……ミハイル・ロマノフからニコライ二世まで三百四年間、ロシア・ツァーリ国とロシア帝国に君臨したロマノフ家の王朝だが、ロマノフ家にはドイツ、デンマークの血筋が色濃く入っている。

ロマノフ家はホルシュタイン・ゴットープ・ロマノフ家 House of Holstein-Gottorp-Romanov とも呼ばれる。一七二四年にデンマークのオルデンブルグ家の分家のホルシュタイン－ゴットープ公のカルル・フリードリクがロマノフ家のアンナに言わば婿入りし、その後、ピョートル三世を皮切りにロマノフ家の皇帝は全員がカルル・フリードリクを父とする血統にあるからだ。それまでのロマノフ家の男系男子の君主はピョートル二世で途切れ、さらに男系女子の君主は一七四一年から一七六二年まで女帝だったエリザベータが最後だった。それ以降はロマノフ家の女系男子の皇帝が続いた。

欧州では王室に外国人を迎えることは頻繁で、ロマノフ家も例外ではない。ロマノフ家に入った外国人としては、ホルシュタイン・ゴットープ公のほか、例えばエカテリーナ二世がいる。彼女はプロシアのアンハルト・ツェルブスト公の娘、ソフィア・オーグスタ・フレデリカとしてシュテッティン（現ポーランド領内）で生まれ、ロマノフ家に嫁いだ。

ニコライ２世（左）とジョージ５世（1913年）

アレクサンドル三世の妻（皇后）のマリアはデンマーク出身だったし、最後の皇帝ニコライ二世の妻、アレクサンドラはドイツ出身だ。ニコライ二世夫妻は英国国王ジョージ五世のいとこでもあった（ニコライ二世の母が英国のアレクサンドラ女王の妹。アレクサンドラ女王はジョージ五世の母）。ニコライ二世とジョージ五世がいとこ同士であるという関係は、写真にあるように同じ風貌であることからもうかがえるように思える。

ニコライ二世の皇太子、アレクセイは血友病を患っていたが、これは英国のビクトリア女王からの遺伝といわれる。

臨時政府の民主路線

国会で臨時委員会を組織したのは、立憲民主党、十月党（オクチャブリスト Octobrist / Октябрист。ニコライ二世が一九〇五年に出した十月詔書の改革実現をめざす地主、資本家の政党。十月党といっても十月革命とは無関係）の議員らで、臨時政府の発足をめざし、穏健社会主義政党のエスエルやメンシェビキなど他党の議員も入れて協議した。その結果、国の新体制を決める憲法制定会議 Constituent Assembly / Учредительное собрание を近い将来招集することを決め、さらにそれまで暫定的に統治するための内閣を組織した。これが臨時政府である。首相にはゲオルギー・リボフが就任した。

臨時政府では立憲民主党系が主流を占めたが、司法相として入閣し後にリボフの後任として首相に就任するエスエルのアレクサンドル・ケレンスキーが唯一の社会主義者として入った。アンドレイ・シンガリョフ（財務相）、アレクサンドル・グチコフ（戦争・海軍相）、ニコライ・ネクラソフ（運輸相）などフリーメーソン団の会員が多く入ったことも特徴だ[4]。ケレンスキーもフリーメーソン団の会員だった。

臨時政府はすぐに大胆な改革路線を打ち出した。平等で秘密の直接選挙による憲法制定会議選挙の準備のほか、数千人に上る政治犯の即時釈放、言論の自由など各種自由の尊重、階級別の規制の廃止、地方自治、婦人参政権、死刑廃止などを約束した。当時、世界で最も民主的な路線だったとの評価もある。帝政に比べるとまさに革命的な方針だった。戦争完遂の方針は変えなかった。

ペトロソビエト発足と二重権力

臨時政府設立が協議されていた三月十二日（旧暦二月二十七日）、同じ建物（国家ドゥーマが入っていたタブリチェスキー宮殿）で、メンシェビキとエスエルの代表者たちの主導でペトログラード労働者兵士代表ソビエト（略称ペトロソビエト）が発足した。一九〇五年のソビエトとの違いは、兵士が労働者と並ぶ主役として登場し、それが名前にも反映した点にある。

ペトロソビエトの主な目的の一つは臨時政府の活動を監視し、自分たちの要求を実現するため圧力をかけることだった。ソビエトは特に兵士の組織固めに力を入れ、労働者、農民からも強い支持を得た。ソビエトはその後各地で組織され、三月中に六百、十月には千四百二十九のソビエトが発足した。

この時期のロシアは臨時政府とペトロソビエトの「二重権力 Dual Power ／ Двоевластия」の時代にあったと言われる。確かに臨時政府はソビエト側から批判を受け、両者はライバル関係にあった。だが、その一方で全体としてペトロソビエトは臨時政府を敵とみなしていなかった。臨時政府には当初からエスエルのケレンスキーが入っている。彼はペトロソビエトの副議長だった。臨時政府はその後三度、内閣を改造しているがいずれの場合もソビエト側から複数が入閣している。したがってロシアはこの時期、二重権力の状態にありながらも連立政府が成立しているという奇妙な状態にあった。ただし、ペトロソビエトには臨時政府を敵視するボリシェビキも参加しており、内部がまとまっていたわけではない。

なお、革命勢力の間で「同志 Товарищ（タワーリシチ）」という言葉はペトロソビエトが結成された頃から流通するようになった。

「すべての権力をソビエトへ」

臨時政府は厭戦気分が高まっている中で戦争については継続の方針を打ち出した。これが兵士などの間で大きな失望を生んだ。また土地改革に挑んだが、事実上掛け声だけ。インフレ抑制にも失敗し、国民生活はよくならず、二月革命前と同じ社会不安の構図が続いた。臨時政府は軍幹部の忠誠を得ていたが、兵士の間ではソビエト支持が広がった。

レーニンは四月十六日（旧暦三日）にスイスからドイツ、スウェーデン、フィンランドを経由してペトログラードに戻ってきた。ロシアと戦争するドイツがロシアを混乱させるため、レーニンの帰国を助けた。

ペトロソビエトは社会主義勢力の大同団結を期待し、レーニン歓迎デモも企画したのだがレーニンはペトログラードに着くと早速翌日に、演説で急進的な『四月テーゼ *April Theses* / *апрельские тезисы*』を発表、喧伝し始めた。

ウラジーミル・レーニン（1920年）

「すべての権力をソビエトへ All power to the soviets / Вся власть Советам」とのスローガンの下、臨時政府と協力しないと強調、第一次世界大戦を批判、プロレタリアートと最貧農民による権力奪取、警察、軍、官僚制の廃止、土地国有化、農民への土地分配、労働者による生産、流通管理、国際共産主義運動の必要を強調した。党機関紙プラウダが四月七日付（旧暦）でその内容を伝えた。四月テーゼにはレーニン思想のエッセンスが詰まっている。しかし、その訴えは当初はボリシェビキの中からも時期尚早などの反論が出て支持されなかった。

「七月の日々」事件とコロニーロフの乱

臨時政府は十月革命までの八カ月間存在した。その間、三度危機を迎えている。最初は四月下旬。発足時から戦争継続の方針は打ち出していたが、改めて戦争に勝利するまで徹底的に戦う旨の文書を発表したところ、無賠償、無併合を求めていたソビエトの反発を買い、ペトログラード、モスクワでデモが発生、これをうけて戦争完遂の方針の主役だったパーベル・ミリュコフ外相らが辞任に追い込まれ、内閣を改組、五月十八日（旧暦五日）にあらたにエスエルとメンシェビキの五人の社会主義者を迎える第一次連立政府が発足した。

二番目の危機は七月。厭戦気分が高まっていたにもかかわらずアレクサンドル・ケレンスキー戦争相は七月にガリチア地方でドイツ、オーストリア・ハンガリー軍に対し攻勢をかけた。しかし、甚大な戦死者を出し、大敗北を喫した。こうした事態を受けてペトログラードで兵士、労働者が街頭に繰り出し、臨時政府打倒、ソビエトへの政権引渡し、ドイツとの和平などを求め当初は平和的にデモを展開した。このデモについてボリシェビキ内では支持するかどうかで意見が分かれていたが、結局、デモを支持する方針を打ち出した。この時のボリシェビキの役割についてはいくつか説がある。

一方、臨時政府は前線から部隊を呼び戻すなどしてデモの鎮圧に乗り出し、メンシェビキと社会革命党（エスエル）は臨時政府の対応を支持した。デモ隊は平和的デモから武装、銃撃戦に切り替え抵抗したが、死傷者が出た末、結局、勢いを失った。臨時政府はこの事件を機にボリシェビキの取り締まりを強化、数百人の活動家を逮捕、レーニンはフィンランドに逃亡した。「七月の日々 July Days／Июльские дни」と言われる事件である。この事件を受けて八月六日、第二次連立政府が作られた。

臨時政府はボリシェビキが関与したデモを抑えこんだのだが、次に右からの攻撃にさらされた。七月の日々事件の後、軍の中には将校を中心に臨時政府は軟弱すぎるとの声が広がり、八月中旬にはラブル・コルニーロフ軍最高司令官がソビエトの影響力排除を求め始め「コルニーロフの乱」が起きる。これが三番目の危機だ。この時までにリボフ首相は閣内の対立に嫌気がさし辞任、後任首相にケレンスキーが戦争相兼務で就任していたが、コルニーロフとの関係がぎくしゃくした。このため臨時政府で宗務院総監という要職を務めたことのある有力者のウラジーミル・リボフ（リボフ前首相とは別人物）が間に立って調整にあたったものの、かえって二人の意思疎通を歪め、相互不信が高まり、結果としてコルニーロフは臨時政府打倒をめざし行動することになった。

ケレンスキーはボリシェビキとソビエトの軍事組織に大量の銃を渡し、彼らの支持を得てコルニーロフに対抗した。コロニーロフが首都に送り込もうとした部隊は鉄道ストや民衆の抵抗にあい、兵士の士気が阻喪、このクーデターは結局失敗した。ただしコルニーロフとケレンスキーは少なくとも当初はソビエト勢力に対抗する姿勢を共有していたともいわれ、事件の経緯については歴史家の間でも解釈が分かれている。

いずれにしてもコルニーロフ事件の影響は大きい。右派はケレンスキーがコルニーロフを支持しなかったことに反発、一方、左派ではボリシェビキの勢いが強まり、ケレンスキーはボリシェビキに反抗しにくくなった。ケレンスキーはコルニーロフとともに行動した軍人を逮捕、逆に刑務所に入れていたボリシェビキを九月中旬までに釈放した。その中にはトロツキーも含まれる。トロツキーは釈放されて間もなく、ペトロソビエトの議長に選出された。七月の日々事件で大打撃を蒙ったボリシェビキだが、ソビエト内でのボリシェビキの地位が強まっていたことが分かる。

コルニーロフ事件によってボリシェビキを支持する勢力は合法的に武装、訓練することが可能になり、労働者、農民、コサックなどが赤衛軍 Red Guards / Красная гвардия と呼ばれる民兵軍事組織を各地で発足させた。十月初めにはレーニンが逃亡先のフィンランドからロシア内に移動、即時武装蜂起によるソビエトへの権力獲得を訴え始めた。なお臨時政府は十月八日に第三次連立政府を組織、それが十月革命まで続いた。

十月革命のあっけない成就

ボリシェビキの党の正式名称は「ロシア社会民主労働党（b）」。彼らはすでに一九一七年夏に武装蜂起の基本方針を決定していたが、情勢が有利になったことを受けて、党中央委員会が十月二十三日（旧暦十日）にレーニン主導で武装蜂起による臨時政府打倒の方針を採択、同二十九日にはペトロソビエトで軍事革命委員会Military Revolutionary Committee／Военно-революционный комитет（ВРК）を設立することに成功した。この軍事革命委員会はもともとメンシェビキやエスエルがドイツ軍の攻撃に備えて設立を提案した組織だが、ボリシェビキはこの委員会を武装蜂起に利用するため提案に賛成した。トロツキーは軍事革命委員会の議長ではなかったが、彼が事実上指揮をとった。この軍事委員会が部隊を組織、弾薬兵器を調達し、革命の実行機関となった。ペトログラードを皮切りに各地で組織され、十一月七日（旧暦十月二十五日）の蜂起の際には全国で四十以上が存在した。

軍事革命委員会の承認なしには臨時政府も正規の軍も指令を遂行できなかったというから、軍事革命委員会はその発足直後にすでにペトログラードを掌握していたと言うことができよう。ケレンスキーはなぜそうやすやすと、言わばクーデターの最高司令部の創設を傍観していたのか。ボリシェビキ、軍事革命委員会の実力を過小評価していたとしか言いようがない。仮に真剣に対処しようとしたとしても、すでに対抗できる力が臨時政府にはなかったとも言えよう。ペトログラードの軍事革命委員会は革命後の十二月中旬には解散した。

ボリシェビキは確かに武装蜂起したのだが、首都制圧、権力奪取は戦闘なしにすんなりと進行した。一九九一年のソ連崩壊後、新たな資料で当時の状況がより正確に明らかになっている。蜂起したのは赤衛軍という民兵、ペトログラード駐屯地所属の兵士、バルチック艦隊水兵で、十一月六日（旧暦十月二十四日）に抵抗を受けることなく、橋、駅、発電所、電話局などを接収した。一発の発砲もなかったという。七日朝の段階で臨時政府が掌握していたのは冬宮だけだった。この年の七月から冬宮は臨時政府の建物となっていた。冬宮を守っていたのは約二百人の婦人志願部隊、そのほかに士官候補生の二個中隊、四十人の傷痍軍人部隊で、臨時政府は食糧も弾薬も

レフ・トロツキー（1921年）

たいして用意していなかった。

なぜ冬宮はそんな無防備に近い状態だったか。臨時政府は前線から部隊が戻って守ってくれることを期待、また反乱勢力はそのうち引き揚げ、七月の日々事件同様、蜂起を抑え込めると高をくくっていた。だが、この日午前十時、軍事革命委員会は「ロシア市民へ」と題する布告を出し、国家権力はペトロソビエトと軍事革命委員会の手に移ったと宣言した。

革命のハイライトとも言うべき*冬宮への攻撃はこの日なかなか始まらなかったが、ボリシェビキ側兵士は午後九時になって襲撃を開始、実際に銃撃戦が発生したが、冬宮内には大きな抵抗なしに入ることができた。翌八日午前二時過ぎには建物内にいた閣僚らを逮捕した。閣僚らは動じることなく威厳のある態度で投降したという。ケレンスキー首相は七日午前中に市外に逃れた。

冬宮でもほとんど死傷者は出なかった。その意味では十月革命は無血クーデターだった。十一月六日から八日の死者は二人とも六、七人ともいう。ソ連時代にはボリシェビキが臨時政府側との激しい攻防戦の結果、権力を獲得したという宣伝がまかり通っていたが、実情は上記のようにあっけないものだった。ただし、モスクワでは銃撃戦で数百人が死亡した。

また、ボリシェビキによるクーデターでペトログラードは騒然としていたように思うかもしれないが、オペラ、バレエはいつものように演じられ、学校、一部政府機関はいつものように稼動した。一九一七年は年初から集会やデモが相次いでいたので、市民が受ける衝撃度は薄らいでいた。クーデターが進行している間も反ボリシェビキ派の新聞が発行され続け、ボリシェビキの行動は一時的出来事とみる新聞人が多かった。一般市民の関心の低さが二月革命時とは際立っていた。

ロシア革命史に詳しいポーランド生まれの米国の学者、リチャード・パイプスは、革命日の様子について、

「ほとんどの人はペトログラードで何が起きているか知らなかった」と指摘している。[5] またトロツキー自身が十月革命で動いた人数について、「最大に見積もって」二万五千人から三万人だったと回顧している。[6] こうした指摘からは、全国の農民、兵士、工場労働者ら大衆が一致団結して十月革命を引き起こしたという姿は浮かんでこない。そもそも当時のロシアの人口の八割が農民で、工場労働者は人口のわずか二%の三百万人程度。しかも彼らの多くは農村からの一時的出稼ぎ労働者だった。[7] 労働者が一定の役割を果たしたことは認められても、労働者階級の比重はその程度だった。

十一月七日（旧暦十月二十五日）午後十時四十分、第二回全ロシア労働者兵士代表ソビエト大会が開かれた。ボリシェビキはこの大会に合わせて権力を奪取し、その場で権力奪取を正当化しようとした。代議員は各地の選挙で選ばれており、この大会に当初出席した代議員は六百四十九人。うちボリシェビキが三百九十人で第一党。ボリシェビキは社会革命党（エスエル）百六十人のうち半数に上る左派エスエルから支持を得ており、過半数を大幅に上回る議席を確保していた。エスエルはボリシェビキへの対応で内部分裂、左派エスエルはボリシェビキ支持を打ち出していた。

この年六月十六日に開幕した第一回全ロシア・ソビエト大会では党派所属の七百七十六人のうち社会革命党（エスエル）二百八十五人、メンシェビキ二百四十八人に対し、ボリシェビキは百五人だったというから四カ月あまりの間にボリシェビキが支持を増やしていたことが分かる。十一月七日の大会ではメンシェビキと右派エスエルの代議員が権力奪取を「犯罪的な政治的冒険」などと強く抗議して退場したため、ボリシェビキと左派エスエルは思うように議事を進行させることができ、大会はソビエトへの権力移行を宣言した。

大会は翌日、全ロシア中央執行委員会 All Russian Central Executive Committee / **Всероссийский центральный исполнительный комитет=ВЦИК**（議会に相当）と人民委員会議 Soviet of the People's Commissars / **Совет народных комиссаров=СНК**（内閣に相当）を設立、人民委員会議議長（首相に相当）にレーニンを選出した。この時の人民

委員会議は十五人からなり、トロツキーが外務担当人民委員（外相）、スターリンは民族担当人民委員に就任した。当時の彼らの年齢は、レーニン四十六歳、トロツキー三十八歳、スターリン三十七歳だった。全ロシア中央執行委員会の議長には三十四歳のレフ・カーメネフが就任した。

その後、年内から年初にかけ人民委員会議が拡大された際、左派エスエルから七人が入閣しており、新政権はボリシェビキと少数党の左派エスエルとの連立政権だったと言えよう。しかし、左派エスエルは一九一八年三月には対独講和をめぐりボリシェビキと対立、閣僚を引き揚げた。人民委員会議は一九四六年に閣僚会議 Council of Ministers / Совет министров へと呼称変更された。

＊**冬宮攻撃の合図**……異説もあるが、冬宮攻撃はネバ川に配備されていた巡洋艦オーロラ号からの号砲を合図に始まったとされる。合図は午後九時とも九時四十五分ともいわれる。一方で、冬宮攻撃の合図はオーロラ号からではなく、ネバ川の対岸のペトロパブロフスキー要塞からの号砲だったとか、そもそも襲撃開始の号砲はなかったとの見解がある。オーロラ号は日露戦争における対馬海戦の生き残りだ。今もネバ川に係留され、博物館として観光の名所となっている。

つぶされた憲法制定会議

ボリシェビキと左派エスエルは臨時政府を追い出しペトロソビエトを率いることで政権を奪取したが、二月革命以来の懸案である憲法制定会議の開催という重要な課題が残っていた。全ロシア中央執行委員会も人民委員会議も建前では憲法制定会議でロシアの国家体制が決まるまでの暫定的な機関だった。

憲法制定会議の代議員選挙は当初、十月革命の前に実施される案もあったが、十一月二十五日にずれ込んだ。この日、平等、秘密、直接投票による党を単位とする比例代表選挙が実施された。ただし技術的問題などから全国同時に実施されたのではなく、地方によっては翌年の一月までずれたところもある。

選挙結果については、研究者によってばらつきがある。ここでは権威あるロシアの『百科事典 *Энциклопедический словарь*』の数字を紹介する。それによると、全代議員数は七百十五人。得票率は順に社会革命党（エスエル）五九％、ボリシェビキ二五％、立憲民主党五％、メンシェビキ三％など。先のソビエト選挙とは投票者が違うため、ボリシェビキの得票数はソビエト選挙ほど多くない。また、選挙実施時点では社会革命党（エスエル）は事実上分離していたが、選挙にあたっては革命前の統一会派として登録されていた。その社会革命党（エスエル）の大半の代議員は右派・中道派だった。

選挙の大勢が判明しボリシェビキが不振だったため、ソビエト政権は憲法制定会議の招集を先延ばしにし、しかも会議の早期招集を求める立憲民主党などの勢力を弾圧していたが、選挙開始から五十日あまり後の一九一八年一月十八日にようやく開会した。ペトログラードのタブリチェスキー宮殿が会場で、出席者は四百十八人。定数七百十五人のうちの六割弱の出席率。出席者の内訳は社会革命党（エスエル）の中の右派・中道派が過半数を占め、ボリシェビキと左派エスエルは百五十五人。レーニンも出席した。

会議では全ロシア中央執行委員会のヤコフ・スベルドロフ議長（カーメネフの後任）がソビエト政権を承認するよう提案したが、否決され、翌日未明にボリシェビキ、次に左派エスエルが抗議して退場した。会議はロシアの国体を民主連邦共和国 a Democratic Federative Republic であると規定する宣言やドイツなど敵国への講和交渉呼びかけを採択した。早朝にボリシェビキを支持する会場警備隊が疲れたからと言って審議中断の圧力をかけ、会議は同日夕まで休憩に入った。ところが、その後、会場は施錠され、会議は再開されなかった。全ロシア中央執行委員会が同日、憲法制定会議の解散を決定した。一月三十一日に開かれた第三回全ロシア・ソビエト大会がその解散の決定を承認した。

ボリシェビキは革命前から憲法制定会議の招集を何度も強く要求していたのだが、選挙結果が思わしくないことが分かると、この会議をソビエトに敵対する機関であるとみなし、最後には憲法制定会議を力で押しつぶした。

ロシアはソビエト政権が支配する国であることが固まった。

その後のメンシェビキとエスエル

ロシア社会民主労働党は一九一二年一月にボリシェビキとメンシェビキに分裂し、ボリシェビキはロシア社会民主労働党（b）／RSDLP（b）とかっこ書きにボリシェビキという単語を挿入した党名を名乗り、メンシェビキはそのまま従来の党名を継続した。しかし、メンシェビキは十月革命後に党内対立でバラバラになり、一九二一年のクロンシュタットの乱を機に政権が反政府勢力に対する弾圧を強化、逮捕者と国外逃亡者が相次ぎ、一九二二年後半には事実上解党状態に陥った。

一方、社会革命党（エスエル）では十月革命前の一九一七年夏にボリシェビキと協調するか否かなどの問題をめぐって党内が分裂、ボリシェビキとの協調に賛成する党員が左派エスエルを結成した。主流派は社会革命党（エスエル）の党名を継続し活動を続けた。ボリシェビキ政権に協調していた左派エスエルは革命後、ブレスト・リトフスク条約の締結に反対し、反ボリシェビキの党に転じ、政権から取り締まりの対象となった。一部はボリシェビキに入党したが、一部は反ボリシェビキで過激化、白軍に味方する者もいた。内戦終了後はメンシェビキ同様、一部が国外で活動するにとどまり、影響力を失った。

ユダヤ人と十月革命

十月革命はユダヤ人によるユダヤ人のための陰謀だという説がある。確かにボリシェビキ幹部にはユダヤ人が多かった。様々な数字が流布するが、例えば、十月革命前の最後の党大会となった第六回党大会（一九一七年八月八〜十六日）はレーニンら二十一人の中央委員を選出、うち六人がユダヤ人だった。レフ・トロツキー、レフ・カーメネフ、グリゴリー・ジノビエフ、ヤコフ・スベルドロフ、グリゴリー・ソコリニコフ、モイセイ・ウリツキーである。彼ら六人は武装蜂起を最終的に確認した十月二十三日の党中央委員会に出席したが、この時の全出席者は十二人だったというから、半分がユダヤ人だった。彼らは政権奪取後、要職に就く。党員に占めるユダヤ人党員の比率も人口全体に占めるユダヤ人の比率を大きく上回っていた。革命後の内戦では多くのユダヤ人が赤軍に参加している。

しかし、その一方でユダヤ人社会主義者らが結成した運動組織のブンドの活動家を含めユダヤ人の多くは革命前、武装蜂起に反対だったし、憲法制定会議の解散にも反対だった。さらにユダヤ人はボリシェビキだけでなく、メンシェビキにも社会革命党（エスエル）、立憲民主党（カデット）、あるいはアナーキスト運動にも参加しており、政治的には多様だった。

ボリシェビキ幹部のユダヤ人が常に一つのまとまった集団として行動したわけでもなかった。武装蜂起を決めた十月二十三日の党中央委員会でカーメネフとジノビエフは蜂起に反対、トロツキーはいわば棄権、六人のユダヤ人の意見は割れた。またレーニンが病気で活動できなくなった後に起きた権力闘争ではカーメネフとジノビエフはスターリンと組んでトロツキーを厳しく糾弾した（ボリシェビキ内の権力闘争については第3章『大粛清と第二次世界大戦の苦難』の中の「左派反対派の敗北」、「反対派の一掃」の項を参照のこと）。

政権奪取後の内戦では多くのユダヤ人が赤軍に参加したが、これは白軍がボリシェビキ幹部の中にユダヤ人が多かったことなどから強烈な反ユダヤ人主義キャンペーンを張り、ポグロムを実行したことが主な理由だ。ただし、赤軍兵士によるポグロムも発生している。

レーニンは政権奪取後、ポグロムを批判し、ポグロム実行者を銃殺など厳罰に処した。これもユダヤ人の影響力の強さの一つの材料とされるのかもしれないが、それはプロレタリアートにとっての敵はユダヤ人ではなく、資本家階級であり、敵を見誤ってはいけないとの理由からだった。つまりユダヤ人を救うことよりも革命の遂行、内戦での勝利を第一に考えていた。

ボリシェビキ政権は、一九一九年に宗教弾圧の一環として、ユダヤ教のシナゴグを閉鎖、没収し、ラビ（聖職者）を逮捕するなどユダヤ教の活動を弾圧した。ヘブライ語による教育も規制した。したがって彼らがユダヤ人の利益を代弁した政権だったわけではない。ボリシェビキのユダヤ人指導者たちがユダヤ教の律法トーラー Torah の遵守や普及を熱心に訴えたとの情報はない。

のちの話だが、スターリンによってトロツキーらユダヤ人指導者たちの多くが殺害、あるいは裁判を経て処刑された。ボリシェビキ政権がユダヤ人のための政権であったなら、彼らは処刑されなかったはずだ。

ロシアでは二月革命を機に民主化が進む中でユダヤ人の政治参加が強まり、十月革命後にボリシェビキや赤軍に参加するユダヤ人が増えたが、十月革命がユダヤ人によるユダヤ人のための革命だとか、世界支配を目論むユダヤ人の陰謀だったという結論に与することはできない。

ロシア革命総括

この著書を執筆している二〇一七年は二月革命と十月革命という二つのロシア革命から百周年という節目にあたる。ここで改めてその原因、意義について総括してみたい。

歴史家は何がロシア革命の原因となったのか、また革命の意義は何かといった問題について様々な分析、評価を示し、時に激しい論争を展開してきた。その基本的な論点の一つは端的に言うと、革命が必然だったかどうかであろう。それは当時の政治経済社会状況をどのようにみるかについての違いを反映するし、革命が正当だったかどうかという判断とも関係する。

二つの革命とも必然的に起きたとの見解の典型は、ソ連時代の公式歴史観を代表する『全連邦共産党（ボリシェビキ）小史』(8)（以下、『小史』とする）に見いだされる。『小史』は、労働者（この場合の労働者とはプロレタリアート＝工場労働者階級を指す）が資本家の搾取、非人間的労働、すべての権利の剝奪に苦しみ、農民は土地を持てず地主と富農に束縛され、堪忍袋の緒がきれたと説明、革命は階級闘争の歴史的必然であり、マルクスが言う歴史の法則通りの動きだと主張する。そして、革命の担い手は労働者、農民、兵士であり、それを前衛たるボリシェビキが先導したと強調する。

『小史』が採用する厳格なマルクス主義史観を取らない人でも、当時の食糧事情の悪化、インフレ、戦死者の増加、帝政および臨時政府の政治のまずさを指摘して、一九一七年に革命の機が熟していたとする論者は多い。例えば和田春樹は、「ロシア革命は必然的に起こった。世界戦争の重圧のもとで古い、弱いツァーリズム国家、立憲専制国家が解体し、民衆が戦時下の窮乏と悲惨に抗議して立ち上がった」(9)とみる。

これに対し、必然ではなかったという主張も有力だ。その代表はリチャード・パイプスであろう。彼の説は歯切れがいい。大衆は革命を必要としていなかったし、望んでもいなかったと言い、革命に関心があったのは知識階級だけで、大衆の不満や階級闘争を強調することは現実を見ず、マルクス主義のイデオロギー的思い込みによると批判する(10)。当時、全労働者に占める工場労働者の比率は一桁台であり、十月革命を労働者革命と言うことは確かにできない。

また、パイプスは経済社会的要因を完全に無視するわけではないが、それは相対的に小さな影響しか与えなかったとみる。そうした主張は彼に限らない。

二月と十月の二つの革命に共通する原因として市民生活の困窮、特に食糧事情の悪化がよく指摘されるが、実はドイツやフランスなどほかの戦争当事国に比べてロシアがひどかったとは言えないようだ。戦争遂行中である以上、平時とは違って国家財政、市民生活に様々な影響が出るのはどの国でも当たり前で、ロシアも例外ではなかった。

ロシアの場合、ドイツがバルト海を、トルコが黒海を封鎖したため物資の輸入が減り、それが産業力の低下を招き、市民生活にも圧力となった。また、政府は膨大な戦費をまかなうため、内外で借金し、紙幣を増刷した。

このためインフレが進行した。

食糧事情も確かに厳しくなった。政府は前線の兵士への供給を優先しなければならなかったし、農家の担い手が戦争に徴用されて農業生産に影響が出た。だが、戦時中、凶作と言われるほどの生産低下はなかったし、市民の栄養状態も大幅には悪化していなかったことが、最近の研究で分かってきた。

問題はインフレの進行で農民や地主が値上がりを見越して食糧の隠匿に走ったこと、さらには気温の低下と大量降雪による輸送網の乱れ、そして流言飛語による買い溜めの発生などだ。一九一七年二月、ペトログラードでは零下二九度、モスクワでは零下三〇度を記録、首都周辺の二月の降雪量は通常に比べ四〇％多かったとの記録が残っている。貨車が身動きできなかった(11)。

こうして首都を含め各地でパンを求める長蛇の行列ができ、一部では暴動が発生した。政府は一九一六年十二月に固定価格での食糧徴発制度（продразвёрстка＝プロドラズビョールスカ）を導入せざるをえなかった。だが農民の反発で計画通りに調達できなかった。また食糧の配給制も実施せざるをえなかった。配給制は二月革命前にまずモスクワで砂糖を対象に始まり、一九一七年二月にペトログラード市当局がパンの配給制度を始めた。大人一人一日当たり一フント（四〇九・五グラム）だった。その後、臨時政府下で首都でも肉、バター、卵などに拡大して実施した。厳しい食糧事情は二月革命後も続いた。しかし、それ自体が革命に直結するほどのひどい状態にあったかどうかは議論が分かれるところだし、厳しい食糧事情が革命に大きく作用したとしても、それが階級的対立の直接の産物だったとは必ずしも言えないだろう。

第一次世界大戦は徴集された農民には不評だった。食糧も装備の供給もまったく十分ではなかったし、そもそも戦死者が多かった。戦争に動員された約千五百万人のうち大半が農民で、彼らは後述するように、もともと国家への忠誠意識が薄かった。戦況が悪化すると、多数の兵士が自発的に敵軍の捕虜になり、前線から脱走した。もちろん彼らもロシアが負ければよいとは思っていなかったのだが、士気は低かった。それに支配層の間にも二コライ二世の戦争指揮に対する批判が強かった。だから、ニコライ二世の退位を擁護する人は農民にもエリート層にもいなかった。

パイプスは二つの革命に共通する背景としてロシア社会の分裂を指摘する。

一九一七年の出来事は、ロシア帝国が広大な領土を有し大国の地位を求めていたにもかかわらず、支配者と被支配者を結ぶ有機的な絆がなく、官僚制度、警察、軍が提供する機械的な関係によって結びついた脆弱で人工的な構造の国だったことを示した。その一億五千万人の住人は強い経済的利益やナショナル・アイデンティティの感覚によって結びついていなかった。自然経済が圧倒的な比重を占める国での何世紀も続いた専制支配が強い相互の結びつきの形成を阻止した。[12]

皇帝との亀裂は既に一九〇五年革命で露呈していた。その意味で一九一七年の革命の源泉は一九〇五年にあったと言えるかもしれないし、さらに一八六一年の農奴解放の中途半端にさかのぼることができるかもしれない。農民の間には政府と自分たちは別の存在だとの意識が定着していた。一九一七年に農民はオペラ『皇帝に捧げた命（イワン・スサーニン）』の話を共有していなかった。

ニコライ二世に対しては首都での社会不安の高まりを軽視したことを含め統治者としての能力が備わっていなかったとの見方もある。対照的にレーニンは革命家として優秀だった。『小史』もパイプスもレーニンが十月革命で果たした役割が大きかったことでは一致している。しかし、『小史』はそれを言わば輝かしい正当な役割と評価するのに対し、パイプスは不当な役割だと指摘し、十月革命はボリシェビキによる入念な準備を経て実行された陰謀の産物であり、民主主義や大衆を無視した「古典的なクーデター」[13]だと断言する。

十月革命にそうした要素が強いことは否定しがたい。だが、その一方でボリシェビキが戦況と経済状況の悪化などを背景に大衆の間に一定の支持を増やしていたことも事実だ。十月革命は要するに直接的には第一次世界大戦の影響とボリシェビキの巧みな戦略が組み合わさって遂行された。

ここで臨時政府の優柔不断にも触れておきたい。臨時政府の最大の失敗は憲法制定会議を早期に召集しなかったことかもしれない。既に説明したように（「つぶされた憲法制定会議」の項を参照のこと）、この会議が召集されたのは一九一八年一月十八日でボリシェビキが政権を握った後。時既に遅しであった。歴史上の「もしも」だが、憲法制定会議を早く開催していれば、ボリシェビキによる革命は成就していなかったのではないか。

ロシア革命の歴史的意義は、時の流れとともに変遷しているように思われる。十月革命で共産主義政権が誕生、世界に衝撃を与え、第二次世界大戦後は東欧諸国などを仲間に加え、東西冷戦の一方側の主役となった。ロシア革命は人民をあらゆる搾取から解放する新しい世界の理念を提供、同時に自由世界に重大な脅威を与える共産主義陣営誕生の源泉としてその意義が論じられた。しかし、一九九一年十二月のソ連崩壊でその歴史的意義はかすれてしまった。現代には中国という共産主義大国が存在するが、その共産主義は大きく変質している。大粛清、独裁、言論の自由の抑圧、経済停滞、そして国家崩壊というロシア革命が生んだ国のその後の歴史をみると、意義についての認識が変わることは当然であろう。

革命家レーニンの生い立ち

ここで改めてレーニンの生涯を振り返ってみる。レーニンは一八七〇年四月二十二日、ボルガ川流域のシンビルスク（現在のウリヤノフスク）生まれ。父はシンビルスク県国民学校視学官、つまり教育行政官で、家庭は比較的裕福だった。小学校時代から利発で地元カザン大学に入学したが、反帝政デモに参加し退学処分を受けた。レーニンが十七歳の時、革命運動に参加していた兄アレクサンドルが皇帝アレクサンドル三世の暗殺集団の一員だった罪で処刑された。この兄の死がレーニンに衝撃を与えたことは間違いないが、革命運動に向かわせる大きなきっかけとなったかどうかは定かではない。

レーニンは退学処分を受けた後、サンクトペテルブルグ大学の学外生となった。この頃からマルクス主義に傾倒し始めていた。卒業後は一年半ほど弁護士助手として働いたが、彼がそれ以外に労働者として働いた経験はない。

レーニンという姓は本名ではない。政治活動家がペンネームのように仮名を用いることはめずらしいことではない。「レーニン」はシベリアのレナ川から取った名前だといわれる。同様にスターリン、トロツキーの姓も本名ではない。スターリンはジュガシビリ、トロツキーはブロンシュタインが本名だ。ほかにグリゴリー・ジノビエフの姓の本名はラドムィスリスキー、レフ・カーメネフはローゼンフェルトであることがよく知られている。

レーニンにはロシア人、カルムイキア人（モンゴル系の民族）、ドイツ人、スウェーデン人、そしてユダヤ人の血が流れている。多民族国家としてのロシアを象徴している。ユダヤ人の血は母方の祖父から受け継いでいる。

二〇一一年にモスクワの国立歴史博物館が従来非公開だったレーニンの長姉アンナ・ウリヤノワがスターリン宛に出した一九三二年の手紙を展示した。その手紙には、母方の祖父がウクライナ在住のユダヤ人だったことが書かれている。アンナは「ウラジーミル・イリイチ（レーニンのこと）は常にユダヤ人を尊敬していました」「私たちの出生について彼（レーニン）の生きている間に知られなかったことは残念です」と書いた。アンナはこの手紙で、反ユダヤ主義の高まりを抑える目的でスターリンに手紙を送り、レーニンのユダヤ人の血統について公表するよう求めた。しかし、博物館員によると、スターリンはこの要望を無視したという(14)。アンナの手紙の話は歴史家ドミトリー・ボルカゴーノフが一九九四年出版のレーニンの伝記(15)で明らかにした。

レーニンの革命思想と実践

レーニンは生涯、多数の著作、パンフレット、記事を執筆し発表したが、その中から四点、彼の革命思想を最もよく表わしている代表作を挙げてみたい。発表年の順に、『何をなすべきか *What is to be done? / Что делать?*』、『資本主義の最高段階としての帝国主義 *Imperialism, the highest stage of capitalism / Империализм, как высшая стадия капитализма*』、『四月テーゼ』、そして『国家と革命 *State and revolution / Государство и революция*』であろう。

『何をなすべきか』は一九〇二年に出版された。資本主義は社会主義に自然に変わるわけではなく、革命をめざす者は前衛の党を組織しプロレタリアートを覚醒させる必要があると説いた。労働者階級はパンとバターだけを欲しがり、階級意識を持たないと分析、「労働者に対し政治的階級意識は外からのみ与えることができる」と強調、労働者階級の前衛としての党を作るべきだとの論を展開した。その党は職業的革命家から成り、イデオロギー面で一致団結していなければならず、討議を経ていったん決めたことは全員が厳守するという民主集中制を組織原則とすべきであるとも主張した。

こうした主張に対しプレハーノフ、マルトフ、トロツキーらが党内の自由な論議が制約されるとか、プロレタリアート独裁の党が「プロレタリアートに対する独裁の党」に変わってしまうなどと異論を述べ、のちのボリシェビキとメンシェビキの対立、分裂への芽が生じるきっかけとなった。トロツキーはその後、メンシェビキから離れた。

『資本主義の最高段階としての帝国主義』（邦訳の書名は『帝国主義』あるいは『帝国主義論』）は、チューリヒに逃れていた一九一六年に執筆、一九一七年半ばに出版された。進行中だった第一次世界大戦の原因を分析、独占金融資本による植民地獲得競争という帝国主義が戦争原因の本質であると指摘した。資本主義の行き着く先の帝国主義が存在する限り戦争は今後もなくならないとして、資本主義を打倒する革命の必要性を訴えた。また当時、各国の社会主義者が国際主義を捨て愛国主義に走り、それぞれの国の政府を支持したことを取り上げ、彼らは「労働貴族」であると批判した。

『四月テーゼ』はレーニンが一九一七年四月にスイスから帰国した際に発表、「すべての権力をソビエトへ」と呼びかけた（主な内容はこの章の「すべての権力をソビエトへ」の項で既述）。

レーニンは七月の日々事件の後、臨時政府の保安組織の追及を逃れて一時フィンランドに身を隠していた。その時に『国家と革命』を執筆した。国家とは支配階級によるほかの階級の抑圧の道具であり、資本主義国家では、それがいかに民主的な国であろうと、支配階級は決して権力を譲渡しない。その抑圧の道具が自然消滅することはない。したがって被支配階級であるプロレタリアートが革命を起こさなければならない。レーニンはこのように論じた。では革命後は階級なき社会が実現し、階級対立がなくなるのだから、国家もなくなるのか。この問いに対してレーニンは、革命後もブルジョアジーの抵抗に対処し、新しい社会を作るために「暫定的に」国家は必要だと説いた。それがアナーキストたちとの違いだという。

しかし、いずれにせよ革命後の国家の機能は搾取階級の残滓に対応する以外は緩やかであり、言わば小さな政府が想定されているのかと思われるのだが、レーニンは「自覚的、民主的なプロレタリアート」が主役になると指摘しつつ、その国家が中央集権的でなければならないと主張する。フランスのソ連研究者、エレーヌ・カレール＝ダンコースが、『国家と革命』を読む者は「この上なく途方に暮れてしまう」(16)との感想を記していることもうなずける。またその後のソ連の歴史は国家機能が暫定的に残るどころか、圧倒的に強権的であり続けたことを示しており、レーニンの見立ては的外れだった。

レーニンの思想を語る上で基本的な疑問の一つは、十月革命が農業国で工業後進国のロシアで起きたことをレーニンはどう正当化したかである。マルクスによると、社会主義革命は高度先進国で起きるか、欧州各国で同時に起きる。レーニンも十月革命が西側の革命の端緒になると考えた。だが、実際にはそうならなかった。この十月革命とマルクス主義の整合性についてレーニンは晩年の記事『我らの革命』において、当時、第一次世界大戦に参戦し、国民が苦境にあった状況の中で、まず革命を起こし、「その後で」社会主義建設に前進することがなぜいけないのかと書いた。それがいけないとはどこの教科書に書いてあるのだとも指摘、ナポレオンの「まずやってみる、それから見る」という言葉を引用している。[17] 実践を重視したレーニンの回答であるが、とってつけたような説である印象は否定できない。

レーニンは革命遂行の強固な意志を崩さず、ソビエトを上手に乗っ取り、利用し、権力を奪取した。二月革命後、国民は臨時政府に対しドイツとの戦争を終わらせ、農地を配分し、経済の混乱を収めるよう願ったが、臨時政府はこのいずれの期待にも応えることができなかった。一九一七年夏には臨時政府よりもソビエトを信頼する人たちが増えた。その段階でもボリシェビキは社会主義勢力の中で最有力という存在ではなかったが、レーニンが革命の主役へと導いた。メンシェビキなどほかの社会主義勢力も臨時政府同様、レーニンが率いるボリシェビキを見くびっていた。

レーニンが逃亡先のスイスから帰国したのは四月初め。その後、十月革命までの間にフィンランドに二カ月以上身を隠しており、ペトログラードで活動する時間はそう長くなかったが、精力的におびただしい数の論評記事、指示、会議の決議案、書簡などを書き、『四月テーゼ』の実現に邁進した。

ロシアの歴史学者、ロシア科学アカデミー・ロシア史研究所のアンドレイ・メジュシェフスキー主任研究員は「ボリシェビキは最初に、(全ロシア労働者兵士)ソビエト大会を召集することで憲法制定会議をないがしろにし、次にあらゆる陰謀を駆使して各地のソビエトで多数を占めた。そして三番目にクーデターの既成事実をソビエト大会に差し出した」と指摘した。[18] 彼は、ニコライ二世の廃位後に発足した臨時政府はロシアの新しい政治体制を決める憲法制定会議の開催を最大の目的にしていたが、これを潰したのが十月革命だとも指摘した。手練手管と権謀術数を組み合わせないと革命など成功しないということだろう。

レーニンの強引な手法に対する批判だが、条件が不利な中でよく革命を成し遂げたという結論を導くこともできる。一九七〇年代末から九〇年代まで中国の最高指導者だった鄧小平は一九八九年五月に訪中したミハイル・

ゴルバチョフ書記長に対し、「われわれは、なぜレーニンを偉大なマルクス主義者だと言うのか？　それは彼が本によってではなく、論理と哲学にもとづいて、もっとも遅れた国のひとつに十月革命を実現したからです」と述べ、レーニンを高く評価した。[19]

ところで、ロシアでは十九世紀前半にロシア文明の本質やその進路をめぐりスラブ主義と西欧主義という二つの思想潮流が生まれ、以来、論争を繰り広げてきたことはすでに指摘したが、レーニンはどちらに位置づけられるか。ドイツ人のマルクス、エンゲルスの思想に依拠しドイツに倣って革命に挑み、国際共産主義運動を展開したことからも彼は西欧主義者だったと言えるだろう。だが、革命後のロシア／ソ連がたどった道は西欧諸国とはまったく異なっていた。

ドイツとの講和

政権を奪取したレーニンにとっての最大の課題はドイツとの戦争を終わらせ、内戦に勝利することだった。帝政の戦争継続方針がその命取りになっただけに、レーニンはソビエト政権が同じ運命をたどらないようにと、即時停戦を呼びかけ、ドイツがこれに応じた。

レーニンは一九一七年四月にスイスからロシアに帰国したが、途中、ドイツを経由している。ドイツはレーニンの帰国がロシアを混乱に陥れ、その戦争遂行能力を弱めるとの思惑を抱き彼の国内の通過を認めた。ドイツはさらにレーニンに活動資金を援助していた可能性が高い。ロシアの歴史家、ドミトリー・ボルカゴーノフは「私が調べたところでは、レーニンによる十月のクーデターは、ドイツの資金援助によるものであったことは、疑いない（まだ若干の調査・研究の余地が残っているが）」と指摘した。[20] 革命を成し遂げたいレーニンと、とにかくロシアを混乱させたいドイツの思惑は一致していた。

レーニンは政権を奪取した翌日の十一月八日（旧暦十月二十六日）に早速、第二回全ロシア労働者兵士代表ソビエト大会にロシアの戦線離脱を内容とする「和平に関する指令 Decree on Peace / Декрет о мире」を提案、すべての戦争参加国に「公正で民主的な」和平を実現するため即時に交渉を開始するよう呼びかけ、大会はこの指令を採択した。レーニンはとにかく戦争を早く終わらせたかった。一方、ドイツは東部戦線でロシアに事実上勝利する形で戦闘を収拾し西部戦線に戦力を集中させられると判断、講和に応じた。和平に関する指令は領土獲得なしを条件として掲げており、主張が折り合わず交渉は難航したが、一九一八年三月三日にロシアと中央同盟諸国はブレスト・リトフスク条約 Treaty of Brest-Litovsk / Брест-Литовский мирный договор を締結した。ブレスト・リトフスクは地名で、現在のベラルーシのリトフスク。

この講和によってロシアは第一次世界大戦から離脱することができた。しかし、その代償は極めて大きかった。ロシアはバルト三国、ベラルーシの大半、ロシア支配下のポーランドをドイツとオーストリア・ハンガリーに、アルメニアをトルコにそれぞれ割譲、さらにウクライナ、グルジア、フィンランドの独立を承認した。加えてロシアは別途、この年八月、ドイツに六十億マルクの賠償金を払うことを受け入れた。

この条約でロシアが失った領土は十九万七千キロ平方メートル。大国が一つの条約でこれほど大きな領土を譲渡したのは欧州の歴史上初めてだ。ロシアは人口の三分の一にあたる五千六百万人、農地の二七％、炭鉱の八九％を失った[21]。ロシアの領地は黒海の後方に押し戻され、バルト海から事実上隔離された。代償は大きかったが、ソビエト政権はとにかく対外戦争に終止符を打ち、内戦に集中する体勢を整えることができた。

このブレスト・リトフスク条約は八カ月半ほどの間しか有効でなかった。この年十一月にドイツは降伏、その際に条約は破棄された。だが、それでロシアがすぐに再び帝政時代の領土を取り戻せたわけではない。一九三九年八月二十三日まで待った。この日、ソ連はドイツと不可侵条約を締結、それによってフィンランドやポーランドなどを除いてブレスト・リトフスク条約でロシアが失った領土の大半を取り戻した。

内戦と外国軍の干渉

レーニンにとっては内戦での勝利、そして干渉してきた外国軍の撃退も最重要課題だった。十月革命がほぼ無血で成功し、ソビエト政権が誕生したと言っても、すぐに全国を平定できたわけではなく、各地で様々な反ボリシェビキ勢力が蜂起した。加えてロシア帝国の支配を受けていたフィンランド、ポーランドなど各地で独立運動が活発になり、外国軍も反ボリシェビキ勢力に味方して干渉、内戦による混乱に拍車をかけた。

ボリシェビキ政権への抵抗は十月革命直後から始まり、ブレスト・リトフスク条約で屈辱的な講和を受け入れたことへの反発で加速した。ボリシェビキ政権は一九一八年一月にそれまでの赤衛軍を「労働者・農民の赤軍」に再編した。そこでこれに対抗する反ボリシェビキ勢力の軍は白軍 White Army／**Белая армия** と呼ばれるようになった。白軍には元帝国軍隊の将校や兵士、貴族、コサック、それに農民も入った。

干渉した外国は第一次世界大戦で連合国だった英国、フランス、イタリア、米国、そして日本。ロシアがブレスト・リトフスク条約を締結し戦線離脱し、ドイツ軍は東部戦線の兵力を西部戦線に集中することができたため、英仏軍は苦戦した。そこで連合諸国はボリシェビキ政権に代わる新政権を樹立してドイツの兵力を再び東部へ向けさせたいと考えた。世界中に共産主義が広まることへの危惧もあった。連合諸国が兵を出した地域は極東のウラジオストクとその周辺が中心で、この干渉はシベリア出兵、あるいはシベリア干渉 Siberian Intervention／**интервенция в Сибири** と呼ばれている。

当時、シベリアにはオーストリア・ハンガリー支配からの独立をめざし連合諸国に味方して戦っていた五万人とも言われるチェコスロバキア軍団が取り残されており、連合諸国はその救出を大義名分に介入した（日本のシベリア出兵については、第10章の「日本の大規模シベリア出兵」の項を参照のこと）。

しかし、白軍は結局、赤軍に負け、内戦は一九二二年十月にはほぼ収まった。内戦は赤軍、白軍双方に甚大な犠牲をもたらした。様々な推計があるが、一九一七年から一九二二年にかけてのポーランドとの戦争の犠牲者を含め、双方合わせて八十万人が戦死したとの推計がある。[22] 処刑された者も相当な数に上る。加えて一九二〇〜一九二一年にかけての旱魃で大量の餓死者が出たうえ、チフスや赤痢、コレラが蔓延し、何百万人も死亡した。生産活動は大幅に縮小した。ボリシェビキはほとんど犠牲者を出さずに十月革命で権力を奪取したが、その後に待ち構えていたのは極めて多くの死だった。歴史家ドミトリー・ボルカゴーノフは内戦中の死者の数を千三百万人、さらに二百万人が祖国を追われたと総括した。[23] これは戦死、餓死、病死を含めた犠牲者の数だろうが、数年の間にこれだけの大量の死者が出たのは悲劇としか言いようがない。

赤軍はなぜ内戦に勝利し外国軍を撃退することができたか。なぜ白軍は負けたか。白軍にはまとまりがなかった。参加したのは、元帝国軍の将校、兵士を中心に貴族、コサック、農民など階層がばらばらで、政治的主張も一致していなかった。君主制支持者もいれば共和制主義者、アナーキスト、立憲民主党の支持者もエスエル支持者もいた。全体をまとめる指導者がおらず、彼らは反ボリシェビキという点でのみ一致していた。干渉した連合諸国軍も一つの指揮命令系統の下で一致団結して戦わなかった。一方、赤軍は幅広い国民から支持されていたわけではないが、モスクワとペテログラードという二大都市を抑え、帝国軍が保有していた兵器、弾薬を引き継ぎ、産業、通信インフラも利用できた。

一九〇五年革命、第一次世界大戦から一九一七年の二つの革命、内戦、そして第二次世界大戦に至る激動の時代を一人の医者兼詩人の人生を通じて描いた小説がある。ボリス・パステルナークの『ドクトル・ジバゴ *Doctor Zhivago*／*Доктор Живаго*』である。ジバゴは当初は革命を前向きにとらえていたが、見方を変え、革命は悲劇だとの結論に達する。

ソ連当局はこの小説の一部が反共的であるとの理由で発禁の処分を下した。しかし、イタリアに持ち出され、一九五七年にイタリアで出版された。パステルナークは翌一九五八年、ノーベル文学賞を受賞したが、当局からの圧力で受賞を辞退せざるを得なかった。本国では、パステルナークが肺癌で死亡してから二十八年後、ミハイル・ゴルバチョフによるペレストロイカ（立て直し）時代の一九八八年にようやく出版された。小説は一九六五年に映画化された。監督は『アラビアのローレンス』などで有名なデービッド・リーン。オマー・シャリフ、ジュディ・クリスティが主演。モーリス・ジャール作曲の『ララのテーマ *Lara's Theme*』の美しい旋律が流れる。

ニコライ二世一家惨殺

二月革命で廃位し臨時政府によって軟禁状態に置かれていたニコライ二世はその後、悲惨な運命をたどる。臨時政府は当初、一家をペトログラード郊外のツァールスコエ・セローにあるアレクサンドル宮殿に軟禁していたが、ペトログラード情勢が不安定になり一家が襲われる可能性が出てきたため、同年八月に宮殿から皇帝の別荘のある西シベリアのトボリスクに移送した。トボリスクは遠隔地で目立たない場所ということで選ばれた。アレクサンドル宮殿での軟禁中に臨時政府が一家を英国など海外へ移り住むよう画策したが、実現しなかった。英国への移住はパーベル・ミリュコフ外相が英国政府に掛け合い、英国政府は当初、受け入れに前向きだったが、国王のジョージ五世が内政への影響などを考え反対したといわれる[24]。

皇帝一家はトボリスクで外出も許され比較的自由に暮らしていたが、十月革命でボリシェビキが政権を奪取してからはソビエト政権の監視下に置かれた。革命政権は一九一八年春に一家をより確実に監禁し逃亡を防ぐため、トボリスクから同じ西シベリアのエカテリンブルグに移送した。一家は従者とともに市内の商人の家、イパチェフの館 Ipatiev House／**Дом Ипатьева** で暮らし始めたが、同年七月十六日深夜から十七日未明にかけて、館の地下室で地元ウラル州ソビエト（政府）の手で銃殺された。一家七人と従者四人の計十一人が犠牲になった。

銃殺や埋葬の模様については十人前後からなる実行班の班長的存在だったヤコフ・ユローフスキーらが後に新聞や回想録を通じて発表しているし、歴史家たちによる調査もあり、かなりの詳細が判明している。銃殺の際は即死しない人もいたため、銃剣でトドメを刺した。遺体はエカテリンブルグ郊外の森に運び地中に放り投げ埋めたが、硫酸をかけ、発見された場合でも誰であるか識別できないようにした。極めて残虐な殺害、埋葬だった。

遺体の行方は長い間分からなかったが、個人的に調査していたソ連の映画監督のゲルィ・リャボフが一九七〇年代初めに九人の遺骨を発見、そのことをゴルバチョフのグラースノスチ政策が浸透した一九九一年になって明らかにした。ロシア当局は一九九三年に英国グラスゴーにあるストラスクライド大学のピーター・ギルに遺骨を送り、ＤＮＡ鑑定を実施し、皇帝夫妻、三人の娘が含まれることを確認した。鑑定には英国のフィリップ王子らのＤＮＡを使用した。フィリップ王子の祖母と殺害されたアレクサンドラ皇后の祖母が姉妹だったからだ。

見つかった九人の遺骨の中には第三皇女マリアとアレクセイ皇太子の遺骨がなく、殺害を免れたとの説が生まれていたが、二〇〇七年になって最初に遺骨が発見された場所から数十メートル離れた場所で二人の遺骨が発見された。ユロースキーによると、遺体が発見された時に皇帝一家ではないのではないかと思わせるために分離して埋めたという。ロシア当局は米国の研究所などに二人の遺骨のＤＮＡ鑑定を依頼し、マリアとアレクセイの遺骨であることを確認した。鑑定にはニコライ二世が皇太子時代に日本を訪問して警官に襲われ負傷し（一八九一年五月の大津事件）、その際血染めとなったシャツから採取したＤＮＡも照合材料に使われた。このシャツはロシアで保管されている。

皇帝一家のうちマリアとアレクセイを除く遺骨は一九九八年にサンクトペテルブルグのペトロパブロフスク寺院に埋葬された。この寺院には他の歴代ロマノフ王朝の皇帝らが埋葬されている。しかし、マリアとアレクセイの遺骨については二〇一六年末現在、モスクワの国家アーカイブに保管されている。遺骨が本物かどうか、ロシア正教会が疑念を抱いており、更なる検査が必要との立場からだ。

ニコライ二世一家の殺害は「ウラル州ソビエト幹部会」の決定で実行された。この決定の文書の原本は現在、存在しないとされるが、その内容が銃殺から一週間後に発表されている。ソ連崩壊後のロシア検察庁の調査では、この決定は七月十六日に下された。実質的にはすでに十四日に決めていたとの見解もある。ニコライ二世をただちに銃殺に処すること、ほかの家族は別の場所に移すことを明記、銃殺の理由としてチェコスロバキア軍団がエカテリンブルグに迫り、ニコライ二世が裁判を免れる可能性があることを挙げている。当時、ニコライ二世の処遇について、レーニンとヤコフ・スベルドロフ全ロシア中央執行委員会議長（国会議長に相当）は裁判にかける意向を固めていた。

ウラル州ソビエト執行委員会（地方議会に相当、同幹部会は代議員の代表で構成）は銃殺の執行後、十七日にはモスクワの指導部に対し、ニコライ二世を銃殺したと報告する電報を打ち、これを受けて十八日に全ロシア中央執行委員会と人民委員ソビエト（政府）が会議を開き、その報告を是認した。ただし、ウラル州ソビエトからの報告はニコライ二世のみ銃殺し、ほかの家族を別の場所に移動させたという内容だった。それを七月十九日付の『イズベスチア』など党機関紙が報道、ニコライ二世の銃殺が広く知られるようになった。家族の銃殺は伏せられた。では指導部は一家と従者全員の銃殺を知らなかったかというと、そうではない。エカテリンブルグからは別途、全員の死亡を連絡する電報も届いていた。

問題はウラル州ソビエトが独断で一家を銃殺にしたのか、それともレーニンとスベルドロフが命令しウラル州ソビエトがそれに従ったのかどうかである。長年論争が続いてきた。

皇帝一家殺害という極めて重大な政治問題を地方が中央の裁可なしに決め、実行することは常識的には考えにくい。レーニンらモスクワの指導部の直接指示説を取る人たちは、有力な証拠の一つとして、トロツキーの日記をしばしば引用する。海外亡命中の一九三四年四月九日に書かれた彼の日記の中に、エカテリンブルグが白軍とチェコスロバキア軍団に陥落した後（エカテリンブルグは銃殺から一週間後に陥落）、モスクワでスベルドロフに会った際、スベルドロフが銃殺は自分とレーニンが決定したとトロツキーに答えたという記述がある。

モスクワ指導部の直接指示説を取る人たちは、スベルドロフがニコライ二世銃殺の数日前にエカテリンブルグ

ニコライ２世一家（1913年）

からモスクワにやってきたウラル州ソビエトの幹部と会談、また電報をやり取りしていることに注目、直接的な文書の証拠はないが、レーニンらが口頭で指示を与えた可能性があるとみる。

だが、レーニンらの関与を否定する説も有力だ。ニコライ二世らの遺体発見犯罪捜査の観点からソ連崩壊後、ロシア検察庁がニコライ二世一家銃殺事件を調査した。担当したのはロシア検察庁捜査委員会特別重要犯罪捜査官のウラジーミル・ソロビヨフ。彼は最初に発見された九遺体を対象に一九九三年から調査を開始、鑑定が終わった一九九八年に終了、その後、アレクセイとマリアの二人の遺体が発見されてから二〇〇七年に改めて調査を開始、鑑定が終わった二〇〇九年に終了した。彼は専門家の協力を得て関係者の証言、公文書をすべて洗い直したという。そして、レーニンやスベルドロフが銃殺を命令したことを示す証拠は見つからず、彼らは関与していないとの結論を出した[25]。

ソロビヨフ捜査官はトロツキーの日記の記述について、あり得ない話だと指摘している。日記の記述では、トロツキーはニコライ二世の銃殺についてエカテリンブルグ陥落後にモスクワでスベルドロフと会って初めて知ったことになるが、銃殺はすでにイズベスチアで報道されていたし、七月十八日のモスクワでの人民委員ソビエトの会合にはトロツキーも出席したことになっている。トロツキーが銃殺を知らなかったはずはなく、彼は日記を書いた時に政治的ゲームを始めていたのだろうという。

レーニンらの直接の指示がなかったという根拠についてソロビヨフは、スベルドロフが七月初めにウラル州ソビエトの軍事人民委員に対し、全ロシア中央執行委員会が銃殺を認可することはないと伝えていることや、レーニンが皇帝一家をモスクワに移送し、ニコライ二世を裁判にかける考えであったことを示す文書があることも指摘した。それにウラル州ソビエトには急進勢力がいて当時はレーニンらの権威が十分に浸透せず、ウラル州ソビエトが中央の方針に従わず、独自の行動を取ることがあったともいう。

レーニンはドイツとの関係に配慮して一家の殺害には反対だったとみる歴史家もいる。ニコライ二世の妻（皇后）アレクサンドラはドイツ出身で、ドイツ皇帝のウィルヘルム二世はアレクサンドラや子供たちの処遇を心配していた。レーニンはそのドイツとブレスト・リトフスク条約を結んでおり、一家を殺害した場合に対独関係が悪化することを心配していたともいう。

ニコライ二世一家以外にもロマノフ家の人たちは銃殺されている。ニコライ二世が退位した際に皇帝の座をミハイル・アレクサンドロビッチ大公（ニコライ二世の弟）に譲ることを提案、留保されたが、そのミハイル大公はニコライ二世より前の一九一八年六月に軟禁されていたペルミで銃殺された。遺体は見つかっていない。ロマノフ家の中ではクリミアにいた人たちが、戦乱に乗じて国外に脱出できた。

ウラル州ソビエトで一家銃殺の決定に関与した幹部のその後の運命だが、アレクサンドル・ベロボロドフ議長ら多くがスターリン粛清で銃殺された。銃殺を実行した人たちは粛清を免れた。

赤色テロの横行

皇帝一家殺害はボリシェビキ政権の残忍さを象徴するが、自分たちが階級の敵だとか反革命分子だと見なした人たちへの「赤色テロ」にもその残忍さは現れている。ロシアでは一九〇〇年代にテロが横行、ボリシェビキも十月革命前から暗殺事件を起こしていたが、本格化したのは内戦中である。スターリンの残忍性はのちの大粛清で知れ渡っているが、レーニンもテロを推奨した。

一九一八年一月二十七日、レーニンはペトログラード・ソビエト幹部会と食糧組織代表との会議で、「われわ

ロシア／ソ連の保安機関の変遷

■全ロシア非常委員会（略称チェーカー）
Emergency Committee / Чрезвычайная комиссия。
1917年12月20日，フェリクス・ジェルジンスキーが初代委員長。彼が1926年7月20日に死去するまで後継機関ゲーペーウーとオーゲーペーウーの委員長を務めた。

■国家政治保安部（ゲーペーウー）
1922年2月6日，チェーカーを廃止し，国家政治保安部 State Political Directorate / Государственное политическое управление を設立。内務省に相当する内務人民委員部 NKVD / НКВД 傘下の一機関に。

■合同国家政治保安部（オーゲーペーウー）
1923年11月2日，合同国家政治保安部Joint State Political Directorate / Объединённое государственное политическое управление を設立。

■内務人民委員部（エヌカーベーデー）
1934年7月10日，複数の保安機関を内務人民委員部 People's Commissariat for Internal Affairs / Народный комиссариат внутренних дел に統合。

■国家保安人民委員部（エヌゲーベー）
1941年2月3日，内務人民委員部から保安機関を分離，国家保安人民委員部 People's Commissariat for State Security / Наркомат государственной безопасности を設置。

■内務人民委員部
1941年7月，上記の二つの人民委員部を再び内務人民委員部に統合。

■国家保安人民委員部
1943年4月，国家保安人民委員部を復活。

■国家保安省（エムゲーベー）
1946年3月15日，国家保安人民委員部を国家保安省 Ministry of State Security / Министерство государственной безопасности に改組。

■内務省
1953年3月7日，国家保安省を内務省に吸収。

■国家保安委員会（カーゲーベー）
1954年3月13日，閣僚会議の一機関として国家保安委員会 Committee for State Security / Комитет государственной безопасности を設立。世界中でロシア語の略称をそのまま英語読みにして KGB（ケージービー）と呼ばれた。

■共和国間保安庁・中央情報庁・対外情報庁
1991年11月28日，ゴルバチョフ・ソ連大統領が暫定的に共和国間保安庁 Inter-republican Security Service / Межреспубликанская служба безопасности を設立。ゴルバチョフは同年12月3日，国家保安委員会を正式に廃止，共和国間保安庁と中央情報庁 Central Intelligence Service / Центральная служба разведки を設立。ソ連崩壊後，中央情報庁は同年12月26日に対外情報庁 Служба внешней разведки に改組。

■保安省
1992年1月24日，エリツィン・ロシア大統領がソ連崩壊前に設立された保安組織を改編，ロシア保安省 Ministry of Security / Министерство безопасности を設立。

■連邦防諜庁
1993年12月21日，エリツィン大統領が保安省を廃し，連邦防諜庁 Federal Counter-Intelligence Service / Федеральная служба контрразведки を設立。

■連邦保安庁（エフエスベー）
1995年4月3日，エリツィン大統領が連邦防諜庁を連邦保安庁 Federal Security Service / Федеральная служба безопасности に改組。

れが投機者に対してテロル――その場での銃殺――を用いないかぎり、効果はあるまい。略奪者にたいしても断固たる取り扱いをして、その場で銃殺しなければならない」と述べた(26)。

一九一八年八月十一日、レーニンはモスクワから南東に六百キロメートルほど離れたペンザの執行委員会に電報を送り、「同志諸君、君らの五つの地区で起きたクラーク（富農）の蜂起を容赦なく鎮圧しなければならない。革命全体の利益のためにそれが求められている。クラークとの最終決戦があらゆる所で進行中であるのだから。（一）少なくとも百人のクラーク、悪徳金持ち、吸血鬼を絞首刑にせよ（必ず。市民がみられるように公開の場で）、（二）連中の名前を公表せよ、（三）連中からすべての穀物を押収せよ、（四）昨日の私の電報で指摘した人質を選び出せ。すべてこうしたことは、数キロ離れた所の人たちも目撃し頭に入れ、震え上がるようにやれ。われわれは血に飢えたクラークを殺しているのだ、これからも続けると言ってやれ……」と指示した(27)。

赤色テロが本格化したのは一九一八年八月三十日にレーニンが暗殺未遂に遭い、同じ日に秘密警察チェーカーのペトログラード支部長が暗殺されるという事件が発生してからだ。レーニンはその数日後に党中央委書記のニコライ・クレスチンスキーにメモを書き、「緊急措置を作成するためただちに委員会を作るよう提案する（当初は秘密裏に）。〈中略〉テロを秘密に、そして直ちに準備する必要がある」と指示した(28)。

そして九月五日に政府に相当する人民委員会議（レーニン議長）が「赤色テロについて On Red Terror / O Красном терроре」との指令を発令した。この指令はテロという手段で反革命活動、汚職と戦うことを強調、チェーカーの人員増を打ち出し、さらに白軍に与する者を銃殺すると宣言している。つまりロシア政府自身が「赤色テロ」という言葉を使った。白軍が実行した「白色テロ」に対抗する意味も込められていた。

テロの実行機関がチェーカーで、十月革命直後の一九一七年十二月二十日に設立され、委員長にフェリクス・ジェルジンスキーが就任した。正式には「反革命運動・怠業取り締まり非常委員会 All-Russian Emergency Commission for Combating Counter-Revolution and Sabotage / Всероссийская чрезвычайная комиссия по борьбе с контрреволюцией и саботажем」という長い名前を持ち、ロシア語の略称がチェーカー Cheka／ЧК。ベーチェーカー ВЧК とも言われる。チェーカーは一九二二年二月に改組され名称も変わったが、ソ連時代を通じて反体制活動家を摘発する秘密警察機関の要員はチェキスト Chekist／чекист と呼ばれた。

一九五八年にジェルジンスキーの立像が国家保安委員会前のルビヤンカ広場に立てられモスクワの街を見下ろしていたが、一九九一年八月のクーデター失敗後、撤去された。

赤色テロの定義は歴史学者によって異なるが、一般的には一九一八年から一九二三年にかけての内戦中の白軍捕虜、スト参加の労働者、脱走兵（多くは農民出身者）、富農などに対する処刑を指す。チェーカー独自の判断による処刑も多かった。死者は五万人とも百五十万人以上とも言う。

ボリシェビキ政権がなぜ赤色テロを実行しなければならなかったか。白軍と伸るか反るかの内戦を繰り広げる中で、反革命活動を抑え込まなければならなかったからだが、一方で国民の広い支持を得ていなかったからテロという手段を取らざるを得なかったとも言えよう。ロシアの赤色テロはスターリンの大粛清に継承され、その後、世界各地の共産主義運動においても繰り返された。レーニンと赤色テロとの関係については、ソ連時代はソ連内外であまり言及がなかった(29)。

ポーランド・ソビエト戦争

赤軍と白軍の内戦の影に隠れるようにして目立たないが、赤軍が戦った重要な戦争にポーランドとの戦争 Polish-Soviet War／Советско-польская война がある。一九一九年二月から一九二一年三月にかけ現在のウクライナ、ポーランドを戦場とした戦いだ。ただし厳密に言うと、この場合のソビエトとはソ連ではなく、ボリシェビキ率いるソビエト政権を指す。この時点ではソ連はまだ存在しない。

ポーランドは、十八世紀以来、ロシア、オーストリア・ハンガリー、ドイツに分割され、国として消滅していたが、一九一九年のベルサイユ条約によって独立を回復した。同時にポーランドは分割された際に失った領土の回復をめざし東方に進軍した。領土を広げてリトアニア、ウクライナなどと組んで連邦を創設しドイツやロシアの影響力拡大を抑えることを目論んだ。だが、当時のレーニンにとってもウクライナ西部はもちろんのこと、ポーランドもロシアとドイツの間に位置する戦略上の要衝だった。レーニンはドイツの革命に期待、ドイツの革命運動と協調することを重視しており、赤軍をドイツに送り込む場合の経路を確保しておきたかった。

赤軍は当初、後退を余儀なくされたが、間もなくポーランド軍を押し戻し、ワルシャワに迫った。ワルシャワの陥落は必至と思われたが、ボリシェビキ革命の広がりを恐れる英国とフランスがポーランドにてこ入れしたこともあって、ポーランド軍が反撃、結局、ロシアが和平を申し入れた。一九二一年三月にリガ条約を締結し、領土を画定した。だが、この時にポーランドが得た領土の大半は第二次世界大戦後にソ連領土となった。

戦争当時の英国の駐ドイツ大使、ダバノン卿は「現代文明史上、一九二〇年のワルシャワの戦いより重要な出来事はない。〈中略〉もしこの戦いがボリシェビキの勝利となったなら、それは欧州史の転換点になっただろう。〈中略〉全中欧が共産主義の宣伝とソビエトの侵入の好餌になったことは間違いない」と評した。(30)

ソ連の成立

十月革命が成就してすぐにソビエト社会主義共和国連邦（ソ連）Union of Soviet Socialist Republics（USSR）／Союз Советских Социалистических Республик（СССР）が成立したわけではない。二月革命で帝政が消滅して半年後の九月に「ロシア帝国」は「ロシア共和国」に変わった。十月革命直後は国名が定まらず、複数の国名が存在したが、一九一八年七月発効の憲法で「ロシア社会主義連邦ソビエト共和国 Russian Socialist Federative Soviet Republic／Российская Социалистическая Федеративная Республика」に決定、さらに赤軍が内戦に勝利した後の一九二二年十二月三十日にこのロシアがウクライナ、外コーカサス、ベラルーシにあった名目的なそれぞれのソビエト共和国と合体し、ソ連を結成した。外コーカサスはアルメニア、アゼルバイジャン、グルジアから構成されていた。

当時のロシアの国名の中では「社会主義」という単語の後に「ソビエト」が来たが、一九三六年憲法でそれが入れ替わり、「ロシア・ソビエト社会主義連邦共和国」に変わった。ただし、略称（RSFSR／РСФСР）は同じ。同じことが他のいくつかの共和国の名前でも起きている。ソ連は最初から「ソビエト」、次に「社会主義」という語順の国名だった。

一九三六年憲法では外コーカサス共和国が三共和国に分かれ、一九四〇年にはカレリアが連邦構成共和国となり、さらにバルト三国とベッサラビア（モルドバ）が編入された。中央アジアでは一九二四年、一九二九年、一九三六年の行政区分変更を経て五つの連邦構成共和国が誕生しており、一九四〇年にはソ連は十六の連邦構成共和国で成り立っていた。しかし一九五六年にカレリアが自治共和国へ格下げされ、連邦構成共和国の数は十五となり、その連邦体制が一九九一年まで続いた。

戦時共産主義と農民らの抵抗

ソビエト政権の新たな国づくりは難航を極めた。第一次世界大戦と内戦という戦争による混乱に加え、すでに指摘したように飢饉や疫病が発生し、経済活動は大打撃を受け、社会には不満が高まった。一九二一年の鉱工業生産は第一次世界大戦が始まる前の一九一三年に比べわずか二〇％程度、耕作地も同じ期間にほぼ三分の二に減ったとか、農耕馬の数が一九一六年の三千五百万頭から一九二〇年には二千四百万頭に減ったといわれる。

ソビエト政権は一九一八年夏までに戦時共産主義 War Communism／военный коммунизм と呼ばれる強権的な経済政策を実施し、苦境を乗り越えようとした。産業の全面国有化に踏み切り、農民に対しては家族の生活に最低限必要な分を除いて収穫物をすべて供出させた。中央統制経済によって内戦や飢餓、疫病による打撃を緩和しようとしたのだが、当然、多くの農民がこれに抵抗、耕作を放棄し、徴用された穀物を奪回するために当局を襲撃した。工場労働者の不満も強く、食糧や靴、衣料の配給増を訴え、ストが発生した。

この時期に新政権を揺るがした農民の大反乱にタンボフの反乱がある。モスクワから五百キロメートル近くに位置するタンボフ県（現タンボフ州）とその周辺の肥沃な黒土地帯で一九二〇年夏から一九二一年にかけ、穀物などの徴発に怒った農民が数万人規模で暴動を起こした。徴発は極めて過酷で、加えて一九二〇年には干魃に見舞われたこともあり、農民は籾殻や雑草で飢えをしのがざるを得ないほどだった。農民勢力はソビエト政権の廃止、農地改革などの目標を掲げ蜂起、これに対し革命政権は最大で十万人の軍を投入して対抗した。結局、農民の反乱は一九二一年夏頃までにほぼ鎮圧された。双方に多大な犠牲者が出た。

一九二一年三月にはペトログラードから三十キロメートルほど離れたところにある海軍基地の町、クロンシタットで大規模な反乱が起き、これも政権に大きな衝撃を与えた。クロンシタットの水兵、市民はソビエト政権が農民、労働者の意思を尊重していないと批判、言論、報道、集会、結社の自由や公正な選挙、農民の自由な耕作、平等な配給などを求め蜂起した。彼らは「共産主義者のいないソビエトを」とのスローガンを掲げた。蜂起に参加した者は二万七千人に上った。

クロンシタットの水兵たちは二月革命、十月革命、そして内戦で革命派やボリシェビキを支援した言わば革命の主役を務めた勢力であり、彼らが反旗を翻したことの衝撃度は極めて大きかった。レーニンは反乱に対し四万五千人にのぼる軍を動員、武力で反乱を鎮圧した。千人以上が死亡、二千人が負傷、二千五百人が捕虜となった。また八千人がフィンランドに逃亡したという[31]。

ネップというカンフル剤

ボリシェビキ政権はタンボフやクロンシタットなどの反乱を抑え込んだものの、国民生活が疲弊しきっていることは誰の目にも明らかだった。しかも当時すでにレーニンがロシア革命を救うために必要だと考えていたドイツでの革命の可能性がなくなり、ロシアは単独で生き残るしか道はなかった。

そこで政権は一九二一年三月、それまでの戦時共産主義を改め、ネップ New Economic Policy（NEP）／ Новая экономическая политика（НЭП）と呼ばれる新経済政策を採用せざるを得なかった。農民からの農産物の徴発を緩和、自由に売れる比率を引き上げた。供出方式もそれまでの現物供出から納税方式に変え、農民の生産意欲を刺激した。小規模な製造業や商業の分野では私営を認めた。ただし、戦略的分野である金融、大工場、運輸、貿易などでは国が従来通り管理した。工業労働者の八四％は国有企業で働いていたと言われる。

ネップ（新経済政策）は成功を収め、一九二八年までに耕作面積、鉱工業生産とも第一次世界大戦前の水準を回復した。農業ではクラーク kulak ／ кулак（富農）、産業界ではネップマン NEPman ／ нэпман と呼ばれる成功者が生まれた。

しかし、党内には当初からネップが社会主義の放棄、資本主義の導入につながるのではないかとの異論がくすぶり、クラークが価格の上昇をねらって農産物を売り惜しみ、あるいは隠匿したことへの反発も強まった。それに零細農家が多く機械化が進まず全体的には農業の生産性は容易には上昇しなかった。一九二七年から翌年にかけてはウクライナや北コーカサスの有力な穀倉地帯が天候不順のため凶作に陥り、再び飢えの問題が浮上した。こうした背景からスターリンは、米欧の資本主義諸国に対抗する国力を持つにはやはり国家主導で工業力を育成する必要があると判断、一九二八年にネップを打ち切り、同年十月から第一次五カ年計画を実施し始めた。ネップは一九二〇年代初めの反乱や経済の荒廃に対処するための緊急避難的な一時の措置に終わった。

国際共産主義運動の展開

マルクスが『共産党宣言 *Manifesto of the Communist Party* ／ *Манифест коммунистической партии*』を「す

べての国のプロレタリアートよ、団結せよ」で締めくくっているように、共産主義者は国際的な団結で革命を遂行することに積極的で、そのための機関を組織した。

まず組織されたのが国際労働者協会 International Workmen's Association で、第一インターナショナルとも呼ばれる。一八六四年にマルクスらが参加してロンドンで創設したが、社会主義者とアナーキストらとの内部対立で一八七六年に消滅した。次に第二インターナショナルが一八八九年から一九一六年まで存在した。第二インターは第一次世界大戦への対応が分かれて解散した。

レーニンは戦争勃発直後の一九一四年十月にロシアの帝政や臨時政府が戦争に勝利するよりも負けた方が害は少ないとの表現で、ロシアの敗戦を支持、戦争を利用して革命を成し遂げるよう訴え[32]、またほかの国の社会主義勢力にも戦争を内戦に変え革命に突き進むよう檄を飛ばした。戦争は帝国主義戦争であって、そんな戦争を繰り広げる政府は倒すべきだと考えた。しかし、ドイツ社会民主党を含め第二インターに参集していた多くの党が自国の勝利を願い戦争を支持した。第一インターナショナルも第二インターナショナルも大きな力を発揮するに至らなかった。

存在感を示したのは次の第三インターナショナルだ。コミュニスト・インターナショナル、略してコミンテルンと呼ばれる。レーニン主導の下、ロシア内戦中の一九一九年三月、モスクワで第一回コミンテルン大会が開かれ、欧州諸国を中心に世界二十一カ国の三十四の党の代表約五十人が出席した。日本人では片山潜が出席した。

ロシアで十月革命が成功したが、内戦と外国からの干渉で苦しい状況にあり、その一方で欧州では革命運動が盛り上がっていた。レーニンはこうした状況の下、第二インターナショナルとは異なり結束力の強い新たな国際共産主義運動組織を作る必要があると考えた。一九二〇年七月から八月にかけてペトログラード、その後モスクワに会場を移して第二回大会が開かれ、運動目的を討議、どのような党が加盟できるかについて二十一項目の条件を決めた。この第二回大会が事実上のコミンテルン創設大会となった。

レーニンは二十一項目の加盟条件の中にマルクス・レーニン主義の核心とも言える民主集中制 Democratic Centralism / демократичесний ценерализм を盛り込んだ。民主集中制とは革命を成就するため権限を中央に集め、軍隊同様に鉄の規律でまとめ、党指導部が報道部門と議会活動を主導する原則である。レーニンは各国の社会民主主義政党を廃し規律と結束力の強い国際運動組織を作った。

コミンテルンは「世界革命の参謀本部」と言われ、各国で共産主義運動を促進した。一九二二年創設の日本共産党もコミンテルンの日本支部となった。

しかし、一九二一年になると期待していた世界革命が起きる可能性のないことが明らかになった。レーニンが一九二四年に死去した後、コミンテルンの目標は世界革命からソ連防衛へと変わり始め、ニコライ・ブハーリンが論じスターリンが採用した「一国社会主義」が前面に押し出され始めた。

コミンテルンは第二次世界大戦でソ連が米英と組むことになったため一九四三年に解散した。その間、七回の大会を開き、基本的に世界革命の実現をめざしたのだが、共産主義革命が成功した例は、モンゴル（モンゴリア）で一九二四年にモンゴル人民共和国が成立した一件だけだ。戦後、東欧諸国が共産主義国となったのはコミンテルンの活動の影響ではなく、ソ連赤軍が戦争で勝利し、それらの国を支配したことによる。ただし、共産化した国が必ずしもすべてソ連によって共産主義を押し付けられたわけではない。チェコスロバキアなど国民が共産主義を支持して共産化した国もある。

国際共産主義運動はその後、一九四七年に各国共産党の協力組織としてコミンフォルム Cominform=Information Bureau of the Communist and Workers' Parties / Коминформ=Информационное бюро коммунистических и рабочих партий が組織され続いたが、参加国した党は少なく、しかも一九五六年にニキタ・フルシチョフによるスターリン批判を踏まえ解散した。

レーニン死去

レーニンは一九二四年一月二十一日、五十三歳で死去した。公式に発表されている死因はアテローム性動脈硬化症、簡単に言うと脳梗塞である。レーニンは死去する一年八カ月前から三度脳梗塞に見舞われ、一時仕事に復帰するも、最後は全身不随で喋ることができなかった。だが、その脳の障害をもたらした原因が何であるかについては諸説ある。レーニンの家系をみると、脳の病気で死亡した人が比較的多い。またレーニンは四十八歳の時に二度、銃撃され、鎖骨周辺と首に一発ずつ銃弾が残ったままだった。仕事のやり過ぎによる過労と体内の銃弾から鉛が溶け出していたことが、脳梗塞の引き金を引いたと一般的に説明されている。

これに対し、証明されていないが、脳が梅毒に冒され死亡したとの説、さらに毒殺説がある。梅毒についてはレーニン自身が疑っており、梅毒の薬として知られるサルバルサンを処方されていた。また頭痛、吐き気、不眠症、体の麻痺といった通常、梅毒にみられる症状がレーニンに出ていた。梅毒説はウラジーミル・ラーナーらイスラエルの医学研究者三人が『欧州神経学ジャーナル誌 *European Journal of Neurology*』の二〇〇四年六月号で提唱した。ただし、彼らも直接的な証拠はないことを認めている。

レーニン廟とクレムリンの壁共同墓地

毒殺説は二〇一二年五月に米国の神経病理学者のハリー・ビンターズとロシアの歴史家レフ・ルリエが米メリーランド大学医学部年次大会で発表した。ビンターズによると、レーニンは死去する直前に何度か癲癇発作を起こしており、これは脳梗塞患者には稀だ。そこで当時の政治状況を勘案すると、スターリンが毒をもった可能性があるという[33]。しかし、これについても直接的な証拠はない。

レーニンの脳は死後、研究のためスライスにされ、その後、モスクワ脳研究所に保管されている。また彼の遺体は化学的に保存処理され、*モスクワのクレムリンに隣接する赤の広場の**レーニン廟に安置されている。ソ連時代、廟は神社のようであり、市民が長い行列を作り参拝するかのように廟を訪れた。レーニンが梅毒を患っていたのか、また青酸カリなどで毒殺されたのかは、これらを医学調査すればある程度は判明するのかもしれないが、調査されるとの予定はない。ソ連時代末期のゴルバチョフ時代から廟から遺体を撤去し埋葬し直すべきだとの声が出ている。

＊モスクワ・クレムリン……モスクワの中心にある煉瓦の壁で囲まれた一角。ロシアの首都がサンクトペテルブルグに移されていた一七一二年から一九一八年を除いてモスクワ大公国時代からロシア／ソ連の政治を象徴する区域。宮殿や大聖堂が配置され、宗教、文化の中心地でもある。

クレムリン kremlin はロシア語の要塞を意味する普通名詞 **кремль**（クレームリ）に由来する英単語で、クレムリンは各地に存在する。モスクワのクレムリンは英語で the（Moscow）Kremlin と定冠詞が付く。ロシア語では **Московский Кремль**。本格的に壁や塔が築かれたのはモスクワ大公国時代で、その後宮殿や大聖堂が整備されてきた。敷地は不等辺三角形の形をしており、周囲は二千二百三十五メートル。面積二十八ヘクタール。一九九〇年にはユネスコの世界文化遺産に指定された。

レーニンはモスクワに首都を移した後、クレムリンの中の元老院宮殿（元老院棟）内に執務室を構え、その後も歴代のソ連／ロシアの最高指導者がこの建物内で執務している。また政府や党機関が元老院棟を含め周辺の建物を使ってきた。このため「クレムリン」がソ連／ロシアの政権を意味する言葉として使われてきた。なお今のロシア大統領府の各部署はクレムリン内の建物のほか、ソ連共産党中央委員会が使っていたスターラヤ・プローシャチ（旧広場の意味）の建物にも入居している。

＊＊レーニン廟……モスクワにある赤の広場のレーニン廟とその一帯は「クレムリンの壁共同墓地」と呼ばれ、ソ連国家の建設、発展に寄与した指導者たちが埋葬されている。一九一七年の革命で死亡したボリシェビキ活動家二百四十人をク

レムリンの壁近くに葬ったことがこの墓地の始まり。地中に埋葬、あるいは火葬後に遺灰を骨壷に入れ壁の中に埋葬している。この地での埋葬は一九八五年にコンスタンチン・チェルネンコ党書記長を埋葬したのが最後。スターリンも地中に埋葬されている。外国人が三人埋葬されており、そのうちの一人が片山潜。片山は一八五九年（安政六年）生まれ。一九三三年（昭和八年）にモスクワで死去した。コミンテルン幹部として国際共産主義運動に貢献した。葬儀には十五万人のソ連市民が出席したという。

第3章

大粛清と第二次世界大戦の苦難

スターリンと権力闘争の始まり

スターリンはレーニンが病気で活動できなくなるにつれ党内で力をつけ、権力闘争を経て一九二〇年代末までに最高指導者としての地位を確保した。

スターリンの本名はヨシフ・バッサリオノビッチ・ジュガシビリ（ヨシフは英語では一般的にJosephと表記される）。レーニンなどと同様、スターリンは革命家としての名前で、鉄の人という意味を持つ。一八七八年十二月十八日、グルジアのゴリという町で生まれた。ソ連時代の公式発表では誕生日は一八七九年十二月二十一日とされていたが、教会の記録では十八日となっている。父は靴修理職人で、家庭は貧しかったが、正教神学校に入った。この神学校はコーカサス地方の名門で、それだけスターリンは優秀だったようだ。しかし、十九歳の時、退学した。試験を受けなかったという理由からとされているが、実際には共産主義活動のせいではなかったかとも言われる。

退学後に、家庭教師、天文台職員などを経て、革命運動に身を投じた。生涯に七回逮捕され、シベリア送りも経験したが、何度も逃亡した。地元グルジアでの革命運動で地歩を固めた後、ペトログラードでもボリシェビキの有力党員となり、十月革命後は人民委員会議（内閣に相当）で民族担当の人民委員（大臣）に抜擢された。一九二二年四月には新設の党書記長職に選出された。スターリンはレーニン体制の下でレーニンに重用され昇進した。

しかし、そのレーニンは一九二一年後半に体調を崩し、聴覚過敏や不眠症、慢性頭痛を患い始めた。一九二二年五月には最初の脳梗塞に襲われ、言語障害や右半身の麻痺に陥り、モスクワ郊外のゴールキで療養、夏から秋にかけて体調は少し戻り、十月にはモスクワに戻った。しかし、十二月に二度目の脳梗塞に見舞われ、ゴールキに戻り、翌一九二三年三月には三度目の脳梗塞で完全引退を強いられた。

レーニンの引退が決定的になると、当然のことながら、後継争い、つまり権力闘争が展開され始めた。レーニンが後継者を明確には指名しなかったことが、その争いを一段と複雑にした。権力闘争の参加者はスターリン、トロツキー、グリゴリー・ジノビエフ、レフ・カーメネフ、ニコライ・ブハーリンなど。個人的ねたみ、路線をめぐる対立を絡ませて離合集散を展開、スターリンが一九三〇年までにトロツキーら政敵を一掃し最高指導者としての地位を不動のものにした。決着までに約八年かかった。

ヨシフ・スターリン（1943年）

スターリンはその間、常に党の主流派に位置し、これにトロツキーが一貫して反旗を翻した。この二人の抗争にジノビエフ、カーメネフ、さらにブハーリンらが複雑に絡み合った。主流派に対抗した非主流派は、左派反対派 Left Opposition / **Левая оппозиция**、新反対派 New Opposition / **Новая оппозиция**、合同反対派 United Opposition / **Объединённая оппозиция**、右派反対派 Right Opposition / **Правая оппозиция**（右派偏向者 **Правые уклонисты** ともいわれる）と変遷した。これが権力闘争の基本構図である。そしてスターリンに挑んだ者たちは最後にはことごとく政敵として処刑あるいは暗殺された。

『大会への手紙』とトロイカの発足

後継争いは、まずジノビエフ、カーメネフ、スターリンの三人が「トロイカ」を組んでトロツキーを批判することで始まった。当時の彼らの地位を確認しておこう。ジノビエフは政治局員でペトロソビエトの議長、さらにはコミンテルン執行委員会議長を兼務していた。カーメネフも同じく政治局員、そしてスターリンは民族問題人民委員、政治局員、さらに書記長でもあった。

スターリンが就任していた党書記長という地位は一九二二年四月三日、中央委総会でカーメネフとジノビエフが提案し設けられた。当然のことながらレーニンの意思を反映している。のちに書記長は党・国家の最高指導者の地位となるが、当時は党規約で正式に書記長の設置を決めたわけではなく、党務の事務局長的地位とみられた。最高指導者はレーニンだった。とは言え書記長は書記局、組織局の活動を仕切ることができ、スターリンはその地位を利用して権力基盤を固めた。特に地方を中心に要職に自分の息のかかった者たちを配置、彼らが党大会代議員となり、スターリン派を構成した。書記長就任の意義は極めて大きい。

一方、トロツキーは軍事人民委員、革命軍事委員会議長、政治局員だった。革命前、ペトロソビエト議長を務め、革命後は赤軍とコミンテルンの創設に奔走した一人で、軍、国際共産主義運動の指導者として存在感があった。初代人民委員会議の外務人民委員（外相に相当）に、その後、一九一八年三月から軍事人民委員（国防相）に就任していた。

レーニンは後継者を明確には指名しなかったことを指摘したが、彼が後継問題をまったく考えていなかったわけではない。レーニンは一九二二年十二月十六日に二度目の脳梗塞に襲われたが、同二十三日から翌年三月二日にかけ様々なメモ、手紙など文書を書き取らせた。これらの文書はのちに「レーニンの政治的遺言 *Lenin's Testament* / *политическое завещание Ленина*」と呼ばれるようになった。

その中で将来開かれる党大会に提出する意図を込めた文書が「大会への手紙 *The Letter to the Congress* /

Письмо к съезду」で、これも複数の文書から成る。レーニンは党の団結強化・分裂阻止を訴えたのだが、注目すべきは、十二月二十四日にスターリンとトロツキーの関係が党の団結の行方を左右すると強調していることで、レーニンが二人の対立を心配していたことが窺える。

さらに同じ二十四日の文書の中で、レーニンがスターリン、トロツキー、ジノビエフ、カーメネフ、ブハーリン、ユーリー・ピャタコフといった党幹部六人についてそれぞれの仕事振りや個人的性格に踏み込んで評価した。スターリンについては、「書記長に就任し無限の権限を手に入れたが、彼が常に慎重にこの権限を行使することができるかどうか私は確信が持てない」と危惧を表明した。トロツキーについては、「現在の中央委で恐らく最も有能な人だ」と高く評価しながらも、「自信過剰で物事の管理的側面にあまりにも熱心すぎる」と付け加えた。ジノビエフとカーメネフについては、彼らが一九一七年十一月七日（旧暦十月二十五日）の蜂起に反対していたことを取り上げ、それは「偶然ではない」と指摘した。

レーニンは翌年一月四日付の文書では特にスターリンを厳しく批判した。「スターリンはあまりにも無礼だ」と断定、その欠点は党員の間では許容されるとしても、書記長としては許容されないと指摘し、「そこで私は同志たちにスターリンをその職から解任し、他の人を任命する方途を考えるよう求める」とスターリンの書記長解任を提起した。新たに書記長となるべき人の性格として「同志たちにもっと寛容で忠実で、礼儀正しく、配慮を示し、気まぐれでない」ことを挙げた。

これら有力な人物への言及をどう読み解くか。レーニンはどの特定の人物も後継者としては推薦していない。だが、トロツキーを極めて高く評価していることが窺える。スターリンに至っては書記長から解任すべきと言っている。少なくともスターリンだけは後継者にしないように求めたと言えるだろう。

「大会への手紙」の中には党中央委員会の増員の提案もあり、それは一九二三年四月の第十二回党大会に実際に提出されたが、六人の有力者に対する評価やスターリンの書記長解任に触れた文書については、レーニンは妻のナジェジダ・クループスカヤに対し、自分が死去した後に提出するよう指示したことから、第十二回党大会には出されなかった。

この党大会にレーニンは病気のため出席できず、重要な政治報告を担当したのはジノビエフで彼の存在感が増した。党大会では民族問題、党の官僚化が議論された。トロツキーは党大会以前にはスターリンのこれらの問題に対する姿勢を批判してきたのだが、党大会では沈黙した。党大会は中央委員を四十人に、同候補を十七人に増やした。その大半がスターリン支持派によって占められた。ジノビエフ、カーメネフ、スターリンのトロイカは一九二三年に入って政治局の議事日程を取り仕切り始めていたが、この党大会で三人の連携が一段と際立った。

左派反対派の敗北

第十二回党大会が閉幕してからトロイカとトロツキーの抗争は一段と先鋭化した。トロイカはトロツキーが革命軍事委員会を効率的に運営していないとか、軍に混乱がみられると批判、これに対しトロツキーは中央委と中央統制委宛てに書簡を送り、党執行部の経済失政を批判、計画経済の実行、工業化の推進を提案、また党中央が地方組織の人事に圧力をかけているとか、党内で自由にモノが言えなくなっているなどと切り返した。

トロツキーによる批判には軍人を含め賛同者が現れ、十月には四十六人がトロツキーの主張と同じ内容の書簡（「四十六人宣言」という）を政治局に送った。これに対し執行部、つまりトロイカはトロツキーが分派活動を展開しているなどと非難、一九二三年末から一九二四年にかけて党の政治状況は緊迫した。ジノビエフに至ってはトロツキーによる「ボナパルト的」政権転覆が準備されているとまで言って彼の逮捕を主張した。この場合のボナパルト的とはマルクスによるナポレオン・ボナパルトの分析にみられる反革命的という意味を持つのであろう。

政治局は結局、十二月十四日にトロツキーに対しスフミでの療養を言い渡し、トロツキーはモスクワを離れた。

このため彼は翌一九二四年一月二十一日に死去したレーニンの葬儀には出席できなかった。レーニン死去の直前の一月十八日には第十三回党協議会（党協議会は党大会と党大会の間に開かれる党大会に相当する会議）が開かれ、トロイカはこの場でトロツキーの主張を「プチブル偏向」と決めつけた。トロツキー支持者たちは左派反対派と呼ばれ、党執行部は彼らを要職から外した。

次の対決の場は同年五月の第十三回党大会。レーニンの妻クループスカヤはレーニンの遺志を受けて、「大会への手紙」を党大会開幕の数日前に中央委員らからなる長老の会合に提出した。スターリンはさすがに書記長職を退くとの辞意を表明せざるを得なかったが、会場からは辞める必要はないとの声が次々と出た。そして党大会本番ではジノビエフ、カーメネフらがトロツキズムを「レーニン主義に敵対する半ブルジョア的教義」と糾弾してスターリンの書記長続投が決まった。

「大会への手紙」は党大会では読み上げられなかった。ただし、地域の代議員団ごとに伝えられた。メモを取ることは禁止とされた。この党大会の公式記録には「手紙」への言及はない。

第十三回党大会はレーニンが死去して四カ月後に開かれたのだが、スターリンの書記長留任はレーニンの威光がすでに過去のものとなっていたことを物語る。党内でスターリンがすでに多くの人の信頼を勝ち得ていた。また、トロツキーが権力争いで後退したことも改めて浮き彫りになった。ただしトロツキーは厳しく批判されたにもかかわらず、特に処分は受けなかった。彼が十月革命に果たした功績を多くの代議員は知っていたからだ。

「手紙」はその後、一九二七年の第十五回党大会の際に配布された「大会通報」に掲載され、その二十年近く後、一九五六年二月の第二十回党大会でニキタ・フルシチョフがスターリン批判に踏み切った際、改めて代議員に配布された。一般の人には地下出版を通じて伝わった。

一九二三年から一九二四年にかけてはジノビエフがトロツキー批判の急先鋒となり、存在感を高めたが、トロツキーも依然として批判に屈せず、一九二四年秋には論文「十月の教訓 *The Lessons of October* / *Уроки октября*」

を執筆、ジノビエフとカーメネフが十月蜂起に反対していたという古傷を持ち出して二人をやり込めた。ジノビエフはこの年十二月、トロツキーが軍事クーデターを準備していると告発、党からの追放を求めた。その際、スターリンは仲裁者の役割を果たし、トロツキーをかばったが、翌一九二五年一月、遂に中央委はトロツキーを軍事人民委員、軍事革命委議長から解任した。トロツキーは政治局員の地位を保持したが、影響力は顕著に凋落した。

トロツキーという共通の敵が舞台からほぼ消えると、今度はトロイカに亀裂が入り始めた。争点はスターリンが一九二四年末から押し出し始めた*一国社会主義論 Socialism in One Country / **Социализм в одной стране** とネップ（新経済政策）継続の是非をめぐる問題。スターリンはブハーリン、アレクセイ・ルイコフ、ミハイル・トムスキーと組み、一国社会主義とネップ継続を支持、これに対しジノビエフ、カーメネフらは反対した。ジノビエフらはのちに新反対派と呼ばれ、両派は一九二五年十二月の第十四回党大会で激突した。スターリン派が多数派で、彼らが反対派を圧倒、ジノビエフは政治局員の地位を保持したものの、カーメネフは政治局員から同候補に格下げされた。スターリンが一段と地歩を固めた。この大会で党名が「(全) ロシア共産党（b）」から「全連邦共産党（b）」に変更された。

*一国社会主義論**……スターリンが一九二四年末から提唱し始め、ブハーリンが肉付けした革命論で、トロツキーの永続革命 Permanent Revolution / **Перменентная революция** あるいは世界革命論に対抗する理論。ロシアのような後進国でもドイツなど、より発展した国からの支援なしに一国で社会主義社会を建設できるし、そうしなければならないという主張。西側資本主義国での革命を後押しする必要もあまりないと論じた。レーニンらボリシェビキは十月革命の後、ドイツなどほかの資本主義国で革命が起きてロシアの革命を支援してくれると予想、それを期待していたが、欧州での革命が不発に終わったことを反映している。

これと対照的な革命論が永続革命論。マルクス、エンゲルスは、世界中のプロレタリアートが団結し世界革命を起こさなければならないと説き、トロツキーはそれを踏まえ、ロシア以外でも革命が起きないとロシアは敵対的な資本主義世界に包囲され生き延びられないと主張、プロレタリアートはブルジョア階級から権力を奪取するため革命を継続しなければならないと訴えた。

結局、権力闘争でスターリンが反対派を抑え込み、一国社会主義論が党の考えとなった。コミンテルンも発足当初の世界革命実現の目標から後退、ソ連を資本主義国の攻撃から防衛することを主眼に置き始めた。スターリンが中国共産党に対し蔣介石率いる国民党と協力するよう求めたこともソ連防衛の優先という一国社会主義論を反映している。

反対派の一掃

ジノビエフ、カーメネフは一国社会主義とネップ（新経済政策）継続に反対する基本姿勢を堅持、一九二六年春には今度はかつての政敵トロツキーに接近した。これが合同反対派である。合同反対派は事実上、左派反対派である。スターリンは攻撃を緩めず、この年の三月にジノビエフをペトロソビエト議長から、続いて七月にはジノビエフを政治局員、コミンテルン執行委員会議長から解任した。さらに十月にトロツキーも政治局員から解任した。

一九二七年初めには左派反対派はまったくの落ち目となったが、トロツキーは政治局を「テルミドール」に陥ったとか、メンシェビキの集団だと糾弾、クラーク（富農）やネップマンを育成し貧農を軽視している、さらには中国革命を妨害しているとも激しい批判を続けた。テルミドールはフランス革命の「テルミドールの反動」に由来する言葉で、反革命や革命の目標からの後退を意味する。

左派反対派は一九二七年十一月七日の革命記念日に許可を得ず抗議デモ、集会を開催した。中央委はこれを口実に十一月十六日、遂にトロツキー、ジノビエフを党から追放した。同年十二月の第十五回党大会はこの処分を承認しただけではなく、左派反対派を大量に党から追放した。トロツキーはカザフスタンのアルマアタへ追いやられた。

ジノビエフとカーメネフはその後、誤りを認め謝罪し、党に復帰したが影響力を行使することはなかった。トロツキーはアルマアタで一年ほど過ごした後、国外退去処分でトルコへ移住、その後、フランス、ノルウェーと居所を変え、最後は一九四〇年八月、メキシコでスターリンの送った刺客により暗殺された。

スターリンの党内抗争は左派反対派の一掃で終わらなかった。スターリンは一九二八年から翌年にかけ、盟友であるはずのブハーリンを「右派偏向者」と批判した挙げ句、今度は左派反対派が掲げていたネップからの転換、急速な工業化を自らが推し進め始めた。時代状況の変化を受けた転向でもあるのだが、従来の左派批判は一体何だったのかという疑問を生じさせる。右派偏向という非難はルイコフ、トムスキーらにも向けられ、一九三〇年六～七月の第十六回党大会では右派偏向グループの打倒が宣言された。

一九三四年一～二月の第十七回党大会は「勝利者の大会」と言われる。第一次五カ年計画（一九二八～一九三二年）が成功裏に終了し、ソ連が遅れた農業国から進歩した工業国、かつ集団農業を実践する農業大国になったという理由からだが、さらに反対派を一掃し得たという意味も込められている。この大会は一方で、「銃殺された者たちの大会」とも呼ばれる。約二千人近い代議員のうちの半分以上が後の大粛清で人民の敵として逮捕、銃殺されたからだ。

トロツキー以外の反対派の運命だが、スターリンは一九三六年に大粛清の先駆けとなる裁判を開始、ジノビエフ、カーメネフをスパイ、破壊工作、指導者たちの毒殺を図ったなどの罪で裁き、一九三六年八月、処刑した。ブハーリン、ルイコフも一九三八年三月に似たような罪名で有罪とし、処刑、トムスキーはそれより前の一九三六年八月に自殺した。

ネップ転換と五カ年計画

ボリシェビキ率いるソビエト政権は十月革命後、独裁体制を変えずに経済の分野ではネップと呼ばれる部分的自由化政策を続けてきたが、スターリンが権力基盤を確立していく一九二八年から一九二九年にかけてソ連社会の姿を大きく変える工業化と農業集団化という急進的な政策を実行し始めた。ロシア史学者の中には「第二の革命」と呼ぶ人もいる。

スターリンの政策は、急進的工業化、農業集団化、大粛清、個人崇拝、ナチス・ドイツとの戦争、冷戦開始などに集約される。このうち工業化と農業集団化を経済政策の柱に据えた。

ロシア／ソ連の経済は一九二八年まではネップもあって農業や商業などの分野では私企業も存在、ある程度の自由度は確保されていた。しかし、スターリンは国家統制経済の手法による五カ年計画を一九二八年に開始、急進的な工業化と農業集団化を進めた。第一次五カ年計画は一九二八年十月から一九三三年十月まで。各地で製鉄所建設、鉱山開発、油田開発、ダム建設の槌音が響き、一九三二年末には開始から四年三カ月で五年間の計画目標を達成したと発表した。その後も勢いは衰えず、一九二八〜一九四〇年に鉱工業生産は年平均一二〜一四％と驚異的な速さで伸びた。鉄鋼生産は四倍、石炭生産は五倍、発電量は九倍に増えた。日本は戦後、一九五〇年代から一九六〇年代に経済の高度成長を達成したが、それを上回る急成長ぶりだった。

こうした急成長は巨額の資本投資と労働意欲の刺激に支えられていた。労働意欲を刺激するために展開された政策にスタハーノフ運動 Stakhanovite / стахановец がある。一九三五年八月末、ドンバスの炭鉱でアレクセイ・スタハーノフが五時間四十五分で百二トンの石炭を掘ったとされる。ノルマは七トンだった。この働きぶりを党・政府は喧伝、ほかの産業分野での生産意欲や生産性の向上に乗り出した。当然、ノルマ達成者には報奨を与えた。ただし、スタハーノフは確かにノルマを達成したのだが、他の労働者の助けを得てのことで、彼の仕事振りは相当誇大に伝えられたとも言われる。

スターリンがネップを転換し強烈な国家統制手法による急進的な工業化や農業集団化に着手した背景としては、まずソ連が工業後進国であり対外的脅威にさらされる中で国防力を高める必要があると判断したことを挙げられる。日本などによる外国の干渉をはねのけた後も指導部には対外的な安全保障環境は厳しく、資本主義国が戦争を仕掛けてくるとの認識が強かった。さらにはマルクス主義によると、革命は本来、工業先進国で起こるとされているが、工業先進国で革命の可能性がなくなる中で十月革命の成果を守るためにはソ連が工業先進国になるべきだとの一国社会主義イデオロギーの影響も指摘できるだろう。

ネップが都市ではネップマンといわれる富裕層、農村ではクラーク（富農）を生み出し、言わば格差社会の兆候が見え始めたことに対する反発も党内にはあった。スターリンが指導者として歴史に名を残す成果を出しておきたいと考えた可能性もあろう。

農業集団化の強行

スターリンは工業化と農業の集団化を対にして実施した。ロシアの農業は一八六一年の農奴解放、一九〇五年から一九一四年までのストルィピンの農業改革、一九一七年の十月革命後のネップによって変貌してきたが、スターリンは新たに集団化によって農業経営の大規模化、機械化を進め、生産性を引き上げることをねらった。それによって増える都市の工場労働者に十分に食糧を供給し、農村から工場へ労働力を回し、さらには穀物生産を増やし穀物を輸出し、その代金で農業機械を購入することを計画した。農業集団化と工業化は表裏一体の政策だった。国による農業経営を徹底することで工業化に役立てようとした。

集団化の基本方針は一九二七年十二月の第十五回党大会で採択されたが、集団化が本格化したのはスターリンが一九二九年十一月七日付の党機関紙『プラウダ』に「大転換の年」と題した論文を掲載してからだ。彼はその中で零細個人農業を大規模集団農業に転換し、富農を「撲滅」すると宣言した。同月十〜十七日の党中央委総会がその方針を機関決定した。

ソ連政府の公式統計によると、集団農場に属する農地は一九二八年には全体の一％にすぎなかったが、一九三〇年には一気に三割強へと増え、一九三五年には九割を超えた。党・政府は農民に集団化を喧伝、強制するため二万五千人の要員を農村地帯に派遣した。彼らは「二万五千人隊」と呼ばれ、農民が所有する農機具、家畜を強奪した。

集団化は各地で農民の強い抵抗に遭った。サボタージュや暴動が各地で発生した。内戦に近い状態だったと指摘する歴史家もいる。また家畜を集団農場に差し出すくらいなら処分したほうがましだと考えた農民も多く、馬、牛、豚、羊など家畜の数は大幅に減少した。自ら家屋敷に放火し、農機具を打ち壊す動きもみられた。

スターリンは厳しい締め付けで対抗、特に富農が強く抵抗していると判断、多数を極寒の地を含めシベリアやカザフスタンなどへの移住を強いた。スターリンによる弾圧を研究したロシアのビクトル・ゼムスコフによると、一九三〇～一九三一年に富農三十八万千二十六世帯、百八十万三千三百九十二人が移住の対象となった。[1]移住といっても単なる引っ越しではなく追放であり、移住地に着く前に命を落とす人が続出した。

集団化された農場にはコルホーズ колхоз / kolkhoz（集団農場）とソホーズ совхоз / sovkhoz（国営農場）がある。コルホーズは農民が保有していた土地、家畜、農機具を出し合い協同組合方式で運営する農場。国が決めた一定の生産量をこれも国が決めた固定価格で供出した。この分は一種の税金とも言える。それを差し引いた後、種、農機具の代金を払い、自分たちの社会・文化活動のための資金を基金に貯め、最終的には個々の農民に労働日数に応じて分配した。報酬は一種の出来高払だった。

一方、ソホーズは国が大地主から没収した国有地で零細農民を雇用して運営する農場で、自由裁量が効かず、統制度が強かった。報酬は定額の給与制に近かった。数はコルホーズが圧倒的に多かった。かつて日本の中学校や高校の社会科関連の教科書は農民弾圧という文脈抜きにこれらの農場を紹介していた。

集団化は第二次五カ年計画（一九三三～一九三七年）が終わる頃に事実上完了、全国に二十五万カ所に近い集団的農場が誕生、農地の九割以上を管理した。しかし、集団化が本格化した直後の一九三二年から翌年にかけては干魃、あるいは逆に多雨の影響で作物病が蔓延、さらに政策の混乱も加わって凶作となり、大飢饉が発生した。餓死者が続出、その数は五百万人とも一千万人とも言われる。

特にウクライナとカザフスタンの飢饉は悲惨だった。人肉を食べるカニバリズムも出現した。ウクライナ議会は二〇〇六年十一月に、この時の飢饉を「ゴロドモール／ホロドモール Голодомор / Holodomor」という名の*ジェノサイド（大虐殺）であるとの決議を採択、スターリン政権の対応を断罪した。ホロモドールとはウクライナ語で「飢えによる殺害」を意味し、旱魃という自然災害よりもスターリンによる意図的な政策で餓死者が増えたと糾弾した。国民の飢えを知りながら穀物を過剰に強制徴収、備蓄を放出せず外貨稼ぎのために輸出に回し、さらには収穫目標を達成しなかった農民を村から追放、海外への支援を要請することもなかった。それによって餓死者を増やしたという。

しかし、この飢饉がジェノサイドであるとの主張には反論も多い。ロシア国家ドゥーマ（下院）は二〇〇八年四月、飢饉が民族的な要因で引き起こされたとの証拠はないとの決議を採択した。ウクライナ以外でも犠牲者が出ているからだ。

ロシア／ソ連史に詳しい作家のアレクサンドル・ソルジェニーツィンは、飢饉がウクライナ人に対するジェノサイドという主張について歴史の塗り替え（レビジョニズム）であるとの見解を明らかにしている。彼によると、飢饉には共産主義体制の本質が関係しており、すべての民族が被害を受けた。したがって、それはロシア人によるウクライナ人への攻撃ではなかった。(2) そのように表現することは政治的な動機に基づくと指摘した。

米欧にもソルジェニーツィンの見解を共有する研究者は多い。例えば米国の歴史学者マーク・B・トーガー（西バージニア大学準教授）は、飢饉がウクライナだけでなくソ連各地で発生しており、スターリンらソ連指導部が飢饉を意図的に作り出したことはないと結論づけている。彼も異常気象とさび病という作物病が飢饉の原因と指摘した。(3)

集団化に対する農民の抵抗と異常気象によって農業生産は減少した。集団化は計画した目標を達成できなかった。農業生産の減少は大飢饉が収まると、徐々に終息、その後、飢餓は発生しなかったが、集団化による代償は大きかった。

＊ジェノサイド……一九四八年に国連で採択された「ジェノサイド犯罪の予防および処罰に関する条約」による定義では、一つの民族、人種、宗教的集団を全体的あるいは部分的にかかわらず意図的かつ計画的に殲滅することとされる。ウクライナの大飢饉のほかに「アルメニア大虐殺」や「南京大虐殺」をめぐってもジェノサイドであるかどうかの論争がたたかわされている。アルメニア大虐殺は第一次世界大戦中およびそのあとにオスマン・トルコがアルメニア人を百万人から百五十万人虐殺したと言われる事件。トルコ政府はジェノサイドを強く否定している。南京大虐殺については、一九三七年（昭和一二年）十二月から翌一九三八年一月にかけ日本軍占領下の南京で発生したと主張する人たちがいる。中国政府は三十万人が殺されたと言うが、日本には虐殺自体がなかった、あるいは三十万人という犠牲者はありえないという有力な説がある。

キーロフ事件と大粛清

スターリンは一九三〇年代に党、政府、軍を中心に知識階級、富農らを含め、＊「人民の敵 enemy of the people / враг народа」「反革命派」とみなした人たちを次々と逮捕、恣意的な裁判を経て、処刑あるいは収容所送りに処した。大粛清 Great Purge / Большой террор である。

その大粛清を正当化する口実の一つとして使われた事件がセルゲイ・キーロフの殺害。キーロフはレニングラード（旧ペトログラード）の党第一書記で党政治局員でもあった。一九三四年十二月一日、職場のスモーリヌイ学院の建物内の廊下で銃撃され死亡した。犯人はレオニード・ニコラエフという元党員で現行犯逮捕された。彼は素行に問題があるとして党から追放されていた人物だ。当局は共犯として十三人を逮捕、月末にはニコラエフを含む十四人に有罪判決を下し即時に処刑した。ニコラエフの妻・母親など親戚ものちに処罰した。

キーロフ殺害事件については長い間謎が多いとされ、今も十分には解明されていないと言う人もいる。キーロフは当時、レニングラードで人気のある指導者だったため、スターリンが自分の地位が脅かされると脅威を感じ、保安組織を使ってキーロフを抹殺したというスターリン関与説が流布している。

スターリンの死後、何度か党、政府機関がキーロフ殺害事件の真相究明にあたった。その一つはニキタ・フルシチョフが組織した調査委員会による作業で、フルシチョフはその報告を受けて一九五六年二月の党大会での秘密演説で、「説明がつかず謎めいたことが多く、極めて慎重に捜査しなければならない」と述べた。秘密演説はスターリン批判が主眼であり、キーロフ事件への言及もスターリンの関与を示唆していると受け止められよう。ただし、フルシチョフはスターリンの犯罪だと断定したわけではない。謎が多いという指摘にとどめている。

キーロフ事件についてはその後、ソ連時代末期の一九九〇年にスターリン時代の弾圧の告発に尽力したアレクサンドル・ヤコブレフ政治局員主導で徹底した調査が実施された。その調査委員会はスターリン関与説を否定する結論を出した。

現在はニコラエフの単独犯行説が広く支持されている。ニコラエフはレニングラードの党史研究所の研究員だったが、党の規律に違反して銃を持ち歩くなど異常行動が目立ち精神的に不安定であることから解雇され、党からも追放された。二〇〇九年十二月に公表された彼の日記では、このため党への激しい恨みが募っていた。別途、キーロフはニコラエフの妻と愛人関係にあったとの有力な説があり、この三角関係のもつれが犯行に影響したという見方もある。

スターリンはキーロフ事件から一年半ほど経って党内粛清に乗り出し、一九三六年には「ソビエト国家転覆未遂事件」をでっち上げ、古参ボリシェビキのカーメネフ、ジノビエフらを改めて追及、結局十六人をトロツキーと協力してクーデターを企てたとして裁判にかけ処刑した。キーロフ殺害への関与も罪状の一つとされた。この「十六人組裁判」が恐怖政治の本格的幕開けを告げた。このほか、一九三八年までに「反ソ・トロツキー・センター裁判」、「二十一人組裁判」といった見せしめ裁判を実施、党幹部、軍幹部らを粛清、処刑した。レーニン時代の党指導者たちのうちスターリン、亡命したトロツキーを除いて全員、それに赤軍幹部、多数の外交官などが犠牲になった。

一九一七年十月二十三日（旧暦十月十日）、レーニンが率いるロシア社会民主労働党（b）は武装蜂起を指導するため七人から成る中央委員会政治局（ポリトビュロー）を組織した。レーニンの死亡で六人が残ったが、このうちスターリンを除いて五人全員（アンドレイ・ブブノフ、ジノビエフ、カーメネフ、グリゴリー・ソコーリニコフ、トロツキー）が粛清の対象となった。スターリンは十月革命を率いた最高幹部の仲間たち全員を抹殺した。

スターリンの粛清によって党員の四〇％が逮捕され、一九三四年第十七回党大会の代議員の七〇％が逮捕され、大半が銃殺された。一九三四年に党中央委員会に百三十九人いた中央委員のうち百十人が処刑あるいは自殺に追い込まれた。ヒトラーによる攻撃が始まる前に元帥五人のうち三人を処刑している。大粛清といわれる所以だ。

＊**人民の敵**……この言葉はスターリン時代の造語ではなく、ローマ時代から存在、フランス革命の際も反体制派を指して使われた。レーニンは立憲民主党の指導者たちを人民の敵と呼んだが、スターリン時代の一九二〇年代後半に何度か改訂されたロシア共和国刑法第五十八条で反革命活動を幅広く定義し、多くの人を処刑、収容所送りにした。「第五十八条 58-я статья」は人民の敵という用語を使っていないが、人民の敵を処分する恐ろしい法律条項の代名詞となった。

過酷な宗教弾圧

宗教や文化の弾圧も過酷だった。宗教に対する規制は十月革命直後から始まり、一九二〇年代に入るとソ連無神同盟 Союз безбожников СССР が組織され、反宗教活動を展開した。スターリンは一九二九年に宗教団体法を作り、正教会だけでなくほかの宗派の活動を厳しく制限した。これがソ連時代を通じての宗教政策の基本となった。宗教活動は教会、礼拝所など宗教施設の中、あるいは信者の住宅内に限るとか、宗教団体による相互扶助活動を禁止することなどが盛り込まれている。

さらには無神同盟などを通じて、教会、礼拝所、モスク、シナゴグを閉鎖、没収、破壊した。一九三〇年には教会が鐘を鳴らすことを禁止した。鐘を撤去して改鋳、イコンや聖典など教会の貴重な財産を破壊した。一九三〇年代末にはロシア全体で残った教会の数はわずか百だとか、修道院は全くなくなったとも言う(4)。

破壊された教会の一つがモスクワの救世主ハリスト大聖堂で一九三一年に爆破、解体された。スターリンは跡地にソビエト宮殿という催し物会場を作る予定だったが、地盤がゆるいため断念、跡地の一部は屋外温水プールになった。この教会はソ連崩壊後の一九九九年に同じ場所に再建された。

一九三〇年代の大粛清では、多くの聖職者も「反ソビエト分子」として犠牲になった。一九三一年から一九四一年の間に正教の聖職者の八〇～八五％にあたる四万五千人が処刑あるいは逮捕されたとの推計もある(5)。ただし、スターリンは一貫して宗教を弾圧していたわけではない。ドイツとの戦争が始まると正教会の聖職者と会い、教会活動の再開を認めるなど、態度は一変した。正教会を利用して兵士の愛国心を高め、戦闘意識を鼓舞するためだった。

こうしたソ連あるいは多くの共産主義国家における宗教弾圧にマルクスやレーニンの宗教観が関係していることは否定できない。

マルクスは一八四四年に発表した「ヘーゲル法哲学批判序文 *A Contribution to the Critique of Hegel's Philosophy of Right*」の中で「宗教は抑圧された人たちのため息、心のない世界の心、そして精神なき状況の精神である。それは人民の阿片である」と書いた。これは、宗教は抑圧された労働者階級の鬱積した心のはけ口になり、阿片が痛みを緩和するように宗教が苦しみを和らげているという意味かもしれない。しかし、この一節の前後には、「宗教とは、まさに自分自身に到達していない人、あるいは自らを失った人の自己認識であり自己尊重である」とか、宗教とは「世界を倒錯して意識すること」であると指摘、宗教を「幻想的太陽」などと描写していることから、宗教を否定的にとらえていることは明らかだ。

またレーニンも一九〇五年に「社会主義と宗教」という題の記事の中で、「宗教は精神的抑圧の形態の一つである。〈中略〉宗教は人民の阿片である。宗教は精神的飲酒のようなものであり、その中で資本の奴隷たちが人間としての像、人間にふさわしい生活への欲求を酩酊させてしまう」と書いた(6)。

民族的強制移住と医師団事件

スターリンは特定の民族・人種に対する弾圧も実行した。ソビエト政権は一九二〇年代から強制移住を実施していたが、スターリン時代にそれが一段と過酷になり加速した。スターリンは十月革命後発足したソビエト政権で民族問題担当の人民委員（大臣）に就任した。民族の融和を進める役回りのはずだが、実際には融和とは程遠い政策を実行した。中でもクリミア・タタール人、朝鮮族、ボルガ流域のドイツ人、北コーカサスのチェチェン人、ポーランド人などを、ドイツ軍への協力や分離独立運動を警戒して中央アジアなどに強制移住させた。農民同様、移住により多数の死者が出た。

スターリンが死去する直前に医師団事件 Doctors' plot / дело врачей と呼ばれるユダヤ人差別事件が起きている。一九五一年から一九五二年にかけ党・政府要人の治療を担当した医師たちが暗殺を企てたとの容疑で相次いで逮捕された。一九五三年一月十三日に党機関紙『プラウダ』が九人の医師の逮捕を報じ、明るみに出た。記事では医師たちが米国諜報機関の出先である「国際ユダヤ・ブルジョア・ナショナリスト組織『ジョイント』」に関係していたと糾弾した。逮捕者はその後増え、医師の家族への迫害、ユダヤ人差別 anti-semitism が一気に広がった。スターリン自身、ユダヤ人陰謀組織の関与を証明するよう捜査に圧力をかけたことが明らかになっている。

スターリンが死去し、容疑もでっち上げであることが分かると、保安機関のボスであったラブレンティ・ベリヤが主導権を取って容疑者全員を釈放、復権させた。ソ連社会におけるユダヤ人差別の汚点として残る事件である。

暗黒の時代の膨大な犠牲者

歴史的事件の犠牲者数を特定することはしばしば極めて困難だ。スターリンによる弾圧の犠牲者数も同様だ。そもそも何を弾圧と定義するか。政治的な理由に基づく粛清に限るのか、強制移住を含めるのか。餓死をどう扱うのかという問題もある。したがって研究者により犠牲者数は異なるし、その数字も大まかな推定にならざるを得ない。

一般に餓死者をすべて入れると、スターリン弾圧による死者は一千万人とも二千万人に上るとも言われる。餓死者を除いても四百万人、あるいは一千万人に上るという説がある。

スターリン弾圧の犠牲者についていくつか具体的な数字を紹介する。まず公的な基本資料とされるのは、一九五四年二月一日付で検事総長、内相、司法相が連名で当時のニキタ・フルシチョフ党第一書記に提出した文書で、一九二一年からそれまでに反革命罪で三百七十七万七千三百八十人が有罪判決を受け、うち死刑が六十四万二千九百八十人、最高二十五年の刑務所あるいは強制労働収容所送りが二百三十六万九千二百二十人、追放（強制移住）が七十六万五千百八十人と書かれている。(7)別途、一九五六年二月にポスペロフ調査委員会がフルシチョフに提出した報告では、一九三七年と一九三八年に反ソビエト活動の罪で百五十四万八千三百六十六人が逮捕され、うち六十八万一千六百九十二人が銃殺刑に処せられた。(8)

一九五四年と一九五六年にフルシチョフが受け取ったそれぞれの報告にある銃殺者数などについての数字は必ずしも整合性が取れないが、いずれにしても膨大な数の人たちが政治的理由で犠牲になった。こうした公的な報告のほかにも歴史家たちが独自の調査、定義で犠牲者数を発表している。

ロシアの人権団体、メモリアルはソ連時代全体を通じての弾圧犠牲者を調査し、名前を収集している。スターリンの大粛清が最も激しかった一九三七年から一九三八年にかけての二年間に政治的理由で百七十万人以上が逮捕され、七十二万五千人以上が銃殺されたと発表している。政治的理由で保安機関に逮捕され死刑あるいは懲役刑の判決を受けた人が一九二一年から一九八五年の間に五百万〜五百五十万人、富農撲滅運動で追放された農民が一九三〇年から一九三三年の間に三百万〜四百五十万人、ドイツ軍への協力の可能性や容疑で強制移住された諸民族の数が約二百五十万人との数字も示している。[9]

二〇〇四年から二〇〇五年にかけソルジェニーツィンらが協力して発行された七巻に上る『スターリンのグラーグの歴史――一九二〇年代末から一九五〇年代前半まで』は、政治的理由で有罪判決を受けた人は五千二百万人、判決なしに追放された人六百万人、処刑された人百万人という数字を挙げている。[10]

大粛清の動機

大粛清は一九三四年から一九三八年にかけて進行した。それまではスターリンは権力闘争の主役だったものの特に残虐だったということはない。なぜスターリンは大粛清に踏み切ったのか。様々な説明が可能だろう。レーニンをはじめボリシェビキの指導者たちは革命運動の時期から敵を物理的に殲滅することを厭わないという政治文化を持っていた。内戦中は赤色テロを展開した。スターリンもその文化の中の一員だったのだろう。もちろん、大粛清を独裁者としての地位を確立するため政敵を一掃する手段にした。ソ連の工業化を思うがまま一気に進めるため抵抗を徹底的に排除したかったことも考えられる。

スターリンが精神的に病んでいたという説も有力だ。最高指導者の地位を確保してからも特に敵の存在を意識し警戒、パラノイアの症状を示していたことは側近たちが証言している。あれだけの残虐な政策は彼の異常な性格を抜きに考えられないかもしれない。

大粛清はスターリンにそのほとんどの責任があるのだが、党、そして国民の中にも粛清を増幅させる役割を果たした人たちがいる。社会全体に疑心暗鬼が広がり、「人民の敵」の密告が相次いだ。

ソ連国民の多くがなぜ帝政末期のように圧政に激しく抵抗せず、受け入れてしまったのか。スターリン時代を総括するにあたって避けられないもう一つの問いである。ソ連を取り巻く国際環境、社会状況、党内権力闘争、さらにはマルクス・レーニン主義の教義自体にも焦点を当て検討されるべき大問題である。

徹底した個人崇拝

スターリン統治のもう一つの特徴が個人崇拝の徹底。都市や通り、文化関連の賞に彼の名前を付け、革命史におけるスターリンの役割を誇張、喧伝し、「国父」、「人類で最も輝ける天才」、「共産主義の偉大なる建設者」など様々な偉大な呼称をつけさせ、遂にはスターリンの名前を国歌の歌詞に採用させた。

ロシア／ソ連の国歌は十月革命後、一九四四年までは『インターナショナル The Internationale／Интернационал』で、これがコミンテルンなど国際共産主義運動の会議でも歌われた。インターナショナルは元々、十九世紀後半にフランスで作詞作曲され、歌詞は各国で翻訳され、文字通り国際的に知られた曲である。ソ連が一九四四年に新たに国歌を作り、インターナショナルは党歌になった。新たに国歌として採用された曲はアレクサンドル・アレクサンドロフが一九三九年に作曲していたのだが、それをスターリンが採用し、セルゲイ・ミハルコフとガブリエル・エリレジスタンが詞を付け仕上げた。

その際、レーニンとスターリンの名前を歌詞に入れ、その歌詞が一九五六年にニキタ・フルシチョフがスターリン批判を展開するまで続いた。フルシチョフは「一人の個人を持ち上げ、その人物を神に近い超自然的な特質を持つスーパーマンに変えてしまうことは、許されないし、マルクス・レーニン主義には無縁だ」と述べ、歌詞を批判した。

レーニンとスターリンの名前が入った国歌では、「偉大なるレーニンの導きで暗く荒れた日々を切り抜け／われわれは上方に光輝く太陽を目にすることができた／そして人民を信頼するわが指導者スターリンが／愛する国を建国するようわれわれを鼓舞してくれた」となっている。

フルシチョフの個人崇拝批判でソ連国歌から歌詞がなくなり、旋律だけが国歌となったが、レオニード・ブレジネフ書記長時代の一九七七年に歌詞が復活、その中に「ああ、レーニンの党、人民の力」という一節があり、レーニンの名前は出てくるが、スターリンの名前はない。ソ連崩壊後、二〇〇〇年までは旋律も歌詞もまったく別の曲を国歌と定めたが、プーチン大統領が二〇〇〇年にソ連時代の国歌の旋律を復活、それに新たに歌詞を付けた。もちろん、レーニンの名前もスターリンの名前もないが、以前の国歌と同様にミハルコフが作詞した。

スターリン全体主義の本質

スターリンの農業集団化、工業化は徹底した宣伝と信賞必罰という手法を駆使して推し進められた。ソ連社会の未来は光輝いており、地球上に初めて誕生した労働者・農民の国を外敵から守り、全員が物質的にも豊かな生活を享受できると宣伝し、国民の連帯を呼びかけた。また、ノルマ達成者、成績優秀者には物質的利益を供与、地位を優遇し、その一方で労働規律の違反者や抵抗者には厳しい罰則を科し、大粛清という愚挙を犯し、全土に設けた強制労働収容所送りに処した。

スターリンは処刑や強制労働収容所送りの恐れを利用して市民のあらゆる生活分野で規律を守らせようとした。これがスターリンの全体主義の本質である。

自身が収容所送りになった作家アレクサンドル・ソルジェニーツィンは一九七三年に西側諸国で小説『収容所列島 *GULAG Archipelago* / *Архипелаг ГУЛАГ*』を発表、ソ連全土に広がる収容所網を「収容所列島」と形容した。グラーグ GULAG / ГУЛАГ とは元々は強制労働収容所（ラーゲリとコロニー）総管理局という役所の略語だが、それが収容所自体を表わす言葉として使われるようになった。

『収容所列島』は強制労働収容所の歴史、取調べや強制労働の実態を描き、スターリンはもちろんのことレーニンをも断罪している。大粛清の一端を知る必読書である。収容所を描いたもう一つの傑作として『イワン・デ

アレクサンドル・ソルジェニーツィン（1974年）

ニソビッチの一日 *One Day in the Life of Ivan Denisovich*／*Один день Ивана Денисовича*』がある。一九六二年にこれも西側で発表された。自らの八年間のラーゲリ暮らしの経験を踏まえながら一人の人間が過酷な境遇の中でどう生きるかを淡々と描いている。

ソルジェニーツィンは一九七〇年にノーベル文学賞を受賞したが、『収容所列島』発表などを理由に国外追放処分を受け、スイス滞在を経て米国に移住した。ゴルバチョフ時代に名誉回復、国籍回復を認められ、一九九四年に帰国、二〇〇八年に死去した。ソルジェニーツィンは自由の尊さを訴えたのだが、リベラルではなかった。特に後年はスラブ主義者、ナショナリストの主張を押し出し、反グローバリズムを唱えた。米国在住時代から米欧の文化を退廃的だと批判した。ソルジェニーツィンと同時代を生きロシアを共産主義から解放しようと体制に挑んだ人物に物理学者アンドレイ・サハロフがいる。サハロフは西欧主義者だったと総括できるだろう。

ヒトラーと第二次世界大戦への道

第二次世界大戦でナチ・ドイツに勝利した指導者はスターリンである。スターリンのおかげで勝利できたのか、それともスターリンのせいで二千万人を超える犠牲者を出さなければならなかったのか。様々な議論があるが、ナチ・ドイツとの戦いがロシア／ソ連史全体を通じての最大の国家危機であったことは確かである。

十月革命直後の外交は革命を救うことを主眼に置いて展開された。ソビエト政権はまず、一九一八年三月にドイツなど中央同盟諸国とブレスト・リトフスク条約を結び、膨大な領土譲渡と賠償金支払いを受け入れて戦争をとにかく終わらせた。ところが内戦が始まり、外国が干渉してきた。さらに欧州諸国、特にドイツで革命が起きロシアに味方してくれるのではないかとの期待も一九二一年には消えうせロシアは孤立した。そこでレーニンがソビエト政権の生き残りと国際的孤立からの脱出、国家としての国際的認知の獲得のため外交面で出した答えは、ドイツへの積極的な接近だった。その外交を担ったのはゲオルギー・チチェリン、そしてマクシム・リトビノフという二人の外務人民委員（外相）である。

一九二二年四月、ロシアはドイツとラパロ条約（ラパロ Rapallo は北イタリアの町）を締結、外交関係を回復、相互に賠償や領土の主張を放棄、経済面での協力を取り決めた。のちの追加合意で軍事協力にも踏み込んだ。当時、ロシアは革命のせいで、ドイツは第一次世界大戦のせいで、欧州で孤立していた。そのいわばのけ者同士が手を結んだ。

ラパロ条約締結は英仏に大きな衝撃を与えた。中欧・東欧の情勢を自由に決められなくなったからだ。英仏はベルサイユ条約でドイツに極めて厳しい講和条件を飲ませたのだが、ドイツを徹底的に抑え込めなくなった。同様に対ロシアという面では、ドイツを入れた反共の統一戦線が組めなくなった。

ソビエト政権は内戦で勝利し、外国の干渉を撥ね退け、対独関係を改善し、一九二二年末にはソ連を成立させ、徐々に対外的な地歩を固めた。一九二四年には英、仏、伊、オーストリア、スウェーデン、ノルウェー、デンマーク、ギリシャ、メキシコがソ連を承認し、日本も翌一九二五年（大正一四年）に追随した。しかし、東欧諸国、さらに主要国では米国が承認に踏み切らなかった。米国による承認は一九三三年まで待たなければならなかった。承認した国もソ連を信頼したからというよりも、経済目的を重視した場合が多い。

また、一九二五年には第一次世界大戦を戦った欧州の連合国やポーランド、チェコスロバキアがドイツと改めて領土問題の解決や関係正常化を目的にスイスのロカルノで交渉、一連の条約をまとめた（ロカルノ条約 Locarno Treaties と言われる）が、ソ連はこの新たな欧州の安全保障体制から除外された。

第一次世界大戦後のベルサイユ条約によって、一九二〇年一月、新たな戦争の防止を目的に国際連盟が発足した。だが、ベルサイユ体制は一九三〇年代に入ると崩れ始め、欧州では*ファシズムが台頭、ドイツ、イタリア、そして東方では日本が対外膨張を重ねた。ソ連を取り巻く安全保障環境は厳しさを増していく。

イタリアではすでに一九二二年にベニト・ムッソリーニが政権を掌握していたが、一九三四年にエチオピア（欧州ではアビシニアと呼ばれた）から領土を奪取する行動を強め、翌一九三五年にはエチオピアを侵略し占領した。これを欧米の列強は傍観した。

一方、一九三三年一月に政権の座についたアドルフ・ヒトラーは一九三五年三月、ラインラント（フランスとの国境地帯）に進駐、この地域を再武装した。ドイツはベルサイユ条約、そして一九二五年に英仏伊などと調印したロカルノ条約を受けて一九三〇年にラインラントからの軍の撤収を完了したのだが、合意を破った。

こうした動きに対して英仏は何も言わなかった。欧州諸国にはそれぞれ思惑があった。フランスはヒトラーのドイツの軍事力強化を警戒、イタリアとの良好な関係を崩したくなかった。英国はイタリアが強大になればインドと結ぶ航路が危うくなると警戒し、イタリアに対抗するためドイツに接近した。当時は英仏ではファシズムへの警戒はまだ強くなかった。

ラインラント進駐はヒトラーのドイツを勢いづかせたという意味で極めて重大だ。フランスがラインラント進駐を黙認したことでフランスの権威が失墜、またフランスが同盟関係を結んでいたユーゴスラビア、チェコスロバキア、ルーマニアといった小協商 Little Entente の諸国とポーランドが、ドイツに接近する要因となった。小協商は一九二〇～一九二一年にハンガリーの失地回復やハプスブルグ帝国の復活阻止を目的として結成され、フランスが小協商国と条約を結び、これを支持していた。

ヒトラーはラインラント進駐の後、一九三八年三月にオーストリアを併合した（アンシュルス Anschulus と呼ばれる）。この時も英仏は傍観した。

ソ連は極東での動きにも神経をいらだたせた。日本が一九三二年三月に中国大陸に満洲国を建国、一九三六年十一月二十五日にはドイツと防共協定を締結した。日独防共協定によって、日本とドイツはソ連から攻撃を受けた場合に共通の利益を守るためどのような措置を取るか協議すること、さらに互いにソ連とはどのような政治的条約も結ばないことを約束した。またドイツは満洲国を承認した。翌一九三七年十一月六日にイタリアがこれに参加し枢軸国連合が成立、ソ連は東西から挟み撃ちにされかねない状況が生まれた。満洲国建国から七年ほど後に日本軍は外モンゴルとの国境地帯でソ連軍と本格的な戦闘を繰り広げた。ノモンハン事件である（ノモンハン事件については、第10章の「ノモンハンの本格戦闘」の項を参照のこと）。

こうした世界情勢の展開、ソ連は特にドイツの動きに警戒を強め、チチェリンの後任のリトビノフ外務人民委員の下、一九三〇年代に入ってそれまでの西側諸国を警戒、敵視する姿勢を改め、協調してドイツの膨張を阻止する路線へと外交方針を大きく転換した。周辺国と相次いで不可侵条約を結び、一九三四年には帝国主義国の総本山のようにみなしていた国際連盟に加盟した。世界中で共産主義革命を遂行する目的のコミンテルンは一九三五年七～八月の第七回大会（コミンテルン最後の大会）で「人民戦線 Popular Front / Народный фронт」路線を採択した。人民戦線とはファシズムと戦うため共産党が他の政党と協力して展開する運動だ。だが、こうした努力を払ったにもかかわらず、ソ連は再び疎外感を味わうことになる。

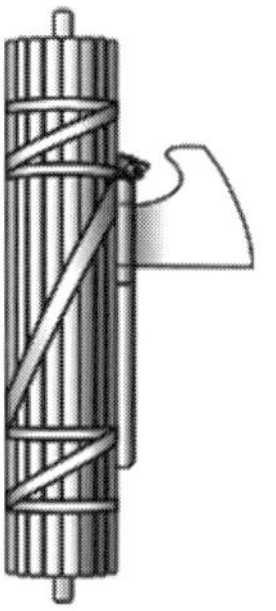

＊**ファシズム** Fascism……一般的に第二次世界大戦前のイタリアとドイツに象徴される極右イデオロギーを指す。共産主義、社会主義、自由主義（リベラリズム）との対決も特徴で、人種や宗教、経済など社会生活全般を統制する全体主義政策でもある。ヒトラーの著書『わが闘争 *Mein Kamph*』をその教科書として挙げる人もいる。ファシズムの語源はラテン語の Fasces（ファスケス）。斧に数本の枝を巻きつけた道具でローマの民生の象徴だった（絵を参照）。元々は罪人を殴打する処罰に使われた。ラテン語 Fasces から Fascismo というイタリア語が生まれた。英語で Fascism。

ミュンヘン協定とソ連の疎外

ヒトラーのドイツはオーストリア併合の後、今度はズデーテン（現在のチェコ共和国西部のドイツと国境を接する地域）を要求した。ズデーテンは第一次世界大戦前にはオーストリア・ハンガリー帝国の中の一地方だったが、ベルサイユ協定によってチェコスロバキアが建国された際、その新しく生まれた国の中に組み入れられた。だが、住民の大半はドイツ人で三百万人以上いた。一九三八年四月にズデーテンのナチス（ズデーテン・ドイツ人党）が自治権の獲得をめざし運動、次にドイツへの併合を要求し始めた。これをヒトラーが支持し、要求が認められなければ介入するとの姿勢をちらつかせた。

事態が緊迫化する中、ムッソリーニが英仏独伊による四カ国会談を提案した。当該国のチェコスロバキア、そしてチェコスロバキアと同盟条約を結んでいたソ連は会談には招かなかった。一九三八年九月二十九日、ミュンヘンでヒトラー首相、ネブル・チェンバレン英首相、エドアール・ダラディエ仏首相、そしてムッソリーニ首相が会談し、ズデーテンとその隣接地域のドイツへの割譲をチェコスロバキアに強制した。こうして英仏伊はチェコスロバキアの犠牲のうえにドイツとの破局を回避した。

ヒトラー、そしてムッソリーニに毅然と対抗せず、彼らを宥める対応を宥和政策 Appeasement という。特に英国のチェンバレン首相の対独姿勢を指す。チェンバレンはミュンヘンでの合意の後、「平和を勝ち取った」と誇ったが、スターリンにとってはソ連無視の対独宥和であり、スターリンは英仏に対する不信感を一段と強めた。英仏は重大な国際的危機に直面しながらも共産主義の総本山、ソ連に強い警戒感を持っていることが浮き彫りとなった。

スペイン内戦（一九三六～一九三九年）もソ連には厳しい展開となった。ソ連が左派の共和国軍を、ドイツとイタリアがフランシスコ・フランコ将軍のナショナリスト軍を支援した。英仏は非介入だった。結局、ソ連が支援した共和国軍は敗北し、ソ連には痛手となった。

独ソ不可侵条約の衝撃

一九三九年の欧州の政治状況は一言で表現するなら、ドイツ、英仏、ソ連の三つ巴で展開していた。ヒトラーはスラブ族への蔑視を胸に秘めながら「生活圏 Lebensraum＝レイベンズロウム」政策の下、東方への膨張を考え、ソ連の共産主義を警戒した。英仏はファシズムと共産主義を、ソ連はファシズム、そして英仏の宥和姿勢を警戒した。この構図の中で主要国は複雑な駆け引きを展開した。スターリンとしては、単独でドイツと戦争する羽目に陥らないよう、また英仏がドイツと組んでソ連に向かってこないようにすることを大前提に、英仏に不信感を抱きながらも英仏との軍事同盟でドイツを牽制する策を考えた。

だが、交渉は期待したようには進まなかった。ソ連はドイツの東欧諸国への侵攻を阻止するためにはポーランドにソ連軍が進軍する必要があると考え、それを認めるよう主張したが、ポーランドは歴史的な対ロシア／ソ連不信から断固拒否、英仏も積極的にはポーランドを説得しようとしなかった。その一方で、ソ連はドイツに経済協力を実施する用意のある姿勢も伝えた。

スターリンには英仏がソ連とドイツを戦争させ、双方を消耗させたがっているのではないかとの疑いが強かった。スターリンは一九三九年三月十日、全連邦共産党（b）党大会で「燃えている炭を他人の手に拾わせることに慣れた戦争挑発者たちにわが国を紛争に引きずりこむようなことを許してはならない」と強調した(11)。この場合の「戦争挑発者たち」とは英仏のことだろう。

スターリンは英仏とドイツを相手に二股外交を展開した。ヒトラーは国力、戦争能力を強化するために石油、ニッケルなどの資源、穀物を必要としていたし、ソ連と英仏が軍事同盟を結成しドイツに向かわないようにすることを考え、ソ連との協力関係を考えた。

英仏との交渉が遅々として進まない状況の中、結局、スターリンはドイツと組むことを選択した。一九三九年八月二十三日、モスクワでソ連のビャチェスラフ・モロトフ外相とドイツのヨアヒム・フォン・リッベントロッ

1939年８月23日，不可侵条約に署名するリッベントロップ独外相。後方にスターリン，モロトフの姿が見える。

プ外相が独ソ不可侵条約 Non-aggression Pact between Germany and the Soviet Union / Договор о ненападении между Германией и Советским Союзом（モロトフ・リッベントロップ条約 Molotov–Ribbentrop Pact / пакт Молотова — Риббентропа とも言う）に調印した。ソ連とドイツはお互いを攻撃しないこと、どちらかが第三国から攻撃された場合には中立を守ることなどを約束した。だが、この条約は不可侵を誓約しただけではなかった。公表しなかった秘密議定書が付いており、その中で両国はルーマニア、ポーランド、リトアニア、ラトビア、エストニア、フィンランドを対象に影響圏 spheres of influence / **сферы интересов** を区切る境界線でも合意した。

ソ連とドイツがなぜ不可侵条約を締結することを選択したか、改めて整理してみたい。スターリンにとっては、（一）ドイツの東方への膨張をポーランドの中で押しとどめ、ソ連に攻め込んでこない体制を作る、（二）極東で日本と戦い欧州でドイツと戦うという二正面戦争を回避する、（三）対独戦争を先送りし、その間に軍事力を強化しておく、（四）ドイツと英仏が組むことを阻止する、（五）あわよくば、ドイツと英仏とを戦わせる――などの理由が考えられる。一方、ヒトラーにとっては、（一）ベルサイユ条約で失ったダンチヒとダンチヒ回廊（ポーランド回廊）を取り戻し、東方に進出するにあたってソ連に邪魔をさせない、（二）英仏とソ連の同盟を阻止する、（三）ソ連から資源を確保し軍事力を強化する――などであろう。

ドイツは条約に調印してから九日後の九月一日にポーランドに侵攻した。これに対し、英国とフランスは九月三日に最後通牒を突きつけ、ドイツに宣戦を布告した。第二次世界大戦の始まりである。

ドイツがポーランドに侵攻すると、ソ連はノモンハンでの日本軍との戦闘の決着を待って九月十七日にポーランドに侵攻、ドイツとの間でポーランドを分割占領した。ポーランドの第四次分割とも言えよう。ソ連は次いでエストニア、ラトビア、リトアニアのバルト三カ国に共産主義政権を作るよう圧力をかけ、一九四〇年八月には三カ国を併合した。一九三九年十一月から翌一九四〇年三月にはフィンランドを攻撃しカレリア地方の東部などを併合して緩衝地帯を確保し、一九四〇年七月にルーマニアからベッサラビア（現在のモルドバ）をもぎ取り、八月に正式にソ連に組み入れた。

こうした結果を見ると、スターリンとヒトラーが接近した目的には当初から東欧への領土拡大があったとみることもできる。だが、これには異論もある。影響圏に言及した秘密議定書は、対象として言及した国々を分割して併合することを相互に認めているわけではない。スターリンは、ドイツの膨張を一定の所で抑え、それを越えて攻め込むことを許さないため、影響圏を設定した――第二次世界大戦の経緯を研究した英国のＡ・Ｊ・Ｐ・テイラーらの見解である(12)。

当時、欧州諸国の間でヒトラーのドイツと不可侵条約を結ぶことはそう珍しくなかった。ポーランドは一九三四年一月に、英国も一九三八年九月にドイツと締結している。またこの条約は軍事同盟条約ではない。それにしてもソ連が英仏との交渉を見限り、ドイツとの不可侵条約を締結したことは衝撃的だった。特に日本が驚いた。当時の平沼騏一郎内閣には青天の霹靂で、八月二十八日、「欧州の天地は複雑怪奇」という声明を出して総辞職した。日本軍は八月二十日にノモンハンでソ連軍の大攻勢に遭い、平沼は防共を標榜していたドイツとともに反ソ勢力の結集を課題にしていただけに衝撃は大きかった。

チャーチルの名言「ロシアは謎」

ドイツがポーランドに侵攻を開始した直後の一九三九年九月三日に英国ではウィンストン・チャーチルが海軍

相に任命された。チャーチルは就任後まもなく、ＢＢＣのラジオ番組でロシアについて「ロシアがどう行動するのか予測できない。それは不可解さの中の不思議さに包まれた謎だ」と述べた[13]。この部分がその後、ロシアは理解し難い国だという意味で広く引用されるようになった。平沼騏一郎が受けた印象と何か共通点があるように思われる。ただし、彼は続けて「だが、それを解くカギはあるだろう。そのカギとはロシアの国益である。ロシアにとっての安全の利益を考えると、ドイツが黒海沿岸に進出する、あるいは、バルカン半島諸国を席巻して欧州南東部のスラブ民族を服従させるといった事態にはなり得ない。それはロシアの歴史的死活的利益に反する」と付け加えた。ドイツとソ連は不可侵条約を結び手打ちしたようだが、両国の利害は対立すると適確に読んでいた。

戦争犠牲者二千六百六十万人

欧州西部での戦闘は東部に遅れること八カ月、一九四〇年四月、ドイツがスウェーデンからの鉄鉱石の供給路を確保するためデンマークとノルウェーに侵攻して始まった。ドイツ軍は五月十日にはフランス、ベルギー、オランダ、ルクセンブルグを攻撃、さらに六月十日にはイタリアがフランスと英国に宣戦布告し、フランスに侵攻した。その十二日後にフランスはあっさりと降伏、ドイツがフランスの北半分を、イタリアが東南部の一部を占領した。フランスは独仏休戦協定に基づいて残りの南半分を統治するビシー政権を作ったが、ドイツ占領軍の監視下に置かれた。ドイツ軍は六月十四日、パリに抵抗なしに入城した。

スターリンはドイツとの不可侵条約締結で息抜きできたかに思われたが、条約は二年ともたなかった。ヒトラーはフランスを陥落させてからほぼ一年後の一九四一年六月二十二日、バーバロサ作戦 Operation Barbarossa と銘打ってソ連に攻め込んだ。これはあきらかに独ソ不可侵条約違反である。作戦名は神聖ローマ帝国皇帝だったフリードリヒ一世の渾名であるバーバロサ（赤髭）に由来する。

スターリンは完全に不意をつかれた。スターリンには東京駐在のリヒャルト・ゾルゲからドイツがソ連を攻撃するとの情報があがっていた。ゾルゲはソ連軍参謀本部の特殊情報機関である情報本部GRU／ГРУの要員で、ドイツのオイゲン・オット駐日大使の顧問、のちにプレス・アタッシェの地位を得て情報収集、一九四一年三月からドイツがソ連を攻撃するとの情報を断続的に打電した。彼の攻撃開始時期についての情報はぶれており、六月二十二日を的中させたわけではないが、ドイツによる攻撃が差し迫っているとの情報は正確だった（ゾルゲについては、第10章の「スパイ・ゾルゲの貴重な情報」の項も参照のこと）。

1900年以降のロシア／ソ連の主な戦争，紛争，革命，飢饉

（カッコ内は当時の皇帝，指導者）

1904～05年	日露戦争（皇帝ニコライ２世）
1905	血の日曜日事件（ニコライ２世）
1914～18	世界第一次大戦（ニコライ２世，ケレンスキー首相，レーニン首相）
1917	二月革命と十月革命（ニコライ２世，ケレンスキー首相）
1917～23	内戦と外国の干渉（レーニン首相）
1921	ポーランド・ソ連戦争（レーニン首相）
1921～23	大飢饉（レーニン首相）
1928～33	農業集団化（スターリン書記長）
1931～33	大飢饉（スターリン書記長）
1934～39	大粛清（スターリン書記）
1939～45	第二次世界大戦（スターリン書記・首相）
1956	ハンガリー動乱（フルシチョフ第一書記）
1962	キューバ・ミサイル危機（フルシチョフ第一書記・首相）
1968	プラハの春（ソ連軍，チェコスロバキアに介入）（ブレジネフ書記長）
1969	中ソ国境紛争（ブレジネフ書記長）
1979～89	アフガニスタン介入（ブレジネフ書記長，ゴルバチョフ書記長）
1991	クーデター未遂，ソ連崩壊
1992	「ショック療法」で経済大混乱
1994～96	第一次チェチニャ紛争（エリツィン大統領）
1998	国際金融危機が直撃
1999～2000	第二次チェチニャ紛争（エリツィン大統領）
2008	ロシア・ジョージア戦争，国際金融危機が直撃（メドベージェフ大統領，プーチン首相）
2014	ウクライナ危機（プーチン大統領）
2015～	シリア空爆（プーチン大統領）

（注）首相の肩書きはプーチン首相を除くと正式には人民委員会議議長または閣僚会議議長。

ゾルゲのほかにもドイツ国内でナチ・ドイツに抵抗する勢力、英国からドイツがソ連に対し攻撃を準備しているとの情報は届けられていた。

スターリンも以前からドイツによる攻撃の可能性を口にし、西部国境で部隊を増強していたが、それは言わば形式的な動きで、事実上無防備で、ゾルゲなどからの情報を無視した。このためドイツ軍（ルーマニア、ハンガリーなど枢軸国の軍も戦闘に参加）は容易にソ連領に攻め込み、ソ連軍は初戦で世界の戦史に残る大敗北を喫した。

なぜスターリンは貴重な情報を無視したか。いくつか説明が可能だ。以前から攻撃開始時期を特定した情報が複数あがっていたが、その期日が来ても実際になにも起こらなかったため、スターリンはそうした情報を信用しなくなっていたという説明が可能だろう。さらにドイツはソ連との国境近くに部隊を増派したが、英国による空爆を避けるためだなどと情報工作を展開し、それが奏功したとの説があるし、さらには、スターリンはクリミア戦争やロシア革命後の内戦に英国が介入した歴史を想起し、ドイツよりもまず英国が攻撃してくると思い込んでいたとの説もある。ドイツは第一次世界大戦で東西の二正面作戦を展開、それが失敗した経験を有するから、東部で戦線を切り開くようなばかなことはしないと高をくくっていたのかもしれない。

スターリンの対応についてロシアの歴史家でロシア国立公文書館館長のセルゲイ・ミロネンコは二〇一〇年に新資料に基づき要旨次のように説明した。

一九四一年六月十八日のメルクロフ国家保安人民委員の報告を見ると、ルフトワーファ（ドイツ空軍）参謀本部の情報筋は「戦争は五日以内に始まる」と話しているとある。これに対しスターリンは「メルクロフ同志よ、その情報筋に『ばかやろう』と言ってやれ。その筋は情報筋でもなんでもない。偽情報を流す筋だ」と返事を出している。戦争開始の五日前になってもスターリンは戦争が始まるとは思っていなかった。だから彼は開戦後最初の一週間、クレムリンにすら現れなかったのだと思う。党の幹部がスターリンなしでは防衛体制を築けないので彼に会いに行った際、彼は連中が自分を逮捕するためにやってきたと思った。彼はその時、有名な言葉を発する。「レーニンはわれわれに偉大な帝国を遺し、われわれはそれをすべてクソまみれにしてしまった」。だが、結局、スターリンは気を引き締め、国の防衛を指導した。彼の大祖国戦争における役割を無視することはできない(14)。

ソ連軍は、世界史でもまれにみる残虐で効率的な軍と戦った。準備不足で緒戦は敗北が続き、ナチ・ドイツ軍はモスクワの中心から三十キロメートルの地点まで攻めてきた。だが、一九四一年十月から翌年四月にかけてのモスクワ攻防戦をしのぎ、戦況が変化し始めた。スターリングラードの戦い（一九四二年八月二十三日～一九四三年二月二日）と、六千両の戦車が出動しそれまでの戦史で最大の戦車戦と言われるクルスクの戦い（一九四三年七月～八月）も戦況を大きく変えた。モスクワ攻防戦では百八十万人が戦死あるいは行方不明となり、約八十八万人が負傷あるいは病気になったと言われ、またスターリングラードの戦いでは民間人を含め双方合わせて二百万人以上が死亡した。ソ連軍はこうした膨大な犠牲者を出して勝利、以後、ベルリンめざし進攻を続けた。

国民もドイツ軍の残虐性を目の当たりにして結束して戦った。スターリンは戦意を鼓舞するため、またドイツ軍から回復した領土での支配を固めるため、手のひらを返したようにそれまでのロシア正教会に対する弾圧を止め、その活動の再開を許した。ドミトリー・ドンスコイ、クジマ・ミーニンなどロシア史における英雄を讃えスラブ民族の団結にも言及した。ロシアのナショナリズムとソ連の防衛の一体化が演出された。この戦争が「一九四一年～一九四五年大祖国戦争 Great Patriotic War 1941–1945 / Великая Отечественная война 1941–1945」と呼ばれていることにもそれは現れている。

もちろんスターリンだけがナショナリズムを持ち出したわけではない。チャーチルは愛国主義を鼓舞し、ド・ゴールもフランスの特別な運命を強調した。その意味でナショナリズムがヒトラーを打ち負かしたとも言えよう。

1945年5月2日，ベルリンの国会議事堂にソ連旗を掲げる赤軍兵士

ソ連を含めた連合国とナチ・ドイツとの戦いは一九四五年五月七日、フランス東北部の都市、ランス Reims にあった連合国派遣軍最高司令部（SHAEF）でドイツ軍最高司令部参謀総長のアルフレド・ヨードル大将が連合国の代表であるウォルター・ベデル・スミス中将らと降伏文書に調印、終わった。翌日、合意が発効し、欧州諸国では八日が戦勝記念日とされている。これとは別に五月八日にベルリンでヴィルヘルム・カイテル元帥がゲオルギー・ジューコフ大将の前で改めてソ連に対する降伏文書に署名した。調印時間はモスクワ時間で五月九日。ソ連はこの日を戦勝記念日 Victory Day / День Победы とし、新生ロシアがそれを引き継いでいる。

戦勝記念日にはソ連時代から各地で軍事パレードや様々な行事が開催されている。モスクワの赤の広場では一九六五年に初めて軍事パレードが実施され、一九八五年と一九九〇年にも軍が行進した。その後はソ連崩壊を経て中断、一九九五年に復活、それ以降、毎年実施されるようになった。復活したパレードでは当初は兵士が行進しただけだったが、二〇〇八年からはソ連時代の革命記念日（十一月七日）の軍事パレード同様、戦車や航空機など兵器も登場した。

ソ連時代の革命記念日の軍事パレードでは党や国家の指導者たちがレーニン廟の上階のお立ち台で観閲した。その際に幹部の立ち位置がどうであったか、表情がどうだったか、あるいは姿を見せなかった幹部がいるかなどの情報がソ連指導部を分析する有力な材料の一つだった。ソ連崩壊後の戦勝記念日のパレードでは、大統領も首相もレーニン廟のお立ち台には上がらず、レーニン廟前に設けられた特別席で観閲している。

ソ連は連合国の一員として勝利したものの、多大な犠牲を払った。一九九三年にロシア軍の調査委員会がまとめた報告によると、第二次世界大戦の兵士と民間人の死者は合わせて二千六百六十万人。これが犠牲者に関するロシア政府の公式見解である。この中には一九四一年九月八日から一九四四年一月二十七日までの八百七十二日間続いたレニングラード封鎖 Siege of Leningrad / Блокада Ленинграда で死亡した百五十万人を超える人たちも含まれる。レニングラードではドイツ軍による封鎖で食糧が枯渇、死者の大半は餓死した。カニバリズムがみられたとの報告もある。

大戦で戦死した兵士（正確には「帰還しなかった兵士」）の数については、ロシア国防省が二〇〇七年に八百六十六万八千四百人と発表した。ソ連軍兵士の戦死者は連合軍兵士の戦死者の九五％を占めるとされる。一方、ドイツの死者数は兵士の四百五十万人を含め七百四十万人と言われる。犠牲者数については統計の取り方などによりばらつきがあり、論争も展開されている。ここでは一般的に受け入れられている代表的な数字を紹介した。

栄光の勝利の陰で

膨大な犠牲を払ってナチ・ドイツ軍に勝利したソ連だが、戦中・戦後を通じて様々な汚点を残している。スターリンの軍による犯罪の一つにカチンの森の虐殺 Katyn massacre / Катынский расстрел がある。一九四〇年春にロシア西部のスモレンスク近郊のカチンの森そのほかの地で内務人民委員部 People's Commissariat for Internal Affairs=NKVD / Народный комиссариат внутренних дел=НКВД（内務省に相当）が約二万二千人のポーランド人捕虜を虐殺した事件。虐殺されたのは赤軍が一九三九年にポーランドを攻撃した際にとった捕虜だ。ポーランドの若手将校、知識人を含め優秀な人材がこぞって犠牲になった。一九四三年にドイツ軍が遺体を発見、ソ連はドイツ軍による仕業と発表していたが、四十七年後の一九九〇年になってようやくＮＫＶＤが実行したことを認め、二〇一〇年十一月にはロシア国家ドゥーマ（下院）が、スターリンそのほかのソ連指導者による犯罪であることを認める声明を採択し、ポーランド国民に遺憾の意を表した。

捕虜に対する扱いも問題だ。ソ連軍が捕虜にとったドイツ、日本、ハンガリー、ルーマニアなどの軍兵士は推定で四百万人と言われ、うち五十八万人が死亡などで帰還しなかった。日本軍兵士は五十七万人が満洲などで捕虜になり、シベリア・極東地方を中心にソ連各地に送られ、強制労働させられた。抑留中に五万五千人が死亡した。一九四七年（昭和二十二年）から一九五六年（昭和三十一年）に四十七万三千人が帰国した。最も長い抑留期間は十一年に及んだ。

さらにあまり語られることはないが、英国の軍事史専門家アントニー・ビーバーによると、ソ連軍が一九四五年一月に東プロシアに攻め込んだ際、ドイツ人女性を手当たり次第に強姦した。犠牲になったドイツ人女性は東プロシア、そのほかの地域を含め全体で推定二百万人という。ビーバーは、ソ連原爆の父といわれ後に民主運動に参加したアンドレイ・サハロフの友人で従軍記者だったナターリア・ゲッセからの情報として、「ロシアの兵士は八歳から八十歳の老女までドイツ人女性を強姦した」と指摘した。強姦はベルリン陥落後も続いた。ブダペストでもソ連兵士による同様の行動があった(15)。ソ連軍兵士が引き起こした悲劇は満洲でも発生した（詳しくは第10章の「列強の確執と日ソ中立条約」の項を参照のこと）。

ところで、ヒトラーはベルリンの総統地下壕で愛人のエバ・ブラウンとともに一九四五年四月三十日に青酸カリを服毒すると同時に銃で頭を撃って自殺した。ベルリンに入ったソ連軍が地下壕の外で一部焼却されたヒトラーの遺体を発見、回収、東ドイツのマクデブルク基地の一角に埋めていたが、ユーリー・アンドロポフ書記長時代に掘り起こし火葬、遺骨をエルベ川に流したといわれる。だが、彼の穴の開いた頭蓋骨の一部と顎骨がモスクワの公文書館に保存されているとの情報がソ連崩壊後に流れたことがある(16)。しかし、二〇〇九年に米国人研究者がＤＮＡ鑑定を実施した結果では骨はヒトラーのものではなかった。ロシア側関係者はヒトラーの骨で間違いないと主張している。

高いスターリン評価

スターリンは一九五三年三月五日、モスクワ近郊の別荘で脳出血が原因で死去した。七十三歳だった。三月一日深夜、別荘の警護官が意識不明で床に倒れているスターリンを発見、ベリヤが駆けつけたが、医者が呼ばれたのが半日後の三月二日早朝であること、さらには高血圧症では考えにくい胃の出血もあったことなどから、側近たちによる毒殺説もあるが、推測の域を出ていない。

遺体はレーニン廟にレーニンとともに安置されていたが、フルシチョフによるスターリン批判を受けて一九六一年十月に廟から撤去され、ほかの革命家たちとともに脇のクレムリンの壁共同墓地に埋葬された。埋葬地にはスターリンの胸像が置かれている。

スターリンは多くの市民を処刑、あるいは収容所に送り、強制移住させた。ヒトラーとの戦争は避けられなかったにしても戦局の読みを間違え、捕虜となったソ連軍兵士を処刑した。工業化を進め戦争に勝利したという功績があったにしても、スターリンの治世は血まみれだった。二月革命から十月革命に至る動乱は帝政時代の国民生活の苦しさ、圧制への反発に起因しているのだが、これら革命は明るい未来どころか暗黒の時代を招いてしまった。

スターリンは、現代ロシアではヒトラー同様に嫌われていると思われるかもしれない。ところが、驚くべきことに、スターリンに対する評価は高い。有力シンクタンク、カーネギー国際平和財団が二〇一二年十～十一月にロシア、アゼルバイジャン、アルメニア、ジョージアの四カ国で実施した世論調査によると、ロシアではスターリンに対し、「賞賛する」「尊敬する」「是とする」と肯定的な態度を示す人が合わせて二八％、「無関心」が三二％、「嫌悪する」「恐怖を感じる」「憎む」といった否定的な態度の人は五六％。ちなみに出身地のジョージアでは四五％が肯定的に見ていると回答した[17]。

二〇〇八年にロシア・テレビ（のちロシア第一チャンネル）が数カ月かけてロシアの偉大な歴史的人物は誰かと

意見を募り、五百万人以上が電話やインターネットなどを通じて回答した。その結果によると、最も多くの票を得たのは、十三世紀に外敵からロシアを守ったアレクサンドル・ネフスキー（ノブゴロド公、のちウラジーミル大公）、帝政ロシア後期の改革者ピョートル・ストルィピン、ついで第三位にスターリンが入った。レーニンは第六位だった。スターリンを高く評価するロシア共産党はテレビ局がスターリン人気を意図的に下げたと批判した。その指摘があたっているかどうかはともかく、スターリンが広く支持されていることは間違いない。

ではなぜ、残虐な独裁者が支持されるのか。最大の理由はスターリンがヒトラーに勝利し、ソ連を救ったと評価しているからだ。カーネギーの調査で「スターリンは様々な過ち、悪行を重ねたが、彼の指導の下、ソ連国民は大祖国戦争に勝利した。そのことが最も重要だ」との見解への意見を聞いたのに対し、ロシアでの回答は「完全に同意する」が二〇％、「だいたい同意する」が四〇％で、合わせて六〇％だった。

ロシア共産党はスターリンに尊敬の念を抱き、毎年、十二月二十一日、彼の誕生日とされる日（教会の記録では十八日）に赤の広場にある墓に献花している。もちろん、人権団体、リベラル派はスターリンを糾弾、彼の悪行を二度と繰り返してはならないと主張している。

第4章

スターリン批判と「停滞の時代」

フルシチョフの権力闘争

どの国でも会社でも指導者が退場した後に権力闘争が起きることは珍しくない。レーニン死去の後のソ連でのスターリンを中心にした権力闘争が血にまみれていたことはすでに描写したが、スターリン死去後のフルシチョフを中心にした権力闘争はあまり血が流れなかったものの、激しかった。

スターリンが死去した一九五三年三月五日の当日、早々と党中央委総会・閣僚会議・最高会議幹部会の合同会議が開かれ、ゲオルギー・マレンコフをスターリンの後任の首相に選出し、新指導部が発足した。しかし、党指導部にはこれでマレンコフが最高指導者としての地位を固めたとの総意はなかった。マレンコフとともに後継者として有力視されたのは保安機関のボス、ラブレンティ・ベリヤ、そしてニキタ・セルゲーエビッチ・フルシチョフ。ベリヤは大粛清をスターリンと二人三脚で進めてきた人物で、スターリン死去日の合同会議で第一副首相の一人に選出され、さらに内相にも就任した。一方、フルシチョフは党中央委幹部会員十一人の一人として「党中央委の仕事に専念する」との任務を得た。

党中央委には幹部会員のほかに書記という地位もあり、マレンコフは首相就任とともにその書記名簿の筆頭に据えられていたが、わずか一週間で書記の地位を離れた。首相の地位は維持したが、マレンコフに最高指導者に

ニキタ・フルシチョフ（1963年）

なるだけの資質がないとほかの幹部会員は判断した。

新指導部の中で目立った動きを示したのはベリヤで、刑事犯を中心に一部服役者の釈放、医師団事件の捜査打ち切り、個人崇拝批判を展開した。外交面ではユーゴスラビアとの関係正常化を提唱、さらにドイツが統一したとしても平和なドイツを望むと述べ、あたかも西ドイツによる東ドイツの統一に賛成しているかのような印象を与えた。

こうしたベリヤの攻勢に対し、フルシチョフら幹部の間には、ベリヤが保安機関を牛耳ってきたことから、彼が最高指導者に就いたら今度は自分たちが粛清の標的になるのではないかとの懸念が広がった。フルシチョフはベリヤと親しかったマレンコフとも組んでベリヤ追放を画策、ほかの幹部会員や軍人に根回しを進め、支持を得た。フルシチョフはベリヤ追放を主導したことで権力地盤を固めることができた。

ベリヤ追放劇のクライマックスは一九五三年六月二十六日の閣僚会議（内閣）会合。この時の模様はソ連崩壊後、関連公文書が公開され明らかになった。調査したロシアの歴史家、ドミトリー・ボルカゴーノフによると、フルシチョフらは事前にほかの幹部とベリヤ追放を打ち合わせ、六月二十六日の会議に臨んだ。まずフルシチョフがベリヤは英国のスパイだったとか、東ドイツの社会主義建設を妨害したと告発、ほかの幹部が同様の意見を表明した後、議長だったマレンコフが議長席後ろのボタンを押した。するとゲオルギー・ジューコフ元帥らが部屋に入り、蒼白になったベリヤに対し「手を上げろ」と言って逮捕した。[1] ベリヤはその後、裁判を経て半年後の十二月二十三日、銃殺された。

フルシチョフはベリヤ追放の後、一九五三年九月七日に新設の党第一書記に就任、さらに一九五八年三月には首相を兼務し最高指導者としてソ連を統治した。しかし八年半後の一九六四年十月、今度は彼自身が追放されてしまった。

フルシチョフは一八九四年四月十五日、ウクライナに近いカリノフカ村で貧しい家庭に生まれた。小学校に通ったのは二年間だけだとも言われる。このため単語の綴りの間違いが多く、まともに文章を書けなかった。様々な職場を転々とし、高等教育は受けていない。機械工場で働いている時、待遇改善を求め労働運動に参加し頭角を現した。ウクライナ党第一書記、モスクワ州党第一書記などを経て党幹部の一員になった。レーニンに従ったボリシェビキを第一世代とすると、フルシチョフは十月革命後に活動した第二世代の代表だった。彼は解任された後は失意の日々をすごし、一九七一年九月に七十七歳で死去した。

「秘密演説」の驚天動地

フルシチョフは宇宙開発、処女地開拓、国民への住宅供給に取り組み、外交面では中ソ対立、キューバ・ミサイル危機と様々な問題に直面したが、彼の政治はスターリン批判を抜きには語れない。一九五六年二月二十五日、フルシチョフは第二十回ソ連共産党大会で「個人崇拝とその影響について *On the Cult of Personality and Its Consequences* / *О культе личности и его последствиях*」と題して演説、スターリンの個人崇拝政策などを徹底的に批判した。フルシチョフはスターリン死去後、集団指導体制を導入、政治犯の釈放に着手したが、この演説を機に経済や外交、文化面でもスターリンの政策を改めた。こうした一連の政策変更を非スターリン化 Destalinization / **десталинизация** と言う。

スターリンはマルクス・レーニン主義の具現者として神のように崇めたてられていたから彼に対する批判は、ソ連国内でも外国でも驚天動地の出来事だった。演説時の会場の様子についてフルシチョフ自身は後に回想し、「代議員たちは、まったく静粛に耳を傾けた。広い会議場は静まりかえり、蠅の音が耳につくほどだった」と描写した(2)。会場にいた全員が大きな衝撃を受けたことが伝わってくる。

演説は四時間にのぼり、スターリンが個人崇拝を強い、政敵を人民の敵と決めつけて粛清、党の集団指導の原則に違反していたと批判した。法の手続きを無視した処分が横行、スターリンが個人的に関与した例もあると指摘、犠牲となった人たちの名前に具体的に出して弾圧を糾弾した。

大粛清の犠牲者数について、一九三七～一九三八年に百五十四万八千三百六十六人が逮捕され、うち六十八万一千六百九十二人が処刑されたとか、一九三四年の第十七回党大会の代議員千九百六十六人のうち千百八人が逮捕され、うち八百四十八人が処刑されたこと、さらにはその時の中央委員・同候補百三十九人のうち九十八人が処刑されたなどと具体的な数字を初めて示した（スターリンの粛清の犠牲者数については、第3章の「暗黒の時代の膨大な犠牲者」の項を参照のこと）。

第十七回党大会は第一次五カ年計画の「成功」を記念する「勝利者の大会」と呼ばれ、代議員の大半は一九二〇年までに入党していた古参ボリシェビキだったが、彼らの大半が犠牲になった。ただし、フルシチョフはこの演説で農業集団化や富農撲滅政策による犠牲者には言及しなかった。また、スターリンに処刑されたトロツキー、ニコライ・ブハーリン、アレクセイ・ルイコフ、レフ・カーメネフらの名前にも触れなかった。

フルシチョフはスターリン政治を全面的に批判したわけではない。自分たちの責任を問われそうな問題を回避した。演説ではレーニンに対する賞賛が目立つ。フルシチョフは要するに、スターリンがマルクスやレーニンが説いたあるべき共産主義の原則を無視したのだから、それを正し、本来のマルクス・レーニン主義に回帰すべきだと説いた。また大粛清の責任をスターリン一人に帰し、党や自分たちに責任がないことはもちろん、十月革命も間違っていなかったことを前提に演説した。

フルシチョフは演説の最後で「同志諸君。われわれは個人崇拝ときっぱり手を切り、思想や理論の分野でも日常の仕事の分野でもしかるべき結論を出さなければならない」と強調し、（一）個人崇拝を一掃しマルクス・

レーニン主義の原則を実践する、（二）レーニンの指導原則である集団指導を守る、（三）ソビエト社会主義的民主主義を回復し、権力を悪用する連中の専横と戦い、革命的社会主義的法秩序への違反を正す――という三点を呼びかけた。

党大会は二月十四日から開かれていた。演説のあった最終日の二月二十五日には外国の共産党の代表らを会場には招かず、議事録も取らなかったため、演説は秘密演説だった。しかし、その内容は国内外に広く知られるところとなった。国内では要約が印刷され党の集会で紹介された。

米国中央情報局（CIA）はポーランドとイスラエル経由で演説から約二カ月後の四月にテキストを入手、『ニューヨーク・タイムズ』紙が一九五六年六月五日付で報道した。党としてフルシチョフ演説の全文を公表したのはゴルバチョフ時代の一九八九年である。党中央委発行の『ソ連共産党中央委員会ニュース *Известия ЦК КПСС*』誌に全文が掲載された。(3)

演説を受けてスターリンの出身地ジョージア（グルジア）の首都トビリシでは、三月に民族の英雄に対する侮辱だと反発する人たちがフルシチョフ退陣やグルジアの独立を求め暴動を起こした。もちろん当局が武力で押さえつけた。数十人とも数百人とも言われる死者が出た。だが、フルシチョフ演説はソ連全体では歓迎された。

フルシチョフはほかの幹部に知らせないで突然、演説したわけではない。党大会が開幕する二カ月半ほど前に党内に専門家からなる委員会を設け、スターリンの活動を調べさせた。その答申を踏まえ、党指導部と事前に演説について協議したが、ビャチェスラフ・モロトフ、マレンコフ、ラーザリ・カガノビッチなどは演説することに強く反対した。また、フルシチョフ自身、スターリンを賞賛しスターリンの取立てで党内での地位を築き、大粛清にも関与したのだから、演説が自らの地位を危うくする可能性もあっただろう。

なぜフルシチョフは反対意見や危険を押しのけてスターリン批判に及んだか。まず義憤、悔悟の念があったという説明が可能だろう。大粛清がいかにもひどく、スターリンがあるべきマルクス・レーニン主義に基づく政治の姿をねじ曲げたという思いがあったことはフルシチョフの回想録でうかがえる。「われわれは代議員たちに、問題の時期における党指導部の行動をすっかり打ち明ける義務を負っている」[4]、「罪を犯した者の生涯には、それを告白することによって、その罪がはれないまでも、慈悲を保証される瞬間があるものだ」[5]とある。

また、スターリンのひどさはいずれ分かることだから、その時に自分たちの関与を追及されないようにとの思惑があったのかもしれない。フルシチョフは「われわれが党大会で真実を語らなくとも、しばらくすれば真実を話さざるをえなくなるはずだ。しかし、その時は、われわれは報告する側だけでなくて、調査される側にいるだろう。その時、われわれは共犯者として告発されているにちがいないからだ。たとえわれわれが直接に関与していないにしても、スターリンの死後、それが権力の濫用であると知った時に真実を語らなければ、われわれはそれを隠蔽したことになる」と説明した[6]。

スターリン批判という一大争点を作ることで反フルシチョフ派をあぶり出し、党内での権力基盤を固めるきっかけにするというねらいもあったのかもしれない。

「反党グループ」の追放

確かにベリヤ追放後、フルシチョフは第一書記に就任したものの、党指導部は一つにまとまっておらず、彼の権力基盤は固まっていなかった。それをのちに証明したのが、スターリン批判から一年四カ月ほど後の一九五七年六月に起きた反党グループ Anti-Party Group / Антипартийная группа 事件である。フルシチョフはモロトフ、マレンコフ、カガノビッチの三人が反党グループを作っていると告発、さらにドミトリー・シェピーロフを彼らに味方したとして摘発し、指導部から追い出した。

反党グループとの対決は次のように進んだ。モロトフらはフルシチョフが恣意的な農政を進め、集団指導原則から逸脱、また行き過ぎた個人崇拝批判を展開、ソビエト政権をないがしろにしているなどとの思いを強め、一九五七年六月十八日の党中央委幹部会でフルシチョフ第一書記を解任し、後任にブルガーニンを選出するよう提案した。幹部会員十一人のうち七人が動議に賛成した。

これに対しフルシチョフは、自分は中央委総会で選ばれたのだから総会で決定すべきだなどと主張、またフルシチョフが掌握していた書記局もフルシチョフ支持に動き二十二日に中央委総会の開会に漕ぎ着けた。総会ではゲオルギー・ジューコフ国防相が、軍を動かせるのだとの脅しをかけながらフルシチョフ支持の演説をぶち、この演説などのおかげで、総会は二十九日にフルシチョフ派が勝利し、閉幕した。ジューコフは軍用機を出し地方から総会出席者をモスクワに輸送することでもフルシチョフを助けた。フルシチョフ解任動議から続投決定まで十二日間続いた権力闘争劇だった。

反党グループは幹部会の会員多数の同意を得ていたものの、中央委員会、軍、国家保安委員会（ＫＧＢ）に根回ししていなかった。さらにフルシチョフ解任を採決した後、この問題に決着を付けず、二十一日まで会合をだらだらと開き議論を許した。こうした調整不足、決意不足がフルシチョフを追放できなかった要因であろう。反党グループ事件は言わば守旧派によるクーデターの試みであり、またその準備不足、決意不足という点で一九九一年八月のゴルバチョフ追放を試みた強硬派と共通点がある。

糾弾されたモロトフはモンゴル（モンゴリア）大使、マレンコフはカザフスタンにある発電所の所長、カガノビッチはウラル地方のセメント工場長、シェピーロフはキルギスタン科学アカデミーの経済研究所長に左遷された。フルシチョフはスターリン時代とは違って彼らを銃殺しなかったし、これをきっかけに指導部の粛清に乗り出すこともなかった。一方、モロトフらもフルシチョフの第一書記解任の動議にあたって彼を農相に回すことを提案、フルシチョフを逮捕することを考えていなかった。権力闘争で幹部の血が流れたのは一九五三年のベリヤ処刑が最後だった。

ところで中央委総会でフルシチョフを支持したジューコフはそれまでの幹部会員候補から幹部会員に昇進した

ものの、四カ月後の同年十月、彼がユーゴスラビア出張中に国防相の地位を含め解任された。軍に対する党の指導原則を無視したなどの理由が列挙された。ジューコフは軍の中に特殊部隊の創設をめざしその養成学校を作る準備を進めており、これが権力奪取を目論んでいる証拠とされた。だが解任の真の理由は、フルシチョフが強力な競争相手の台頭を恐れたことにあるのだろう。ジューコフには軍部を中心に絶大な人気があった。フルシチョフは反党グループとジューコフを指導部から追い出して政権基盤を固め、一九五八年三月には首相を兼務した。

ポーランドとハンガリーの動乱

スターリン批判は国外にも大きな影響を与えた。特にハンガリーとポーランドでは反ソ的改革・反体制運動の引き金となった。ポーランドでは一九五六年六月にポズナニで労働者が賃上げを求め暴動、十月にはソ連から距離を置くウワジスワフ・ゴムウカの改革路線を支持する運動が盛り上がった。結局、ゴムウカとソ連指導部が妥協し、事態は沈静化したが、運動はハンガリーに飛び火した。

ハンガリーでは一九五六年十月〜十一月に多数の学生、市民が反共、民主化を叫び蜂起し、それが成就するかに思われたが、ワルシャワ条約機構軍という名のソ連軍が介入し、共産主義体制を防衛した。ハンガリーの騒乱は「一九五六年ハンガリー革命 Hungarian Revolution of 1956」、あるいは「一九五六年ハンガリー蜂起 Hungarian Uprising of 1956」と呼ばれる。衝突の結果、ハンガリー市民二千五百人、ソ連軍兵士七百人以上が死亡、ハンガリー市民二十万人が国外に脱出した。ソ連当局はハンガリーのワルシャワ条約機構脱退などソ連圏からの離脱路線を打ち出し抵抗運動の中心にいたナジ・イムレ（ハンガリーでは日本同様、苗字が先）を捕らえ、一九五八年六月に絞首刑に処した。フルシチョフはスターリンを批判しながらも、決して東欧諸国がソ連の影響圏から抜け出ることを許さなかった。

スターリン批判に対しては毛沢東が「修正主義」だと強く批判、中ソ論争、さらには中ソ国境紛争の原因にもなった（中ソ国境紛争については、第9章の「二大共産国家の国境紛争」の項を参照のこと）。

スターリン批判演説は一九四六年三月五日のウィンストン・チャーチル英保守党党首（当時は首相ではなかった）の鉄のカーテン演説、一九六一年一月二十日のジョン・F・ケネディの米大統領就任演説、一九六三年八月二十八日のマーチン・ルーサー・キング・ジュニアのワシントンにおける市民権集会での演説などと並ぶ現代世界史に残る重要演説の一つだろう。

名誉回復と「雪解け」

スターリンが死去した直後から新指導部は服役者を釈放するなど社会に対する締め付けを緩和し始めたが、フルシチョフは対象を当初の刑事犯から政治犯に広げ、スターリン批判演説後は大粛清の犠牲者（その大半は死者）に対する名誉回復措置を取った。名誉回復とは不当な嫌疑に基づく不当な処罰だったと認めることを意味する。名誉回復はスターリン時代に強制移住させられた少数民族に対しても実行し、帰郷を認めた。

スターリン死後から一九六〇年代初めにかけて名誉回復を含む社会的引き締め緩和策は一般に「雪解け Thaw／Оттепель（オーチェペリ）」と呼ばれる。この呼称は作家のイリヤー・エレンブルグが一九五四年に出版した小説の題名に由来する。粛清やユダヤ人差別などにも触れながら小さな町の工場の技師、工場長夫妻などの生活を描き、当時の検閲の限界に挑戦、大反響を呼んだ。ただし、エレンブルグは反体制の作家ではない。なおオーチェペリは正確には雪解けそれ自体を意味する単語ではなく、冬や早春にみられる雪や氷が解ける暖かい気候を意味する。

エレンブルグに続いて一九五六年にウラジーミル・ドゥディーンツェフが発表した『パンのみにて生きるにあらず *Not by Bread Alone* / *Не хлебом единым*』も検閲緩和を象徴する小説で、大反響を呼んだ。役人たちの妨害で発明を妨害され逮捕され、服役するなど辛酸をなめる技師の物語。このほか、イワン・ブーニンらの作家、イエブゲニー・イエフトシェンコらの詩人も登場し、文壇は華々しくなった。一九六二年にはフルシチョフ自身がソルジェニーツィンの『イワン・デニソビッチの一日』の出版を認可した。

音楽などほかの芸術分野でも自由の許容度が広がり、例えば俳優、シンガーソングライターなど多様な才能を発揮したウラジーミル・ビソツキーが国民的支持を受けた。外国との文化交流も活発になり、一九五七年夏にはモスクワで第六回世界青年学生祭典が開かれ世界各地から三万人を超える人たちが参加した。この時の音楽コンクールで『モスクワ郊外の夕べ *Moscow Nights* / *Подмосковские вечера*』が第一位となり、ソ連／モスクワを代表する曲として広まった。クラシック音楽家の登竜門であるチャイコフスキー国際コンクールも一九五八年に始まった。西側のファッションが入り込み、その流行に乗った若者たちは*スティリャーギ стиляги と呼ばれた。

だが、フルシチョフは全面的に自由を許したわけではない。ボリス・パステルナークが一九五六年に書き上げた『ドクトル・ジバゴ』は発禁にした。この小説の原稿はイタリアに持ち出され、一九五七年にイタリアで出版された。パステルナークは翌一九五八年にノーベル文学賞を受賞したが、当局からの圧力で受賞を辞退せざるを得なかった。出版の自由は限定的で、体制に批判的な人たちは検閲で出版できない作品を手書きにして手渡しで回し読みするという地下出版（サミズダート самиздат、元々の意味は「自主出版」）が広がった。国内で出版できない場合に外国で出版することは、タミズダート тамиздат と呼ばれた。

フルシチョフ時代にはまた宗教に対する弾圧が復活、多くの教会建物が閉鎖された。「雪解け」を許容しながらも一方で宗教が共産主義を脅かさないよう歯止めを掛けた。正教の教会と修道院の数は一九六五年までの十年間に半分に減少し七千五百となり、宗教活動には厳しい制限を課した。イスラム教も同様の迫害を受けた。

フルシチョフは、一九六〇年代に入ると非スターリン化を加速させ、一九六一年十月の第二十二回党大会でスターリンの遺体をレーニン廟から撤去しその脇に埋葬し直した。またスターリンの名前を冠した地名を次々と変更した。同年、ロシア南部ボルガ川流域の都市スターリングラードもボルゴグラードへと名称変更した。

＊スティリャーギ……一九六七年に作家五木寛之の『さらばモスクワ愚連隊』が講談社から出版された。この本には До свидания, московские стиляги（ダスビダーニア、モスコスフキー・スティリャーギ）とのロシア語題名が添えられている。小説の内容はスティリャーギを描いているのだが、彼らは日本でいう愚連隊とは少々異なる若者ではある。

処女地開拓への挑戦

フルシチョフが力を入れた国内政策として宇宙開発、処女地開拓、住宅建設がある。一九五七年十月四日、ソ連は世界初の人工衛星スプートニクの打ち上げに成功、一九六一年四月十二日にはユーリー・ガガーリンがボストーク一号に乗り込み、世界初の有人宇宙飛行に成功した。

処女地開拓 Virgin Lands Campaign / освоение целины は穀物生産を増やすためのカザフスタンとロシアのウラル、西シベリアなどでの開墾運動で、一九五四年からブレジネフ時代の初期の一九六五年まで続いた。ソ連農業は生産性が低く、一九五〇年代に入っても食糧不足が深刻だった。一九五四年三月、党中央委は処女地と休耕地の開墾を進める指令を出し、大量動員を掛けた。その数、数十万人に上った。この運動で一九五四年から一九六〇年までに四千二百万ヘクタール（四十二万平方キロメートル）が新規に開墾され、そのうち二千五百万ヘクタールがカザフスタンだった(7)。日本の面積（三十七万八千平方キロメートル）を上回る膨大な土地が農地となった。

その結果、穀物生産量は増えたが、年によってばらつきがあり、やがて連作障害や砂塵、土埃の発生による地力の低下で生産が伸び悩むという問題が起こり、さらに生産増を上回る速度での需要増もあって、フルシチョフ時代にも食糧不足の問題は基本的に解消されなかった。

ソ連時代を通じて国民の日常生活での最大の問題は住宅不足だった。フルシチョフはモスクワ市党委員会第一書記だった一九五〇年から大規模な住宅建設に着手した。五～六階建てのアパートを規格化し全国で建設した。しかし、狭くてエレベーターもバルコニーもなく、評判は良くなかった。これらアパートはフルシチョフ式安アパートという意味でフルシチョーブィ Хрущёвы と呼ばれる。スラムを意味するトルシチョーブィ трущобы にかけた言葉である。

フルシチョフのスターリン批判演説はグルジアで暴動を引き起こしたが、生活への不満から一九六二年六月初めに大きな暴動がロシア南部のノボチェルカスクで発生している。六月一日に政府が肉とバターの大幅値上げを発表、偶然の一致だったとされるが、同じ日にこの町にある電気機関車製造工場で賃金引き下げが決まった。これに労働者が怒り、スト、デモが発生、参加者は一万一千人を超えた。「肉をよこせ、バターをよこせ」「住宅がない」「フルシチョフよ、退陣しろ」などのスローガンが響き、鉄道を止める人たちもいた。逮捕者が出てデモ隊がその釈放を求め警察署に押しかけるなど混乱、結局、機関銃で武装した兵士や戦車も投入されデモ隊を抑え、九人の死刑を含む百十二人が有罪判決を受けた。ノボチェルカスクの労働者の不満は全国に共通して存在した。

フルシチョフ外交と冷戦

雪解けは国内政策だけでなく、外交政策にも現れた。フルシチョフは一九五四年九月〜十月に訪中、翌一九五五年五月にはベオグラードを訪問し、それぞれ関係を改善した。ただし、中国、ユーゴスラビアとの関係改善は一時的なものに終わった。一九五五年七月にはジュネーブで米英仏ソ四カ国の首脳会談が開かれ、フルシチョフも出席、その場でドワイト・アイゼンハワー米大統領と会談、さらにフルシチョフは一九五九年九月に訪米し、アイゼンハワーと再会談、東西関係の緊張緩和について交渉、米ソ関係は改善した。しかし、一九六〇年五月にはソ連がスベルドロフ上空で米国のU-2偵察機を地対空ミサイルで撃墜、パイロットのフランシス・ゲーリー・パワーズを拘束する事件が起き、両国関係は再び緊張する局面を迎えた。パワーズは一九六二年二月にスパイ交換で米国に戻った。

フルシチョフ外交の最重要事件はキューバ・ミサイル危機 Cuban Missile Crisis（ロシアではカリブ海危機

Карибский кризис という呼称が一般的）である。一九六二年十月、米ソ両国が核戦争の一歩手前まで進み、世界を震撼させた。

一九六一年のピッグス湾事件にみられるように米国はカストロ政権を倒すためキューバ侵攻を画策してきたが、フルシチョフはキューバに核ミサイルを配備することで侵攻を阻止し、友好国を守ろうと考えた。これが、キューバ・ミサイル危機の発端である。フルシチョフはピッグス湾事件の際にジョン・F・ケネディ大統領が示した対応が軟弱だったと判断し、キューバに核ミサイルを持ち込んでも大統領は黙認するだろうと読んだ。だが、それは誤算だった。ケネディは黙認しなかった。

米ソは核戦争もあり得るといった切迫した状況に至るまで対峙したが、結局賢明にも妥協し、危機は収束した。だが、フルシチョフは二年後にこの冒険の大きな代償を払わざるを得なかった。キューバ危機を機に指導部の中にフルシチョフへの不信感が広がり、それが彼の解任につながった（キューバ危機については、第7章の「キューバ・ミサイル危機」の項を参照のこと）。

フルシチョフの冷戦外交でもう一つ注目すべき対応はベルリンの壁の構築である。バルター・ウルブリヒト率いる東ドイツ指導部が一九六一年八月十三日に東ベルリンと西ベルリンの間で壁の建設を開始した。ウルブリヒトがフルシチョフに壁建設の計画を持ちかけ、彼の認可を得て着手した。壁が建設される前にすでに三百五十万人とも言われる東ドイツ市民が西ドイツに脱出していた。ベルリンの壁は冷戦を象徴する構造物として二十八年後の一九八九年十一月まで存在した。その間、約五千人が壁を乗り越えようと試み、百三十六人以上が銃撃、地雷破裂、あるいは川を渡る途中で溺れ死亡したといわれる。

フルシチョフは対日関係でも重要な足跡を残している。一九五六年に日ソ共同宣言をまとめ、戦後の国交回復を実現した。雪解け外交の一環に位置づけられる。両国は共同宣言をまとめる過程で北方領土問題を取り上げたが、最終決着できず、今日に至る（北方領土問題については、第10章を参照のこと）。

フルシチョフ解任

ベリヤ追放、反党グループ追放と権力闘争を勝ち抜いてきたフルシチョフだが、最後は権力闘争に負け、退陣しなければならなかった。一九六四年十月初め、フルシチョフは休暇のためアブハジアのピツンダに出発した。十月十二日に党中央委員会幹部会員のブレジネフから農業問題などについて協議するのでモスクワに戻ってほしいとの電話があり、翌十三日にモスクワに戻った。同日、幹部会の会合に出席すると、集団指導を無視したとか、他人の意見に耳を貸さなかった、思いつきで国を指導したと糾弾され、農業政策や軍事政策をはじめとする国内政策、さらにベルリン危機やキューバ危機への対応など外交政策についても矢継ぎ早に批判された。

幹部会会合は翌十四日にも開かれ、フルシチョフはすんなり党第一書記と首相からの退任を受け入れた。会議の最後には涙を浮かべながら「抵抗するつもりはない……引退の機会を与えてくれたことに感謝する」と述べた。七十歳だった。歴史家ボルカゴーノフは幹部会でのフルシチョフの様子について次のように描写している。「フルシチョフは顔をふせ、頭を両手でかかえるようにして座っていた。このあと黙って会議室を後にし、車に乗った。だれも彼を見送らなかった(8)」。

幹部会の後に開かれた中央委員会総会の決定（十四日付）は、フルシチョフが集団指導の原則に違反し、幹部会や中央委員会の会員の意見に耳を傾けず、重大な過ちを犯したと批判、さらに「最近の活動家として否定的な個人的資質、高齢、健康の悪化により、同志フルシチョフは、ソ連共産党中央委員会の信頼を失い始め、彼の犯した重大な誤りを正すことができなくなった」と指摘した。

フルシチョフ追放はレオニード・ブレジネフが主導、事前に国防省、ＫＧＢ、中央委員会に根回しを終えた上で実行された。この陰謀をフルシチョフは事前に察知できなかったのだろうか。

米国のソ連／ロシア外交史家、フィリップ・トーブマンによると、九月に息子のセルゲイ（ミサイル製造施設のエンジニア）に一人の要人警護官からフルシチョフ追放の陰謀があるとの情報がもたらされ、セルゲイはそれをフルシチョフに伝えた。フルシチョフは「ありえない」と感想を述べ、真剣に調査することはなかった。陰謀の情報は夏以降、娘のラーダやラーダの夫のアレクセイ・アジュベイにももたらされていたが、彼らもまともに取り合わず、フルシチョフには伝えなかった。[9] 幹部会の会員たちの多くはフルシチョフが重用してきた人たちだ。自信過剰で人心を掌握できていなかった。

フルシチョフは突然、ソ連最高指導者の地位を追われるという重い処分を受けたが、裁判にかけられることも処刑されることもなかった。それどころか一九六六年の第二十三回党大会まで中央委員として残ることが認められた。もちろん彼は党の会議に出ることはなく、当局の監視下、別荘で余生を過ごした。その間、家族に回想録を口述し、そのテープが西側に流出、一九七〇年に『フルシチョフ回想録 *Khrushchev remembers*』として出版された。フルシチョフは一九七一年九月十一日、心臓発作で死去した。

フルシチョフは田舎出身の好々爺とした感じを与えたが、感情を率直に表に出す性癖の持ち主で、いくつか逸話が残っている。その一つが国連総会で靴を机に打ちつけた事件である。一九六〇年十月十二日、国連総会でフィリピンの代表が演説し、ソ連の東欧支配を批判していたところ、出席していたフルシチョフが怒り、演説者に対しロシア語で「アメリカの下僕」などと罵声を浴びせ、机をこぶしでドンドンとたたいていたが、さらに興奮して自分の靴を脱いで机をたたいたといわれる。その模様を記録した写真やビデオはなく、状況説明は目撃者によって異なる（フルシチョフが演壇で靴を振り上げている写真が出回ったが、それは合成写真）。

フルシチョフの行為で総会はざわつき、演壇に立ったソ連圏の一国ルーマニアの代表がフルシチョフの意を受けるようにフィリピン代表の発言を批判、延々と続けたため議長が制止したが無視、議長が顔を真っ赤にして議事終了を宣言、木槌を思いっきり振り落としたところ、木槌は折れ、頭の部分が吹っ飛んだという。

もう一つ。フルシチョフは一九六二年、モスクワのマネージ展覧会会場で彫刻家のエルンスト・ニェイズベースヌイら前衛芸術家の作品を「犬の糞」だとか、社会主義リアリズムに合致しないなどと叱責した。これに対しニェイズベースヌイがフルシチョフは芸術に無知だなどと大胆にも反論、言い争いとなった。

その後、フルシチョフは作家、芸術家を招いた会合で再度ニェイズベースヌイに毒づき、「無名のままでいる君はそれにふさわしい名前を持っている」と揶揄した。「ニェイズベースヌイ」とはロシア語で「無名の、知られていない」を意味する形容詞でもある。フルシチョフは一九六〇年代に回想録を書き取らせていた際、この彫刻家との一件を思い出し、「無礼なことを言ってしまった……謝りたい」と述べたという。フルシチョフが一九七一年九月に死去すると、遺族がフルシチョフの墓に置く像を制作してほしいとニェイズベースヌイに依頼、彼はこの申し出を受け入れた。フルシチョフの墓はモスクワのノボジェビチ墓地にあり、ニェイズベースヌイ作の像が立っている。

ブレジネフと「停滞の時代」

フルシチョフを追放し後継者として登場したのがレオニード・イリーチ・ブレジネフ。一九〇七年一月一日、現ウクライナのドニエプロペトロフスカヤ州カメンカ生まれ。十月革命時には十一歳だった。党組織、そして軍の政治将校として出世してきた。戦前からフルシチョフに重用されたが、フルシチョフが集団指導の原則を破ったと批判し、追放を主導した。その功績で党第一書記（一九六六年から党書記長に名称変更）の座に就いた。側近からは何事についても慎重に根回しをした上で実行に取りかかると評価されている。そのせいか、目立った権力闘争は起きなかった。ブレジネフはまた才気あふれるという感じの人物ではなく、組織を大切にし、権力と栄誉を好んだ。

ブレジネフは第一書記に就任する前、最高会議幹部会議長、党中央委幹部会員だったから、フルシチョフ後任としては順当だったと言えるだろう。第一書記に就任すると「集団指導というレーニン主義の原則」への回帰を強調、当初は彼を中心にアレクセイ・コスイギン首相、ニコライ・ポドゴルヌイ最高会議幹部会議長と三人で集団指導体制を組んだ。しかし、徐々に競争相手を要職から遠ざけ、一九七〇年代初めにはブレジネフ主導の政治体制を確立した。

ブレジネフは一九六四年十月十四日から一九八二年十一月十日に死去するまで約十八年間、ソ連に君臨した。スターリン時代の始まりをトロツキー、ジノビエフらのライバルを追放し終わった一九三〇年とすると、スターリンはソ連を二十三年間統治したことになる。ブレジネフの十八年はソ連の最高指導者としてスターリンに次ぐ長さである。

ブレジネフ時代はロシア史においてしばしば「停滞の時代 Era of Stagnation / период застоя」と呼ばれる。一九八六年二月、ミハイル・ゴルバチョフ書記長が第二十七回党大会での政治報告でブレジネフ時代について「社会生活に停滞現象が現れ始めた」と述べ、経済成長の鈍化、労働生産性の低迷、社会の躍動感の欠如を指摘してからだ。ブレジネフが反体制派の取り締まりを強めたこと、さらには党・政府の幹部の多くが六十歳代、七十歳代でソ連がジェロントクラシー（老人支配）の国であったことも停滞感を醸し出した。フルシチョフが解任された一九六四年の党政治局員の平均年齢は六十歳だったが、一九七五年には六十五歳、ブレジネフが死去した一九八二年には七十歳だった。

レオニード・ブレジネフ
（肖像画，1977年）

だが、その一方で、国内ではスターリン時代のような大粛清も大きな政治的混乱もなかったことは偉大な歴史的業績だといった皮肉も含めた評価もあるし、経済成長の鈍化も国民がゴルバチョフ時代やソ連崩壊後に直面した経済的困難に比べるとそう大きな問題ではなかったと回顧する人も多い。

大戦後のソ連経済の歩み

「停滞の時代」は何よりも経済成長の鈍化で説明される。経済がどの程度停滞したのかは、十月革命後のロシア／ソ連経済の変遷の中で位置づけることが必要だろう。

十月革命が起きる前も起きた時もロシア経済の大きな柱の一つは農業だった。十九世紀後半から工業化が進み始めたものの、その水準は欧州のほかの国に相当の差をつけられていた。革命後は内戦の影響も加わって生産活動が大幅に縮小した。そこでボリシェビキ政権は内戦で勝利し延命するため、一九一八年から一九二一年にかけて戦時共産主義と呼ばれる中央統制経済政策を実施、産業を国有化、農産物の徴発を強化した。

しかし、干魃も加わって国民生活の危機が深刻化、経済機能は麻痺、労働者や農民の暴動が頻発した。一九二一年三月には革命の推進力となった海軍基地クロンシタットの水兵たちが今度はボリシェビキ政権に反旗を翻した。ボリシェビキ政権はこうした反乱、暴動を力で抑え込み、内戦の勝利後は経済活動の自由度を広げた新経済政策「ネップ」を導入、経済再建に乗り出した。ネップは一定の成果をあげた。しかし、スターリンは国防力の強化を念頭に国家統制で急速な工業化と農業集団化を進める方針を採択、一九二八年に第一次五カ年計画を開始した。国民の結束を得るため飴と鞭の両方の策を使い分け、工業化で成果をあげ、それが国防力の強化につながり、第二次世界大戦の勝利を支える大きな要因となった。

第二次世界大戦後のソ連経済の歩みは大きく三期に分けられる。戦後復興を経て一九五〇年代から一九七〇年代初めまでは資本蓄積、投資拡大による急成長を達成、農業から工業部門への労働力の移転が進行した。だが、一九七〇年代半ばから一九八〇年代半ばまでは成長が鈍化、そしてゴルバチョフが率いるソ連指導部は一九八五年からペレストロイカ（立て直し）に挑んだが打開できず、一九九一年末にソ連崩壊を迎えた。

十月革命後からペレストロイカにいたる七十四年あまりの時代の変遷を経てソ連経済は資本主義国にはない独特の特徴を持つに至った。ゴスプラン（国家計画委員会）を司令塔とする中央統制経済（五年に一度開く党大会で五カ年計画を決定)、生産手段の国家独占、農地の集団所有、完全雇用の保証、国家による外国貿易の独占、消費財よりも生産財そして軽工業よりも重工業を重視する政策、軍産複合体の大きく重い存在、効率経営や利益確保の意識の低さなどである。

コスイギン経済改革

ブレジネフが第一書記に就任した一九六四年にはソ連経済の急成長が続いていた。ブレジネフはその流れを単に引き継いだだけではない。一九六五年からはコスイギン首相主導の下で経済改革を進めた。この改革はハリコフの大学で教鞭を取っていたイエフセイ・リベルマン教授の提唱に基づいており、リベルマン改革とも呼ばれる。企業や集団農場の自主性の尊重、独立採算制の導入、指令目標の数の削減など中央指令経済の手法の緩和を進め、計画達成に対する報奨制度を充実した。農業分野では家庭菜園や個人的な補助的副業に寛容な政策を実施した。土地の改良、灌漑の整備、処女地開拓を進めた。

家庭菜園や個人的副業の規制緩和は取るに足らない政策のように思うかもしれないが、農民が個人的に自由に農作物を栽培あるいは家畜を飼育できる機会を提供、西側の研究者によると、その生産高はソ連時代を通じて肉、牛乳、卵、野菜などについては全体の三分の一とか四分の一を占めた。

コスイギン首相は経済活動の自由度を上げたものの、ゴスプランによる監督指揮は続けたし、党の指導の原則も変えなかった。市場経済への移行を目指したわけではない。

改革が成果をあげたかどうかについては、統計が不十分であるという問題もあり議論は分かれる。公式統計を見る限り、当初は一定の成果をあげた。しかし、数年後には失速し始めた。一九六八年にはチェコスロバキアで経済、政治の改革運動が盛り上がり、ソ連にとっては危険な水準に達したことから、改革への言わばアレルギー反応が出て、コスイギン改革は一九六〇年代末には事実上終了し、中央統制経済が復活した。

一九七〇年代半ばの成長鈍化

ソ連のマクロ経済指標には「総社会生産 Gross Social Product / Валовой общественный продукт」や「生産国民所得 National Income Produced / Произведённый национальный доход」などがあった。これら指標は西側の経済統計にある国内総生産や国民所得とは別物であるが、経済成長を示す公的な代表指標だった。

総社会生産の増減の統計は一九七〇年以降しか発表されていないため、生産国民所得の推移を五カ年計画単位で見ると、一九六六年から一九七〇年までに第八次五カ年計画の年平均伸び率は七・七%、それが第九次（一九七一～一九七五年）に五・七%になり、第十次（一九七六～一九八〇年）に四・三%、第十一次（一九八一～一九八五年）には三・二%へと低下している。[10] 実態はもっと深刻だったのではないかと疑問が残るものの、とにかく成長の鈍化は公式統計にも現れている。この現象が停滞の大きな象徴として指摘されている。

農業分野では鉱工業の分野以上に生産性が上がらず、成長の足を引っ張った。ソ連社会は一九七〇年代半ばから慢性的食糧不足に陥り、バターなど酪農製品、肉、魚の不足が目立つようになった。ソ連は第八次計画の間は穀物輸出国だったが、第九次計画では一気に穀物輸入国に陥り、一九八〇年代半ばにはパンの三分の一は輸入穀物で作られていたと言われる。

なぜ経済成長が鈍化し始めたか。どの国でも低い水準からの急成長はそう難しいことではないが、経済が一定の規模に達した後に鈍化し始めることはよくあり、それがブレジネフ時代の中頃に起きたと言えるかもしれない。中央統制経済の本質的な欠陥、不十分な改革、労働意欲の欠如、労働規律の悪化、汚職の広がり、設備更新の遅れ、イノベーション（技術革新）の遅れも指摘できるだろう。特にコンピュータの研究開発の遅れはイノベーション全般に影響し、ソ連経済の発展を制約した。

国防費増大も重荷になった。ソ連の国防費の実態は不透明で、党幹部でもよく知らなかったようだが、実際の国防費が予算に計上されている国防費を大きく上回っていたことは確かだ。米中央情報局（ＣＩＡ）の推定では、ソ連の国防費はGNP（国民総生産）比で常に一〇%を超えていた。ちなみに米国の国防費はベトナム戦争時には一〇%近辺だったが、一九七〇年代後半には五%へと低下した[11]。

ソ連の経済構造は一九七〇年代に大きく変わった。石油、天然ガスへの依存度が上がった。中東危機で一九七三年に石油価格が急上昇、それが資源開発を促し、輸出を増やし、国家財政を潤した。石油価格の上昇がなければ、経済成長の鈍化には加速が付いていただろう。

公式統計によると、石油・石油製品の輸出は一九六五年に七千五百七十万トンだったが、一九八五年には一億九千三百五十万トンに増えた。その輸出収入は一九六五年の六億七千万ドルが一九八五年には約二十倍の百二十八億四千万ドルになった。天然ガスの生産、輸出も同様に増えた。石油、天然ガスを中心とする資源の輸出比率は一九七〇年の二六%から一九八〇年に五一・五%とへと上昇、その後もほぼ同じ比率を維持した[12]。

石油、天然ガスの輸出による収入で穀物をはじめとする食料品、家具などの消費物資、機械を輸入できた。国家財政にも市民生活にも追い風となったのだが、それに安穏としてしまったため、経済全体の成長戦略を真剣に考えないようになったという面もある。もともと中央統制経済の下で改革が十分な効果を出すかどうかという本質的な問題はあるが、石油価格の上昇で改革が棚上げにされてしまった。

ブレジネフ時代の成果

停滞の時代として揶揄されるブレジネフ時代ではあるが、経済が十八年間もの長い間静止していたわけではない。経済成長率は一九七〇年代以降鈍化したと言っても、マイナス成長を記録したわけではないし、この時期の西側先進国の成長率と比べて、そう劣るわけでもない。

ブレジネフ時代にはいくつか成果も生まれている。社会生活基盤の整備が進んだ。住宅、道路、地下鉄の整備、農村の電化、ガス化に進展がみられた。一九七〇年代には原子力発電所と水力発電所の建設が大きく進展、一九八〇年の電力使用量は一九四〇年比で二六・八倍に増えたとの数字もある。ソ連の公式統計では、一九八〇年にはソ連の鉱工業生産と農業生産は欧州で第二位の地位を占めるまでになった。ソ連の鉱工業生産は一九六〇年には米国の五五％だったが、一九八〇年には八〇％以上になったとも言う。ただし、ＣＩＡの推定では、ソ連のＧＮＰは一九六〇年に米国の四九％、一九七五年には五八％に上昇したが、一九八〇年には五五％に下がっている(13)。

市民生活でも家賃が家計収入の三％以下で、医療、高等教育が無料だったし、物価も安定するなどの成果はみられた。ただし、それは繁栄下での安定ではない。住宅についても食料品を含めた消費財についても質と量の問題があり、街では買物行列がソ連名物として定着した。飲酒、自殺が増加するという深刻な問題も発生した。ゴルバチョフは一九八五年三月に書記長に就任するとまず飲酒削減運動を展開した。当時、飲酒は国家的災厄になっていたとも言われるほど深刻だった。

雪解けの終焉と改革のマグマ

ソ連社会の停滞感は経済以外の要因によっても生じている。言論の自由抑圧と反体制派の取り締まり強化である。それを象徴したのが一九六五年九月から一九六六年二月にかけてのシニャフスキー・ダニエリ裁判だ。作家のアンドレイ・シニャフスキーとユーリー・ダニエリがパリで偽名を使ってソ連の政治や社会を皮肉る小説を発表していたことが当局にばれ、反ソ扇動・宣伝の罪で逮捕され、シニャフスキーは七年、ダニエリは五年の収容所送りの判決を受けた。裁判は海外で人権抑圧だとして非難され、国内でも知識人の一部が批判した。この裁判はフルシチョフ時代の雪解けの終わりを告げた。

物理学者でソ連の核兵器開発に貢献したアンドレイ・サハロフは一九六〇年代後半から核兵器政策や人権政策への批判を強め、彼の主張が国内のサミズダート、さらには海外で発表されるようになり当局は一九八〇年に彼を逮捕、閉鎖都市だったゴーリキー（現ニジニーノブゴロド）に追放、軟禁状態に置いた。彼はゴルバチョフ書記長により一九八六年末になってモスクワへの帰還を許された。

この時期に言論の自由の抑圧を世界中に知らしめた一件に作家アレクサンドル・ソルジェニーツィンの一九七四年の国外追放もある。サハロフの国内追放やソルジェニーツィンの国外追放はいずれもブレジネフ時代の出来事である。

こうした反体制派は一定程度存在したが少数派であり、反体制運動が盛り上がり政権を脅かすことはなかった。その意味でブレジネフ時代は政治的改革も停滞していた。だが、その一方で後の改革路線を主導する人たちも党組織や研究所などで育ちつつあった。ゴルバチョフもそうだし、彼のペレストロイカを支えたアレクサンドル・ヤコブレフ、アナトーリー・チェルニャエフ、ゲオルギー・シャフナザーロフなどの名を挙げることができる。ブレジネフ時代の後半には改革のマグマが蓄積しつつあった。

ブレジネフは対外政策の分野でいくつか重要な足跡を残している。デタント（緊張緩和）政策で対米関係を改善し核兵器制限条約を締結し、その一方で、アフガニスタンに侵攻し、チェコスロバキアやポーランドの民主化を潰し、中ソ国境紛争を引き起こし、デタントとは逆に緊張を高める外交を展開した。彼の対東欧諸国介入の外交原則は西側ではブレジネフ・ドクトリンとか制限主権論 Doctrine of limited sovereignty / **Доктрина ограниченного суверенитета** と呼ばれ悪名高い（デタントなどブレジネフ外交については、第7章の「危機克服後のデタント」および「プラハの春の抑圧」の項を参照のこと）。

「安定の時代」という回顧

ブレジネフは七十五歳で病死した。晩年は病弱で呂律が回らず、演説は聞き取りにくかった。頭も働かず自らの言葉で語ることが難しく、補佐官がまとめた発言要領を棒読みしていた。それにまつわるアネクドートも多い。

ブレジネフは冷笑の対象にもなったが、ソ連崩壊後のロシアでの世論調査では、彼の評価は総じて高い。レバダ・センターの二〇一三年四月の世論調査では、ブレジネフを好きだと答えた人は五六%、嫌いが二九%。スターリン、ニコライ二世、フルシチョフを上回る好感度だ。不人気はゴルバチョフとエリツィンだった[14]。

二〇〇五年の全ロシア世論調査センターの調査では、選択できるとしてどの時代に住みたいかとの質問に対し、今がよいという回答は三九%、次いでブレジネフ時代が三一%と高かった。ちなみにスターリン時代は六%、エリツィン時代は一%などとなった[15]。ブレジネフ時代は停滞の時代ではなく、安定の時代だったということになる。こうした世論調査の結果は、インフラ整備が一定程度進み、公共サービスが無料だったことなどへの評価を物語るが、ペレストロイカ時代とソ連崩壊後一九九〇年代の経済困難の生々しい記憶の影響でブレジネフ時代を「古き良き時代」と懐かしく回顧する心理を大きく反映しているのではないだろうか。

第5章

ペレストロイカとソ連崩壊

老人支配に幕

レオニード・ブレジネフが一九八二年に病死した後、ユーリー・アンドロポフとコンスタンチン・チェルネンコがそれぞれ一年余り党書記長を務め、二人も病死した。アンドロポフは六十九歳、チェルネンコは七十三歳だった。病身のチェルネンコが一九八四年に書記長に選出された際に流布したアネクドートがある。

マーガレット・サッチャーはアンドロポフの葬儀に英首相として列席し、首相としてソ連を初めて訪問した。訪問後、レーガン米大統領に次のように電話した。「あなたも葬儀に来るべきだったわ、ロン。彼らは非常にうまくやったわ。私は来年も必ず出席するつもりよ」。

もう一つ。

ソ連共産党中央委員会は全会一致で同志コンスタンチン・ウスチーノビチ・チェルネンコを党書記長に選出し、そして、遺灰をクレムリンの壁に埋葬することで合意した。

老齢の病弱な指導者が三代続いたジェロントクラシー（老人支配）の後、五十四歳のミハイル・セルゲーエビッチ・ゴルバチョフがソ連政治の主役として登場し、内外に新鮮な印象を与えた。

ゴルバチョフの書記長選出はすんなりと進んだ。チェルネンコが病弱だったため、彼が死去する数カ月前からゴルバチョフが政治局の会議も書記局の会議も取り仕切り、書記長代行のような役割を果たしていた。だが、それだけで後継者としての地位が保証されたわけではなかった。水面下では様々な動きがあったようだが、チェルネンコ死去の翌日の一九八五年三月十一日午後二時に政治局会議が開かれると、早速アンドレイ・グロムイコ（副首相兼外相）が立ち上がり、後任の書記長にゴルバチョフを推薦すると切り出し、大勢が決まった。政治局全員がゴルバチョフを支持、午後五時開会の中央委員会総会で正式にゴルバチョフが書記長に選出された。このあたりの経緯はゴルバチョフの回想録に詳しい(1)。

グロムイコの手際のよいゴルバチョフ推薦は、事前の根回しがあってのことだろうとの推測はつく。ゴルバチョフ側近の一人で当時、世界経済国際関係研究所所長だったアレクサンドル・ヤコブレフはソ連崩壊後に出した著書の中で、彼はグロムイコがゴルバチョフを推薦することを事前に知っていたと書いている(2)。ヤコブレフの説明によると、グロムイコとゴルバチョフは、グロムイコの息子のアレクサンドルとヤコブレフ自身が介在して連絡を取り合った。またゴルバチョフは回想録でチェルネンコが死去した日の夜の政治局会議の直前にグロムイコと会話し、「お互いに協力しなければならない」と確認したことを明かしている。

ゴルバチョフは書記長に就任してから四カ月後の一九八五年七月にグロムイコに最高会議幹部会議長という国家元首に相当する地位を与えた。ゴルバチョフとグロムイコが示し合わせていたことはまず間違いないだろう。

ゴルバチョフの危機意識

ゴルバチョフは一九三一年三月二日、ロシア南部スタブローポリ地方（この場合の「地方」はクライ krai / край

という行政単位。遠隔地に用いられることが多い）の農村生まれ。父は農場のコンバイン運転手だった。モスクワ大学法学部卒業後、スタブローポリ地方に戻り、党組織で頭角を現した。一九八五年三月十一日に党書記長に就任、クーデター未遂事件直後の一九九一年八月二十四日まで六年五カ月間その職にあった。一九八八年十月にソ連最高会議幹部会議長を兼務、国家元首の役割も担った。一九八九年五月二十五日から一九九〇年三月十五日までは改組されたソ連最高会議議長に就任、その後新設のソ連大統領に横滑りし、一九九一年十二月二十五日に大統領を辞任した。ソ連の最高指導者として六年九カ月間統治し、ソ連の最期を見送った。

ゴルバチョフはソ連経済が停滞していると危機意識を持っていた。確かに世界の石油価格はブレジネフ時代の一九八〇年を頂点に下落に転じ、ソ連でも石油、天然ガスの輸出収入が減少した。このため国家財政に大きな困難が生じ、一九七〇年代後半から始まった経済成長の鈍化は加速した。

ブレジネフ時代末期からアンドロポフ、チェルネンコ時代のソ連経済を改めて総括すると、成長率が低下しただけでなく、工場は誰も使いたがらない質の悪い製品を大量に生産、街では買物行列が長くなった。技術革新が進まず、西側諸国との技術水準の差は一段と開いた。酔っ払った労働者が増え、労働規律は低く、生産性は上がらなかった。設備が老朽化し、流通網が動脈硬化を起こし、食料品の多くが消費者の手に届くまでに腐敗し消えた。一九九〇年代の激動に比べると安定していたと言えるのかもしれないが、一九八〇年代には計画経済の行き詰まりが顕著になった。

ゴルバチョフは回想録の中で政権を担った時の状況を次のように説明している。

「すべては人間の幸福のために」というスローガンに反して、国民生活向上のためという生産目的は裏庭へ押しやられ、工業財生産と防衛生産の十分すぎるほどの増強の犠牲にされた。軽工業は二級の事業と考えられ、時代おくれの状態に放置されていた。耐久消費財、生活用品、自動車の生産は世界のレベルからどう

1986年３月，ソ連共産党第27回党大会で演説するゴルバチョフ

しようもないほどおくれていた。サービス分野は一昔前のままだった。この何十年の間、国は農工コンプレクスの効率の悪さからくる食糧問題の悪夢に悩まされつづけてきた。重工業も、その成功がプロパガンダによって盛んに讃えられてきたが、絶望的なまでに老朽化していることがわかった。機械製作工業製品のうち多少とも世界のレベルに達しているのは全体の一五％から二〇％にすぎなかった。隆盛なのは軍産複合体だけで、ここには優先的に、事実上無制限に予算支出と資材や技術が振り当てられていた。

ソ連経済は品質を無視した量的拡大の道を歩みつづけ、浪費的性格をあらわにしていた。一九八〇年代の初め頃には経済の成長が止まり、それとともにかなり低い生活水準もそのまま凍結した。財政はますます乱れ、経済はバランスを失って、赤字になった。食糧や工業製品ばかりでなく、鉄鋼、燃料、建設資材も不足するようになった。〈中略〉闇市場から姿を現したインフレの波はもう抑えることができなかった。投機行為が盛んになった(3)。

こうした認識はソ連崩壊後の世論調査にみられるブレジネフ時代に対する相対的に高い評価とは異なるが、ソ連の政治経済の実態について情報を得ることのできた政治エリート、特に海外の事情に通じた人たちの中に、危機意識が生まれていた。そこそこの経済成長では西側先進国に差をつけられてしまうばかりで、何とかしなければならないと考えた指導者たちの代表がゴルバチョフだった。

ペレストロイカの断行

窮状を打開するためゴルバチョフが掲げた政策がペレストロイカ（立て直し）Reconstruction / Перестройка である。ペレストロイカは経済にとどまらず、政治、社会全般の改革をすべて含む政策だが、ゴルバチョフはまず経済の立て直しに力点を置いた。書記長就任直後の一九八五年四月の党中央委総会で、「世界最高の労働生産性の達成」という大胆な目標を掲げ、翌一九八六年二〜三月に開かれた第二十七回党大会では農業改革を中心とする「ラジカルな経済改革」の必要を訴えた。この二つの会議がペレストロイカの始まりを告げた。

ペレストロイカはゴルバチョフによる造語ではなく、昔からある普通名詞。上記二つの会議でゴルバチョフはこの言葉をスローガンとして掲げたわけではない。中央委総会では「新しい思考に基づいた社会的、経済的発展の加速化」と表現している。ゴルバチョフ自身は一九八六年四月に工業都市トリアッチを訪問した際の演説で、労働のあり方、考え方を変えなければならないと強調した際、ペレストロイカという言葉を使い、その後、報道機関がゴルバチョフの新政策を形容するスローガンとして多用、広まった。

ゴルバチョフは一九八七年秋、ニューヨークの出版社から英語で『ペレストロイカ』という題名の著書を出版(4)、ソ連における「生活の完全な刷新」を強調した。外交分野についても、各国が独自の発展の道を選ぶ権利を有し、イデオロギー対立を国際関係に持ち込むべきではないと主張、さらには核戦争の脅威を克服することを念頭に「われわれ全人類は〝地球丸〟に乗り合わせた乗客なのだ」と訴えた。この著書も世界に新政策を印象付けた。

ゴルバチョフは同書の中でペレストロイカを「社会主義の飛躍的発展をめざす革命的プロセスである」と定義し(5)、十月革命以来の積年の病弊の治癒に大胆に挑んだが、引用した言葉に表われているように、彼は社会主義に終止符を打つつもりはなかった。社会主義が歪んできたから彼が想定する本来の正しい姿の社会主義に戻そうと努力した。その際、手本としたのはレーニンだ。ゴルバチョフはこの書著でも、またほかの演説でもレーニンを繰り返し称賛している。

経済分野でのペレストロイカ第一弾は、一九八五年五月から実施した*ウォトカ vodka／водка やワインの生産・販売規制だった。飲酒による労働規律の悪化を止め経済損失を減らし国民を健康にする目的で始めた。飲酒がいかに深刻な社会問題だったかを物語る。のちの人口統計によると、この時の反アルコール運動で死亡率が低下、平均寿命は伸びた。しかし、経済的副作用も大きかった。密造（サマゴン самогон）が増え、その原料として使われる砂糖が不足、お菓子の生産が激減した。密造でウォトカの粗悪品が作られ、多くの人が中毒を起こし、命を落とした。そして販売減で国家収入が大きな打撃を受けた。反アルコール運動は一九八七年には中止された。

反アルコール運動に次いで、国営企業の独立採算制度への移行（一九八七年六月）、国営企業の自主経営促進（同）、外国資本の誘致（一九八七年一月）に取り組み、さらには一九八八年五月にはコーペラチーフ（協同組合）法を採択し事実上私企業を容認するなど、市場経済の要素を取り入れた法律や決定を矢継ぎ早に採択、施行した。

ゴルバチョフはこうした個別の政策のほかに、包括的な市場経済移行計画の採択を検討した。一九八九年五～六月に開かれた第一回ソ連人民代議員大会（定数二千二百五十人。拡大国会とも言えるような立法機関）で経済改革国家委員会を設立、経済学者レオニード・アバルキンを議長に就け、穏健な市場経済化案をまとめた。

しかし、急進的な経済改革を主張するボリス・エリツィンがロシア（ソ連の連邦構成共和国としてのロシア）の指導者として政治力を強めていたため、翌一九九〇年にゴルバチョフはエリツィンと共同で改めて共同作業グループを作り、計画案を作るよう指示した。このグループには経済学者のスタニスラフ・シャターリン、グリゴリー・ヤブリンスキー、ニコライ・ペトラコフ、そしてアバルキンも入った。主査はシャターリン。作業グループは、ヤブリンスキーがまとめていた四百日間で市場経済への移行を達成するという「四百日計画」を下敷きに「五百日計画」を作り、一九九〇年九月に提出した。市場競争のための条件整備、民営化、需給を反映した価格、世界経済との統合、連邦から連邦構成共和国への権限移譲などを内容とする急進的な市場経済移行計画だった。

ところが、ニコライ・ルイシコフ首相ら政府幹部がこの計画に強硬に反対、このためゴルバチョフは再度妥協案の作成を経済学者アベル・アガンベギャンに指示、結局、シャターリン・ヤブリンスキー案と呼ばれる五百日計画を下敷きにしながらも、より穏健な考えも取り入れた「国民経済安定と市場経済化の基本的方向」をまとめた。これを最高会議に提出、採択された。急進改革を求める人たちから言えば、五百日計画が骨抜きにされた。ゴルバチョフの決断力の不足を指摘する声も多く出た。しかしゴルバチョフは後に、エリツィン率いるロシア政府がソ連崩壊後に断行した「ショック療法」と呼ばれる急進改革がいかに大きな混乱を招いたかをみると、自分の決断への批判は不当であることがわかるはずだと反論した。

問題は経済のペレストロイカで国民の生活が向上したかどうかであるが、ゴルバチョフの熱意にもかかわらず、成果は上がらなかった。ソ連経済は石油価格の低下に加え、一九八六年四月二十六日に発生したチェルノブイリ原発事故や、一九七九年十二月からのアフガニスタン介入による財政負担の増加で悪化した。石油価格は一九八五年九月にサウジアラビアが増産することを決定し、翌一九八六年中には一バーレル当たり二七ドルから一時一〇ドルへと急降下した（石油価格の下落がソ連経済に与えた影響については、この章の「なぜソ連は崩壊したか」の項を参照のこと）。

消費物資の不足は解消しないどころかますます深刻になった。市民はいつ消費物資が店頭に並ぶかわからないため、アボーシカ авоська と呼ばれる網袋を常に持ち歩き、行列をみると、とにかく並んだ。一九八九年秋にはモスクワで戦後初めて砂糖の配給制が始まった。全体の経済状況はゴルバチョフが就任した時とほとんど変わらないか、むしろ悪化した分野も多く、様々な改革の試みは基本的には奏功しなかった。公式統計でみてもソ連のマクロ経済指標の代表の一つである生産国民所得の伸び率は一九八六〜一九八九年で年平均二・七％と低い水準にとどまった。一九九一年には経済は縮小した。

***ウォトカ**……じゃがいも、ライ麦、小麦、大麦などを原料とする蒸留酒。ロシアの国民酒とも言える酒で、ベラルーシ、ポーランドなどの伝統酒でもある。アルコール度数四十度、無色、無臭が代表的なウォトカだが、香り付きも出回っ

ている。黒パン、魚の塩漬け、トマト漬けなどをつまみにグイと飲み干すのが典型的な飲み方。カクテルの材料としても使われる。

ウォトカの語源は水を意味するワダー вода だとする説が有力で、当初はハーブやベリーから作った飲み薬を指した。元素周期表を作った化学者、ドミトリー・メンデレーエフが十九世紀に酒を指す言葉として使い始め、それが定着した。製造方法も十九世紀末までに標準化された。ゴルバチョフは反アルコール政策を短期で取り止めたが、ソ連崩壊後、国民の健康意識が徐々に高まり、酒類の消費はウォトカからワインやビールなどに移る傾向も見られる。また、政府は酒類全般の販売規制を強めている。

グラースノスチ

政治分野のペレストロイカは、複数候補による自由選挙や言論の自由の実現、そして共産党と議会の機能の分離による党の権力独占に終止符を打つことをめざした。ソ連では共産党が国家であり議会であり、すべての決定権を独占していた。その機能を分けることで一種の議会制民主主義をめざした。ただし、ゴルバチョフは共産党の解散や共産主義の放棄という目標を掲げたわけではない。

政治改革はまずグラースノスチ гласность から始まった。グラースノスチは行政の透明性や情報の自由な流通を高める政策で、日本では情報公開、英語では openness あるいは publicity と訳されている。ゴルバチョフ書記長は一九八六年二月～三月の第二十七回党大会で「われわれにとって重要なことは、グラースノスチの拡大だ。〈中略〉グラースノスチなしには民主主義、国民の政治的創造、国民の政治への参加はない」と強調した。その後も党中央委総会そのほかの党会議などでことあるごとにその重要性を指摘した。

その結果、以前発禁処分としていたボリス・パステルナークの『ドクトル・ジバゴ』やアナトーリー・ルィバコフの『アルバート街の子供たち』といった小説が出版され、報道の自由も拡大、『モスコフスキー・ノーボスチ』や『論拠と事実』といった新聞や『アガニョーク（灯火）』誌が斬新な記事を掲載し始めた。一九八八年六月〜七月に開かれたソ連共産党第十九回全国協議会、一九八九年五月に招集された新設の議会である人民代議員大会などで指導部批判の演説を含め討議の模様が全国テレビ中継された。体制批判に柔軟に対応する姿勢も顕著になり、一九八六年十二月にはゴーリキー（現ニジニーノブゴロド）で六年間軟禁状態に置かれていた反体制派の物理学者アンドレイ・サハロフが解放されモスクワに戻った。

ノーベル文学賞作家アレクサンドル・ソルジェニーツィンはソ連崩壊後の二〇〇七年七月、ドイツの『シュピーゲル』誌に対し、「わが国の市民に行動と言論の自由を最初に与えたのは、広く喧伝されているエリツィンではなく、ゴルバチョフであったことをはっきりさせよう」と語っている。一九八九年に彼の『収容所列島』でさえ出版されたことなどを高く評価した。

グラースノスチと並ぶ重要な政治改革は複数候補選挙の実現だ。ソ連でも選挙は実施されていたが、実態は共産党が指定した一人の候補の信任投票であり、完全な官製選挙だった。一九八八年の第十九回党協議会はグラースノスチの推進だけでなく複数候補選挙の実施を決めたという面でも画期的な会議だった。

党協議会は四年毎に開かれる党大会と党大会の間に緊急に討議しなければならない時に招集される会議で、この第十九回協議会でソ連史上、初めて自由な討議が実現した。ゴルバチョフが議長として議事進行を仕切り、アンドレイ・サハロフを含め党に批判的な人たちも含めて演壇に登場することを認めた。討議は百家争鳴の状態だった。協議会は複数候補での競争的選挙の実施のほか、新たな最高立法機関としての二千二百五十議席から成る人民代議員大会の創設などの方針を決めた。

その半年後の十二月に最高会議が憲法を改正し、人民代議員大会の創設を決定、その選挙が一九八九年三月にソ連史上初めて複数候補制で実施された。人民代議員大会の定数二千二百五十議席のうち三分の一がソ連共産党やコムソモール（共産主義青年同盟＝ソ連共産党の青年組織）Komsomol＝All-Union Leninist Young Communist League / Комсомол＝Всесоюзный Ленинский Коммунистический союз молодёжи（ВЛКСМ）を含む団体に割り当てられ、全代議員が一般有権者の投票で選出されたわけではなかった。一般有権者の投票による選挙ではモスクワから出馬したエリツィンが約九割の得票で圧勝、その一方で党の大物幹部が相次いで落選した。またバルト三共和国では独立や自治の大幅拡大を求める「人民戦線」の候補が多数当選した。

人民代議員大会は年二回開催、それまでの最高会議を大会の下に位置づけた。最高会議代議員は五百四十二人。一九八九年五月に招集された第一回人民代議員大会では民族問題に発言が集中、第十九回党協議会同様、活気に満ちた討議が展開された。大会は改組された最高会議の議長にゴルバチョフを選出した。ゴルバチョフはすでに一九八八年十月に最高会議幹部会議長に就任、国家元首としての役割を担っており、その地位を引き継いだ。

第十九回党協議会からこの第一回人民代議員大会にかけての時期がソ連国内ではゴルバチョフの指導者としての絶頂期だった。第一回人民代議員大会は二週間続いたが、大会が閉幕する頃にはエリツィンのほか、ガブリール・ポポフ、ユーリー・アファナシエフ、アナトーリー・サプチャクら急進改革派が「地域間代議員グループ」を結成、ゴルバチョフ路線は生ぬるいと批判を強めた。一方、バルト三共和国などソ連各地で自治拡大の要求が高まり、東欧諸国から急進的な政治改革がソ連に逆流し、ゴルバチョフは自身の政治改革の威信の揺らぎに悩まされるようになった。

党の指導的役割の終焉

政治ペレストロイカの最後の、しかし極めて重要な改革としてソ連共産党の権力独占排除がある。ゴルバチョフは党のエリート集団が権力と利権を独占、世襲も横行している状態を終わらせ、権力を選挙で選ばれる議会に移すことをめざした。

第十九回党協議会はソ連共産党の権力独占を廃棄する基本方針も打ち出していた。だが、ゴルバチョフはそれを漸進的に進めることを考えていたのに対し、急進派はソ連憲法第六条の削除を求めた。第六条はソ連共産党を

「ソビエト社会の指導的かつ先導的な力であり、ソビエト社会の政治制度、国家的、社会的組織の中核」と規定しており、これが党の権力独占の源泉だった。複数政党制を前提としない共産主義体制の下では、当然と受け止められていた規定だった。

共産党が特別な党であるとの規定は、すでにスターリン時代の一九三六年に採択された改正憲法（スターリン憲法と呼ばれる）の第百二十六条にある。共産党（当時の党の正式名称は「全連邦共産党（b＝ボリシェビキ）」）は「社会主義制度を強化し発展させる闘争における労働者の前衛であり、労働者のすべての社会的国家的組織の指導的中核である」とされた。それがブレジネフ時代の一九七七年の改正憲法の第六条に引き継がれた。

この条文の削除あるいは修正は複数政党制の導入と一体の問題だった。第十九回党協議会の後、一九八九年六月に政治局で議論、一九九〇年二月七日の党中央委員会での承認を経て、同年三月の第三回人民代議員大会で正式に第六条を審議した。その結果、三月十四日、第六条の削除ではなく修正を採択した。第六条は「ソ連共産党、その他の政党、同様に労働組合、青年、その他の、社会組織ならびに大衆組織は、諸ソビエト（議会）に選出された自組織出身の代議員を通じ、またその他の形態で、ソ連国家の政策策定、国家事業、社会事業の行政活動に参加する」との文言に変わった。憲法にソ連共産党という文字は残ったが、その指導的役割を担う特別な存在であるとの言及は削除された。

戦後の枠組変えた新思考外交

「一緒に仕事のできる男 the man we can do business together」——ゴルバチョフが書記長に就任する前の一九八四年十二月、彼に会ったマーガレット・サッチャー英首相のゴルバチョフ評だ。ゴルバチョフは当時すでに、党書記長の有力候補と目されていた。ゴルバチョフはサッチャーに鮮烈な印象を与えた。西側諸国には、彼がソ連の最高指導者に就任すれば東西関係が改善するのではとの期待が生まれた。

サッチャーは会談直後の同年十二月十七日に英ＢＢＣとの会見で次のように印象を語った。

私は慎重ながら楽観的だ。私はゴルバチョフ氏が好きだ。われわれは一緒に仕事ができる。われわれ二人とも自分たちの政治制度を信頼している。彼は彼の、私は私の政治制度に信頼を置いている。それはお互い決して変わらないだろう。それははっきりしている。だが、われわれには二つ大きな共通の利益がある。再び戦争が起きないよう全力を尽くすべきである。だから、軍縮交渉の成功をめざす。第二に、相互に信頼を築き、お互いの対応を信用できれば、その交渉が成功する可能性が高まると思う。だから、貿易や文化の分野で、さらに今分かれている両側の政治家たちのたくさんの接触という分野で協調できると思う。(6)

このサッチャーの見方は当たっていた。ゴルバチョフは経済、政治・社会のペレストロイカにはそれにふさわしい国際環境が求められるとの認識に立って外交路線も大きく転換し、新思考外交 Diplomacy based on New Thinking / новое политическое мышление を展開した。書記長に就任した直後の一九八五年七月、二十八年間外相を務め、米欧諸国では「ミスター・ニェット（ノーばかりを言う男）」との異名を付けられていたアンドレイ・グロムイコを最高会議幹部会議長にすげ替え、外相の後任にジョージア（グルジア）の党第一書記だったエドアルド・シェワルナゼを起用、彼との二人三脚でブレジネフ・ドクトリンの放棄、核軍縮、ドイツ統一、冷戦終了といった戦後の世界の基本的枠組を変える成果をあげた（新思考外交と冷戦終了過程については、第7章の「新思考外交、フル回転」から「パリ憲章とワルシャワ条約機構の解散」までの各項を参照のこと）。

ゴルバチョフは一九九〇年十月にノーベル平和賞を受賞した。ノルウェー・ノーベル賞委員会は授賞理由について「今日の国際社会の重要な分野を特徴づけている平和プロセスにおける彼の主導的役割」を挙げ、さらにソ連社会の開放が進みソ連への国際的信頼を高めたことにも言及した。

新連邦条約締結へ必死の工作

外交では国際的に称賛され絶頂期にあったゴルバチョフだが、国内では経済の行き詰まりを解消できないどころか連邦体制の見直し要求が噴き出し、さらにはバルト三国など一部共和国で分離独立運動が高まり、苦しい対応を迫られた。一九八九年頃からゴルバチョフが最も心血を注いだ国内政策は、連邦国家維持のための新連邦条約の締結だ。だが、一九九一年八月の保守強硬派によるクーデター未遂事件、さらには同年十二月のロシア、ウクライナ、ベラルーシ三共和国によるソ連解体合意を経て、ソ連は十二月二十六日、崩壊、ゴルバチョフの努力は水泡に帰した。

ソ連崩壊は新連邦条約をめぐる動きへの言及なしには語れない。ソ連は一九二二年十二月に締結された連邦条約で成立したが、ゴルバチョフはそれに代わる新連邦条約の締結をめざした。連邦条約見直し要求の火元はバルト三国だった。一九八八年十月、エストニア、ラトビア、リトアニアで「人民戦線」（リトアニアでは「サユジス」という政治団体）が相次いで結成され、自治権の拡大を中心に民主化、改革を求め始めた。一九八八年十一月にはエストニア出身のソ連最高会議代議員が最高会議に連邦と連邦構成共和国の権限のありかたを見直して新連邦条約を締結するよう提案した。

新連邦条約の要求が公に出たのはこれが最初だろう。しかし、この提案はまともに取り上げられなかったため、バルト三国で反発が広がり、翌一九八九年にかけて相次いで「主権宣言」を採択した。主権宣言は独立宣言の一歩手前の意思の表明。ソ連からの分離独立の宣言ではなかったが、共和国の法律が連邦の法律に優先すると規定、連邦体制の動揺を象徴した。

バルト三国の動きは他の連邦構成共和国にも波及し、一九九一年にかけてロシアを含めウクライナなど各共和国が次々と主権宣言を採択した。従来、連邦と連邦構成共和国の法体系は整合性が取れていたが、主権宣言の結果、連邦と共和国の間で「法律戦争」が展開され、どちらの法が優先するのかわからない状態が出現した。一九九〇年三月十一日にはリトアニアが遂に「独立宣言」を採択し、分離独立へ大きく踏み出した。連邦構成共和国として最初の独立宣言である。当初、連邦体制見直しの必要を軽視していたゴルバチョフも一九九〇年初めには対応せざるを得なくなった。

ゴルバチョフは一九九〇年二月の党中央委総会で新連邦条約について検討する用意のあることを明らかにし、同年七月の第二十八回党大会を経て、各共和国の指導者を集め、新連邦条約案の作成に取り掛かった。同年十二月のソ連人民代議員大会は、ソ連という呼称を維持しつつ連邦を刷新することを決議した。翌一九九一年三月十七日には国民投票で「相互に対等で主権を有する共和国から成る刷新された連邦としてのソ連」を維持するべきかどうかを問い、投票した人の七六％から維持を是とする結果を引き出した。ただし、この国民投票が実施されたのは九共和国だけで、バルト三国、アルメニア、ジョージア、モルダビアはボイコットした。

ゴルバチョフは国民投票の結果を受けて同年四月二十三日に九共和国の指導者をモスクワ郊外のノボオガリョボに集め、それまでの議論を踏まえ、国名を「ソビエト社会主義共和国連邦 СССР／USSR」から「ソビエト主権共和国連邦」に変え、連邦を維持するとの基本合意を得た。ソビエト主権共和国連邦はロシア語で Союз Советских Суверенных Республик、英語で Union of Soviet Sovereign Republics であり、頭文字をとった略称は従来のソ連と同じだった。その後も調整を続け、七月二十三日には草案をまとめ上げた。草案では連邦を構成する国家は主権を有し自主的に国家機関を組織でき、権限の一部を連邦に委譲できるとされた。

ゴルバチョフ追放劇の杜撰

ゴルバチョフは八月三日にテレビ演説で条約案への調印が八月二十日から始まると発表した。八月二十日にはロシア、ベラルーシ、カザフスタン、ウズベキスタン、タジキスタンの五カ国が調印し、その後、キルギスタン、トルクメニスタン、アゼルバイジャン、ウクライナが調印する予定であることも明かし、翌八月四日に夏休みに入り、黒海沿岸のフォロスに出かけた。

当時すでにバルト三国が新連邦に参加する可能性はなくなっていたものの、ゴルバチョフはロシアをはじめ過半数の共和国による新条約調印にめどをつけたところだった。八月十五日には新連邦条約草案が党機関紙などに掲載された。ゴルバチョフは二十日の調印式に出席するため同日、モスクワに戻ってくる予定だった。

ところが八月十八日夕、フォロスの別荘で休暇中のゴルバチョフのもとに国家非常事態委員会（ГКЧП＝ゲーカチェーペー）を名乗る党・政府の幹部五人がやってきて、非常事態令の発令、ソ連大統領としての全ての権限をゲンナジー・ヤナーエフ副大統領に委譲するよう迫った。ゴルバチョフが拒否すると、大統領辞任を求め、ゴルバチョフを軟禁状態に置いた。国家非常事態委員会は十九日にテレビ、ラジオを通じて、ゴルバチョフ大統領が病気のため執務不可能になりヤナーエフ副大統領が大統領代行に就任、モスクワなどに非常事態を公布したと発表した。そして軍、内務省、国家保安委員会（ＫＧＢ）の部隊を出動させ、主要な建物の警備にあたらせた。

国家非常事態委員会のメンバーは、ヤナーエフ副大統領のほか、ワレンチン・パブロフ首相、ボリス・プーゴ内相、ドミトリー・ヤゾフ国防相、ウラジーミル・クリュチコフＫＧＢ議長、オレグ・バクラーノフ国防委員会第一副議長、ワシーリー・スタロドゥプツェフ農業同盟議長、アレクサンドル・ティジャコフ国営企業協会理事長の計八人。

国家非常事態委はクーデターを起こしながらも彼らと最も主張が対立するエリツィン・ロシア大統領を逮捕する命令は出さなかった。エリツィンは郊外の住まいからロシア共和国の議会の建物に駆けつけ、多くの市民が議会周辺に集まり、バリケードを築いた。出動した戦車部隊の一部はエリツィンらによる抵抗を支持し、エリツィンはそのうちの一台の戦車の上に乗って抵抗を訴えた。

二十日午後に国家非常事態委は出動していたＫＧＢ所属の特殊部隊「アルファ」などに抵抗の拠点となっているロシア議会の建物への砲撃準備を指示したが、特殊部隊は砲撃で多数の犠牲者が出るといった理由で指示に従

1991年８月19日，ロシア共和国議会前の戦車の上で国家非常事態委員会への抵抗を呼びかけるボリス・エリツィン・ロシア大統領

わなかった。軍部隊からも国家非常事態委に対する反発が出て、ヤゾフ国防相は二十一日朝、部隊の撤収を指示した。情勢は国家非常事態委側に不利となり、クリュチコフ、ヤゾフらは改めてゴルバチョフを説得するためフォロスに飛んだが、面会を拒否された。

ゴルバチョフは同日夜、通信手段の回復を待って彼らの行動を非難、国家非常事態委に参加している者の解任を発表した。ゴルバチョフは軟禁状態を脱し、二十二日午前二時頃モスクワに戻った。クリュチコフらもほぼ同時に戻り、空港で逮捕された。国家非常事態委は二十日に迫っていた新連邦条約調印を阻止し、ソ連を存続させることを目的にかかげ行動したのだが、失敗に終わった。

彼らがクーデターを企てた動機について後にゴルバチョフは、愛国心から連邦を維持しようとしたのではなく、自分たちの個人的な失脚を防ぐためだったと説明した。ゴルバチョフは七月二十九日にノボオガリョボでカザフスタンのヌルスルタン・ナザフバーエフ第一書記、エリツィン・ロシア大統領と極秘の三者会談を開き、その際、新連邦条約が発効した後にはクリュチコフKGB議長、プーゴ内相、ヤゾフ国防相を更迭することを話し合った。この会談の内容がKGBに漏れ、彼らがそれぞれの地位を守るために行動したという(7)。

クーデターの試みは内戦に発展することなく数日で失敗に帰した(8)。一般的にクーデターを遂行する場合は、政権を倒すとの強力な意志の下に仲間が集まり、入念な準備の末に、軍や治安部隊を動員、流血も辞さないはずだが、国家非常事態委の場合、事情は違った。彼らも軍を出動させたが、部隊を掌握しきれていなかったため、抵抗者たちへの武力攻撃はなかった。それにゴルバチョフを一時的な軟禁状態に置いただけで、殺害したわけでもないし、エリツィンなど抵抗勢力を逮捕せず、抵抗運動を放置した。八月十八日の夕にフォロスにやってきた国家非常事態委の五人はゴルバチョフに要求を拒否されると、すごすごと退散している。

強い意志と周到な計画の欠如は明らかで、クーデターにしては今一つつかみ所がない感じがするので「クーデター騒ぎ」と表現した方がよいかもしれない。このクーデター期間中の犠牲者は、二十一日未明に出動した戦車を止めようとして小競り合いの中で死亡した市民三人と負傷者数人にとどまる。

国家非常事態委の主力メンバーたちが二十日夕に記者会見を開き、記者団から厳しい質問を浴びながら自分たちの行動について弁明したこと自体、彼ら自身がグラースノスチの影響を受けていたことをうかがわせる。それに記者会見の際、ヤナーエフの手は震えていた。この事件が起きる二年ほど前の一九八九年五月、北京では学生らによる反体制改革運動が盛り上がった際、中国当局は容赦なく武力を行使、多数の犠牲者を出してそれを阻止した。ゴルバチョフ追放をめざした人たちには中国当局とは違って流血をいとわない強い意志が存在しなかった。

彼らは国家反逆罪で逮捕、起訴されたが、一九九二年末までに逮捕者全員の拘置が解かれた。ただしメンバーの一人、プーゴ内相は八月二十二日に拳銃で自殺した。「私は人民をあまりにも信用しすぎた」との遺書があった。妻も同日、後を追った。さらにメンバーではなかったがセルゲイ・アフロメーエフ元帥・元軍参謀総長が二十四日に首吊り自殺した。アフロメーエフは「母国が死にかけ、私の人生のすべての拠り所が破壊されてしまっては生きていけない」との遺書を残した。さらに同二十六日、党中央委員会総務局長で党の膨大な資産の管理者であるニコライ・クルチナが自宅アパートから飛び降り自殺しているのが発見された。(9)

国家非常事態委メンバーの裁判は一九九三年四月にロシア最高裁判所軍事法廷で始まった。しかし、翌一九九四年二月、ロシア議会の下院（国家ドゥーマ）が全員の恩赦を決めた。唯一ワレンチン・ワレンニコフ国防次官（大将）が恩赦を拒否したが、同法廷は同年八月、改めて彼にも恩赦の審決を下した。彼らはスターリン時代なら即処刑だったろうから、極めて寛大な処置だ。彼らは裁判中もその後も、自分たちの行動はソ連維持を目的としており体制転覆を狙ったクーデターではなかったと主張した。ワレンニコフはソ連解体を防ぐためゴルバチョフを説得し、ともに行動しようとしたと述べた。

ソ連の指導者の追放劇と言えば、一九六四年十月のフルシチョフ第一書記・首相の解任を思い浮かべることができる。この時はフルシチョフを党幹部会に呼びつけ、幹部会メンバーが一致して退陣を迫ることで実現した。だが、一九九一年八月の場合、ゴルバチョフを呼びつけ退陣を迫る適当な場がなかった。党政治局は存在したが、その権威はフルシチョフ追放時の幹部会ほどなく、しかも政治局員たちはまとまっていなかった。ただし、ゴルバチョフもフルシチョフ同様、陰謀の試みがあるとの情報に接しながら、それを軽視し、事実上不意を突かれた。

無視されたクーデター予告

ゴルバチョフは彼らのこのように重大な動きを事前に察知していなかったのだろうかという疑問については、当時、米国の駐ソ大使だったジャック・マトロックが答えている(10)。マトロック大使はこの年（一九九一年）八月初めに帰任する予定が決まっており、帰任の前に急進改革派のガブリール・ポポフ・モスクワ市長を呼んで懇談したいと考えていたところ、それが六月二十日に実現した。場所は米大使公邸のスパソ・ハウス。ポポフは懇談中、一枚の紙を取り出し、メモを書き、それを渡した。そこには、ゴルバチョフ追放のクーデターが計画されており、そのことをエリツィンに伝える必要があると書いてあった。エリツィンはこの時、訪米中だった。

マトロックは誰がこの陰謀の背後にいるのかと聞いたところ、パブロフ、クリュチコフ、ヤゾフ、アナトリー・ルキヤノフ（ソ連最高会議議長）の名前を挙げた。ポポフとマトロックの二人は盗聴を恐れ筆談で会話した。マトロックはすぐにジェームズ・ベーカー国務長官、ブレント・スコウクロフト大統領補佐官、そしてジョージ・H・W・ブッシュ大統領に情報を送った。その日午後、ロバート・キミット国務副長官からこの情報をゴルバチョフにも伝えるよう指示があり、マトロックは同日夕、ゴルバチョフを訪ね、未確認情報だがゴルバチョフ追放劇がいつ起きてもおかしくないと伝えた。情報源がポポフであることや、陰謀の企画者についての名前は伏せた。これに対しゴルバチョフはブッシュ大統領の配慮に感謝しつつも、心配する必要はなく、「すべてを掌握している」と述べた。

ゴルバチョフは回想録の中でも「すでにできあがった合意を打ち壊そうと試みる者は頭のおかしい人間だけであり、流れに逆らおうとする企ては間違いなく失敗するしかないと私は思っていた」、「共産党指導部内の保守グループがどのような行動路線を取っているかは、私をはじめ連邦指導部はずっと以前から気にしてきた[11]」と指摘し、クーデターの試みは言わば想定内の出来事と言わんばかりだ。しかし、その後、ゴルバチョフが統治力を失っていった展開を見ると、彼は保守強硬派の動きを見くびっていたと言わざるを得ない。

相次ぐ独立宣言

国家非常事態委の行動はその後のソ連の行方に極めて大きな影響を与えた。一つはソ連が連邦内で持っていた求心力がますます弱まったことである。この事件前、すでに全共和国が主権宣言を出していたが、独立宣言を出していたのはリトアニアとジョージアだけだった。ところが、クーデターの試みが失敗に終わった直後から独立宣言を出す共和国が相次いだ。後述する十二月八日のロシア、ウクライナ、ベラルーシによるソ連解体の決定までに独立宣言を出さなかったのは、ロシアとカザフスタンだけだ。九月六日にはソ連大統領と各共和国の指導者で構成する国家評議会がバルト三国のソ連からの分離独立を承認した。

ただし、クーデター未遂を機に連邦維持の可能性が一気にしぼんだとは必ずしも言えない。この事件でゴルバチョフは政治的に大きく弱体化しながらもソ連大統領として連邦国家の維持をめざし改めて新連邦条約の締結に努力した。独立宣言が相次いだにもかかわらず、ゴルバチョフを中心に新連邦条約をめぐる協議は続いた。

奇妙に思えるが、独立宣言と新連邦条約を模索する動きは必ずしも矛盾しなかった。特に中央アジア諸国の指導者が連邦維持に前向きで、ロシアのエリツィン大統領の参加も得て合同で条約案の練り直しを進めた。その結果、十一月二十五日に新連邦名を「主権国家連邦 Союз Суверенных Государств / Union of Sovereign States」とする新草案を公表するまでに漕ぎ付けた。八月十五日に公表した草案では国名が「ソビエト主権共和国連邦」となっていたから、新草案では「ソビエト」が抜け落ち、さらに「共和国」が「国家」に変更された。また、新草案は新連邦の性格を「国家連合的民主国家」と規定しており、構成国の主権をより尊重した印象を与える。

一九九〇年初めから始まった新連邦条約案作りでは、中央と連邦構成共和国にそれぞれどのように権限を分けるかという問題が議論の核心となり、時の経過とともに中央の権限を縮小し連邦構成共和国の権限を増やすとの方向性が固まっていった。

一九九一年十一月末から十二月初めの時点では、連邦構成共和国が減って連邦の名称も性格も変わるが、ソ連に替わる連邦国家が発足する可能性があると思われ、いくつかの共和国の議会で調印のための審議が進んでいた。ただし、エリツィンは草案がまとまっても異論をさしはさもうとし、ゴルバチョフはのちにエリツィンが別の構想を持っていると感じたと回顧している(12)。

ソ連共産党消滅とソ連崩壊

クーデター騒ぎがもたらしたもう一つの重大な動きはソ連共産党の廃止である。ゴルバチョフは八月二十四日にソ連共産党書記長として党中央委員会の解散を命令し、書記長を辞任した。同二十九日にはソ連最高会議が党活動の停止命令を出し、さらに十一月六日にエリツィン・ロシア大統領がソ連共産党の活動禁止、組織の解散命令を出した。十一月三十日にはロシア共和国憲法裁判所がエリツィンの指令を支持、ソ連共産党の再建を禁止する審決を下した。

こうして一八九八年設立のロシア社会民主労働党に源流を発するソ連共産党は消滅した。その後、ロシア共和

ロシア／ソ連共産党書記長職と政治局の変遷

■書記長

ソ連共産党の最高指導者は正式にはソ連共産党中央委員会書記長 General Secretary of the Central Committee of the CPSU / Генеральрый секретарь ЦК КПСС と呼ばれた。

1922年４月３日，（全）ロシア共産党（b）総会が書記長職を設け，スターリンを書記長に選出した。ただし，党規約にはその後も書記長職の設置は盛り込まれなかった。当時の書記長は事務局長的な職で，実権を伴わなかった。党規約にはそもそも党の最高指導者の地位が明記されず，党と国家の最高指導者はレーニンだった。

党規約に書記長職が明記されないままスターリンが書記長で，1924年にレーニンが死去した後，スターリンが権力闘争に勝利し，書記長が徐々に実権を持つ地位とみなされるようになった。しかし，1934年に書記局の名簿から書記長職への言及がなくなり，形式的にはスターリンは一書記となった。だが，スターリンが引き続き事実上の書記長とみなされ，一部党文書にもそうした言及があった。

1952年10月の第19回党大会で採択された党規約にも書記長職は盛り込まれなかった。

1953年９月に党中央委総会がフルシチョフを第一書記に選出した。第一書記という地位も党規約には明記されなかった。

1966年の第23回党大会で党規約を改正，正式に書記長職を設置，ブレジネフが書記長に就任した。同時に中央委員会幹部会を中央委員会政治局に名称変更した。

1991年８月のクーデター未遂事件直後，８月24日にゴルバチョフが書記長を辞任，書記長職はなくなった。８月29日にソ連最高会議がソ連共産党の活動を停止する決定を下し，ソ連共産党は消滅した。

■政治局

ソ連共産党の最高意思決定機関は党大会。党大会は基本的に５年に１度しか開かれず，その間は中央委員会が党を運営，指揮した。政治局はその中央委員の中の有力委員で構成され，党と国家の事実上の最高意思決定機関だった。ただし，その重要性は時代によって変遷した。

政治局は，党中央委書記長あるいは第一書記，閣僚会議議長（首相に相当），ソ連とロシア（ソ連を構成する共和国としてのロシア）のそれぞれの最高会議幹部会議長（国会議長に相当），ウクライナ共産党第一書記，モスクワ市党委員会とレニングラード州党委員会の第一書記らで構成され，のちに国家保安委員会議長，外相，国防相，さらにソ連を構成する共和国共産党の第一書記らが加わった。以下は政治局の変遷小史。

1917年10月23日（旧暦10日）　武装蜂起を指揮する目的でロシア社会民主労働党（b）中央委が政治局を組織。

1919年　（全）ロシア共産党（b）第８回党大会が政治局を常設機関として設置。

1952年　全連邦共産党（b）第19回党大会が政治局を幹部会 Президиум に名称変更。

同年10月16日　ソ連共産党中央委総会が幹部会ビューローを設置。

1953年３月５日　中央委総会，最高会議幹部会，閣僚会議の合同会議が開かれ，幹部会ビューローを廃止。スターリン死去直後の決定。

1966年　ソ連共産党第23回党大会が政治局へ再度名称変更。

国では共産党再建の動きも生まれ、ソ連崩壊後はロシア連邦共産党 KPRF / КПРФ が有力野党として活動している。

一九九一年十一月末の時点でゴルバチョフは新連邦条約を締結できると考えていたが、その考えは甘かった。不安はあった。十二月一日にウクライナで独立の是非を問う国民投票が実施され、投票者の九割が独立に賛成した。ウクライナもそれまでに議会が主権宣言、独立宣言を採択していたが、この国民投票で独立が支持されたことの意味は大きい。ウクライナはソ連でロシアに次ぐ人口の多い連邦構成共和国。ウクライナが参加するとしないでは連邦の姿はまったく異なる。

ベラルーシ東部ビスクリー。ポーランドとの国境に近い町で、その一帯に森が広がる。狩猟の場としても知られるベラベージャの森だ。ウクライナの国民投票が終わった後の十二月七日、森の一角にある山荘にロシアのエリツィン大統領、ウクライナのレオニード・クラフチューク大統領、ベラルーシのスタニスラフ・シュシケビッチ最高会議議長の三人が集まった。

彼らは翌八日、一九二二年締結の連邦条約を廃止してソ連を解消、あらたに「独立国家共同体 the Commonwealth of Independent States（CIS）/ Содружество Независимых Государств（СНГ）」を設立することで合意し、独立国家共同体創設協定に調印した。一般にベラベージャ協定 Belavezha Accords / Беловежские соглашения と呼ばれる。協定は前文でソ連が国際法上の主体、地政学的存在ではなくなると規定、第一条で独立国家共同体を設立すると明記した。

これでソ連解体が決まり、ゴルバチョフが苦労して努力してきた新連邦条約締結は吹き飛んだ。十二月二十一日にはカザフスタンの首都アルマアタで、ベラベージャの森での協議に参加した三カ国以外にアルメニア、アゼルバイジャン、モルドバ、中央アジア五カ国の計八カ国の首脳が加わって独立国家共同体設立条約に調印した。ジョージアは一九九三年に参加した。バルト三国は参加しなかった。

ゴルバチョフ・ソ連大統領は十二月二十五日に辞任、クレムリンの建物に掲げられていたソ連国旗が降ろされ、代わってロシア国旗が掲揚された。翌二十六日、ソ連最高会議共和国会議（上院）がソ連の存在の消滅を承認した。これが公式のソ連消滅の日である。ゴルバチョフは「私の退任に際しては何の儀式もなかった。CIS諸国の首脳は誰ひとりとして私に電話も寄越さなかった。大統領辞任の当日も、さらにそれからも[13]」と回顧した。

ブルブリスの秘策

ベラベージャ協定に対するゴルバチョフの評価は「一種の国家クーデター[14]」というものである。確かにソ連解体の決定は突然で、ソ連大統領の意思を無視していた。エリツィンはベラベージャの森に出かける前の十二月五日にゴルバチョフと会っているが、その時はベラルーシとの間の協力関係について話し合うとか、ウクライナが新連邦条約をどのように受け止めているかを探るなどと説明しており、八日の会合で連邦解体の決定を下す可能性をおくびにも出さなかった。

スタニスラフ・シュシケビッチの回想によると、この会合の開催はそもそも十月二十日にノボオガリョボで国家評議会が開かれた際に、シュシケビッチがエリツィンにベラルーシに来ないかと招待したことがきっかけで決まり、その後、クラフチュークも入れることにした。会合の時期については当初から十二月七〜八日と決めていたわけではなく、ウクライナで十二月一日に大統領選・国民投票が実施される予定が入ったため、その直後に開催することで合意したという[15]。

会合の議題についてシュシケビッチは、経済が混乱する中で石油や天然ガスなどのエネルギーの融通について協議したかったと指摘、「われわれは当初、ソ連からの離脱を決定するつもりはなかった。そのようなことはわれわれもほかの人たちも準備していなかった」、「われわれにはどのような政治的計画もなかった」と回想した[16]。ベラルーシにロシアやウクライナから資源を回してもらい、少しでも経済的窮状を和らげたかったというのだ。

一方、ウクライナのクラフチュークは「ノボオガリョボ・プロセス（ゴルバチョフ主導の新連邦条約締結をめざす動き）」が行き詰まっているとの認識に立って、新しい対応をゴルバチョフ抜きで意見交換する予定だったと説明した。[17] また会合に出席したベラルーシのビャチェスラフ・ケビッチ首相は、独立国家共同体の創設を主導したのはロシアの代表団で、協定調印はその場で決まったことだと指摘している。[18]

三人の首脳の間で事前に入念な打ち合わせはなかったことがうかがえる。ロシア代表団の一人であるエリツィン大統領補佐官のセルゲイ・シャフライの説明によると、会合ではエリツィンとシュシケビッチが何らかの形で連邦を維持したいと考え、クラフチュークを説得するつもりだったという。クラフチュークは一週間前の十二月一日にウクライナが国民投票で独立を宣言したこともあって、「連邦（ソユース／Союз）」という言葉を使うことに同意せず、そこで最終的に三人は「共同体（Commonwealth／Содружество）」の設立で合意した。[19]

だが、事前の入念な案のすり寄せはなかったとしても、何の案もない状態から一泊二日でソ連解体という結論を出すことは考えられない。実はエリツィン側近でロシアの事実上ナンバー・ツーの地位にいたゲンナジー・ブルブリス副首相兼国務長官（米国のような外相の機能を有する地位ではなく、文字通り国務全般を担当）が会合の一年近く前から連邦ではなく「共同体」設立の案を検討、エリツィンに提言しており、少なくともロシアではゴルバチョフ主導の「主権国家連邦」とは異なる考えが存在していたことが判明している。ケビッチはシャフライ、アレクサンドル・ショーヒン（副首相兼労働相）、ブルブリスといったエリツィン大統領の側近たちが、うまく行けば協定に調印できるかもしれないと思って森にやってきたと述べていることから、[20] 会合の前にすべてが決まっていたとは言えないようだが、ロシア代表団が腹案を持って会合に臨んだことは確かだ。

ゴルバチョフはエリツィンと会談した十二月五日の時点で、「信頼できる消息筋から、ブルブリス国務長官とその仲間は、秘策を練っているとの情報が入った」と回想しているから、[21] ベラベージャの森で何かあるだろうとの予測はしていたようである。いずれにせよ、その秘策の実現を防ぐことはできなかった。ゴルバチョフにはエリツィンに裏切られたとの思いが強く残った。

国家非常事態委員会による八月の行動はゴルバチョフを追放しようとした疑似クーデターだったが、ベラベージャの森での決定はそれに比べると本来のクーデターにより近かったと言えるかもしれない。もしゴルバチョフが、会合はクーデター準備の場であると認識し、それを阻止しなければならないと決意していたなら、現場に治安部隊を派遣し、出席者を逮捕することができたかもしれない。その場合にはソ連が内戦状態に陥ったかもしれない。ゴルバチョフは当時、すでに統治能力を失っており、治安部隊が逮捕命令を聞き入れなかった可能性もあるのだが、いずれにせよゴルバチョフは動かなかった。

ゴルバチョフが考えていた主権国家連邦と実際に成立した独立国家共同体はどこが違うのか。どちらもソ連の消滅が前提であったものの、主権国家連邦はソ連に替わる連邦国家であったのに対し、独立国家共同体は連邦国家ではない。つまり、国連では主権国家連邦がソ連に替わって安全保障理事会の常任理事国の地位を引き継ぐはずだったが、独立国家共同体は国家でないため、ソ連の対外的地位を引き継いだのはロシアである。つまり、独立国家共同体は旧ソ連諸国で構成する国際組織だ。

なぜソ連は崩壊したか

ソ連崩壊の理由は政治、経済、社会それぞれの観点から多様に論じることができる。時間軸を長く取って十月革命以来の共産主義イデオロギーに基づく政策に理由を探ることもできるが、崩壊の是非は別にして、まずはゴルバチョフが進めたペレストロイカとグラースノスチを背景にソ連が崩壊したという事実を重視する必要がある。

特にグラースノスチ政策によって、言いたいことが言える範囲が飛躍的に広がり、それまで潜在化していた問題をおおやけに論じ、政治的運動を展開できるようになった。それがまずバルト三国での独立回復運動として現れた。

バルト三国はロシア帝国の版図に入っていたが一九一八年に独立、その状態がソ連に併合される一九四〇年まで続いた。その民族としての記憶を基にバルト三国で自治権拡大運動が生まれ、それが分離独立運動へと発展、ほかの連邦構成共和国にも飛び火した。ゴルバチョフは基本的にこれらの運動を弾圧することなく、新連邦条約を締結することで連邦国家を維持しようと努力したのだが、失敗した。

民族意識の覚醒は分離独立運動、そして民族間紛争を引き起こした。前者の例としては一九八九年四月九日にジョージアの首都トビリシで起きた反ソ・デモを挙げられる。治安部隊が出動し二十人が死亡、数百人が負傷した。一九九一年一月十一日から十三日にかけてリトアニアの首都ビリニュスでは治安部隊が出版施設やテレビ塔の占拠を図り銃撃戦が展開され、十四人が死亡、数百人が負傷した。その直後の一月二十日、二十一日には隣のラトビアの首都リガで同様の事件が起き、四人が死亡した。

こうした当局による武力鎮圧は当時、ゴルバチョフ書記長が説いていた話合いによる解決の方針と矛盾しており、ペレストロイカはまやかしではないかとの批判が出た。これに対し、ゴルバチョフは回想録などで自分は武力鎮圧を指示していないと主張している。その主張に説得力はあるが、いずれにしても、ゴルバチョフは軍、KGB（国家保安委員会）、内務省を統制しきれていなかった。ゴルバチョフの統率力の弱さはこの年八月にクーデターの試みを許した大きな背景だろう。

ゴルバチョフ時代における民族主義的な色彩を持つ事件は実はすでに一九八六年に発生している。この年の十二月にカザフスタンで、クレムリンがカザフスタンの党第一書記にカザフスタンとは縁もゆかりもない人物を据えようとしたことに反発するデモが発生している。分離独立運動の性格は薄かった。

民族間紛争としては、一九八八年二月以来のナゴルノカラバフ紛争がある。ナゴルノカラバフという地方の帰属をめぐるアルメニアとアゼルバイジャンの争いで、紛争が本格化する前の一九八八年二月二十七日から二十九日にかけてまず、アゼルバイジャンの首都バクー近郊のスムガイトでアゼルバイジャン人がアルメニア人を襲撃、三十人が死亡、さらに一九九〇年一月十三日にはバクーでもアルメニア人虐殺事件が発生した。一九八九年五月から六月にかけては中央アジアのキルギスタン、ウズベキスタン、タジキスタンに接するフェルガナ渓谷一帯でウズベキスタン人とトルコ・メスヘチ人による衝突が起きている。

このようにソ連崩壊の背景に民族意識の高まりを指摘することはできる。ただし、ソ連崩壊の前に各地で大規模な民族紛争や激しい分離独立闘争による戦闘が続いてソ連が崩壊したわけではない。ソ連が消滅した一九九一年十二月二十六日は基本的には平穏だった。

経済面からの分析ではエリツィン側近の一人、イエゴール・ガイダールの説が注目される。彼は新生ロシアで第一副首相や首相代行などを務め、「ショック療法 Shock Therapy／шоковая терапия」と言われる急進的経済改革政策を進めた。退任後は移行経済研究所の所長を務めた。

ガイダールはソ連崩壊の理由をすべて穀物と石油の問題で説明する。[22] 彼の分析によると、ソ連の穀物生産が一九六六年から一九九〇年にかけて低迷、この間、八千万人が農村から都市に移住した。同様に石油と天然ガスの生産も伸び悩み、海外で穀物を十分に買うだけの外貨を稼げなくなり、食糧の安定確保が難しくなった。追い討ちをかけたのが一九八五年九月のサウジアラビアによる石油増産の決定。ガイダールは「ソ連崩壊は一九八五年九月十三日にさかのぼることができる」と指摘した。この日、サウジアラビアのシェイク・アフメド・ザキ・ヤマニ石油相がそれまでの減産方針を打ち切り、増産に転じると発表した。

サウジアラビアの増産で一九八六年中に石油価格は一バーレル当たり二七ドルから一時一〇ドルへと下がった。石油はソ連の主要輸出品で、ガイダールによると、石油収入は年二百億ドル減少した。そのため一九八五年から一九八八年にかけ巨額の対外借入を迫られ、結局、ソ連経済は一九八九年には完全に破綻状態に陥った。ソ連崩壊は一九九一年八月の事件のせいでも同年十二月のベラベージャ協定のせいでもなく、サウジアラビアの石油増産の決定のせいであると主張する。

ガイダールは新生ロシアのリベラル派のエコノミストだったが、プーチン政権の下で特殊情報機関、ＦＳＢ（連邦保安庁）や国家安全保障会議書記を務めたニコライ・パトルシェフも石油価格の下落をソ連崩壊の要因の一つに挙げた[23]。ただしパトルシェフは米国が石油価格の下落の策謀を企てたと主張した。米ＣＩＡ（中央情報局）はソ連の弱点が経済にあるとみて、一九八〇年代に一部産油国と共謀して増産で石油の過剰な状態を作り出し、価格を下げた。このほか米国がソ連をアフガニスタン戦争の泥沼から抜け出にくくするよう工作、さらにポーランドなどソ連圏諸国での反政府運動を煽り、またＳＤＩ（戦略防衛構想）を推進することで軍事費を増やさせ、財政を逼迫させ、ソ連経済を破綻に追いやったと分析した。米国がサウジアラビアを巻き込んでソ連崩壊工作を進めたという説だ。

こうした陰謀説は根強く存在する。だが、一九八六年九月にサウジアラビアが増産へと舵取りを変えた理由について多くの石油専門家は、当時の世界の需給関係で説明する。一九七〇年代の石油危機で石油価格が跳ね上がり、その影響で世界の石油需要は一九八〇年代に入って減少、石油価格は下落した。そこでサウジアラビアは価格下落に歯止めを掛けるため減産したが、ほかのＯＰＥＣ（石油輸出機構）諸国が協調しなかった。さらに一九七〇年代に英国やノルウェーが開発を進めた北海油田での生産が本格化し始めていた。このためサウジアラビアは自分だけが減産して市場を失うわけにはいかないと判断して増産に踏み切った。

サウジアラビアの増産で価格は一段と下がり、多くの産油国は打撃を受けた。つまり、価格下落で困ったのはソ連だけではない。当時の石油市場の動向を見ると、サウジアラビアがソ連崩壊を意図していたという見方には無理がある。また米国とサウジアラビアが共謀したというのであれば、その後、両国の関係者による協議の記録や証言が明るみに出てもよさそうだが、そうした証拠は提示されていない。一般的に陰謀説というのは話がおもしろいが実際的な証拠が示されないことが多い。もちろんだからこそ陰謀であるとも言えるだろう。

経済的観点からソ連崩壊を分析する際には、西側諸国がソ連の経済的苦境にほとんど援助の手を差し延べなかったことにも触れる必要があろう。ゴルバチョフは経済困難の打開のため、中長期的にはソ連経済を世界経済に統合すること、同時に早急に資金援助を与えるようG7（先進七カ国グループ）諸国に働き掛けた。例えば、一九九〇年七月のヒューストンでのG7首脳会議の直前、七月四日付で議長のブッシュ大統領に書簡を送り、技術、信用供与を含め経済援助を求めたし、翌一九九一年七月のロンドンでのG7首脳会議には自ら直接乗り込んで支援を訴えた。

ゴルバチョフはロンドンに行く前、経済専門家らを集めてソ連経済の問題点を総ざらいし、経済改革計画をまとめるなど用意周到に準備を重ねた。仕上げた基本方針の中には「われわれは、ソ連の対外債務の繰り延べと見直しに関する提案に対し、サミット七カ国と国際金融機関の首脳が好意的態度を示すよう期待する」との文言を盛り込んだ。当時についてゴルバチョフは回顧録で「極めて深刻な危機に瀕している国家に対する大規模な経済援助」が必要だったと記しており、西側諸国からの緊急援助の確保に必死だったことがうかがえる。(24)

しかし、西側諸国は、ドイツ再統一という課題を抱えソ連を説得していた西ドイツを除いて、総論では支援に賛成しながらも具体的な資金援助はしなかった。ソ連経済はまだ十分に改革されておらず、条件が整っていないというのが一般的な認識だった。ヒューストンでのG7首脳会議を終えて帰国した直後、中山太郎外相は講演で、「ソ連の経済改革にとって一番必要なことは短期の資金を供与することではない。市場経済のノウハウをソ連の指導者にたたき込むことだ。各国外交官の代表が集まった席では、このまま資金供与してもドブにカネを捨てることになりかねないという意見も出ていた」と述べ、ソ連側から反発を招くといった一件もあった（ドイツ再統一に関連した西ドイツの対ソ援助については、第7章の「ゴルバチョフの名言とドイツ統一」の項を参照のこと）。

サウジアラビアによる増産で石油に依存するソ連経済が苦境に陥り、それが崩壊の引き金になったという主張や、西側諸国が対ソ経済援助に冷淡だったことも遠因になったという説明には一定の説得力はある。だが、崩壊の経済的理由についてはソ連式指令型経済、計画経済の行き詰まりや膨大な軍事支出の重荷で共産党政権が国民の信頼を失ったという幅広い観点からの分析が必要だろう。ソ連経済が順調に発展し物資不足がなく国民生活が安定していれば、体制に対する不満は少なく、分離独立運動もそれほど盛り上がらなかったかもしれない。

だが、そもそもソ連崩壊を経済的理由だけで説明することはできないだろう。共産主義の歴史に詳しい英国の学者、アーチー・ブラウンは「ペレストロイカが実証したのは、政治体制を急進的に改革することと平行しながら共産主義を生かすことはできないということだった」、「ソ連では、危機が改革を強いた以上に、改革は危機を作り出した」と総括した[25]。

米国で研究活動を続けるモスクワ出身の学者、レオン・アロンは、歴史的出来事を経済、政治、制度、人口に関する客観的指標で説明しようとする唯物史観や構造分析ではソ連崩壊は説明できないと主張、主意主義的観点（ボルンタリズム voluntarism＝現実の究極の原理は知性ではなく意志であるとする理論）や道学的観点から分析すべきだと強調する[26]。ゴルバチョフの個人的性格、意志、道徳観に注目するよう説き、アロンはそうした観点からの説明としてソ連時代に農業社会の実態を批評した社会学者、タチアナ・ザスラフスカヤが二〇〇五年に「ゴルバチョフが一九八五年に政治局の長にならなければ、当時のロシアにおける半分存在し半分生きているような状態はさらに何十年も続いただろう」と述べたことを挙げている。

アロンはさらに社会全体に閉塞感が広がっていたことを重視、ゴルバチョフ側近としてペレストロイカ、特にグラースノスチに大きな役割を果たしたアレクサンドル・ヤコブレフが一九八三年に十年間の駐カナダ大使を終えて帰国した際、「もうこんな風には生きていけないという社会の雰囲気を感じた」と回想していることも紹介している。ヤコブレフとゴルバチョフの認識は一致しており、彼らは民主化が最も喫緊の課題で、それを経済的目的よりも重要視していたとみる。「もうこんな風には生きていけないという社会の雰囲気」の背景には経済停滞もあるから、ガイダールとアロンの説明は必ずしも矛盾するわけではないが、アロンの言う主意的観点からの歴史分析には説得力がある。

ゴルバチョフや彼を支持した人たちの役割とは別にエリツィンやクラフチュークなど共和国指導者の政治的野心が影響したという側面もあるだろう。特にエリツィンのゴルバチョフに対するライバル意識は強く、二人の権力闘争の結果がソ連崩壊だったと言えるかもしれない。ゴルバチョフとエリツィンは犬猿の仲だった。エリツィンは二〇〇七年に死去するが、ゴルバチョフは二〇〇六年にテレビでの会見で質問者が「（ソ連崩壊から）長い時間が経った。ボリス・エリツィンが引退してからも長い時間が過ぎた。誕生日に彼を招きたいとは思わないか」と聞いたのに対し、ゴルバチョフは次のように答えた。

そうは思わない。（一九九一年十二月以来）彼には会っていないし会いたいとも思わない。彼もそう思っているだろう。ボリス・ニコラエビッチ（エリツィンのこと）と彼をフルネームで呼んでおくが、彼は復讐心の強い性格の人物でそれから脱せられないでいる。私は彼を含め多くの人を許してきた。私は彼を大量に酒の飲める外交のポストに異動させることができた。そうしていたなら、彼は肉体的に強靭だが、彼は終わりだった。だが、私は官僚体制に挑戦する初の人物だとみて彼をモスクワにとどめた。一九八七年十一月の党中央委員会総会で彼がペレストロイカの実行がのろいといったがために党の職から解任された時、私は彼を攻撃から守ってやった。彼は私に隠れてベロベシの森協定（注、ベラベージャ協定のこと）に署名、裏切った。彼は私ばかりでなく国を裏切った。許されない反逆罪だ。(27)

誰も予想しなかったソ連崩壊

中長期的観点からのソ連崩壊の予想はゴルバチョフ時代以前からあった。どのような帝国も崩壊することは歴史の必然であるといった漠然とした予想に始まり、共産主義国家は自由を求める人間の本質を無視しているので国民の反発を買うとか、計画経済が非効率で早晩立ち行かなくなるという主張を世界の政治家、研究者、ジャーナリストなどが展開した。具体的に時期を明示した予想もあったが、的中したものはない。

ゴルバチョフ時代にバルト三国を皮切りに連邦構成共和国で主権宣言の採択が相次ぎ、モスクワなどで急進的な民主化を求める大規模なデモ、集会が実施されるようになった一九九一年初めの時点でも、筆者の知る限り、その年の年末に実際に起きた形でのソ連崩壊の予想はなかった。国家非常事態委員会が行動した一九九一年八月の直後にはさすがにゴルバチョフの新連邦条約作りが困難に陥ることは予想できたが、ベラベージャ協定は予想外の衝撃的な決定と受け止められた。

ソ連研究の泰斗だった米国のジョージ・F・ケナンもソ連崩壊後の一九九五年に「十七世紀半ばから現在に至る近代の国際問題史を見渡しても、ロシア帝国、そしてソ連と続いた大国が主として一九八七年から一九九一年にかけて、国際舞台から突然しかも全面的に崩壊し、消滅してしまうといったことほど奇異で驚愕させられる出来事を思い浮かべることは難しい」と回顧した[28]。

ゴルバチョフへの厳しい評価

ロシア国民はソ連崩壊をどのように受け止めているのだろうか。一九九〇年代の政治と経済の混乱に一応の終止符が打たれたウラジーミル・プーチン時代の二〇一二年にロシアの有力世論調査機関、全ロシア世論研究センターが千六百人を対象に全土で実施した調査では、ロシア人の五五％がソ連崩壊は回避できたと回答、不可避だったという回答は三五％だった。崩壊をどう思うかとの問いには、残念に思うが五六％、そう思わないが三三％だった。なぜ崩壊したのかとの理由については、共産国家が民主国家になり損ねたため、連邦当局の誤った政策、ゴルバチョフ、シェワルナゼ、ヤコブレフの政策のせいといった答えが多かった[29]。

ペレストロイカでソ連の政治、経済、社会の改革に挑戦、しかし結局のところソ連崩壊を招いたゴルバチョフに対するロシア国民の評価はどうか。ゴルバチョフが七十五歳の誕生日（三月二日）を迎える直前の二〇〇六年二月下旬に世論財団（ＦＯＭ）が実施した調査では、ゴルバチョフをどう評価するかとの問いに対し、否定的に評価するという回答が五四％、肯定的に評価するが一四％だった。ＦＯＭはその後もゴルバチョフに対する調査を続けているが、ゴルバチョフは、経済を混乱させ、市民生活を苦境に追いやり、ソ連崩壊の引き金を引きロシアを貶めた人物であるとみなす人が多いことが浮き彫りになっている。(30)

妖怪のさまよいに幕

一九八〇年代末から一九九一年末にかけ東欧諸国そしてソ連で共産党が相次いで政権の座からすべり落ちたことで共産主義の歩みは一区切りつけた。その後も世界には中国やキューバなど共産主義を標榜する国は存在し続けているが、共産主義とはいったい何だったのか、何であるのかが問われる。

近代における共産主義の理念はドイツのカール・マルクスとフレドリッヒ・エンゲルスが一八四七年に共同執筆した『共産党宣言 *Manifesto of the Communist Party*』にさかのぼることができる。二人はこの書で「一つの妖怪がヨーロッパをさまよっている。共産主義という妖怪である」と書き出し、「これまで現存したすべての歴史は階級闘争の歴史であった」と断言し、特に当時の資本主義を告発、共産主義に基づいて「人類の普遍的解放」をめざすと宣言した。二人の著作で最も読まれてきたのはこの『共産党宣言』であろう。

十四世紀から十九世紀にかけて欧州では、すべてを共有する社会、地位や富に差別のない社会、すべての人に自由と広い平等を結合した社会、一種の至福千年王国 Millenarianism を理想郷として語る人たちが現れている。『共産党宣言』はそうした思想の伝統の中に位置づけられる。マルクス、エンゲルスより前に共産主義を唱えた一人が英国のトマス・モア卿で、一五一六年に発表した『ユートピア *Utopia*』で共産主義社会の初期の姿を描き、大きな反響を呼んだ。

一七八九年のフランス革命は文明社会の社会的、政治的アイデンティティを一新した出来事としてマルクスからレーニンに至る革命家に影響を与え、フランスのサン・シモン伯爵は単なる理想としてだけでなく歴史的過程としての社会主義を構想、マルクスが共感した。サン・シモンは自由競争が貧困をもたらすとも強調しており、近代の理論的社会主義の創始者といわれる。

マルクスは『共産党宣言』出版の四年後、書簡の中で「私が証明しようとしたことは、第一に、階級の存在は歴史の特定の生産手段の発展の歴史的局面と関係しており、第二に、階級闘争は必然的にプロレタリアート独裁に至り、第三に、この独裁は必然的にすべての介入の廃止と、階級なき社会への移行をもたらす」と説き、一八七五年には『ゴータ綱領批判』の中で社会主義を民主的に実現することを批判し、共産主義への道を歩めば「各人は能力に応じて、各人はその必要に応じ」という原則が確立すると強調した。

共産主義の歴史を研究してきた英国のアーチー・ブラウンは、以上のような前提を踏まえ、二〇〇九年に出した『共産主義の興亡』の中で共産主義体制を六つの特徴を挙げ定義している。政治体制、経済体制、そしてイデオロギーの領域についてそれぞれ二つずつある。

政治体制の特徴は、共産党の権力独占、つまり共産党の一党独裁、そして議論は決定が下されるまで可能だが、決定が下された後は党機関の決定には拘束力があり、党と社会全体で厳格に統制された形で実行されなければならないという党運営の基本原則の民主集中制 democratic centralism だ。民主集中制は共産党以外のどの党にも通用する常識的な決まりのようだが、実際にはしばしば党内闘争の際に利用され、自由な論争を制限し党組織の横のつながりを妨害する根拠にされた。

経済体制の特徴は、生産手段の非資本的所有、つまり生産手段の国有ないし公有を基本目標として設定してあること、そして市場経済と異なる指令経済の優越を挙げていることだ。指令経済とは、何を、どれだけ生産するか、いくらの価格で売るかについて、党幹部が上からすべての生産者に指示する経済運営のことだ。需要と供給の相互作用が機能する市場経済とはまったく異なる。生産者たちは何よりも設定された目標の達成を重要視する。

競争の概念は存在しない。

イデオロギーの領域の特徴としては、まず共産主義建設が究極的かつ正当な目標であると宣言していることを挙げられる。階級のない社会の建設という目標を掲げ、共産党の指導的役割の永久行使を正当化した。ブラウンはこの特徴をわかりやすくするため、ゴルバチョフが語った次のようなフルシチョフ時代のアネクドートを紹介している。

ある講師が、将来の共産主義社会について語り、「共産主義の夜明けはすでに目に見える、地平線上に輝いている」という言葉で締めくくった。このとき、最前列に座っていた高齢の農民が立ち上がって、「同志先生、地平線とは何だね？」と尋ねた。講師は、それが地球と空が出あうところで、そこに向かえば向かうほど、逃げていくという特徴があると説明した。老農民は、「ありがとう、同志先生、それですべてがはっきりわかったよ」と答えた。(31)

もう一つのイデオロギー領域の特徴は国際共産主義運動の展開だ。共産主義は国際主義であるとされたことで多くの人が共産主義信奉者になった。国際共産主義運動のいわば司令本部だったのが一九一九年に発足し一九四三年まで活動したコミンテルンである。第二次世界大戦後の一九四七年、新たにコミンフォルムが設立され、一九五六年まで存在したが、コミンテルンに比べ活動は弱かった。コミンテルンを引き継いだ真の後継組織はコミンフォルムではなくソ連共産党中央委員会国際部だとも言われる。

ところで現在の最大の共産主義国の中国は上記の六つの特徴を満たさない。ブラウンは今の中国には党の権力独占と民主集中制という二つの特徴しかあてはまらないと指摘、「共産主義の正統的通説から大きく離れてしまった」と分析している。

第6章

新生ロシアの混迷と豪腕プーチン

異端児エリツィン

ミハイル・ゴルバチョフはソ連共産党書記長という地位に加え、一九九〇年三月以降は新設のソ連大統領職を兼務、一九九一年十二月二十五日にソ連大統領を辞任するまでソ連の最高指導者だった。しかし、一九九一年八月の国家非常事態委員会を名乗る保守強硬派の行動を機にソ連共産党書記長を辞してからは、最高指導者としての権威は名ばかりになった。

フォロスからモスクワに戻ったゴルバチョフは八月二十三日、ロシア最高会議に出席した。その場で代議員たちから国家非常事態委員会の行動を止められなかったと轟々たる非難にさらされた。ボリス・*エリツィン・ロシア大統領はゴルバチョフに対し、国家非常事態委員会のメンバーの名前を列挙した資料を渡し、まごつくゴルバチョフに「これを読め」と命令、ゴルバチョフはそれに従った。この光景はゴルバチョフがソ連における最高指導者の地位から事実上、転げ落ち、代わってエリツィンがその地位に上り詰めたことを印象付けた。

ボリス・ニコラエビッチ・エリツィンは一九三一年二月一日、ウラルク地方のスベルドロフスク州ブトカ生まれ。父は建設労働者で家庭は貧しかったが、地元の大学を卒業して建築技師として働きながら地元党組織で頭角を現した。州第一書記の時、モスクワの政治局の指示を受けて、皇帝ニコライ二世一家が最後の住居にしていた建物「イパチェフの館」を取り壊している。一九八五年にモスクワに呼ばれた。同年十二月、ゴルバチョフ書記長の推しで党中央委書記、モスクワ市党委員会第一書記に就任、翌年には政治局員候補にも抜擢された。

モスクワ市党委員会第一書記時代に異端児として注目されるようになった。ほかの党高級官僚と違ってトロリーバスで出勤し、何の通告もなしに食料品店を訪れ退蔵品を点検するなど、庶民派代表を印象付けた。一九八七年十月二十七日の中央委総会で型破りの演説を行い、知名度は一段と上がった。この演説ではペレストロイカのテンポが遅いとか、ゴルバチョフ書記長が賛美されすぎていると党執行部を批判した挙句、モスクワ市第一書記と政治局員候補の辞任を申し出た。このため、党内で厳しい批判にさらされた。精神的に不安定になり、翌十一月には鋏を使って自殺未遂事件を引き起こしている。

ゴルバチョフ書記長は直後に入院中のエリツィンに電話をかけ、会議に引っ張り出してモスクワ市党委第一書記から解任した。その後、一九八八年二月にゴルバチョフは彼を国家建設委員会第一副議長に任命した。この地位は閣僚級だが、閑職でエリツィンは失脚したと思われた。ところが、一九八八年六月、第十九回党協議会にカレリア共和国選出の代議員として出席、演壇に立って政治への復帰の意思を表明した。エリツィンは病みあがりで弱々しかった。演説にも張りがなかった。

ボリス・エリツィン

この時の模様をゴルバチョフは回想録の中で「会場には反対のブーイングが起こった。私はやむなく介入し、彼に発言を続行させることを提案した」と描写している。[1] ゴルバチョフの配慮でエリツィンは何とか面目を保つことができた。一九九一年八月二十三日にロシア最高会議でエリツィンがゴルバチョフに対して示した傲慢な姿勢とは対照的だ。

一九八八年十二月、ゴルバチョフが民主化の一環として改正したソ連憲法が施行され、国権の最高機関として人民代議員大会が新設された。人民代議員大会の定数は二千二百五十人で年一回招集される。常設の議会としてそれまでの最高会議が存続した。この新設のソ連人民代議員大会の選挙が翌一九八九年三月に実施され、エリツィンはモスクワで立候補、約九割を得票し圧勝した。この頃には体調も回復していた。彼は従来のソ連にはいなかった型破りのリベラルな急進改革を唱える人物として人気を博した。

人民代議員大会の代議員に当選したことがエリツィン復活のきっかけとなった。ゴルバチョフが復活の機会を与えたとも言える。一九八九年七月には急進改革派の集団である「地域間代議員グループ」を結成、そのリーダーの一人におさまり、カリスマ性のある政治家として注目を浴びた。翌一九九〇年五月にはロシア共和国最高会議議長に就任、六月十二日に彼が主導してロシア共和国人民代議員大会がロシアの主権宣言を採択した。この日が現在も「ロシアの日 Day of Russia / День России」として事実上の建国記念日となっている。

エリツィンの勢いはその後も止まらなかった。一九九〇年七月十二日、ソ連共産党第二十八回党大会で離党を宣言、出席者を唖然とさせ、一九九一年六月には初のロシア共和国大統領選挙に出馬、当選した。この頃にはゴルバチョフの極めて強力な政治的ライバルにのし上がっていたが、ゴルバチョフが連邦崩壊を阻止するために取り組んだ新連邦条約作りには参加した。

一九九一年八月、国家非常事態委員会を名乗る強硬派がゴルバチョフからの権力奪取を試みた際には、彼らへの抵抗を呼びかけた。この事件を機にエリツィンの人気は一段と高まった。十二月八日のベラベージャ協定調印を経て、ソ連が崩壊すると、ソ連の領土、国民、資産の大半を引き継いだ新生ロシアの大統領として国家の建設に挑戦した。

エリツィンの政治家としての絶頂期はクーデター騒ぎのあった一九九一年八月から新国家建設に着手した一九九二年の初めくらいまでと言えよう。一九九二年以降、急進的経済改革は壁にぶち当たり、反発する議会と対立した挙句、反対派と銃撃戦まで展開した。経済も大混乱、加えて心臓病の悪化もあり、実績を残せなかった。一九九九年十二月三十一日、大統領辞任を発表し、失意のまま政治の世界から引退した。

＊エリツィン……この名前のロシア語での表記はЕльцынで発音は「イエリツィン」が近い。英語でもYeltsinと表記される。ロシア文字のEは「エ」ではなく「イエ」と発音されるが、日本ではしばしば「イエ」が発音しにくいせいか、「エ」と表記されている。エカテリーナ二世の名前もロシア語では「イエカテリーナ」と発音される。本書ではすでに定着している「エリツィン」を採用した。

ショック療法と経済の大混乱

一九九一年八月中旬のクーデター騒ぎからソ連崩壊までの間、政治の混迷でソ連経済はますます悪化した。対外債務が膨れ上がり、外貨不足で食料品、医薬品など生活必需品を手当てできず、モノ不足は一段と深刻化した。ゴルバチョフ大統領はこの間、米欧の指導者たちにことある毎に援助を要請せざるを得ず、ソ連はなさけない状態に陥った。

一方、エリツィンは生半可なペレストロイカのせいで経済が不振に陥っていると判断、急進的な経済政策を準備し、ソ連崩壊前の一九九一年十月、価格自由化、貿易自由化、国営企業の民営化、土地の私有化などを内容とする全く新しい経済政策の基本方針を発表した。彼はこの時、「半年は一時的な混乱や生活水準の低下を招くが、具体的成果が来年秋までには現れ、安定に向かう」と約束した。この約束がいかに楽観的で全くの空手形だったか。混乱は半年では収まらなかった。

急進的経済改革の実行部隊長的な役割を担ったのは当時三十五歳と若い経済学者、イエゴール・ガイダール。ソ連時代からロシア共和国の第一副首相だった。彼の手による経済改革は「ショック療法Shock Therapy／Шоковая терапия」と呼ばれた。価格の自由化にはボリビアやポーランドでの経済改革に顧問として実績をあげた米国ハーバード大学のジェフリー・サックス教授が知恵を出した。価格の自由化は全品目を対象に一気に実行したわけではないが、消費者物価は一九九二年に入ると一カ月で一気に二五〇％近く上昇した。物価上昇率は一九九二年通年で二五〇八・八％、翌一九九三年には八四〇・〇％というハイパーインフレが出現した。

価格自由化に加え、金融政策のまずさもインフレを昂進させた。主要輸出品である原油の価格がソ連時代から引き続き低迷し、経済再建の足を引っ張った。

賃金、年金はインフレ率に追いつかず、預金も目減り、一九九三年半ばまでにロシア国民の半数近くが貧困層に入った。バーター（物々交換）が広がり、生産活動がゴルバチョフ時代以上に縮小、ロシアの国内総生産（GDP）は一九九〇年代後半にはソ連崩壊前に比べほぼ半減した。

この頃、生活困窮について次のようなアネクドートが流布した。ロシアの有名な道化師ユーリー・ニクーリンがテレビで紹介した。

アダムとイブはどこで生まれたか。もちろんロシアだ。二人には家もなく、裸だし、持ち物といえばりんご一個だけだ。でも二人は天国にいると思っていたんだ。

急激な自由市場経済をめざしたショック療法はレッセ・フェールの経済政策と化し、国営企業の民営化が公正公平に実行されず、一九九〇代後半にはオリガルヒ oligarchs / **олигархи** と呼ばれる政権に取り入った少数の産業人が国家資産を入手、事実上、国の経済を牛耳り、政治にも大きな影響力を発揮した。オリガルヒはオリガルフ **олигарх** の複数形。一般には寡頭政治における独裁者を指す。それがロシアでは不透明な民営化で誕生した大資本家を意味する言葉として使われている。

エリツィン政権による民営化は二つの時期に分けられる。その指揮を執ったのは、アナトーリー・チュバイスで、彼も三十歳代の若い経済学者だった。彼はまずバウチャー方式の民営化を実施した。バウチャーとは一般的には予約票を意味するが、民営化のバウチャーとは国営企業が売り出す株式を購入する権利のある証券。ポーランドなど東欧諸国で実施されていた。ロシアでは額面一万ルーブルのバウチャーが子供を含めほぼ全国民に渡された。一万ルーブルは中型乗用車「ボルガ」の二台分に相当する価値があると説明された。バウチャーは譲渡可能で、この時期ハイパーインフレが進行中であったし、市民の中にはバウチャーの使い方が分からない人も多く、オリガルヒ系の投資ファンドなどにすぐに売り渡した。国民は実際には乗用車二台分に相当する収入を得たわけではなく、民営化で受けた恩恵は少なかった。

第二段階の民営化は一九九五年以降で、歳入確保に必死だった政府は入札方式を取りながら国営企業の株式を低価格で担保に差し出し、民間から資金を借り入れた。株式担保民営化 privatization by loan-for-shares／**приватизации « кредиты за акции »**である。この過程が極めて不透明でインサイダー取引が横行した。それに政府は返済のあてがなく借金しており、実際に担保に入れた株式はインサイダーの手に渡った。

議会砲撃の汚点

こうした経済の大混乱、国民の貧困化に議会は黙っていなかった。一九九一年八月にエリツィンとともに国家非常事態委員会に対抗した仲間のアレクサンドル・ルツコイ副大統領、ルスラン・ハズブラートフ最高会議議長らは反エリツィン派に転じ、この議会を中心にした勢力と大統領との対立は一九九三年末には議会砲撃、そして流血の事態にまで発展した。

対立はまずエリツィン大統領の首相人事をめぐって顕在化した。エリツィン大統領は経済政策を任せていたガイダールを一九九二年六月に首相代行に任命、同年十二月には正式に首相に任命しようとした。しかし、ロシア人民代議員大会（最高会議の上に位置する拡大議会のような存在）はショック療法への反発からこの人事の承認を拒否した。エリツィンは妥協策として代わりにビクトル・チェルノムイルジンを提案、これは承認を得られた。しかし、ガイダール人事の失敗はエリツィンの指導力に陰りが見え始めたことを物語った。

議会側はその後もエリツィン大統領のやることなすことに反発、エリツィンは議会が言うことを聞かないことにしびれを切らし、一九九三年三月二十日にはテレビ演説で憲法の執行の停止、「特別統治体制」の導入の方針を発表した。これに対し人民代議員大会は同月二十八日、エリツィン大統領の弾劾を審議して反撃した。だが、弾劾決議は可決に必要な三分の二の賛成を集められず、成立しなかった。エリツィン大統領は三月二十日のテレビ演説で発言した憲法の執行停止などを実際には実行せず、議会もそれほど反エリツィンで固まっていなかった。

また人民代議員大会は四月二十五日にエリツィン大統領への信任などを問う国民投票を実施し、追い落としを図ったが、投票者の過半数が大統領とそれまでの経済政策を信任するとの態度を示した。

議会側は勢いを削がれたが、大統領との対立はその後も激しさを増した。議会と大統領が互いを無視して行動し始め、一九九三年春からは一種の二重権力状態が出現した。それが秋には遂に武力衝突へと発展した。

エリツィン大統領は九月一日、ルツコイ副大統領を解任、同月二十一日には最高会議と人民代議員大会の活動を停止し、十二月十二日に議会選挙を実施するとの決定を下した。これに対し最高会議は人民代議員大会を緊急招集し、人民代議員大会は二十三日、エリツィンが違憲行為を犯したとして大統領からの解任を決議し、ルツコイ副大統領（議会側はエリツィン大統領によるルツコイ副大統領の解任を認めていなかった）を大統領代行に任命した。

十月三日にはルツコイとハズブラートフ最高会議議長を支持する勢力が武装し、外務省前、モスクワ市庁舎、オスタンキノ・テレビセンターなどで治安部隊と銃撃戦を展開した。翌四日には軍が戦車を動員、エリツィン大統領の指示で議会に砲撃を加えた。ルツコイ、ハズブラートフらを含め籠城していた代議員たちは投降し、逮捕された。エリツィン大統領は事前になんとか軍の支持を取り付けることができた。それが情勢を左右した。当局の発表によると、一連の衝突で百八十七人が死亡、四百三十七人が負傷した。実際には犠牲者はもっと多かった

料金受取人払郵便

山科局承認

1447

差出有効期間
平成30年9月
30日まで

郵便はがき

6 0 7 - 8 7 9 0

（受　取　人）

京都市山科区
日ノ岡堤谷町１番地

ミネルヴァ書房
読者アンケート係 行

◆ 以下のアンケートにお答え下さい。

お求めの
書店名＿＿＿＿＿＿＿＿市区町村＿＿＿＿＿＿＿＿＿＿＿＿＿＿書店

＊ この本をどのようにしてお知りになりましたか？ 以下の中から選び、３つまで○をお付け下さい。

A.広告（　　　　）を見て　B.店頭で見て　C.知人・友人の薦め
D.著者ファン　E.図書館で借りて　F.教科書として
G.ミネルヴァ書房図書目録　H.ミネルヴァ通信
I.書評（　　　　）をみて　J.講演会など　K.テレビ・ラジオ
L.出版ダイジェスト　M.これから出る本　N.他の本を読んで
O.DM　P.ホームページ（　　　　　　　　）をみて
Q.書店の案内で　R.その他（　　　　　　　　）

書 名　お買上の本のタイトルをご記入下さい。

◆上記の本に関するご感想、またはご意見・ご希望などをお書き下さい。
文章を採用させていただいた方には図書カードを贈呈いたします。

◆よく読む分野（ご専門）について、3つまで○をお付け下さい。

1. 哲学・思想　2. 世界史　3. 日本史　4. 政治・法律
5. 経済　6. 経営　7. 心理　8. 教育　9. 保育　10. 社会福祉
11. 社会　12. 自然科学　13. 文学・言語　14. 評論・評伝
15. 児童書　16. 資格・実用　17. その他（　　　　　）

〒
ご住所

Tel　（　　）

お名前《ふりがな》　年齢　性別
歳　男・女

ご職業・学校名
（所属・専門）

Eメール

ミネルヴァ書房ホームページ　http://www.minervashobo.co.jp/
＊新刊案内（DM）不要の方は × を付けて下さい。□

との情報もある。

大統領と議会との対決は大統領が勝利する形で終息したのだが、以来、議会の停止など大統領は憲法で認められていない権限を行使し、強引に議会をつぶしたとの批判は燻っている。

議会を押さえつけたエリツィン大統領は次に憲法改正に踏み切った。ロシアではソ連崩壊後もソ連時代からの共和国憲法が引き継がれており、議会も大統領も新憲法を採択する必要を認め、草案を練っていた。エリツィンは大統領の権限を強化する新憲法草案を作成、議会砲撃から十日あまり後の十月十五日に新憲法に関する国民投票を同年十二月十二日に実施することを決めた。草案を十一月十日に発表、承認を求めた。結果は賛成五八％、反対四二％で承認された。投票率は五五％だった。

1993年10月４日，戦車から砲撃を受けて上階が破壊されたロシア議会の建物（提供：共同通信社）

奇妙なことに、憲法に関する国民投票と同時に新憲法草案に盛り込まれていた新議会の選挙を実施した。新議会はそれまでの人民代議員大会や最高会議に代わって「連邦議会 Federal Assembly / Федеральное Собрание」となり、下院と上院の二院制。下院は「国家ドゥーマ State Duma / Государственная дума」とよばれ、帝政時代の議会の名称が復活した。上院は「連邦院 Federation Council / Совет Федерации」。一般有権者による上院の選挙はこの時が最初で最後で、その後は間接選挙で選ばれている。

新憲法が施行されていないのだからこの議会選挙は無効だとの議論も成立するようにも思えるが、大統領令で実施されており、当時の混乱した政治状況の中では、問題にされなかった。ともかくにも一九九四年一月に新議会が召集され、政治危機は一段落した。下院は翌二月二十三日、前年の十月の事件で逮捕されていた代議員らの恩赦を決定し、ハズブラートフ、ルツコイらは釈放された。

エリツィン大統領は議会との対決に勝利したものの、その後、北コーカサス地方のチェチニャ（日本では「チェチェン」という誤まった呼称が定着している）でロシアからの分離独立をめざす武装勢力との武力衝突が泥沼化し、国民の支持率を下げた。一九九六年初めまでに三％程度となった。支持を減らす中でエリツィンは一九九六年六月に再選をかけて大統領選挙に臨まなければならなかった。対立有力候補はロシア共産党党首のゲンナジ・ジュガノフ。

エリツィンはなりふり構わぬ選挙戦を展開した。この頃、ロシアでは「行政資源 administrative resource／административный ресурс」という言葉が使われ始めた。選挙戦で政治家、政党、公務員、公的機関が有する権限や影響力を意味する新語で、行政資源の活用とは地位の不当利用、職権乱用、あるいは役所ぐるみの選挙のことだ。エリツィン陣営は各地で「行政資源」を使い、テレビ、新聞といった報道機関を支配するオリガルヒを味方につけ、エリツィン候補を売り込んだ。オリガルヒは共産党党首が大統領に就任した場合に資産が没収されることを強く危惧した。

一九九六年の大統領選こそ不平等選挙の典型といってよいだろう。それでもエリツィンは第一回投票では当選に必要な過半数を得票できず、ジュガノフとの上位二人による決選投票にもつれ込んだ。決選投票までは二週間あった。その間、エリツィンは心臓発作に見舞われたが、それを秘匿した。結局、決選投票ではエリツィンが五四％、ジュガノフが四〇％を得票し、エリツィンが当選を果たした。しかし、エリツィンは心臓病から回復できず、ほとんど執務できなかった。

泥沼のチェチニャ戦争

エリツィン大統領が苦しめられた内戦の舞台チェチニャはロシア南部の共和国で、面積は一万七千三百平方キロメートル。岩手県を少し上回る。現在の人口は約百二十万人。大半は独自の文化を持つチェチェン人でイスラム教徒だ。十九世紀に帝政ロシアが戦いを経て帝国に編入、ロシア革命後もそのままソ連内の一地方だった。

第二次世界大戦中の一九四四年にスターリンはチェチェン人がナチ・ドイツ軍に協力したとの理由でカザフスタンやキルギスタンの荒野に強制移住させた。当時、チェチニャは今のイングシェチアと合わせて「チェチェノ・イングシェチア自治共和国」を形成していた。強制移住となったチェチェン人はイングシ人と合わせてその数、百万人以上に上り、その多くが移動中あるいは移住先で死亡した。

こうした悲劇の民族の記憶、さらには貧困問題もあってペレストロイカ政策の下で、チェチニャでも民族意識が高まり、一九九一年六月にはソ連軍将軍だったジョハル・ドゥダエフが独立運動組織を立ち上げた。チェチェノ・イングシェチアはこの年の十月にチェチニャとイングシェチアに分離、それぞれが別の共和国になった。ドゥダエフは十月末の選挙を経てチェチニャ大統領に就任、十一月一日にはチェチニャのロシアからの分離独立を宣言した。しかし、チェチニャ内部では犯罪が頻発、連邦政府から入る予算がまともに使われない状態が続いた。エリツィン政権は独立を認めず、小競り合いを展開していたが、一九九四年十二月、ついに連邦軍を本格的にチェチニャに出動させた。こうして戦争が始まった。

チェチニャ戦争は第一次と第二次に分けることができる。第一次戦争は一九九四年十二月から停戦協定の結ばれた一九九六年八月まで。その後三年間の停戦を経て第二次戦争が一九九九年から二〇〇〇年初めまで続いた。結局、連邦側が勝利を収め、チェチニャの独立を阻止した。しかし戦争は陰惨を極め、双方の兵士による残虐行為が相次いだ。

連邦軍は兵士数ではチェチニャの勢力を上回ったが、戦闘経験のない徴集兵も多数動員、装備や後方支援体制が不十分で苦戦した。食糧が一カ月近く届かなかった部隊もある。連邦軍兵士の士気が低下、国民にも厭戦気分が広がった。連邦軍が一応の優勢を確保したこともあり、停戦を模索、一九九六年八月に停戦協定が成立した。

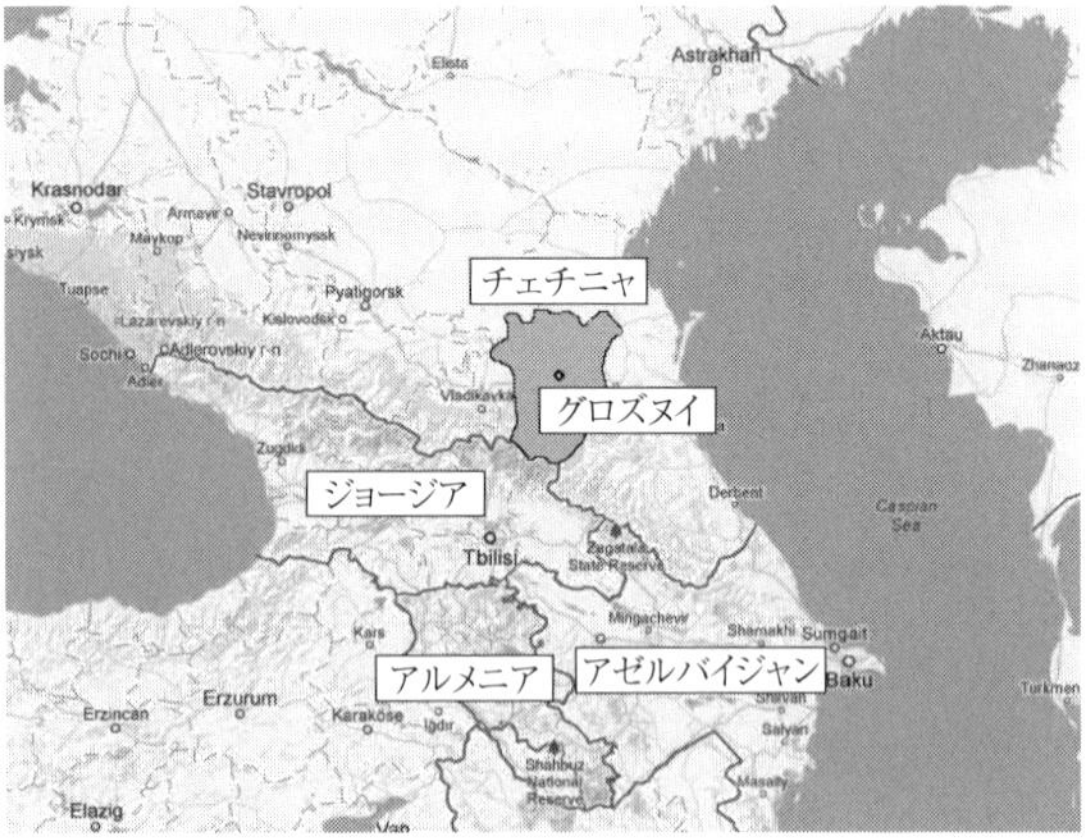

チェチニャ周辺地図

この時、チェチニャが連邦内の地方であるのか、独立国であるのかという問題は棚上げされた。

停戦が成立したが、平穏は訪れなかった。犯罪が横行、特に人質を取って身代金をせしめるという人質ビジネス、さらには麻薬取引も蔓延、武装勢力によるテロ行為が頻発した。連邦軍の情報では、彼らはアラブ諸国から軍事専門家や傭兵を招いて軍事訓練し、新たな闘争へ備えた。一九九九年八月にはチェチニャの隣のダゲスタンに駐留する連邦軍部隊を襲撃した。当時チェチニャの大統領はアスラン・マスハードフで、彼は国内の過激な武装勢力を取り締まろうとしたが、できなかった。

連邦軍はダゲスタンを襲った勢力を追走しチェチニャに進攻した。こうして第二次チェチニャ戦争が始まった。その後、各地で武装勢力によるとみられる陰惨なテロ事件が相次ぎ、多数の死傷者が出て、国民の多くは武装勢力に対する厳しい作戦を支持した。

一九九九年九月にはチェチニャの隣のブイナクスク、首都モスクワ、ロシア南部のロストフ州にあるボルゴドンスクで計六件のアパート爆破事件が相次ぎ、合わせて二百九十三人が死亡、六百人以上が負傷した。

テロ事件はチェチニャでの戦闘に決着がついた後も続発した。二〇〇二年十月にはモスクワの劇場で観客ら八百五十人を人質にとる事件が発生、治安部隊が化学ガスを使用して鎮圧したが、人質百二十九人以上が死亡した。二〇〇四年九月に北オセチアのベスランで発生した学校人質事件は特に悲惨だった。小中学生千百人あまりが人質にとられ、三百八十人以上が死亡した。モスクワでは二〇一〇年三月、二人の女性テロリストが地下鉄駅で朝の通勤時間に自爆、四十人近くが死亡、翌二〇一一年一月にはモスクワのドボジェドボ空港でも自爆テロがあり、三十七人が死亡した。

チェチニャ戦争の犠牲者数については様々な推定がある。二次にわたる戦争で兵士、民間人合わせて十六万人とも二十万人とも言われる人が死亡した。チェチェン人だけでなく、住民だったロシア人など他の民族も多数死亡した。

第二次チェチニャ戦争がいつ終わったかは、特に停戦協定が結ばれたわけではないので、明確には言い難いが、連邦軍は二〇〇一年にはほぼチェチニャを制圧した。二〇〇七年二月からは分離独立闘争を封印したラムザン・カドィロフが共和国大統領に就任、彼の強権政治の下、治安は改善した。連邦政府が巨額の資金援助を続け、廃墟になった町並みの修復も進み、首都グローズヌイには米欧の有名ブランド店も出店した。だが、アラブ諸国などからイスラム過激派が入り込み、周辺で引き続き活動、チェチニャを含む北コーカサスはロシアのアキレス腱のままだ。

謝罪とプーチンへのバトンタッチ

ショック療法で混乱したロシア経済は一九九八年には世界的な金融危機の直撃を受け、一段と窮地に追いやられた。一九九七年七月にタイを震源地としてアジア金融危機が発生、その影響が翌年にロシアに波及した。原油価格がさらに下落、通貨ルーブルも急落、財政赤字が悪化、銀行が破綻、資本が国外に流出した。

ロシアに投資していた外国の投資家も大きな損失を蒙った。ハンガリー生まれの米国人投資家ジョージ・ソロスが管理する投資ファンド「クアンタム・ファンド」は二十億ドルの損失を出した。当時、米国のある銀行家は「今後は誰も一ダイムたりともロシアには貸さないだろう」と述べた(2)。

ロシア経済に少し明るさが見えてきたのは一九九九年に入ってからだ。この年の春に原油価格が上昇し始め、さらにルーブルの大幅切り下げによる輸入代替効果が出始めた。輸入代替効果とは輸入品の値上がりで国内産業に競争力が付き、国内製品が輸入品に取って代わることを言う。

エリツィン大統領は政治、経済の混乱に対応するため、さらに後継者候補の力量を試す意図もあって頻繁に首相をすげ替えた。特に辞任する前の一年九カ月ほどの間にセルゲイ・キリエンコ、イエブゲニー・プリマコフ、セルゲイ・ステパーシン、そしてウラジーミル・プーチンと四人を次々と首相に起用した。気まぐれと言われても仕方あるまい。

そして一九九九年十二月三十一日の大晦日、突然、国民向けに演説、「去り行く世紀の最後の日にあたり私は辞任する」と大統領辞任を発表した。演説は謝罪と反省の言葉に満ちていた。「私は皆さんの許しを乞いたい」「灰色の停滞した全体主義的な過去から一気に明るく豊かで文明的な未来へと飛躍できると信じた人たちの期待に応えられなかったことに対して許しを乞う」「我々は一気にすべてを克服できると思った」「私はあまりにもナイーブすぎたようだ」と述べ(3)、その日のうちにクレムリンを去った。大統領代行に指名されたプーチンらが見送った。その際、エリツィンはプーチンに「ロシアを守ってくれたまえ」との言葉を残した(4)。

ソ連の歴代の最高指導者は病死するか追放されて退陣した。レーニン、スターリン、ブレジネフ、アンドロポフ、チェルネンコは病死、フルシチョフはある日突然、追放され、ゴルバチョフも追放されたと言ってよいだろう。そうした伝統に区切りをつけ病死も追放もなしに退陣したのはエリツィンが初めてである。ただし、退陣を決意した大きな理由は心臓病で執務が困難になっていたからだ。

エリツィンの心臓病は飲酒によって悪化したようだ。一九八九年に訪米した際には酒を飲んで公的な場所に現れ、一九九四年九月には訪米の帰路、アイルランドのシャノン空港に立ち寄った際、酔いつぶれて機外に出られず、挨拶に来たアルバード・レイノルズ首相に待ちぼうけを食わせた。こうした酒が関係したエリツィンの逸話はいくつかある。

エリツィンは辞任後の一時期を除いてほとんど政治と関わりを持たず、二〇〇七年四月二十三日、死去した。享年七十六歳。二日後の二十五日に正教に基づいた葬儀が執り行われた。遺体はモスクワ市内のノボジェビッチ修道院の墓地に埋葬された。ソ連時代、失脚したフルシチョフを除いて指導者は従来、レーニン廟脇の墓地であるクレムリンの壁共同墓地に埋葬された。ノボジェビッチへの埋葬は家族の意向だったというが、ソ連という共産主義国に終止符を打った者にはレーニン廟の近くはふさわしくないのかもしれない。

モスクワの救世主キリスト大聖堂で営まれた葬儀には市民約二万五千人が参列した。大聖堂からノボジェビッチまでの沿道には多数の市民が並び、新生ロシアの初代大統領との別れを惜しんだ。だが、総じてロシア国民の思いは複雑だったに違いない。ロシア共産党の国会議員に至っては、葬儀の日に議場でエリツィンに哀悼の意を表する黙祷があったが、起立しなかった。

政敵だったゴルバチョフは「国のために多くの偉大な仕事を担い、そして悲劇的な運命をもたらし重大な過ちも犯した人物の家族に心からお悔み申し上げます」との声明を出し、葬儀に出席した。

エリツィン統治をどう評価するか

ロシアの世論調査機関、世論財団（ＦＯＭ）が二〇〇七年四月末に実施した世論調査によると、「エリツィンはロシア史において全体としてどのような役割を果たしたか。肯定的な役割か否定的な役割か」との問いに対し、否定的に評価する人が四一％、肯定的に評価する人は四〇％だった。エリツィンが辞任した直後の二〇〇〇年四月の調査では、否定的な評価が六八％、肯定的評価が一八％だったから、肯定的評価が年を経過するとともに増しているが、それでも一貫して否定的評価が多い(5)。全ロシア世論調査センターが二〇一六年二月、エリツィン生誕八十五周年を機に発表した調査によると、彼に肯定的な評価を与えた人は一四％、否定的評価が三六％、中立的が三七％だった(6)。

これら世論調査に現れているエリツィンに対する否定的な評価をまとめると、エリツィンは無料医療、無料教育のあった国を壊し、資源を西側諸国に売り渡し、改革が行き詰まると辞任し、国民は途方に暮れたまま放置されたとか、米欧諸国の指導者には好都合な指導者だったのだろうが一般国民には好ましい人物ではなかった、ということになろう。

一方、肯定的な評価としては、まずソ連共産党による独裁政治に終止符を打ったことを挙げる人が多い。民主化に挑戦、中央統制経済を終わらせ、米欧諸国との関係を改善したこと、継承問題での混乱を呼び起こすことなく権力移譲を実行した点も評価されている。エリツィン自身も二〇〇六年二月一日、ラジオ放送局マヤークなどとの会見で自分の主な業績について、「ボリシェビキ全体主義的共産制度」を打ち壊し、「社会的市場的関係に基づいた民主国家」を作ったことであると述べた。プーチン大統領はエリツィンの葬儀の日、「彼の時代に新しい民主的なロシアが誕生した」と述べ、各種自由を保証した新憲法採択を業績として挙げた。

しかし、エリツィンが民主的だったとの評価については但し書きが必要だ。言論の自由をはじめとして民主化の基礎を築いたのはゴルバチョフである。さらには一九九三年に憲法上疑義のある強権的な措置を取り、同年十月には議会を砲撃したことへの言及なしに諸手を挙げて彼を民主化の旗手として評価することはできない。

エリツィンの警護役を長年務め、政策決定にも関与したアレクサンドル・コルジャコフは一九九七年に出版したエリツィンについての著書で、一九九三年三月に人民代議員大会が大統領弾劾を審議した際、エリツィンは弾劾が成立した場合にはそれに賛成した代議員全員を逮捕することを計画していたと暴露、さらに一九九六年夏の大統領選を自らの支持率が低いため取り消すことを真剣に検討していたと明らかにした(7)。コルジャコフはエリツィン・チームの内紛で警護担当を解任された人物で、エリツィンに対する恨みがあったのかもしれないが、エリツィンにとって民主化はたいして価値を持たなかったと結論付けた。

評価は錯綜するが、一九九五年から一九九八年まで法律問題の大統領顧問だったミハイル・クラスノフが雑誌

『ノーボエ・ブレーミャ』の二〇〇六年三月号でエリツィン統治を要旨次のように描写した。

エリツィンは一九九一年以前には希望の指導者だった。彼はいわゆる中央の保守的な潮流にただ一人立ち向かった。彼は改革を象徴していた。だが、経済自由化、価格統制の廃止が国民に衝撃を与え、彼の支持率は低下した。ハイパーインフレが発生、犯罪が蔓延、国民の生活は急変した。店頭に商品が再び並び始めたが、銀行預金の喪失、通貨価値の急落でどうしようもなかった。

当時はソ連が消滅した直後で不確実な時代だった。エリツィンにはゴルバチョフに替わる新たな対抗者が現れ、陣地を築いた。それまでのエリツィン路線を逆転させるかどうかで対立した。その闘争は一九九三年十二月（国民投票で大統領権限を強化した憲法が承認された）に終わった。

だが、その後、エリツィン支持は一段と少なくなり、新国家建設へのインスピレーションはほとんどなくなった。一九九四年初めには国家機能が衰弱し、チェチニャでみられたような分離運動が現れた。

ボリス・ニコラエビッチは時に応じて頼るべき人物、集団をころころ変えた。ブルブリス、ガイダール、チュバイス、そして一九九六年以降はいわゆる「家族（セミヤー Семья）」だ（注、ここで言う「家族」とはエリツィンの娘や娘婿、その周辺のオリガルヒの集団を指す言葉として使われていた）。

彼はチェチニャに心を痛めていた。私にはそれがよくわかった。彼の心臓病悪化の原因は支持率の低下ではなく、チェチニャだったと思う。

彼はエジプトの奴隷状態から国を脱出させる運命を託された人物として記憶されるだろう。

エリツィンが展開した外交は第7章で詳述するが、エリツィンは日露関係の発展に貢献した。ゴルバチョフよりもその役割は大きい。エリツィンは一九九三年（平成五年）十月十三日、東京で細川護熙首相と会談、「日露関係に関する宣言」を出した。これは、歴史的・法的事実に立脚するなどの三つの原則を基礎として北方領土四島の帰属の問題を解決することによって平和条約を早期に締結するため、交渉を継続すると指摘している。一般的に「東京宣言」と称され、戦後の領土交渉における重要な文書だ。

エリツィンの対日外交ではもう一つ川奈会談も見逃せない（同会談については、第10章の「はねのけられた川奈提案」の項を参照のこと）。エリツィンは一九九八年（平成十年）四月十八日、十九日に訪日し、伊東市川奈のホテルで橋本龍太郎首相と会談した。橋本首相は四島の日本帰属を認める代わりに当分の間はロシアの実効支配を認めるとの提案を示し、エリツィンは受け入れそうになった。歴史の「もし」だが、もしエリツィンがこれを受け入れていたら、領土問題は解決に向かい大きく踏み出していただろう。エリツィンと橋本はその後も個人的に良好な関係を続けた。

豪腕プーチンの長期君臨

エリツィンが退陣した後、ウラジーミル・ウラジーミロビッチ・プーチンが大統領代行に就任、その後、二〇〇〇年三月の大統領選挙で当選して二〇〇〇年五月から二〇〇八年五月まで連続二期計八年間、大統領を務めた。憲法は大統領の任期について連続二期までと規定しており、これに従って退陣、大統領の座をドミトリー・メドベージェフに譲り、今度は首相に就任した。

メドベージェフは一期四年で退陣、二〇一二年五月にプーチンが大統領に復帰した。二〇〇八年に憲法が改正され大統領の任期は六年に延長されたため、プーチンは少なくとも二〇一八年五月までは大統領を務めることが可能になった。二〇〇八年から四年間大統領を務めたメドベージェフはいわばプーチンの部下で、プーチンが真の実力者だったから、エリツィン退陣以降は一貫して事実上プーチン時代が長く続いた。

プーチンは一九五二年十月七日、レニングラード（現サンクトペテルブルグ）で生まれた。父は海軍兵士、母は工場労働者という家庭。幼少の頃はガキ大将のようでもあったが、十四歳の時に柔道を始めて生活態度が一変した。「柔道は単なるスポーツではない。柔道は哲学だ。年長者や対戦相手を敬う」「もし私がスポーツをしていなかったら、自分の人生がどうなったか想像もつかない」と回顧している(8)。

一九七五年にレニングラード国立大学法学部を卒業し、情報機関の国家保安委員会（ＫＧＢ）に入り、防諜部門などを中心に十六年勤めた。ＫＧＢ時代のうち一九八五年から一九九〇年までの約五年間、東ドイツのドレスデンに駐在した。ドレスデン駐在時代にベルリンの壁崩壊（一九八九年十一月）やドイツ統一（一九九〇年十月）に至る過程を目の当たりにした。

ＫＧＢとは秘密警察とも形容され、就職先としてはかなり特殊であるとの印象を受けるかもしれないが、ソ連では必ずしもそうではなかった。プーチンは少年時代、第二次世界大戦中にＫＧＢが祖国勝利に貢献した映画を見て、ＫＧＢで働くことにあこがれていたという。当時、そのような少年たちは少なからずいたのではないか。

ドレスデンからレニングラードに戻ってからは母校の大学の学長補佐を経て、当時改革派政治家として売り出していたアナトーリー・サプチャク・レニングラード市議会議長の顧問に就任した。ＫＧＢの職は一九九一年八月のクーデター騒ぎの後、辞した。最終階級は中佐というからＫＧＢ幹部ではなかった。

ウラジーミル・プーチン
（2006年）

サプチャクは一九九一年六月にレニングラード市長選で勝利、その後、プーチンを対外関係の業務の責任者として登用、第一副市長に抜擢した。サプチャク市長は一九九六年春に再選を目指したが落選、プーチンはそれを機に市役所を去り、同年六月に当時のパーベル・ボロジン大統領府総務局長からモスクワに呼ばれ、大統領府に入った。レニングラード（一九九一年にサンクトペテルブルグに改称）市役所出身者としては既にアナトーリー・チュバイスやアレクセイ・クドリンといった人たちがエリツィン大統領の周りに集まっており、プーチンもそうした人脈の中の一員として大統領府入りした。

プーチンの当初の肩書きは大統領府総務局次長で地味な仕事だったが、能吏で、エリツィン大統領の下、大統領府副長官、同第一副長官、連邦保安庁（ＦＳＢ）長官、安全保障会議書記ととんとん拍子に出世した。ＦＳＢはＫＧＢの業務のうち防諜やテロ対策などを引き継いだ機関だ。

エリツィン大統領は一九九九年八月、プーチンを首相に起用した。その際、自分の後継大統領にしたいとも述べた。多くの人はエリツィンの言葉をあまり信用しなかった。エリツィンはその前の一年半ほどの間に首相を四人もすげ替えていたからだ。だが、プーチンは短期間の一首相では終わらなかった。

プーチン首相はチェチニャ戦争で勝利することを最重要課題に据え、実際に分離独立をめざす武装勢力を制圧した。これが国民から高く評価された。心臓発作を繰り返し病弱だったエリツィンは一九九九年大晦日に任期を残して突如辞任、プーチンを大統領代行に任命した。プーチンが二〇〇〇年五月七日にロシアの第二代大統領に就任した時、彼の年齢は四十七歳。若々しく、前任のエリツィン大統領とは対照的な新鮮な印象を国民に与えた。

論文「千年紀の節目のロシア」

プーチンはエリツィン大統領が辞任を発表する前日の十二月三十日、ロシア各紙に「千年紀の節目のロシア *Russia at the turn of the millennium / Россия на рубеже тысячелетий*」という論文を発表、エリツィン後継者としての政治哲学を明らかにした(9)。この中でプーチンは国家建設の柱として三点を強調している。「大国意識」、「国家主義」、そして「社会的連帯」だ。

大国主義について彼は「ロシアは偉大な国であったし、これからもそうである」と強調した。日本では、「自国は大国だ」と言うと思い上がりが感じられるかもしれないが、これは世界に誇れる立派な国を作っていくことを意味し、世界の多くの国の指導者に共通する決意表明だ。国家主義とはこの場合はナショナリズムではなく英語ではstatism（ロシア語 государственность）と訳される。「われわれの国とその機関、組織は国と国民の生活に極めて重要な役割を果たしてきた」と言及していることから、統治のための効率的な行政組織の必要を意味する。社会的連帯については、ロシアでは個人主義ではなく集団主義、親子関係や他人への思いやりを大切にしてきたと説明している。

プーチンはロシアの伝統的な価値としてパトリオティズム（愛国主義）があり、ロシア社会団結の源泉だとも強調している。こうした一連の言及はプーチンが十九世紀に台頭したスラブ主義の伝統を引き継いでいることを想起させる（スラブ主義については、第1章の「スラブ主義と西欧主義」の項を参照のこと）。

実際、プーチンは演説の中でスラブ主義者の言葉を時々引用している。例えば二〇〇五年、二〇〇六年、二〇一四年の連邦議会向け演説がそうだ。特にイワン・イリイン Ivan Ilyin / Иван Ильин への言及が目立つ。

イリインは貴族の家庭に生まれたヘーゲル研究者だが、一九一七年のロシア革命を批判、一九二二年には反共活動を理由にほかの約百六十人の学者とともに船に乗せられ国外追放された。ドイツで教鞭を取りながらロシア内戦でボリシェビキと戦った白軍を支える運動を展開した。イリインはモナキスト（君主制論者）でもあり、ロシア国民が皇帝の下で家族のようにまとまることの大切さを強調、また西側世界がロシアの独自の精神を理解しようとせず、むしろロシアを分裂させようとしていると主張、西側世界の物質主義、個人主義をロシア精神と対比して批判した。アレクサンドル・ソルジェニーツィンにも影響を与えた政治哲学者だ。イリインはナチスが台頭したドイツからスイスに移住、その地で死去したが、二〇〇五年に遺骸がモスクワに移され再埋葬された。プーチン大統領がその埋葬事業に協力した。

スラブ主義者の政治哲学は、国のまとまりや秩序の維持が不可欠という考えを大切にする。プーチンがなぜそれを強調したのか。もちろん彼の本質的な思想であるからだが、大統領就任時やその後の社会背景を考慮することも重要だ。一九九九年末には第二次チェチニャ戦争が進行中で、テロ事件が相次いでいた。チェチニャに代表されるように独立王国化している地方も多く、領土の一体性の確保が重要だった。殺人、強盗、麻薬取引といったソ連時代にはあまりなかった犯罪も頻発していた。

プーチンはしばしば強権主義者、場合によっては独裁主義者と評される。プーチンがヒトラーのような独裁者であることはないにしても、彼の統治が強権的 authoritarian であるとの指摘には十分根拠がある。だが、プーチンの政治哲学をこうした言わば「こわもて」の面だけから語るとすれば、それは不十分だろう。プーチンがスラブ主義者の顔と同時に開明的な西欧主義者、あるいは実践主義者（プラグマチスト）の顔を見せることもあった。西欧主義者をうかがわせる発言として次のような例を挙げることができる。

ロシアはヨーロッパ文化の一部だ。わが国がヨーロッパ、つまりわれわれが言うところの文明世界から切り離されることは考えられない(10)。

プーチンはこう発言したＢＢＣとの会見で、米欧諸国の軍事同盟でかつてソ連が組織したワルシャワ条約機構と敵対していた北大西洋条約機構（ＮＡＴＯ）への加盟にも意欲を示した。ロシアがＮＡＴＯに加盟することは可能かとの問いに、「どうして不可能なのか。私はその可能性を排除しない。繰り返すが、ロシアの利益が考慮されるなら、またロシアが完全なパートナーとなるならのことだ」とも述べている。

「ロシアの崩壊を止めた」

プーチンは二〇〇〇年五月から二期八年大統領を務め、さらに二〇一二年五月に再び大統領に復帰した。このうち最初の八年間の業績として彼自身は退任三カ月前の会見で、まずロシアが崩壊していく過程を止めたことを挙げた[11]。ロシアが崩壊する過程とは、チェチニャで分離独立をめざす武装勢力が活動し、各地でテロ事件を引き起こしていたこと、さらにはチェチニャ以外の地方でも、例えばタタルスタンで、連邦憲法とは矛盾する法律が施行され、中央の統治が効きにくい状況にあった事態を指す。プーチンは多くの犠牲者を出しながらもとにかくチェチニャ戦争を終わらせ、テロリズムとの戦いに挑み、中央からの指令が無視されないように統治機構を整備し直した。

この会見でもう一つ彼が強調した成果は経済の安定だ。エリツィン時代の経済は一言で言えば混乱であり、一九九八年にはアジア発の金融危機が苦境に追い討ちをかけた。だが、プーチン時代に入ると、ロシアの主要輸出品の原油と天然ガスの価格が上昇し始め、それが追い風になり、ロシア経済は高度成長を享受した。原油価格は一九九八年には一バレルあたり一〇ドルを下回っていたが、二〇〇八年には一時一四〇ドルを超えるまでに上昇した。プーチンの経済政策は原油価格の上昇という幸運に見舞われた。

ＧＤＰは一九九九年から二〇〇八年まで毎年実質で七％前後の伸びを達成した。二〇〇六年七月一日には通貨ルーブルの交換性を実現した。ルーブルをドルや円など先進国通貨と自由に交換できるようにし、為替取引の規制を基本的に撤廃した。ソ連時代から重くのしかかっていた公的対外債務を二〇〇六年八月にすべて返済した。外貨準備も増加した。

二〇〇四年一月からはいざという時のために使える資金を貯める安定化基金を設けた。石油輸出税と採掘税が原資。原油価格の上昇に浮かれて石油収入を浪費することなく貯めこんだ。これを二〇〇八年九月に始まった経済危機の際に使って打撃を緩和できた。

この時期のプーチン大統領の経済政策の中で注目されるのは税制改革である。エリツィン時代には節税と言う名の事実上の脱税が横行、納税意識は低かった。プーチンは二〇〇一年一月から所得税率を一三％に一本化、所得税の単一課税を導入した。事実上の減税で、納税しやすくなり、実際に税収が増えた。翌二〇〇二年一月からは法人税率をそれまでの三五％から二四％へ下げた。このほか税制を簡素化し、税収増を実現した。法人税率はその後、メドベージェフ大統領時代の二〇〇九年にさらに二〇％に引き下げられた。

プーチン大統領が一期目に力を入れて取り組んだ政策はほかにはオリガルヒの政治介入を抑制、彼らが経営する放送、報道機関を政権の支配下に置いたこともあげられる。槍玉に挙げたオリガルヒとしては、民放テレビ局ＮＴＶなどを傘下に持つメディア・モスト社の総帥、ウラジーミル・グシンスキー、「家族（セミヤー）」の一員だったボリス・ベレゾフスキーがいる。二人とも国外に逃亡せざるを得なかった。

二〇〇三年十月には石油王と呼ばれ大手石油会社ユーコスを経営していたミハイル・ホドルコフスキーを逮捕した。詐欺、脱税という容疑での逮捕だったが、プーチンの政治的動機が色濃く反映している。ホドルコフスキーはヤーブロコや右派同盟といった政権に批判的な少数政党に政治資金を提供、加えて水面下でロシア共産党も支援、彼が影響力を行使できた下院議員は定数四百五十人のうち百七十人から百八十人に上ったともいわれる。[12]ホドルコフスキーはプーチン大統領が検討していた石油課税の強化に反対し、議会工作にも熱心で、プーチンの怒りを買ったと当時のジャーナリズムは論評した。ただし、プーチンはオリガルヒを根こそぎ壊滅したわけではなく、いわば言うことを聞かない人たちを追放した。ユーコスは当時、産油量でロシア第二位の石油会社だったが、政府はユーコス潰しに乗り出し、脱税を理由に重加算税を含め巨額の追徴課税に踏み切り、遵守不可能な納税期限を設定するなどしてユーコスを没収、会社清算に追い込んだ。

プーチンは外交面では政治、経済の安定を背景に米欧諸国とは異なる路線を鮮明に打ち出し、物言うロシアを印象付けたが、一方で重大事故やテロ事件が相次ぎ苦しんだ。事故としては原子力潜水艦クルスクの爆発沈没（二〇〇〇年八月）があるし、テロ事件ではチェチニャの武装勢力によるモスクワの劇場での人質事件（二〇〇二年十月）、ベスランでの学校人質事件（二〇〇四年九月）が起きている。

プーチンは二〇〇八年五月、憲法の規定を守って大統領を連続二期務め退陣した。旧ソ連諸国の中にはベラルーシ、カザフスタン、ウズベキスタンなど現職の大統領が憲法を改正して任期を延長する例があるが、プーチンはそうしなかった。健康で支持率の高い最高指導者が追放されることなくその職を辞したのは十月革命以降初めてだ。このことをプーチンの業績の一つに数えることもできる。ロシア大統領の任期は二〇〇八年十二月の憲法改正で一期六年に延長され、二〇一二年の大統領選挙で選ばれた大統領（プーチン）から適用された。憲法改正時、プーチンは大統領ではなかった。

軍改革とシロビキーの重用

一九九九年秋、エリツィンが病気で大統領として満足に職務を遂行できず、プーチンが首相としてロシアを統治していた。最大の課題の一つがチェチニャの武装勢力の一掃だったが、国防省は軍を六万人しか動員できず、内務省軍、国境警備隊を入れてようやく十万人を確保できた。プーチンはこうした軍の機能不全に衝撃を受けた。ソ連／ロシアにおいて軍改革はいつの時代にも重要課題だったが、プーチンは二〇〇三年五月の議会向け演説で民主化、経済改革に並んで軍改革を三大課題の一つに位置づけ、軍組織の簡素化、徴兵制見直し、契約兵導入、待遇改善、装備の充実に努力した。このうち契約兵の導入と徴兵制の見直しは一対をなしている。契約兵とは日本の自衛隊員のような志願兵のこと。徴兵制が非効率で兵役免除をめぐる不正が横行し、徴集兵の士気も低く、行き詰まっていた。

エリツィン大統領も徴兵制改革や契約兵の採用に取りかかっていたが、本格的な取り組みはプーチン大統領時代からだ。二〇〇三年十月にセルゲイ・イワノフ国防相が「ロシア連邦軍の当面の課題」という報告を発表、一連の軍改革に着手した。しかし、待遇改善が進まず、契約兵確保の目標を達成できなかった。徴兵制改革の目玉の一つは徴兵期間の短縮で、二〇〇七年秋からそれまでの期間二年を一年半に、二〇〇八年からは一年とした。

プーチン大統領は二〇〇七年二月に国防相にアナトーリー・セルジュコフを起用した。彼は徴兵された経験しかなく文民出身。プーチン大統領が退陣した後もメドベージェフ大統領の下で続投、二〇〇八年十月に極めて大胆な軍改革を発表した。その柱の一つは軍組織の簡素化で、基本的に師団 division / дивизия を廃止し旅団 brigade / бригада に再編、機動力を高め、全部隊を常時即応体制に置いた。冷戦時代のような大規模戦争ではなく限定的な地域紛争への対応を重視した。また人員削減に乗りだし、大将を含め将官 officers / офицеры を減らし、連邦軍全体の規模をそれまでの百二十万人から百万人に減らすことにした。待遇改善も進めた。

軍改革に大きな功績を残したセルジュコフ国防相だが、二〇一二年十一月に国防省を舞台にした汚職事件への関与の容疑を受け、辞任した。後任にはセルゲイ・ショイグが就いた。スキャンダルの背景には大胆な軍改革への軍人幹部の反発があったとも言われる。

一期目と二期目のプーチン大統領の手腕に対する国民の評価は高いが、厳しい批判も出た。その一つはプーチンが新KGB国家を作ったという批判だ。

ソ連時代はノーメンクラトゥーラと呼ばれるソ連共産党の幹部が国を支配していた。ソ連崩壊後のロシアでは不透明な民営化で誕生したオリガルヒという新興産業人が政治に口を出し、さらにはエリツィンの娘や娘婿、その周辺のオリガルヒが「家族（セミヤー）」を形成し、エリツィン大統領に影響を与えた。プーチンは徐々にオリガルヒとセミヤーを政権から遠ざけ、代わりにシロビキー силовики（単数形はシロビク силовик）と言われる集団から人材を登用した。

シロビキーとは特殊情報機関の連邦保安庁（FSB）のほか、国防省、内務省（警察）など軍備・警察装備を有する官庁の出身者を意味する新語で、力を意味する単語シーラ сило に由来、ソ連崩壊後に報道機関が使い始めた。FSBはテロ取り締まりや国境警備なども担当している。内務省は国内の騒乱に対処するため戦車も保有する。

社会学者のオリガ・クルィシタノフスカヤが二〇〇四年八月に『ノーバヤ・ガゼータ』紙に述べたところでは、

同年半ばの時点で大統領府、中央と地方の政府、議会、国営企業の幹部など「ロシアのエリート」の二五％がシロビキーだった[13]。プーチンに極めて近い側近グループ二十〜二十五人に限るとその比率は五八％に上ったという。プーチン自身がＫＧＢ出身のシロビキーの一員だし、ほかにイーゴリ・セーチン、セルゲイ・イワノフ、セルゲイ・ナルィシキンなどの名前を挙げることができる。彼らはプーチンが二〇一二年に大統領として再登場してからも大きな政治力を保った。

シロビキーは結束力の強いまとまった集団だとの印象を与えるかもしれないが、必ずしもそうではない。二〇〇七年秋から二〇〇八年初めにかけてビクトル・チェルケソフ麻薬取引取締庁長官派とセーチン大統領府副長官派が利権闘争を繰り広げた[14]。プーチンはどちらが勝利したとも言えないような形で処理することに成功したが、プーチン政権の闇の一端が浮かび出た。

プーチン大統領の二期目の終了が近づくにつれ、彼が誰を後継者に指名するかをめぐり揣摩憶測が流れた。当時の首相はビクトル・ズプコフで、ドミトリー・メドベージェフとセルゲイ・イワノフの二人が同格の第一副首相。この三人が後継候補と目された。プーチンは結局、メドベージェフを指名した。メドベージェフは二〇〇八年三月の選挙を経て、五月に大統領に就任した。この時、彼は四十二歳。就任するとすぐに首相にプーチンを任命、メドベージェフ大統領・プーチン首相の双頭体制が発足した。

この体制は二頭で引っ張る馬車になぞらえてタンデム tandem／тандем とも呼ばれたが、実質的にはプーチン体制だった。プーチンが大学でも職場でも先輩で、いわばプーチンの引きでメドベージェフは出世できた。

ドミトリー・アナトーリエビッチ・メドベージェフは一九六五年九月十四日、レニングラード（現サンクトペテルブルグ）生まれ。父はレニングラード工科大学教授。だが、裕福な家庭ではなかった。プーチンと同じレニングラード大学法学部を卒業、そのまま大学院に進み、その後は母校で法学の教鞭を取った。サプチャク市長が率いる市役所に法律顧問として勤め、プーチンが担当していた対外経済関係の部署にも出入りした。紙パルプ会社や保険会社にも勤務した。

一九九九年に先にモスクワの大統領府に移っていたプーチンの誘いでモスクワに行き、まず内閣官房副長官に就任した。その後もプーチン政権下で大統領府副長官、同第一副長官、プーチン大統領選挙対策本部長、国営会社ガスプロム会長、大統領府長官、そして二〇〇五年十一月から第一副首相を務めた。プーチンが二〇〇七年十二月に後継大統領候補に彼を指名した際、「メドベージェフを十七年以上も知っているし、その間、ずっと彼と一緒に仕事をしてきた」と述べた。これではプーチンに頭が上がるわけがない。

対ジョージア戦争

メドベージェフ大統領・プーチン首相のタンデムは就任早々、二つの試練に直面した。一つは二〇〇八年八月の*ジョージアとの戦争、もう一つは同年九月の世界金融危機の影響である。

ソ連時代、ジョージアには「南オセチア自治州」と「アブハジア自治共和国」があり、それぞれオセチア人、アブハジア人が多く住んでいた。これら両地方にはジョージア人住民も住んでいたが、ゴルバチョフ時代の末期、両地方でもナショナリズムが高まり、ジョージアからの分離独立運動が活発化した。オセチア人もアブハジア人もともに元々、反ジョージア感情を強く持ち、その分、親露的だ。

分離独立運動の高まりに対しジョージア当局はこれを抑え込むため軍を出動させた。こうしてまず一九九一年初めに南オセチアで、続いてソ連崩壊後の一九九二年夏にアブハジアで本格的な戦闘が展開された。多くの犠牲者、難民が出たが、一九九二年六月に南オセチアで、次いで一九九四年五月にアブハジアで停戦が実現、その後は国際的な平和維持軍が入り、停戦を監視していた。

ところが、二〇〇八年八月七日深夜、ジョージア軍が突如、南オセチアの首都ツヒンバリを攻撃、これに対しロシア軍がロシア市民の保護を名目に介入、ロシア対ジョージアの戦争が始まった。この場合のロシア市民とはロシア国籍を持つ現地住民を指している。ロシア政府は二〇〇〇年から南オセチアとアブハジアで住民にパスポートを発行、ロシア国籍を与えてきた。またジョージア軍の攻撃で南オセチアにいた国際平和維持軍の中のロシア軍兵士が数十人死亡しており、軍の出動は自衛権の行使にあたると説明した。

南オセチアでの戦闘はすぐにアブハジアに飛び火し、ロシア軍が地元と協力してジョージア軍を追い出しにかかった。結局、ジョージア軍は南オセチアとアブハジアの双方で敗走した。ロシア軍は南オセチアを越えてジョージア西部の都市ゴリに入り一時占領、首都トビリシに迫ったが、首都には進軍しなかった。

欧州連合（EU）議長国だったフランスのニコラス・サルコジ大統領が停戦調停に乗り出し、八月十三日までに双方から合意を取り付けた。戦闘は八日から十二日までの五日間ほどで決着した。メドベージェフ大統領は八月二十六日、南オセチアとアブハジアを独立国家として承認、その後、それぞれと友好協力相互援助条約を締結、要請に基づいてロシア軍を駐留させた。

EUが委託した調査委員会などのその後の調べによって、ジョージア側が最初に南オセチアで攻撃を仕掛けたことが明らかになっている。ただし当時のジョージア大統領、ミヘイル・サーカシビリはそうした調査結果を否定している。

ジョージアは南オセチアとアブハジアを事実上失い、二地方はロシア圏に入り、米欧諸国とロシアの関係は悪化した。ジョージアが最初に攻め込んだことが発表されると、米欧諸国のロシア批判は少しやわらいだ。しかし、ロシア軍がトビリシにまで迫ったことは行き過ぎだったとか、南オセチア、アブハジアの国家承認はジョージアの領土一体性を侵害するとの批判は続いた。日本も米欧諸国と同じ対応を示した。

ロシアと西側諸国との関係はエリツィン時代前半には極めて良好だったが、チェチニャ戦争や北大西洋条約機構（NATO）の拡大などをめぐりギクシャク、このジョージアとの戦争が関係悪化を加速した。米国で二〇〇九年一月に大統領が共和党のジョージ・W・ブッシュから民主党のバラク・オバマに代わると、メドベージェフ大統領との間で関係の「リセット（作り直し）」に合意し、関係悪化に歯止めがかかった。

＊ジョージア……日本政府は二〇一五年四月からそれまでの「グルジア」の国名表記を「ジョージア」に変更した。グルジアはロシア語の発音に基づく表記で、これを英語の発音に基づく表記に変えた。ジョージア政府がロシア語発音を嫌い、変更を要望していた。現地ジョージア語では国名は「サカルトベロ」。本書も基本的にジョージアの表記を採用した。ロシアでの表記はГрузия（グルジア）で変わらない。

金融危機の再来

二〇〇八年九月、ロシアは米国発の国際金融危機の直撃を受けた。九月十五日に米国の大手証券会社リーマン・ブラザーズが破綻、翌日には大手保険会社アメリカン・インターナショナル（ＡＩＧ）も経営不安から米政府の管理下に置かれ、世界中で株価が下がり、ロシアでも株価は九月十六日に暴落した。その後も続落、十月のロシアの株式相場の下げ幅は世界最大となった。この株式市場の大混乱が引き金となって、ロシアは金融不安、生産縮小、失業増に見舞われた。二〇〇九年の国内総生産（ＧＤＰ）は前年比マイナス七・九％。この落ち込みは他の国に比べても極めて大きい。

ロシア経済が国際金融危機の直撃を受けたのは一九九八年に次いで二度目。ソ連とは違ってロシアが世界経済に組み込まれていることが改めて確認された。

メドベージェフ・プーチンの双頭体制は、まず信用不安をふせぐため銀行に巨額の資金を注入、一般企業に対しても操業資金、対外債務返済のための資金を貸し付けた。株価の下落を止めるための直接的な対策も実施した。しかし、政府は年が明ける頃には、効果のあがらない対策があるとして対応を見直し、春までに流動性の供給を打ち切った。経済は徐々に落ち着きを取り戻し、二〇〇九年末にはプーチン首相が最悪期は脱したと表明するに至った。政府の緊急対策が功を奏したという面もあるだろうが、実は一九九八年に危機を克服した時と同じように今回も、原油価格が上昇し、回復を支えた。ロシア原油の代表油種ウラルス Urals は二〇〇九年初めには一バレルあたり三〇ドルを下回っていたが、年末には八〇ドル近くまで上昇した。

メドベージェフ大統領時代には大統領と下院議員の任期を延長する憲法改正が成立している。憲法改正には下院議員の三分の二、上院議員の四分の三、さらには地方議会（日本の都道府県議会に相当する議会）の三分の二以上の賛成が必要で、そう簡単ではなさそうだが、この任期延長の改正は実に簡単に短期に実現した。

メドベージェフ大統領は二〇〇八年十一月五日の議会向け演説で、大統領の任期を四年から六年に、下院議員の任期を四年から五年へと延長する考えを表明、同月十一日に下院にそのための憲法改正案を提出、翌十二月中旬までには上下両院、地方議会が可決、十二月三十一日に改正が施行された。提案から改正実現まで二カ月もかかっていない。任期延長は二〇一二年の次回選挙で選ばれる大統領、下院議員から適用された。大統領の任期が連続二期までという制限は変更されなかった。この憲法改正は、与党的存在の統一ロシアを中心にタンダム、とりわけプーチン支持の議員が中央でも地方でもいかに多いかを浮き彫りにした。

不発に終わった「スラブの春」

二〇一二年五月までの双頭体制の下で発生した重大な動きに反政府抗議運動がある。二〇一一年十二月四日に下院選が実施されたが、政権に批判的な人たちが不正選挙だったと反発、モスクワで大規模な抗議デモを実施、集会を開いた。十二月十日のモスクワ・バロートナヤ広場の集会には、警察発表で二万五千人、主催者発表で八万五千人が参加した。さらに同月二十四日のサハロフ大通りでの集会には、警察によると二万九千人、主催者発表で十二万人が参加した。ソ連崩壊後みられなかった大集会で、党派を超えて市民が参加した。それまでの抗議運動の参加者は一般的に数百人、多くても数千人規模だった。

ボリス・ネムツォフ、ゲリー・カスパーロフ、グリゴリー・ヤブリンスキーといったリベラル派のほかに政府

2011年12月24日，モスクワのサハロフ大通りでの大規模集会（提供：AFP＝時事）

高官の汚職追放運動の闘士、アレクセイ・ナバルヌィ、またナショナリストからアナキストも含め左から右まで様々な政治信条の人たちが参加した。さらに普段はあまり政治に関心を示さない比較的裕福な中間層、一般市民、学生も多数参加、集会やデモはお祭りのような様相もみせた。当局は都心をデモ・集会の場所として認可、厳しい取り締まりは避け、基本的に衝突は起きなかった。

この抗議運動ではインターネットが大きな役割を果たした。ナバリヌィはインターネットを通じてクレムリンから地方政府まで汚職の実態を暴露することで有名になった人物で、下院の多数党である統一ロシアを「詐欺師と泥棒の党 party of swindelres and thieves / партия жуликов и воров」と評し、この用語を広く社会に浸透させた。彼は公務員らによる選挙違反の情報をインターネットで流した。それが抗議運動の参加者を増やした。

デモ・集会は不正選挙の糾弾にとどまらず、選挙やり直し、選挙違反の捜査、ウラジーミル・チュロフ中央選挙管理委員会委員長の解任、政治犯の釈放を求め、さらには三期目の大統領をめざし立候補を明らかにしていたプーチンの退陣、大統領権限を制限する憲法改正、徹底的な司法改革の要求もあった。

このため、抗議運動がアラブの春ならぬスラブの春 Slavic Spring に発展し、政変が起きるのではないかとの観測も出た。だが、その後、抗議運動は盛り上がらず、しぼんだ。

その理由の第一は、国民のプーチン支持率が高く、反政権派は少数派だったという単純な事実を指摘できる。抗議運動が依然勢いを持っていた二〇一二年三月にメドベージェフ大統領の次の大統領を選ぶ選挙が実施されたが、プーチンは第一回投票で六四％を確保して勝利した。反プーチン派は力不足だった。この選挙でも一定程度の不正行為があったと推定されるが、別途説明するように結果を左右するほどの規模ではなかった。

第二の理由は、抗議集会に参加した人たちの多くは暴力的な行動に反対で、アラブの春の参加者とは違っていた。ロシアの参加者の大半は革命を求めなかった。第三に、デモ・集会の参加者は不正選挙の糾弾では一致していたが、彼らの政治意識は多様だった。全体をまとめる強力な指導者もいなかった。多くの人はプーチンに批判的だったが、プーチン支持者も参加していた。第四に、国民の多くは一九九〇年代初期のようには生活に困窮していないという経済事情がある。ロシアの一人当たりGDPは一万ドルを超える。二〇〇〇年以降のプーチン大統領とメドベージェフ大統領の下で貧困層は縮小しつつあった。

抗議運動は規模を縮小しながらも二〇一二年に入っても各地で続き、同年三月の大統領選についても不正選挙だったとの批判が相次いだ。では不正がどの程度、選挙結果を左右したのか。それを正確に検証することは難しいが、事前の世論調査と実際の結果を比較することが一つの手がかりを与えてくれる。結論はいずれの場合も世論調査と選挙の結果はほぼ同じ。つまり、不正が大勢を左右することはなかったと推測される。

下院は全四百五十議席が比例代表選挙で選ばれ、七％以上を得票した政党が議席を得る。二〇一一年十二月四日投票の下院選では統一ロシア、ロシア共産党、公正ロシア、自由民主党の四党が議席を確保した。メドベージェフ大統領、プーチン首相が支持する統一ロシアは議席の過半数を制した。

事前の各種世論調査から判断すると、統一ロシアの議席が三分の二から過半数を少し上回る程度を得るとみられていた。実際の結果はその通りだった。ただし、ロシア共産党と公正ロシアが大健闘し、世論調査の予測を上回る票を得た。特に公正ロシアが自由民主党を抜いて第三位の政党に躍進したことは予測と違った。統一ロシアへの批判票が公正ロシアに多く流れたと推測されている。公正ロシアは二〇〇六年に結党された比較的新しい党で、汚職や貧困への対策を訴えており、斬新な政党だと評価された。

ロシアの議会は連邦議会と呼ばれ、下院の国家ドゥーマと上院の連邦院の二院制。下院議員は一般有権者の直接投票で選ばれ、上院議員は「共和国」や州といった全国八十三の行政単位において各二人ずつ間接選挙で選ばれる。下院が上院より権限は強い。下院定数は四百五十人、上院定数は百六十六人。

二〇一二年三月四日投票の大統領選における結果と世論調査の関係はどうだったか。この選挙では、プーチンが第一回投票で過半数を獲得して当選を決めるのか、それとも過半数を得られず決選投票にもつれ込むのかが焦点だった（第一回投票で過半数を得る候補がいない場合は上位二人の決選投票を実施する）。

下院選直後のプーチン批判の大規模集会の勢いから判断して一部にはプーチンは落選するかもしれないとの見方すらあったが、蓋を開けてみると、プーチンは第一回投票で六四％を得票、二位のジュガノフ共産党党首の一七％、三位の実業家、ミハイル・プロホロフの八％に大きく水をあけ当選した。

これらの結果もほぼ事前の世論調査の結果通りだ。レバダ・センターが二月十七〜二十日に実施した調査では、プーチン支持が六六％、以下ジュガノフ一五％、ウラジーミル・ジリノフスキー自由民主党党首八％、プロホロフ六％となっていた。別の世論調査機関の事前調査もほぼ同様の結果を示していた。

したがって投票や開票作業に不正があり、その規模は日本や欧米諸国での選挙に比べ大きいであろうことは、国際選挙監視団の報告や内外の報道から推察されるが、そうであったとしても、選挙結果を左右するほどではなかったと言えるだろう。

では、ロシアの選挙にはたいした問題はないのかというと、そんなことはない。選挙運動と選挙報道のあり方に大きな問題がある。エリツィン時代に「行政資源」を動員した選挙戦が展開されたが、それがメドベージェフ大統領時代にも続いていたことが問題だ。行政資源とは役所や国営報道機関、国営企業を意味する。

ロシアでは一期目のプーチン大統領時代に三大テレビ放送局が国営あるいは国営企業の傘下に入った。政権が選挙報道を管理しやすい状態にあり、実際に政権寄りの報道が多い。二〇一二年の大統領選の場合、プーチンは現職の首相であったため、首相としての彼の活動を報道するという建前で事実上、彼の大統領候補としての選挙運動を他の候補に比べ詳しく、時間をかけて報道した。欧州安全保障協力機構（ＯＳＣＥ）が派遣した選挙監視団の一人は、報道機関が一人の候補を多く報道、それが彼に有利に働いたと述べた。これがプーチンを指すことは明白だ。

官庁、企業で上司が陰に陽に政権側の党、候補に有利になるように働きかけるといった役所ぐるみ、企業ぐるみの選挙という問題を解消し、法的に平等な競争条件を保証することが大きな課題だ。抗議運動に参加した人の多くはこうした選挙のあり方に怒った。

タンデムの終わり

ロシアの政局はメドベージェフ大統領の任期が切れる一年以上前からメドベージェフが続投するのか、プーチンが復帰するのかをめぐる問題を中心に展開した。結局、二〇一一年九月二十四日、政権党である統一ロシアの党大会でメドベージェフがプーチンを次期大統領候補に推し、プーチンがこれを受け入れ、当選したらメドベージェフを首相に任命すると述べた。

プーチンは二〇一二年三月の大統領選で当選、五月七日に任期が六年に延びた三期目の大統領に就任し、メドベージェフを首相に任命した。大統領と首相が入れ替わった。しかしロシアではこの新体制をタンデムと呼ぶことはなかった。メドベージェフはプーチンが憲法を遵守して辞任し復帰するまでの四年間の暫定的な大統領だったと評価されたからだ。

メドベージェフは大統領就任前、そして大統領就任後もプーチンに比べリベラルだとみられていた。メドベージェフは二〇〇三年十月のホドルコフスキー逮捕に批判的だと思わせる対応を示し、二〇〇七年一月のスイス・ダボスでの世界経済フォーラムで演説し「自由は不自由よりもよい」と強調した。この「自由は不自由よりもよい」という言葉を二〇〇八年二月、大統領選運動期間中にも繰り返した。取り立てて注目すべき言葉ではないようにも響くが、自由が制限されていたソ連時代を知る人たちにとっては一定の印象を与えた。

メドベージェフ大統領は民営化を進め、市場経済志向の強い人物を起用、政府批判の強い新聞の編集長と会談、非政府組織（ＮＧＯ）活動に寛容な姿勢を示した。だからといってハト派のメドベージェフがタカ派のプーチンと対立してタンデムが混乱したということはない。

ウクライナをめぐる駆け引き

二〇一二年に大統領に復帰したプーチンは外交の力点をそれまで以上に旧ソ連諸国との関係の緊密化に置いた。旧ソ連諸国の中で人口、面積ともに最大の国はウクライナ。同じ東スラブ族の国で歴史的にも最も関係が深い。ソ連時代からの経済関係もあり、ウクライナはロシア外交にとって極めて大きな比重を占めていた。ところが、プーチン大統領の思惑とは別にウクライナとの関係は一気に悪化した。これにはウクライナの複雑な国内事情、ウクライナをめぐるロシアと欧州連合（ＥＵ）との地政学的な駆け引きが関係している。

二〇一三年十一月、ウクライナのビクトル・ヤヌコービッチ大統領はＥＵとの連合協定 Association Agreement の調印を延期、これを機にウクライナ国内で政治対立が表に吹き出した。ＥＵは近隣諸国と連合協定を結び、ＥＵの政治経済体制に近づけることを約束させ、これらの国との関係を強めている。連合協定の内容は相手国によって異なり、ウクライナの場合は、連合協定を自由貿易協定と一体で締結する交渉を進めた。ウクライナがＥＵとの連合協定を結ぶことは、政治的にも経済的にもＥＵに大幅に接近することを意味した。

プーチン大統領はこのウクライナの西側接近を止めようと動いた。彼は旧ソ連諸国によるユーラシア統合をかけ声にロシア圏の構築を進め、ウクライナをその重要な柱として想定していた。つまりウクライナはＥＵとロシアの縄張り争いの場になっていた。

ロシアとEUは綱引きを演じる中で、それぞれがウクライナに対し飴と鞭を使った。ロシアが提供した主な飴は、ウクライナに販売する天然ガスの値引きと金融支援だ。鞭は、ロシアに輸入されるウクライナ製品に対する各種検査の強化、輸入数量規制や関税引き上げの示唆などである。

ウクライナはEUとの連合協定に調印する交渉を進め、二〇一三年十一月二十九日にリトアニアのビリニュスで開かれるEU首脳会議にヤヌコービッチ大統領が出席して協定に調印するとみられていた。ところが、直前の十一月二十一日になってウクライナが調印延期を発表した。ウクライナはロシアとEUの狭間で双方から提示されている飴と鞭を天秤に掛けていたが、結局はロシアの意向に沿う決定を下した。

EUが協定締結のためにウクライナに求めた市場開放条件が厳しく、ウクライナがそれを受け入れた場合、経済が一段と悪化するとヤヌコービッチ大統領は判断した。EU首脳会議が終わった後の十二月、ロシアはウクライナ政府発行の合計百五十億ドルのユーロボンドを段階的に購入し、ウクライナに金融支援を提供することを発表した。

EUとの連合協定調印の延期は必ずしもEUとの関係を断絶することを意味しなかったが、西側指向の強い人たちと反ロシア意識の強い人たちが反発、これに当時の野党勢力が加わって首都キエフの中心にある独立広場で抗議運動を展開し始めた。抗議運動には経済不振、汚職の蔓延に反発する市民も多数参加した。警察、治安部隊が十一月三十日にこれを力ずくで抑え込みにかかり、反政府運動は警察・治安部隊との実力闘争の様相を強め、地域的にも一気に拡大した。そして遂に翌二〇一四年二月二十日、独立広場で銃撃が発生、数十人が死亡した。誰が最初に銃撃したかについては諸説あるが、当局側ではなく、反政府勢力の中の極右組織であるとの説が有力だ。反政府運動の中にはスボボダや右派セクターといった極右組織が入り込み運動を煽っていた。

ポーランド、ドイツ、フランスが仲介して翌日には政府と反政府運動の代表と目される人たちは和解に達し、事態収拾への足がかりがつかめたかに思えた。しかし、反政府運動内には和解に反対する勢力がいて、和解は直ちに崩壊した。当局との対決を主張する強硬派は過激化し、身の危険を感じたヤヌコービッチ大統領は二十一日夜にキエフを退去、同政権は崩壊した。代わって反政府勢力が政権を奪取した。プーチン大統領はこれをクーデターと批判した。ヤヌコービッチ大統領はキエフを出た後、ハリキフ（ハリコフ）を経由して二月二十五日にはモスクワに到着、ロシアに事実上亡命した。

力ずくのクリミア併合

キエフで反政府勢力が暫定政権を作ると、今度はロシア語系住民の多い東部のドネツク州とルハンスク州、南部のクリミア自治共和国で暫定政権に反対する運動に火がつき、ウクライナからの分離独立、さらにはロシアとの合併をめざす動きが強まった。

ロシア語系住民の強い反発のきっかけの一つとなったのが、政変後の議会におけるロシア語の扱いに関する決定だ。ウクライナでは法律でウクライナ語が公用語と規定され、さらにウクライナ語以外で住民の一〇％以上が使用する言語が地域的公用語として認められていた。つまり、ロシア語は公用語の一つだった。しかし、議会はヤヌコービッチ大統領を追放した直後の二月二十三日、その法律を廃止する法案を採択した。賛成した議員たちは特にロシア語の使用を禁止したわけではないと弁明したが、ロシア語系住民はそうは受け止めなかった。その後、この法案に対して国際的批判が相次ぎ、施行されなかった。

分離独立の動きはクリミアで先鋭化した。クリミアでは二月二十六～二十七日に識別章をはずした正体不明の兵士が現れ、議会、幹線道路、空港、通信施設を占拠、ウクライナ軍兵士の行動を抑え込んだ。米欧諸国は兵士たちが使用していた装甲車、トラック、制服などから判断して彼らはロシア軍兵士だと断定した。

彼らが治安を維持する中、三月十六日にロシアへの編入の是非を問う住民投票が実施され、投票率八三％で九七％が編入に賛成した。これを受けてクリミア自治共和国議会は三月十七日に「クリミア共和国」の独立を宣言、同時にロシアへの編入をロシアに要請した。翌十八日にロシアとクリミアの代表が編入条約に調印、プーチン大統領が二十一日にクリミアを併合した（正確には、クリミア共和国とセバストーポリを併合した。セバストーポリは行政区としては共和国とは別の特別市だった）。

クリミアに現れた識別章のない兵士についてプーチン大統領は三月初めには地元の自衛組織の連中だと言っていたが、四月にはロシア軍兵士だったことを認めた。

米欧諸国はクリミアのロシアへの編入を阻止するため、住民投票が実施される直前の三月十五日、国連安保理に住民投票の結果を認めないとの決議案を提出した。常任、非常任理事国計十五カ国のうち十三カ国が決議案に賛成したが、ロシアが拒否権を発動し、否決された。中国は棄権した。三月二十七日には国連総会がウクライナの領土一体性を尊重しクリミア併合を不法だとする決議を採択したが、決議には拘束力はなく、ロシアはこの決議を無視した。

クリミアとドンバス

米欧諸国を中心に広範な国際社会から強い批判にさらされることを知りながらプーチン大統領はなぜクリミア併合を強行したか。編入前の三月四日のロシア人記者団との会見、三月十八日に編入条約に調印した後の議員らを前にした演説、その日の赤の広場での演説、さらに四月十七日の市民との対話での発言を踏まえると、次のようにまとめられる。

第一に、クリミアは歴史的経緯からみてロシア固有の領土であり、民族としてのロシア人が住民の六割を占めている。その住民が圧倒的多数でロシアへの編入を希望したのでそれを受け入れた。

確かにクリミアは歴史的にロシアとは切っても切れない絆のある土地だ。

ロシアのアイデンティティを形成した重要な出来事の一つが、九八八年のウラジーミル公の洗礼だ。それによってロシアはキリスト教の国になった。その洗礼の場所が当時、キリスト教布教の拠点があったクリミア半島のチェルソネソスである。またクリミアはエカテリーナ二世が一七八三年にクリミア汗国を制圧しロシア帝国の版図に組み込んだ土地だ。以来、ロシアの領土であり、第二次世界大戦ではナチス・ドイツの攻撃からクリミアを守るため多くのソ連軍兵士が血を流した。

そのクリミアがなぜウクライナの領土だったかというと、一九五四年にニキタ・フルシチョフ党第一書記がクリミアをウクライナへの贈物としてロシアからウクライナへ編入したからだ。一六五四年にウクライナの地がロシア・ツァーリ国に組み入れられたという史実があり、一九五四年はその三百周年にあたった。一九五四年当時はソ連という一国の中での行政区分の変更で、日本で言えば県境が移動したようなものだが、一九九一年にソ連が崩壊し、ウクライナが独立、クリミアはそのままウクライナ領土として残った。プーチン大統領は二〇一四年三月十八日の演説でフルシチョフの決定を「憤慨させられる歴史的不義」と強調しており、ようやくその不義を正すことができたと考えているのだろう。

第二にロシア人を守る必要があったという主張である。プーチン大統領はキエフの暫定政権がクリミアにロシア語系住民を襲撃する部隊を送り込んだので、彼らの生活と命を守る必要があったと強調した。

第三に、ロシアにとっての軍事戦略的観点からクリミアを失うわけにはいかなかったという理由があろう。プーチン大統領は四月十七日の市民との対話で率直に要旨次のように述べた。

北大西洋条約機構（ＮＡＴＯ）の東方拡大に対応する必要があった。傍観すれば、ＮＡＴＯの艦船がセバストーポリに現れただろう。

さらにＮＡＴＯは弾道ミサイル防衛（ＢＭＤ）システムをクリミアに配備しただろう。それはロシアに地政学的に重大な影響を与える。ＢＭＤシステムは防衛兵器ではない。攻撃兵器の一種だ。ロシアは黒海沿岸から事実上排除されてしまう。クリミアがなければ、ロシアには四百五十～六百キロメートル程度の小さな海岸しか残らない」[15]。

第四に、ソ連崩壊後の米欧諸国によるロシア軽視・無視の態度に一矢報いたかったとの思いもあるだろう。三月十八日のプーチン演説には米欧への恨み辛みがちりばめられている。この中で、一九九九年のＮＡＴＯ軍によるユーゴスラビア空爆、アフガニスタン、イラク、リビアへの介入、さらには二〇〇三年のジョージア、二〇〇四年のウクライナにおけるカラー革命と呼ばれる政変やアラブの春へのＮＡＴＯの関与を指摘しながら、「米国をはじめとする西側のパートナーたちは実際には国際法ではなく、力の法則に基づく行動を選択している。彼らは自分たちが選ばれた存在であるという意識、自分たちは特別だという意識を抱え、さらに世界の運命を決めることを許され、自分たちがいつも正しいと思い込んでいる。〈中略〉主権国家に対し武力を行使し、『われわれに味方しなければ、われわれの敵だ』との原則で陣営を構築している」と批判した[16]。

プーチン演説は続けてＮＡＴＯ拡大、ロシア国境近くでの軍事施設の展開、ＢＭＤ配備計画を列挙しながら、「彼らはわれわれを何度もだまし、われわれの頭ごなしに決定を下し、それを押しつけてきた」と述べ、「十八、十九、二十世紀に実行された悪名高いロシア封じ込めが今も続いていると信じるに足る理由がある」と結論づけた。この二〇一四年三月十八日のプーチン演説は、彼が二〇〇七年二月十日にミュンヘンで開かれた安全保障に関する国際会議で行った演説を想起させる。

米欧諸国や日本はクリミア併合を明白な国際法違反だと厳しく批判、制裁を科し、これにロシアが対抗制裁に乗り出すなど、ロシアと米欧諸国との関係はソ連崩壊後最悪の状態に陥った（ウクライナをめぐる対立については第８章の「クリミア併合と国際法」の項を参照のこと）。

クリミア併合の後、焦点はウクライナ東部のドネツク州とルハンスク州を合わせたドンバス地方に移った。両地方にはロシア語系住民が多く、元々親ロシア勢力の地盤だった。首都キエフで親西側勢力が政権を奪取すると、ドンバスでもクリミア同様、分離独立やロシアへの併合を求める市民が州政府などの建物を占拠、これを奪回しようとするウクライナ政府軍との間で戦闘が始まった。親ロシア派勢力は五月に住民投票を実施、それぞれ「ドネツク人民共和国」、「ルハンスク人民共和国」の設立を宣言した。米欧諸国はロシア政府が親ロシア派勢力に兵士や武器を提供し支援したと批判した。ロシア政府はこれを否定した。

戦闘は多数の犠牲者を出し、ロシアに越境して避難する人も数十万人に上った。二〇一四年七月十七日にはアムステルダムからクアラルンプールに向かっていたマレーシア航空一七便（ＭＨ17）がドネツク州上空でミサイル砲撃によって撃墜され、乗客乗員合わせて二百九十八人が死亡した。誰が撃墜したかをめぐりウクライナ政府、親ロシア派勢力がそれぞれ相手を非難した。

ロシアがクリミアを併合した際、次はドンバス地方を併合するのではないかとの観測が出たが、そうはならなかった。ドンバスにはクリミアと違って黒海艦隊の本拠地はないし、ドンバスとの関係の歴史も異なること、併合した場合には米欧日による制裁が一段と強化されるし、さらにはウクライナあるいは西側諸国との戦争状態すら覚悟しかねないといった懸念が歯止めになったと考えられる。

キエフにさかのぼるロシア国家の源流

ロシアとウクライナの紛争を理解するにはウクライナの複雑な歴史に目を向ける必要がある。現在ウクライナと呼ばれている土地は時代によって異なる周辺民族に支配されてきた。まず、九世紀末から十三世紀前半にかけキエフを中心に東スラブ族などの国家キエフ・ルーシが存在し、この古代国家からベラルーシ、ロシア、ウクライナの近代国家が生まれた。ロシアの歴史の源流をたどると、ウクライナのキエフに行き着く。ウクライナとロシアの言語、文化には共通点が多く、両国は極めて近い親戚関係にある。
キエフ・ルーシが十二世紀に衰退、一二四〇年にはキエフはモンゴル人の黄金軍団に破壊され征服された。その後はリトアニア、ポーランド、オスマン帝国（オットマン帝国とも言う。トルコのこと。属国のクリミア汗国を通じて黒海周辺を支配）、オーストリア・ハンガリー、ロシアが次々とこの地を入り乱れて支配した。それぞれの支配者が統治した地域は現在のウクライナの広い範囲に及んだ場合もあるし、一部だった場合もある。コサックが勢力を伸ばした時期もある。

ちなみに、ウクライナという言葉がいつ頃から使われたかについては諸説あるが、十六世紀、ポーランドが支配した時代に登場したとも言われる。一五六九年にポーランドとリトアニアが一つの国に合体、ポーランド・リトアニア共同体 Polish-Lithuanian Commonwealth が成立し、この地は事実上、ポーランドの支配下に入った。その頃から遠隔地 borderland という意味を持つウクライナという地名が使われ始めたと言う。

近代における大きな変化としては、十八世紀後半の三次にわたるポーランド分割によって、ウクライナの大半がポーランドからロシア帝国の支配下に移ったことを挙げられる。ただし、今のウクライナの西の地方であるガリチア Galicia はオーストリアに組み込まれた。ロシアでの二月革命後の混乱の中、一九一七年六月に「ウクライナ人民共和国」、十月革命後は「ウクライナ・ソビエト社会主義共和国」が独立国として誕生し、一九二二年十二月にソ連を構成する一共和国となった。

第一次世界大戦を経て独立を取り戻したポーランドはロシアの内戦に乗じて、かつて支配していたウクライナ内の土地を取り戻そうとロシアに攻め込み、一九一九年二月から一九二一年三月までロシア・ポーランド戦争が続いた。ポーランドが優勢で、一九二一年三月にリガ条約を結び講和した。リガ条約でポーランドはガリチア東部とボルイニアの西側を手に入れた。しかし、ソ連はナチス・ドイツとの間で一九三九年に独ソ不可侵条約を結び、西側に勢力圏を拡大、それが基本的に第二次世界大戦後の現在の国境となった。

こうした複雑な経緯からウクライナは多様な民族、集団を寄せ集めた国と言うこともでき、全体を一つにまとめるナショナリズムが育ちにくかった。ウクライナ西部はポーランドやオーストリアの影響を強く受けてきた地域で、東方正教ではなくウクライナ・ギリシャ・カトリック教会の信者が多い。この教会の典礼は正教会と同じだがローマ法王を崇拝する。また西欧諸国との関係を重視する人たちが多い。これに対しキエフを含む中央部はロシアの影響が強く、正教徒が多い。東部・南部はロシアの影響が最も強く、ここも正教徒が多い。

したがって、二〇一四年に東部・南部で分離独立運動が加速する前から西部と東部・南部では政治的志向が分かれていた。例えば、二〇一〇年二月の大統領選で、ユリア・ティモシェンコとビクトル・ヤヌコービッチが決選投票に進み、ヤヌコービッチが勝利したのだが、地域別の得票を見ると、西部では圧倒的にティモシェンコが、東部や南部では圧倒的にヤヌコービッチが票を獲得、中央部では両候補の票はほぼ拮抗した。西部ではウクライナ語が主に使われ、ティモシェンコは親西側と目されていた。東部・南部ではロシア語が主に使われ、ヤヌコービッチは親ロシアの政治家とみなされていた。

ただし、ウクライナの国民がウクライナ語を話すウクライナ人とロシア語を話すロシア人にはっきりと分かれているわけではない。キエフ国際社会学研究所 Kiev International Sociological Institute が二〇〇五年に実施した世論調査によると、日常的にロシア語を話す人は三七・八%、ウクライナ語を話す人が三四・二%、状況に応じて双方を使い分けている人が二七・一%だった(17)。自分はウクライナ人だと言う人が日頃ロシア語を話し、逆にロシア人がウクライナ語を使うこともある。ウクライナ語はロシア語と極めて近いが、ポーランドやリトアニアに支配された影響で少し異なる。ロシア人の中には「ウクライナ語はポーランドのアクセントを持つロシア語」という人もいる。ウクライナがロシアにとって特別な国であることがわかる。

新ロシア圏作りの苦闘

プーチン時代、ロシアはソ連復活を試みる対外膨張を進める帝国ではないのかとの問いがしばしば発せられた。プーチンは大統領二期目の二〇〇五年四月、議会向け演説で「ソ連崩壊は世紀の最大の地政学的災難だった」と述べた。メドベージェフは大統領だった二〇〇八年八月、南オセチアとアブハジアを独立国家として承認した直後、テレビ局との会見でロシアの外交方針を説明、その中で「ほかの国と同様、ロシアも特権的な利益 privileged interests / привилегированные интересы を有する地域がある。これらの地域にはわれわれが特別な歴史的関係を持つ友好的な隣国が存在する」と強調した。「特権的な利益」とは聞きなれない言葉で、西側の多くの報道機関は勢力圏 sphere of influence と解釈した。

確かにプーチンもメドベージェフも完全に西側圏入りしたバルト三国を除く旧ソ連諸国との関係の再構築に熱心だ。ソ連崩壊時に発足した独立国家共同体（ＣＩＳ）を維持、新たに集団安全保障条約機構 Collective Security Treaty Organization（CSTO）/ Организация Договора о коллективной безопасности（ОДКБ）や、欧州連合（ＥＵ）に似たユーラシア経済同盟 Eurasian Economic Union / Евразийский экономический союз を作った。二〇〇八年にはジョージアと戦争し、アブハジアと南オセチアを独立させ、ロシア圏に組み込んだ。二〇一四年にはクリミアを併合し、ウクライナ東部の親ロシア勢力にてこ入れした。

強引なクリミア併合を見ると、ロシアは一気にソ連復活をめざし邁進しているようにも見える。だが、ロシアの努力は様々な壁にぶち当たっている。思うがまま新ロシア圏作りで成果を上げられているわけではない。バルト三国は完全に西側圏に入っているし、ウクライナもジョージアも西側に追いやった。中央アジア諸国などほかの旧ソ連諸国はロシアと付かず離れずといった感じだ。

バルト三国とジョージアを除く旧ソ連諸国はソ連崩壊時に独立国家共同体（ＣＩＳ）を結成、それが結束の場になるかと思われた。しかしＣＩＳは経済的にも政治的にもほとんど機能しなかった。各国とも独立国家の意識

旧ソ連諸国の主な地域組織と加盟状況（2017年７月時点）

	CIS	国家連合	ユーラシア経済同盟	CSTO	SCO*c	NATO	EU
ロシア	◎	◎	◎	◎	◎		
ベラルーシ	◎	◎	◎	◎			
ウクライナ	○*a						
モルドバ	◎						
カザフスタン	◎		◎	◎	◎		
キルギスタン	◎		◎	◎	◎		
ウズベキスタン	◎			—*b	◎		
タジキスタン	◎			◎	◎		
トルクメニスタン	○*a						
アゼルバイジャン	◎			—*b			
アルメニア	◎		◎	◎			
ジョージア	—*a			—*b			
エストニア						◎	◎
ラトビア						◎	◎
リトアニア						◎	◎

（注）１．CIS＝独立国家共同体，CSTO＝集団安全保障条約機構，SCO＝上海協力機構，NATO＝北大西洋条約機構，EU＝欧州連合

２．◎は加盟国，○はオブザーバーなど準加盟国

＊a　ウクライナとトルクメニスタンはCIS規約を批准していないため形式的には加盟国ではないが，準加盟国的存在として関係している。ジョージアは2009年８月に脱退した。

＊b　ウズベキスタンはCSTOの前身の集団安保条約（CST）に加盟したが，1999年に脱退，その後2006年にCSTOに加盟したが，2012年６月に脱退した。アゼルバイジャンとジョージアも1999年に脱退した。

＊c　SCOには中国，インド，パキスタンも加盟。旧ソ連諸国の中ではベラルーシが「対話パートナー国」。

の下で行動、ロシアに従属することを嫌った。CISが機能しないため、旧ソ連諸国はCIS以外に様々な地域組織を作らざるを得なかった。

一九九三年一月二十二日にCIS首脳会議は集団安全保障、軍事・政治協力、紛争予防・解決、経済・社会・司法の分野における協力、議会間の協力、加盟国の対等性を明記したCIS規約を採択した。これがCIS運営の基本方針となっている。同年十二月にはジョージアが同国内のアブハジアと南オセチアの分離独立問題へのロシアの協力を期待してCISに加盟、十二カ国体制ができたが、二〇〇五年八月にトルクメニスタンが準加盟国になると宣言し一歩距離を取り、二〇〇九年には

ジョージアが脱退した。

ＣＩＳの場では実に様々な文書が調印された。一九九三年九月二十四日の経済同盟設立条約をはじめその数は膨大な数に上る。ＣＩＳの組織も首脳会議、首相会議、事務局から始まって防衛、経済、司法などにたくさんある。ＥＵも顔色を失うといった感じだ。だが、これらの調印文書、組織にはほとんど実が伴わなかった。

旧ソ連諸国で起きた紛争解決のためにＣＩＳが活用されたことはない。ナゴルノカラバフ、トランスニストリア、アブハジア、南オセチア、タジキスタン、ジョージア、ウクライナの紛争解決には無力だった。実効性のある共通の経済政策が実施されたこともない。その理由は各国が異なる国家戦略を胸に秘めながら、取りあえずはソ連を構成した共和国としての絆を保っておいた方がよいといった程度の考えで結びついていたからだ。

二〇〇五年三月にプーチン大統領が述べた率直な言葉がＣＩＳの実態を最もよく言い表わしている。彼は「ＣＩＳに対し経済、政治、軍事の分野での何か特別な期待を寄せていたとしても、もともと期待にこたえられるはずもなかった。ＣＩＳの目的はただ一つ、つまりソ連崩壊が混乱なく、穏便に進み、経済、社会の分野での損害を最小限に抑えることにあった。ＣＩＳはそのために作られた」、「欧州ではＥＵ諸国が統合のため共同で努力したとすれば、ＣＩＳはきれいに離婚するため作られた」と述べた[18]。

ではＣＩＳは消え去るのかというと、そうではなさそうだ。プーチン大統領は「ＣＩＳは相互の情報交換、政治、社会、政策実行上

プーチン時代における旧ソ連諸国の地政学的位置

■NATO，EUに加盟し完全に西側諸国の一員となった国	エストニア，ラトビア，リトアニアのバルト３カ国
■親西側志向の強い国	ウクライナ，ジョージア，モルドバ
■ロシアと同盟色の強い国	アルメニア，ベラルーシ，カザフスタン，キルギスタン，タジキスタン
■ロシアと西側諸国の関係を均衡させようとしている国	アゼルバイジャン，ウズベキスタン
■中立を宣言した独自路線の国	トルクメニスタン（トルクメニスタンは1995年に永世中立 permanent neutrality を宣言）

の共通の問題を明確にする極めて有効なクラブだ。われわれはこの機関を失うべきではない。それは重要だ」、「これは各国の指導者たちが定期的に会い、様々な問題を取り上げて話し合い、時に機動的に結論を出し、その後、二国間あるいは一つにまとまって解決していく広場である」と述べた(19)。ロシアにとってCISは意見交換の場としても必要であり、存続した。

虎の子のユーラシア経済同盟

プーチン大統領がCISの代わりに旧ソ連諸国統合のため力を入れて取り組んだのがユーラシア経済同盟の設立だ。この統合組織の構想の始まりは、一九九四年三月にカザフスタンのヌルスルタン・ナザルバーエフ大統領が提唱した通商ブロック「ユーラシア同盟」にさかのぼる。ロシア、カザフスタン、ベラルーシ、キルギスタン、タジキスタンの五カ国でユーラシア同盟を作り、のちにアルメニア、ウズベキスタン、モルドバに拡大できるとされていた。これをプーチン大統領が後押し、首相だった二〇一一年十月三日にイズベスチア紙に「ユーラシアの新たな統合計画――今日生まれる未来」と題した論文を発表、実現に向け動き出した。

ロシアはベラルーシ、カザフスタンと関税同盟を組織するなど統合への努力を重ね、二〇一五年一月にユーラシア経済同盟の発足にこぎ着けた。三カ国で発足したが、二〇一五年中にアルメニアとキルギスタンが加盟した。この同盟は単一市場を構成、人、物資、資本の自由な移動を実現、共通の運輸、農業、エネルギー政策、将来は共通通貨の導入をめざすというからお手本はEUのようでもある。

だが、旧ソ連諸国の中で存在感の大きな国がユーラシア経済同盟には入っていない。ウクライナだ。ウクライナの人口は約四千五百万人。肥沃な農地、工業力もあり、国内総生産はロシア、カザフスタンについで第三位だ。ウクライナが加盟するかしないかによって、ユーラシア経済同盟の存在感は大きく変わる。

プーチン大統領はウクライナを取り込もうと努力した。しかし、二〇一三年十一月に始まった政変でウクライナの政権が交代、その後、ロシアによるクリミア併合、ウクライナのドンバス地方でのウクライナ政府軍対親ロシア派勢力の戦闘の結果、ウクライナがユーラシア経済同盟に加盟する可能性はなくなった。ロシアはクリミアを得たが、ウクライナを失ってしまった。

ユーラシア経済同盟を作るにあたっては、ロシアとカザフスタン、ベラルーシの間には、統合を経済分野に限るのか、それとも政治分野での統合も視野に入れるのかといった問題をめぐり思惑の違いもあった。二〇一二年にロシアのセルゲイ・ナルィシキン下院議長は何度かユーラシア議会設立を提唱した。しかし、カザフスタンとベラルーシは消極的だった。その結果、統合は経済分野に限るという意味も込め、新組織の名称は「ユーラシア経済同盟」に落ち着いた。

ロシアが旧ソ連諸国の一部とは言え、ＣＩＳより中身の濃い統合組織を作り上げた意味は大きい。ロシアが米国、ＥＵ、さらには中国に肩を並べうる世界の大国でありうることを証明した。二〇一四年のウクライナ危機で米欧諸国がロシアに経済制裁を科したことをきっかけにロシアはユーラシア志向を強めたが、その象徴がユーラシア経済同盟だ。

エリツィン時代、ロシアとベラルーシは蜜月関係にあった。一九九六年四月に「共同体 Commonwealth / Сообщество」を創設、一九九七年四月にそれを「連合 Union / Союз」に、一九九九年十二月には「連合国家 Union State / Союзное государство」に発展させた。このベラルーシ・ロシア連合国家は政府、議会に相当する組織も取りそろえており、ソ連のような一つにまとまった連邦国家になるのではないかとみられたが、二〇〇〇年にプーチンが大統領に就任してからベラルーシとの関係はギクシャクし始め、統一した通貨も国旗も持たず、連合国家は事実上、名前負けするような存在だ。

二〇〇三年十一月から二〇〇四年末にかけて、ジョージアとウクライナでカラー革命 colored revolution といわれる大衆運動による政権交代が実現、西側との関係を重視する政権が誕生した。カラー革命という言葉は、ジョージアでの反政府運動がバラ色、ウクライナではオレンジ色を運動の象徴として使ったことに由来する。

両国での政変で政権の座を追われたジョージアのエドアルド・シェワルナゼ大統領もウクライナのレオニード・クチマ大統領も必ずしもロシアにすり寄った指導者ではなかったが、後任のミヘイル・サーカシビリ大統領、ビクトル・ユーシチェンコ大統領ともＮＡＴＯ加盟をめざし、ロシアの影響圏からの脱出を鮮明に打ち出した。加えて、モルドバがこれら両国に歩調を合わせ始め、この頃、ＣＩＳ諸国のロシア離れの傾向が強まった。

ロシア主導の地域機構の限界

一九九二年五月に調印された集団安全保障条約機構（ＣＳＴＯ）第二条は、加盟国の安全保障、領土一体性、主権に脅威が生じた場合に即時に対応を協議すると定め、第四条は、一加盟国が侵略を受けた場合にほかの加盟国は軍事支援を含め必要な支援を提供すると規定している。ＣＳＴＯは緊急部隊を備え、合同軍事演習も展開、かつてのワルシャワ条約機構のようにＮＡＴＯに対抗する集団防衛組織のようにみえるかもしれない。

だが、その実際の機能は限定的だ。加盟国にはジョージア、アゼルバイジャン、ウズベキスタンも入っていたが、抜け出た。加盟国は六カ国にとどまる（二〇一七年七月）。それに加盟国域内に基地を置いて展開する主役のロシア軍部隊の規模はいずれも小規模だ。

結束力にも疑問符が付く。二〇一〇年六月にキルギスタン南部でキルギス人とウズベク人の民族衝突が発生した際、キルギスタン政府は事態沈静化のためＣＳＴＯ部隊の派遣を求めたが、ロシアがこれを受け入れなかった。当時のメドベージェフ大統領はその理由について、外国からの脅威があった場合にのみ、ＣＳＴＯが脅威を受けたと判断されると述べた。

このようにロシアの旧ソ連地域の統合の試みは一定の成果をあげたが、参加国はロシアに付き従ってきたわけではない。各国の独立国意識は強く、自国の利益をまず考える姿勢が目立った。

それはアブハジアと南オセチアの独立承認の問題にも現れた。二〇〇八年八月にロシア・ジョージア戦争が勃発、それを機にアブハジアと南オセチアがジョージアからの独立を宣言、ロシアは同月末に両国を国家として承認した。ロシアはほかの国にも承認を働き掛けたが、応じた旧ソ連諸国はなかった。当時、親ロシア派の代表のように言われていたウクライナのビクトル・ヤヌコービッチ大統領も承認しなかった。集団安保条約機構の参加国もユーラシア経済同盟の参加国も承認しなかった。

また二〇一四年三月のクリミア併合を認めるか否かの問題でも似たような状況が出現した。クリミアでの住民投票に関する国連安保理の審議の結果についてはすでに指摘したが、ロシアがクリミアを併合した後の三月二十七日、今度は国連総会が、ウクライナの領土一体性を尊重しクリミア併合を不法だとする決議案を審議、採決した。賛成百カ国、反対十一カ国、ほかに五十八カ国が棄権、二十四カ国は欠席し、決議案は採択された。

決議に拘束力はないが、決議案に反対した十一カ国はロシアのほか、アルメニア、ベラルーシ、ボリビア、キューバ、北朝鮮、ニカラグア、スーダン、シリア、ベネズエラ、ジンバウエ。つまり、旧ソ連諸国でロシアを支持した国はアルメニアとベラルーシの二カ国だけだった。

ロシアが頼みとした中央アジア諸国は棄権あるいは欠席した。国連加盟国は百九十三カ国。ロシアのビタリー・チュールキン国連大使は投票後、クリミア併合に明確に反対したのは百カ国で全体の約半分にとどまり、五十八カ国が棄権したのだからロシアは孤立していないと言ったが、それは強弁だろう。ロシアを支持した国が十カ国に過ぎなかった事実を軽視している。

プーチン大統領はCIS、CSTO、ユーラシア経済同盟など旧ソ連諸国を取り込んだ地域統合を積極的に進めたが、同時に旧ソ連諸国以外の諸国との国際機関作りにも取り組んだ。その一つが上海協力機構 Shanghai Cooperation Organization（SCO）/ **Шанхайская организация сотрудничества**（ШОС）である。

SCOは一九九六年にロシア、キルギスタン、カザフスタン、タジキスタン、中国の五カ国が国境紛争の防止を目的に作った「上海ファイブ」が原型で、それにウズベキスタンが加わり二〇〇一年に発足した。その後、地域的に広がり、インド、パキスタン、イラン、モンゴル、スリランカ、ベラルーシなどが様々な地位で関係する。

二〇〇二年六月七日に採択した上海協力機構憲章によると、SCOは相互信頼、友好、良好な近隣関係の強化に加え、合同でテロリズム、分離主義、過激主義に対抗する組織。事務局は北京にある。加盟国は様々な治安問題を抱えている。中国は新疆ウイグル自治区で「ウイグル分離主義者」の問題を抱え、ロシアも中央アジア諸国もイスラム過激派の活動に悩まされてきた。中央アジアがイスラム過激派の拠点になることは、ロシア、中国にとっても脅威だ。このため、SCOは特にイスラム過激派対策と分離独立運動対策を重視してきた。しかし、こうした対策を名目に民主化運動や民主的手段による自治拡大や独立運動を抑圧する場合がある。

二〇〇三年からは合同軍事演習を実施、二〇〇七年にはロシア主導で一部旧ソ連諸国が組織する集団安保条約機構（CSTO）との協力協定にも調印した。

SCOはほかにも様々な目的を持つ。その一つは、中央アジアにおける米国や北大西洋条約機構（NATO）の影響力の拡大を牽制することだ。米国は二〇〇一年九月十一日の同時多発テロ後、アフガニスタンで作戦を展開するにあたり、ウズベキスタンとキルギスタンに中継軍事基地を設けた。米国は多額の基地使用料を払い、両国ともイスラム過激派の脅威に対処する必要もあるから米軍を受け入れたのだが、SCOは二〇〇五年七月のアスタナでの首脳会議で、アフガニスタン作戦が一段落したら撤収させる方針を打ち出し、米軍はウズベキスタンからは二〇〇五年十一月に、キルギスタンからは二〇一四年六月に撤収した。米国の軍事的存在が内政に及ぼす影響を警戒したためだ。

SCOは実はロシアと中国が相互に牽制しあう場でもあろう。中国にとって中央アジアはソ連崩壊で新たに出現した市場であり、資源の供給源となる重要な地域である。中国はSCOを通じてロシアの国益にも配慮しながら地政学的に重要な中央アジア諸国との関係を築いてきた。ロシアも中国をSCOの枠内に収めることで自らの

「裏庭」における中国の活動を抑えようとしている。ロシアと中国の関係は極めて良好ではあるが、利害は複雑に入り組んでいる（中露関係については、第9章を参照のこと）。

ロシアは独裁者支配の「帝国」か

プーチン時代のロシアは西側諸国などでは帝国 empire と表現されることが多い。帝国とは一般的に自国の国境を越えて広大な領土や民族を強大な軍事力を背景に支配する国家と定義され、しばしば侵略主義、膨張主義、植民地主義を伴う。確かにロシアはジョージアとの戦争を機に南オセチアとアブハジアを独立させ、これら両地方をロシアの影響圏内に維持、確保したし、ウクライナの政変につけ込んでクリミアを併合した。ロシアの軍事力は一九九〇年代には惨状にあったが、プーチン大統領はこれを立て直した。軍事力の回復なしにはジョージアやウクライナで行動できなかっただろうし、これら両国にとってはロシアの行動は帝国主義 imperialism そのものであろう。

ロシアが外国に持つ基地は、旧ソ連領土内ではジョージアの南オセチアとアブハジアのほか、アルメニア、ベラルーシ、カザフスタン、キルギスタン、タジキスタン、モルドバのトランスニストリア地方、そして旧ソ連以外ではシリアにある。ロシアにとっては、ウクライナのセバストーポリは自国領土であるが、ここには二万六千人規模の海軍基地がある。これらすべてを合計するとロシア軍の海外駐留規模は五万人弱と推定される（二〇一六年八月）。

軍事力以外では、ロシアはＣＩＳ諸国とソ連時代からの伝統的な経済関係を引き継いでいるという強みを持つ。特に石油と天然ガスといったエネルギーの供給者としての大きな影響力を持つ。さらには出稼ぎ労働者を受け入れることで相手国の経済を支えている。これらの点は「帝国」の源泉の一つになり得る。

しかし、指摘した軍事、非軍事面での対外的な実力はソ連時代に比べると弱い。ソ連は帝国の条件を備えてい

ソ連の歴代最高指導者と肩書き

年	最高指導者
1917～1924	V. I. レーニン（人民委員会議議長）
1930～1953	J. V. スターリン（党書記長，人民委員会議長のち閣僚会議議長）
1953～1964	N. S. フルシチョフ（党第一書記，閣僚会議議長）
1964～1982	L. I. ブレジネフ（党第一書記のち党書記長，最高会議幹部会議長）
1982～1984	Y. V. アンドロポフ（党書記長，最高会議幹部会議長）
1984～1985	K. U. チェルネンコ（党書記長，最高会議幹部会議長）
1985～1991	M. S. ゴルバチョフ（党書記長，最高会議幹部会議長のち最高会議議長，大統領）
1991～1999	B. N. エリツィン（ロシア大統領）
1999～2008	V. V. プーチン（大統領代行，大統領）
2008～2012	D. A. メドベージェフ（大統領）
2012～	V. V. プーチン（大統領）

（注）1．1924～1930年は権力闘争の時期でスターリンが有力者だったが，明確には最高指導者が定まっていない時期とした。ここではスターリンが「右派偏向者」たちの打倒を宣言し権力闘争に決着を付けた1930年を彼が最高指導者としての地位を固めた年とみなした。

2．ソ連時代には基本的に党書記長（第一書記）の地位に就いた者が国の最高指導者だったが，レーニン時代には書記長職はなかった。スターリンの書記長職は当初はフルシチョフ以降のような最高指導者を意味しなかった。

3．括弧内の複数の役職は兼務されていたが，それぞれの役職の時期は必ずしも一致しない。例えばゴルバチョフは1985年３月から1991年８月まで党書記長だったが，大統領を務めた時期は1990年３月から1991年12月までである。

4．プーチンは1999年12月31日から2000年５月７日まで大統領代行。

た。第二次世界大戦直後に軍の駐留と共産主義イデオロギーを武器に東欧諸国を次々と影響圏に組み入れた。また社会主義圏からの逸脱をゆるさないというブレジネフ・ドクトリンを実践していた。

今のロシアは押しつけるべきイデオロギーを持ち合わせない。問題はブレジネフ・ドクトリンに似た特殊な安全保障戦略を持つかどうかである。南オセチア、アブハジア、クリミアの確保、ウクライナ東部の武装勢力へのてこ入れという事実はあり、それを見据える必要はある。

その一方で、ＣＩＳ、ユーラシア経済同盟、集団安全保障条約などを通じて地域の結束を主導しようとして苦闘している姿からは、強力な帝国である姿はあまり伝わってこない。海外基地の多くはソ連時代からの残滓で、プーチン時代にはキューバとベトナムからは軍を撤収した。新生ロシアが新規に確保した基地は規模が小さく、また数も少ない。ロシアが従来保持していた権益を守ることに汲々としている姿も垣間見える。しかし、ソ連時代の遺産を引き継いでいるからこそ今のロシアが帝国主義的に見えることもある。日本ではソ連が終戦時のどさくさに紛れて北方領土を占領、ロシアも返還しないままだ。

ロシアが帝国であるかどうかは、対外政策の観点に加え、国内政策の観点からも論じる必要がある。チェチニャではソ連崩壊後に分離独立運動が活発化、これを二次にわたる戦争で抑え込んだ。ロシアがチェチニャを帝国主義的に制圧したと言えるかもしれない。チェチニャのような地方が再び現れた場合には、同様に軍事力で抑え込むのではないかと想像させる。それに言論の自由を含め、強権主義的な政治手法が帝国としてのイメージをかき立てている面もある。「皇帝プーチン」といった渾名もそうした文脈から出てくるのであろう。

プーチンによる支配体制はタンデムの期間を含めると二〇〇〇年から長期に及ぶ。ロシア内外でそのプーチン体制は、「協調組合国家 a corporate state」、「強権政治 authoritarianism」、「独裁 dictatorship」、「全体主義 totalitarianism」、「穏やかな複数主義的強権政治 a soft and pluralist authoritarianism」、「準強権政治 a semi-authoritarian country」などといった言葉で表現されている。これらは程度の差はあれすべて強圧的な統治形態を表わしている。協調組合国家とは、社会全体が政府に従属する組合に組織された国家で、翼賛体制国家とも言われる。プーチンを独裁者だとみる人たちは、彼が言論の自由や集会の自由を制限し、メディアを支配、司法にも介入して反対者を抹殺し、不正選挙を演出し、知人や治安機関出身者に国営企業や政府機関の高い地位を与えているなどと批判する。

ここではプーチンが独裁者であるかどうかの判断基準の一つとして報道の自由の状況を取り上げてみたい。報道の自由を許す独裁者はおそらくいない。

西側のジャーナリスト団体や人権団体によるロシアの報道の自由に対する評価は極めて低い。（一）政府系報道機関が多く当局が統制しやすい、（二）分離主義やテロリズムの扇動、名誉棄損、宗教的侮辱などを楯に取って報道を過度に規制、あるいは牽制していると思われる事例がある、（三）記者の襲撃事件が時々起き、捜査当局が真剣に犯人を捕まえようとしているのかどうか疑問がある――などが理由だ。

確かに政府系報道機関は多い。問題は特にテレビ放送の分野である。ロシアでは新聞よりもテレビが社会的に大きな影響力を持つとされる。国内向けの全国放送網を持つテレビ局は三つある。その三大テレビ・ネットワークすべてが政府の影響下にある。まず「チャンネル1」と「ロシア・テレビ」は国営。もう一つのNTV（HTB）は民放だが、国営企業ガスプロムの傘下にある。三大テレビ局が政権寄りの報道番組を作っていることは否定し難い。国外向けには国営のRTがある。プーチン大統領自身がテレビ局に具体的な指示を出しているとの証拠はないが、報道担当の政権高官が直接間接に指示あるいは示唆を与えているとの情報は時々浮上する。

新聞についても地方政府を含め政府が深く関与している場合が多い。その大きな理由の一つは、新聞経営が採算に合わず民間事業としては成り立ちにくいということにある。政府の関与なしに自前の経営ができるのであれば、もっと独立した新聞が増えるかもしれない。

ただし、ロシアのテレビ局がすべて政府の完全な統制下にあるとは言えない。全国放送網を持たないが、RENテレビなど独自の路線を取る局もある。また三大ネットワークの報道番組にも政権批判の人たちが登場し意見を言うことはある。新聞でもノーバヤ・ガゼータ Новая газета をはじめ独自路線の新聞は発行されているし、ラジオ局ではガスプロム傘下にありながら「モスクワのこだま Ekho Moskvy／Эхо Москвы」が奮闘している。CNNやBBCといった外国の衛星放送は特に規制されておらず視聴できるし、インターネットの世界は比較的自由だ。国民が政府系報道機関以外の情報を入手しようと思えば、おカネがかかるとか地理的な制約があるものの、目の前には情報源が広がっている。

記者に対する襲撃や脅迫の事例は確かに相対的に多く発生している。その一つが二〇〇六年十月七日にモスクワでアンナ・ポリトコフスカヤ記者が射殺された事件だ。彼女はチェチニャ戦争におけるロシア軍兵士による残虐行為を主に『ノーバヤ・ガゼータ』紙で報じていた。チチェン人ら五人が有罪判決を受けたが、事件は十分に解明されていないとの批判が強い。ほかの事件についても同様の指摘が出ている。

ロシアにおける報道の自由の状況には相当の問題があることがわかる。政府が報道の自由を守ろうとしているとの熱意も感じられない。だが、一方で、ロシアの報道のあり方を中国と同一視するわけにはいかない。プーチンが独裁者であれば、報道のあり方はもっと統制度が強いのではないか。

ところでプーチン大統領の支持率は高い。各種世論調査では、プーチン支持率は二〇〇〇年の大統領就任後一貫して高水準を維持、四年間の首相職を経て二〇一二年に大統領に復帰してからは基本的に八〇％を上回ってきた。これは実態を表わさない操作された数字だという批判がある。だが、ロシアの世論調査機関ばかりでなく西側の世論調査によってもプーチン支持率は同様に高かった[20]。政府による報道への強い影響力がこうした高い支持率に反映しているということは十分ありうる。だが、それだけですべてを説明することはできない。国民の大半が政府系の報道に単純に踊らされているわけではないだろう。

一九九〇年代の経済混乱の原因が米欧流の市場経済政策にあると判断し、それに嫌気がさし、米欧諸国がロシアを敵視する外交を進めていると受け止め、それに反発している要因もあるのではないのか。国民の多くがプーチンを大国ロシア復活の象徴とみているという見解である。プーチンが独裁者だとして、彼は国民の支持を受けた独裁者ということになろう。

ロシアは北朝鮮のような全体主義国家ではないし、一般有権者による選挙のない中国のような一党独裁国家でもない。だから二〇一一年末のような大規模反政府デモも起きる。一応、民主主義の看板も降ろさない。だが、プーチンのロシアは米欧流のリベラルな民主主義国家とも異なる様相を示す。彼が一九九九年末に発表した論文「新千年紀の節目のロシア」で強調した大国意識や社会的連帯などに基づいて国作りを進めながらも、法の支配に弱点を抱えた準強権国家といった評価が可能だろう。

第Ⅱ部

現代国際関係の展開

第7章

冷戦の構図

冷戦と現代史

冷戦 Cold War は第二次世界大戦後の米欧諸国の西側陣営とソ連が率いる東側陣営の政治的軍事的対立で、ソ連崩壊時まで約四十六年間続いた。「冷たい」戦争であるから東西陣営が直接全面的な「熱い」戦争を展開したことはない。しかし、それは核兵器を中心とする強大な軍事力を背景に可能だったし、様々な紛争と*代理戦争 proxy wars が起きたから、強い緊張関係が存在した。資本主義対共産主義、自由市場経済対統制計画経済というイデオロギー対立、さらにはスパイ合戦や、文化、スポーツ、科学技術開発など多方面での競争も冷戦の特徴である。

冷戦は戦後の米ソ関係を集約しており、現代世界史の重要な一部である。冷戦終了後、ロシアが米国との関係改善を模索する時期もあったが、特に二期目のウラジーミル・プーチン政権以降、米国の「一極支配」に反発、ウクライナや中東に対する政策の違いから新冷戦が始まったとする説も浮上した。

冷戦はスターリンの対外政策に源流を発する。スターリンは終戦前後から東欧で共産主義勢力圏作りに乗り出し、ウィンストン・チャーチル英首相が一九四六年三月五日、米国ミズーリ州フルトンでの「鉄のカーテン」演説でこれを批判、冷戦が始まった。

政治的軍事的対立は、一九四九年四月に北大西洋条約機構（NATO）、次いで一九五五年五月にワルシャワ条約機構が設立されるという形で現れた。その後、両陣営は軍備拡大競争を展開した。ただし、常に軍拡に邁進したわけではなく、やがて軍事費の抑制、核戦争の危険を下げる目的で核兵器の制限、削減にも取り組んだ。

冷戦を象徴する紛争・事件としては、まずベルリン封鎖（一九四八～一九四九年）があり、ほかに朝鮮戦争（一九五〇～一九五三年）、ハンガリー動乱（一九五六年）、ベルリン危機（一九六一年）、ベトナム戦争（一九五五～一九七五年）、キューバ・ミサイル危機（一九六二年）、ソ連のチェコスロバキア侵攻（一九六八年）、ソ連のアフガニスタン介入（一九七九～一九八九年）、NATOのエーブル・アーチャー83演習（一九八三年）などを挙げることができる。このほか、キューバ、ドミニカ、インドネシア、チリ、アンゴラなどでの内戦でも鞘当てを演じた。

冷戦という用語は、米国の投資家で政治家でもあったバーナード・バルークが一九四七年四月十六日、南カロライナ州議会の演説で、世界情勢全般について「だまされてはいけない。われわれは今日、冷戦の最中にある」と述べたことが始まりとされるが、明確に政治軍事情勢を念頭に使用し、広く流布させたのは、米国の新聞コラムニスト、ウォルター・リップマンである。ただし、それ以前にも英国の作家でジャーナリストのジョージ・オーウェルが英国の新聞で、原子爆弾の脅威下での近隣諸国やソ連との関係を冷戦と表現していたことはある。

＊**代理戦争**……敵対する陣営がそれぞれの同盟国あるいは支援する武装勢力を代理人 proxy として第三国で間接的に戦う戦争。間接的と言っても、第三国で小規模だが直接戦うことはあった。歴史的にはスペイン内戦（一九三六～一九三九年）など冷戦時代以前にも例はあるが、代理戦争は冷戦時代の戦争の大きな特徴の一つ。米国とソ連あるいは中国との全面的な直接戦争が核戦争に発展する可能性を孕むことが、代理戦争の一つの背景である。

対米友好的中立の歴史

冷戦が始まる前の米国とロシア／ソ連の関係は必ずしも悪くはなかった。ロシア人とアメリカ大陸の関わりは十八世紀の後半に徐々に本格化した。ロシア人が毛皮を求めアラスカに入植、領地とした。その後、南下しカリフォルニアにも足を延ばし、一八一二年にはカリフォルニアのフォートロスに入植地を設けた。

米国は一七七五年から一七八三年までのアメリカ独立戦争 American Revolution で十三植民地が英国と戦った末に独立した。当時のロシア皇帝エカテリーナ二世は英国から支援してほしいと要請を受けたがこれを断り、中立を保つことで間接的ながら米国の独立を支持した。また一八六一年から一八六五年の米南北戦争 American Civil War でもロシアは北部 the Union を基本的に支持した。ロシアのこうした対米姿勢は友好的中立と表現されよう。一方、米国は一八五三年から一八五六年のクリミア戦争でロシア艦船の航行を支援、米国から医師団がセバストーポリに駆けつけロシアの傷病兵を治療した。

ロシアと米国には英国による平和 Pax Britannica の時代に英国の勢力拡張に対抗するという共通の地政学的目的があったし、貿易上の利益も共通していた。アレクサンドル二世は一八六七年にアラスカを米国に売却した。ロシアはクリミア戦争で敗北して財政が逼迫していたし、英国がアラスカ近くのブリティッシュ・コロンビアに進出し、将来、英国との戦争でアラスカをただで取られてしまうかもしれないと考えたことが売却の理由という。その後もロシアと米国の間には特に領土紛争はなかった。一八九一年から翌年にかけてロシアで飢饉が発生した際には米国は大量の食糧を提供した。一九一七年、ロシアで二月革命が起き、ニコライ二世が廃位、臨時政府が発足すると、ウッドロー・ウィルソン大統領はこれを支持した。

だが、十月革命が起きると、ウィルソン大統領はボリシェビキ政権との接触を停止、事実上断交した。ボリシェビキ政権は一九一八年三月にドイツとブレスト・リトフスク条約を結んで第一次世界大戦から離脱したし、ボリシェビキ政権が共産主義政権であったことから、米国はソビエト・ロシアには敵対的だった。一九一八年八月には米国は日本、英国などと組んでロシアの内戦に介入した。ただし成果をあげないまま一九二〇年四月に兵を撤収した。その一方で、一九二〇年代初めにロシアで飢饉が起きると、米国は援助を差し伸べた。一九二一年から一九二三年にかけて穀物、衣料、医薬品などを送り、多くの人命を救った。レーニンが一九二一年からネップ（新経済政策）を開始すると、米国のビジネスマンもロシア市場に進出した。石油会社オクシデンタル・ペトロリアムのアーマンド・ハマーやヘンリー・フォードなどがロシアとの貿易に熱心だった。

米国がソ連を承認したのは一九三三年で、ほかの西側諸国に比べ遅かった。それだけ共産主義への警戒が強かったのだが、第二次世界大戦では米ソは英仏などとともにナチ・ドイツと戦った。米国は一九四一年三月に武器貸与法 Lend-Lease Act を施行、枢軸国と戦う国へ兵器そのほかの軍事物資を提供し始め、その支援対象にソ連も加えた。この連合国支援は一九四五年九月まで続き、総額五百一億ドルに上るが、そのうちの約百十億ドルがソ連向けだった。四十万台を超えるジープ、トラック、一万二千台の装甲車・戦車、一万一千四百機の航空機、百七十五万トンの食糧を提供した。

第二次世界大戦での米ソ両軍の協調は一九四五年四月二十五日のエルベ川での出会い Encounter or Link-up at the Elbe が象徴する。ナチ・ドイツ軍を西から攻めてきた米軍と東から攻めてきたソ連軍がドイツ・ザクセン州のトルガウ近郊で合流、勝利をともに祝った。

冷戦四十六年

冷戦は約四十六年間続いた。その約半世紀をいくつかの期間に分けることができる。ここでは五期に分けた。

第一期は冷戦が始まり、そして顕在化した時期。一九四五年二月のヤルタ会談、同年七月～八月のポツダム会談といった戦後処理の中で東欧に共産主義国家が誕生、その後、チャーチルの鉄のカーテン演説を経て、米欧諸国が対抗策を打ち出し、ソ連によるベルリン封鎖を経て一九五〇年には朝鮮戦争が勃発、それが一九五三年まで続いた。第二期は冷戦が本格化した時期。ハンガリー動乱、ベルリン危機を経て一九六二年にはキューバ・ミサイル危機が発生、世界は核戦争の瀬戸際に至った。その後一九七〇年代初めにデタント（緊張緩和）が始まるまで緊張した時期が続いた。

第三期はデタントの時期。米ソの核兵器制限条約締結や西ドイツのウィリー・ブラントの東方外交などで一定の緊張緩和が見られた。しかし、一九七九年にソ連がアフガニスタンに侵攻してデタントは終焉した。

第四期はアフガニスタン介入からミハイル・ゴルバチョフが登場し、「新思考外交」を展開し始める一九八五年まで。最後の第五期では新思考外交で東西が接近、一九八九年に冷戦の終了が宣言された。

戦後処理と冷戦の始まり

スターリン、チャーチル、フランクリン・ルーズベルトというソ連、英国、米国の「ビッグ・スリー」がヤルタとポツダムで欧州の戦後秩序を協議、その際、米英の指導者はナチ・ドイツを敗戦に追いやったことへのソ連の貢献、犠牲の大きさに配慮し譲歩した。ドイツからの賠償をソ連に手厚く配分、ポーランド東部やドイツ領の一部をソ連に割譲、占領にあたってもソ連の要求を寛大に受け入れた。米英ともに東欧をソ連の勢力圏に引き渡すことを認めたわけではなかったが、結果はそうなった。

このため、ヤルタ会談については今日、米欧を中心に厳しい評価もある。スターリンに譲歩し、ソ連の東欧支配にお墨付きを与えたとか、安定のために自由を犠牲にし、欧州の分断を許したといった批判だ。ヤルタ会談はヒトラーのドイツとの宥和を優先した一九三八年九月のミュンヘン協定や一九三九年八月の独ソ不可侵条約と同様に、事なかれ主義の伝統を引き継いだとの見方もある。これに対し、ヤルタ会談は当時の状況を追認したに過ぎず、仮にヤルタ会談がなかったとしても、その後の欧州における地政学的展開は同じだったという評価もある。

ソ連軍は膨大な犠牲を払って東欧諸国をドイツの占領から解放、戦後もそのまま駐留し続けた。ソ連は軍の存在とイデオロギーを背景に強い影響力を行使、東欧諸国をソ連圏に引き入れた。東欧の共産化の典型的手法の一つに留学生の受け入れがある。将来有望な若者を留学生として受け入れ教育を施した。彼らは自国に戻り、共産

1945年2月，ヤルタに集まった米英ソ首脳（左からウィンストン・チャーチル，フランクリン・D・ルーズベルト，ヨシフ・スターリン）

党を組織、その後、他党との連立政権に参加、強権的手法を含め戦術を駆使して勢力を拡大、最後は他党を政権から追い出し、政権を掌握した。このようにして共産党政権が誕生した例として、ポーランド、ハンガリー、ブルガリア、ルーマニア、東ドイツを挙げることができる。

スターリン、ルーズベルト、チャーチルのビッグ・スリーによる東欧の戦後処理で特に焦点となったのはポーランドとドイツである。ヤルタ会談ではスターリンもポーランドで早期に自由選挙を実施することを受け入れた。ところが実際には一九四七年一月まで二年間も先延ばしされたばかりでなく、共産党と対立する政党の候補者の逮捕、選挙区の恣意的な変更、不正投票などが横行、まともな選挙は実現しなかった。

ドイツは降伏後、英米仏ソによる四つの占領地区に分割され、ソ連は東部を占領、当初は民主化を容認していたが、やがてソ連の息のかかったドイツ人共産主義者を登用し始めた。それに対抗して英米仏が三カ国の占領地区をまとめて支援する体制を強化、特に通貨の導入をめざしたところ、ソ連は一九四八年六月、西ベルリンと通じる道路や鉄道といった交通路を閉鎖する挙に出た。ベルリン封鎖である。戦後初めての深刻な危機だった。

ベルリンは周りをソ連占領区に囲まれた孤島のような都市で、さらにベルリン自体も四分割され占領、管理されていた。米英仏はソ連による封鎖で西ベルリンに地上経路で物資を輸送できなくなったため、空輸を断行した。ソ連は封鎖に大きな効果がなく、逆に西側諸国が封鎖を機に東欧諸国に貿易制裁を加えて打撃を蒙ったことなどから、結局、十一カ月後の一九四九年五月に封鎖を解除した。しかし、ソ連と米英仏のドイツ占領政策の違いは決定的となり、ドイツは東西対立の中で二つの国家に分裂した。一九四九年五月、米英仏の後押しでドイツ連邦共和国（西ドイツ）が、そして同年十月にはソ連の後押しでドイツ民主共和国（東ドイツ）が成立した。

ソ連の強い影響下で共産主義国となった国でも市民の間に共産党に対する支持がまったくなかったわけではない。共産主義者の多くがパルチザンの一員としてドイツ軍に抵抗し、解放に貢献したことは知られていた。市民の間には一九三〇年代の恐慌で大量失業を生み出した資本主義に対する不信もあった。特にチェコスロバキアでは、ソ連軍は終戦後に同国から撤収しており、地元の共産党が国民の間に幅広く支持を受け、政権の座に就いた。

ソ連共産党の影響を排除し独自路線を掲げ共産主義国家になった国もある。ユーゴスラビアではヨシップ・チトーの指導の下で共産主義国が誕生した。アルバニアもモスクワの関与を排除して独自に共産主義国となった。英国の歴史学者アーチー・ブラウンは、ソ連の影響力を受けずに独自に共産化したユーゴスラビア、アルバニアと、ソ連の強い影響下で共産化したポーランドなどの間の中間に、チェコスロバキアを位置づけている(1)。わかりやすい分類だ。

東欧の共産化は一九四八年末までにはほぼ完了、東西対立は決定的になった。戦後の欧州をめぐるせめぎ合いでスターリンのソ連は十分な成果を手にした。

共産主義国になる可能性が十分あったが、結局そうならなかった欧州諸国がある。ギリシャとフィンランドだ。ドイツ軍の占領から解放されたギリシャは共産主義者と反共産主義者の内戦に突入、米英が反共産主義勢力を支援し、共産化を阻止した。フィンランドでも戦争直後は共産勢力が力を持ち、入閣していたくらいだが、ソ連が特に介入しなかったこともあり、その勢力は衰えていった。

鉄のカーテン演説

話は前後するが、東欧の共産化の危険を指摘した演説として有名な「鉄のカーテン Iron Curtain」演説がある。

一九四六年三月五日、ウィンストン・チャーチル英首相が米国ミズーリ州フルトンで要旨次のように指摘した。

バルト海のステッティンからアドリア海のトリエステまで鉄のカーテンが下りている。その線の後方に中欧・東欧の古代国家のすべての首都が存在する。ワルシャワ、ベルリン、プラハ、ウィーン、ブダペスト、ベオグラード、ブカレスト、そしてソフィアなど有名な都市とそこに住む人たちは、私が言うところのソビエト圏の中に存在し、単にソビエトの影響だけでなく、かなりの程度、モスクワからの統制にさらされており、その統制が強まっている場合もある。

この演説をきっかけに、西側諸国ではソ連はイデオロギー的な全体主義国家であり混乱と共産主義をもたらす国家であるとの見方が広まった。鉄のカーテンという言葉はチャーチルが考え出したわけではなく、分断するものという意味で以前から比喩的に使われていた。

こうしたチャーチルの当時の情勢認識に対してはロシアの中で批判の声もある。ソ連時代に駐独大使やソ連共産党中央委員を務め国際問題に詳しかったワレンチン・ファリンは二〇〇六年に次のように論評した（要旨）。

ハリー・トルーマン米大統領が（米国に）チャーチルを呼んで演説させた。チャーチルはもともとロシア嫌いだ。チャーチルは英国国民や海の向こうの人たちを手玉に取った狸親父だ。彼は巧妙な言い回しを得意としていた。彼は事実を捻じ曲げ、歪め、無視することに比類ないほど長けた人物だ。クレムリンはソ連を廃墟から立て直し、生活を正常化し、産業や数万キロメートルもの鉄道、国民に食糧を与えるため集団・国営農場を再建しなければならなかったのだから、「革命を輸出する」時間もカネも持たなかった。モスクワは惨状の元凶であるドイツに「社会主義の未来」が実現するとも思っていなかった。(2)

ケナンの封じ込め政策

米国の戦後直後の対ソ戦略は、鉄のカーテン演説ともう一つ、米国の外交官、ジョージ・F・ケナンの緻密なソ連分析によって形成された。その新戦略が封じ込め政策 Containment。共産主義の拡大の阻止をめざした。

ケナンは駐ソ大使館にいた一九四六年二月二十二日、本国からのソ連分析要請に応え、電報を送った。「長文電報 *Long Telegram*」といわれる。その後、外交専門誌『フォーリン・アフェアズ』の一九四七年七月号に「X」という匿名で「ソ連の行動の源泉 *The Sources of Soviet Conduct*」という論文を掲載した。X論文 X-Article である。

ケナンはこの二つの報告を通じ、スターリンのソ連の対外行動について「クレムリンの神経症的世界観の根底には、ロシアの伝統的かつ本能的不安感がある」、「（ソ連は）理性の論理には影響されないが、力の論理には極めて敏感だ」（いずれも「長文電報」）と分析、対応策として「ロシアの膨張傾向を長期的かつ忍耐強く、しかし断固たる姿勢でかつ用心深く封じ込めること」を求め、「西側世界の自由な諸制度に対するソ連の圧力は、常に変化する地理的および政治的動きに対し巧妙かつ用心深く対抗することで封じ込められうる」と提言した。

トルーマン大統領はケナンの長文電報での分析を受け、一九四七年三月十二日、議会で演説し、「武装した少数勢力や外部からの圧力による征服の試みに抵抗している自由な国民を支援することが、米国の政策でなければならない」と述べ、ギリシャとトルコに計四億ドルの経済・軍事援助を与えることを提案した。これがトルーマン・ドクトリンだ。当時、ギリシャでは共産主義勢力との間で内戦が進行中だったし、トルコはスターリンからダーダネルス海峡に軍事基地を提供するよう圧力を受けていた。ギリシャに対しては英国が伝統的に影響力を行使してきたが、第二次世界大戦で財政的余裕がなくなり、米国にギリシャ支援を要請したという経緯もある。議会は同年五月にギリシャに三億ドル、トルコに一億ドルの援助を供与することを承認した。

米国政府はトルーマン・ドクトリンに連動する封じ込め策としてマーシャル・プラン Marshall Plan も実施し

た。正式名称は、欧州復興計画 European Recovery Program。ジョージ・マーシャル国務長官が一九四七年六月に提唱、一九四八年四月から四年間、戦争で疲弊した欧州諸国のインフラ整備、産業近代化などを支援、貿易障壁の撤廃でも協力した。特にイタリアやフランスで共産主義勢力が一定の支持を集めていたため、その支持の拡大を防ぐという目的がマーシャル・プランに色濃く反映した。

米欧十二カ国は一九四九年四月四日、ワシントンで北大西洋条約に調印、北大西洋条約機構 North Atlantic Organization Treaty／NATOを設立した。これも封じ込め政策の発想から生まれた。この条約の第五条が集団安全保障体制を打ち出しており、どの加盟国に対する武力攻撃もすべての加盟国に対する攻撃とみなし、加盟国がそれぞれの判断で、武力攻撃を含め独自にあるいはほかの加盟国と協力して支援すると規定した。

ＮＡＴＯに対抗する集団安全保障組織のワルシャワ条約機構 Warsaw Treaty Organization は一九五五年五月十四日にソ連など八カ国によって設立された。加盟国はソ連、ブルガリア、チェコスロバキア、東ドイツ、ハンガリー、ポーランド、ルーマニア、アルバニア。条約の正式名称は友好協力相互援助条約。このソ連主導の集団安保組織の発足はＮＡＴＯ設立から六年後だが、これはソ連が戦後欧州の安全保障体制について、ドイツの再統一や*自らのＮＡＴＯ加盟を含めさまざまな提案を米欧諸国に打診していたからで、米欧諸国は結局、これら提案を全て拒否した。一九五五年五月九日には西ドイツがＮＡＴＯに加盟し再軍備化を認められたことが引き金になって、ソ連はワルシャワ条約機構の設立に踏み切った。

***ソ連のＮＡＴＯ加盟提案**……第二次世界大戦後の欧州の安全保障体制をどうするか、特にドイツが再び脅威とならないようにするためにどうするか、あるいはソ連が影響力、発言力を持つ体制を作るにはどうするか――こういった問題をソ連も検討し、一九五四年三月末に米英仏三カ国にソ連はＮＡＴＯ加盟の可能性を検討する用意があると伝えた。しかし、三カ国はソ連の加盟はＮＡＴＯの主旨にそぐわないなどの理由で提案を拒否した。

なぜソ連がＮＡＴＯ加盟という大胆な提案を示したか。ビャチェスラフ・モロトフ外相は戦後の欧州安保体制作りで主導権をとるため、一九五四年一月下旬から二月にかけて開かれたベルリンでの米英仏ソ四カ国外相で、欧州集団安全保障一般協定 a General European Agreement on Collective Security in Europe の締結を呼びかけた。西ドイツを含む欧州諸国で新条約を結び戦争再発を防ごうという案だったが、三カ国外相はこのソ連提案を拒否した。この案は米国をオブザーバーとしての参加にとどめ、事実上欧州から排除していたし、新条約締結はＮＡＴＯの性格や活動を複雑にするとの理由からだった。

そこでモロトフ外相は修正案を作成し、同年三月末に米英仏に提示した。その内容は、新条約への米国の完全な参加を受け入れ、さらにソ連のＮＡＴＯ加盟の可能性を検討するというものだった。ＮＡＴＯ加盟の用意ありと表明することで、ソ連が反ＮＡＴＯではないことを示し、新条約への反対を抑えるためだったと考えられる。仮にソ連が加盟すればＮＡＴＯの性格を変えられるといった意図もあった。しかし、米英仏は同年五月、この妥協案も拒否した。

以後、ソ連からＮＡＴＯ加盟の案は出されなかったが、ソ連崩壊後、ボリス・エリツィン大統領やウラジーミル・プーチン大統領が一時的に提案、あるいはその可能性に言及したことがある（ロシアとＮＡＴＯの関係については、第８章の「ＮＡＴＯ拡大への反発」「約束はあったたか」の項を参照のこと）。

朝鮮戦争の勃発

東西対立は一九五〇年に極東に飛び火した。同年六月二十五日、北朝鮮軍が韓国に攻め込み、朝鮮戦争が勃発した。封じ込め政策をとっていた米国は看過できない事態だとの基本姿勢で国連安保理に臨み、米国主導の国連司令部の編成を認める決議を勝ち取り、戦争に介入した。

ソ連は安保理常任理事国で拒否権を有しており、決議を葬り去ることができたはずだが、この年の一月から安保理への出席をボイコットしており、この日も出席しなかった。国連における中国代表権が台湾の中華民国にあることに抗議するというのが、ボイコットの理由だった。ソ連はその後も欠席を続けた。このため、安保理はソ連による拒否権の行使なしで北朝鮮の侵攻に対抗する一連の決議を採択することができた。

緒戦は北朝鮮軍が優勢で一気に南下、韓国軍と米軍を釜山近くまで追い詰めた。九月になってダグラス・マッカーサー将軍率いる国連司令部傘下の米軍・韓国軍が仁川上陸作戦を実行し、北朝鮮軍に大打撃を与えた。その後、北朝鮮軍が中国との国境付近まで後退すると、中国人民解放軍が志願軍と称し介入、押し戻した。結局、戦闘は戦争勃発前に南北を分けていた北緯三十八度線で膠着状態に入り、一九五三年七月二十七日、北朝鮮軍・中国軍と国連司令部の間で休戦協定が調印され、戦闘は収まった。

北朝鮮を率いていた金日成（朝鮮労働党委員長・首相）は開戦前にスターリンと協議、スターリンが南侵に承認を与えていたことがわかっている。ソ連崩壊後に明らかにされたスターリンと北朝鮮駐在のソ連大使の間の電報のやりとりによると、金日成は一九四九年三月五日、クレムリンでスターリンと会談し軍事援助を要請、この時は南侵について特に議題にはならなかったとされるが、その後、早期に南を陥落させることができると強調してスターリンに承認と軍事援助増大を求め、一九五〇年四月初めに訪ソした際に、スターリンから承認を得た。ただし、ロシアの軍事専門家ドミトリー・ボルカゴーノフは、スターリンがすでに一九五〇年二月九日に本格的な軍事援助の供与に同意していることから、事実上この日が武力統一方針を承認した日であると解釈している。(3)

朝鮮戦争はどちらが始めたかについては長い論争の歴史があり、米国や韓国が最初に攻め込んだとの説もあった。しかし現在では、金日成が事前にスターリン、さらには毛沢東の承認、またスターリンからの軍事支援を得て南侵したことは証明されている。金日成は一九五〇年四月にスターリンの承認を取り付けた後、同年五月十三日から十五日に北京を訪問、毛沢東と会談し、彼からも承認を得た。当時、毛沢東にとっての最大の課題は台湾との統一で、隣の朝鮮半島での戦争は歓迎できるものではなかったが、毛沢東は自分が中国を統一しようとしているのにスターリンが推す朝鮮統一を拒否するわけにはいかなかったのだろう。

金日成が南侵で朝鮮半島の統一をめざしたことは明白で、彼にとって朝鮮戦争は民族解放闘争だった。当初は金日成の支援要請の受け入れを渋っていたスターリンが最終的に承認を出した背景、目的について、様々な説がある。スターリンは一九四九年十月一日に人民中国が成立するという極東情勢の変化を追い風と判断し、北朝鮮軍が早期に韓国軍に勝利するとの展望に立って、半島全体をソ連圏に組み込むことをめざしたと思われる。

しかし、これは誤算だった。北朝鮮による統一は実現しなかった。さらには、米国が共産主義陣営の脅威を目の当たりにして、軍事力を強化し、封じ込め政策を世界的に強力に推し進めるという事態を招いた。西側諸国による西ドイツ支援を促し、日本を「単独講和」に追いやった。単独講和とはサンフランシスコ講和条約をソ連や中国などの参加なしに結んだことを指す。日本には締結前に、共産圏を入れた「全面講和」論があった。朝鮮戦争は日本とドイツの再軍備のきっかけにもなった。日本では一九五〇年七月に連合国軍最高司令官総司令部（GHQ）が警察予備隊を創設、これがのちに自衛隊になった。

一方、中国は米国の脅威が直接国境に迫る事態を回避し、緩衝地帯を設けることができたが、米国が台湾防衛を打ち出したため台湾を中国に統一する機会を失ってしまった。また、ソ連が中国の期待するような規模の支援をせず、中国に戦わせていたとの認識から、ソ連に対し不満を募らせた。これがのちの中ソ紛争の遠因になった。

スターリンは戦況が北朝鮮に不利になった一九五〇年十一月頃からソ連空軍兵士を中心に戦闘に参加させた。ソ連軍パイロットが乗ったミグ15戦闘機を中国軍あるいは北朝鮮軍の戦闘機であると偽装し、米軍の戦闘機F9F、F86や爆撃機B29を攻撃した。ソ連軍兵士の出動の事実は当時、明らかにされなかった。

二〇〇一年にソ連の軍事専門家のグリゴリー・クリボシェエフが編著者となって出版したソ連およびロシアが戦った戦争の犠牲者に関する著書によると、ソ連軍飛行士は六千三百回以上出撃し、千七百九十回の空中戦を戦い、一千三百九機を撃墜した。ソ連軍の損害は三百三十五機で、飛行士百二十人を含め三百十五人を失ったという。[4]ここに挙げられた数字で判断する限り、ソ連軍も一定の直接的な支援を与えたことになる。ただし、陸軍、海軍を含めた本格介入はなかった。

朝鮮戦争全体の犠牲者数については様々な数字があるが、米陸軍の軍事史センター編纂の米軍史によると、国連司令部傘下の各国軍の死傷者、行方不明者など犠牲は五十五万人で、うち死者約九万五千人。米軍兵士の死者はこのうち三万三千人あまり。北朝鮮軍と中国軍の死者は百五十万人以上で、このうち中国軍の死者は九十万人とされている。[5] 兵士のほかに民間人も多数死亡、兵士、民間人を合わせて二百五十万人以上が死亡したとみられている。ソ連軍の犠牲については、クリボシェエフによると、飛行士百二十人を含む三百十五人が死亡した。

安保理決議とソ連の欠席

北朝鮮による南侵を受けて国連安保理は北朝鮮に対し厳しく対処する決議を相次いで採択したが、それはソ連が安保理に出てこず、拒否権を行使しなかったために可能だった。なぜソ連は決議採択を許したのか。

国連安保理は六月二十五日に北朝鮮に対し即時停戦と北緯三十八度線への撤収を求める第八十二号決議、同二十七日には国連加盟国に対し北朝鮮に反撃するため韓国への支援を勧告する recommend 第八十三号決議、七月七日には加盟国に対し米国が率いる統一司令部に支援を提供するよう勧告、さらに米国に対し司令官を任命するよう求め、国連旗の使用を認める第八十四号決議、七月三十一日にはダグラス・マッカーサー将軍が率いる国連司令部 UN Command を承認する第八十五号決議を相次いで採択した。拒否権を持つソ連の国連代表はいずれの会合にも欠席した。

ソ連はその年の一月十三日に中国の代表権を台湾の中華民国から北京の中華人民共和国に変更する決議案が採択されなかったことに抗議して安保理のボイコットを始め、北朝鮮による侵攻開始後もそれを続けた。このため、米国主導による国連司令部の組織を許し、北朝鮮への反撃に国連のお墨付きを与えてしまった。なぜソ連は安保理に出席し、拒否権を行使しなかったか。これについても様々な説がある。

一つは、スターリンは安保理決議が成立しても米国は本格的に参戦せず、北朝鮮の勝利は揺らがないと判断し、決議採択を放置したという説だ。一方、これとはまったく反対に米国を東アジアの戦争に参加させ泥沼にはまらせることを意図して欠席したという陰謀説がある。米国が参戦し、戦況が北朝鮮に不利になり、中国が出てくるようになれば、米国はますます深みにはまり込み、欧州での米国の行動は制限される。米軍の体力が落ち、当面第三次世界大戦を仕掛ける余裕はなくなり、その間、ソ連は軍事力を強める時間稼ぎができるし、将来の米中接近も阻止できると考えたのだろうとの論理に基づく説だ。

実はスターリンは一九五〇年八月二十七日、チェコスロバキアのクレメント・ゴットワルド共産党議長・大統領に書簡を送り、その中で安保理欠席の理由を説明している。この書簡の存在は二〇〇五年に明らかになった。スターリンは書簡の中で後者の説に近い理由を挙げている(6)。だが、スターリンは開戦前、金日成からの南侵承認の要請に対し、米国の介入を恐れていることを何度か表明しているし、さらにはゴットワルド大統領に書簡を送った時にはすでに国連司令部が組織され米軍が介入しており、スターリンは安保理欠席をなんとか正当化する必要があったのではないかと疑われる。

いずれにせよ、ソ連はうっかりして欠席したわけではないだろう。指摘したように安保理は開戦直後だけでなく七月にも重要な決議を採択しているから、出席しようとしたが単純に間に合わなかったことは考えられない。また、当時外相だったアンドレイ・グロムイコの回想録によると、グロムイコはスターリンに対し、ヤコブ・マリク国連代表を安保理に出席させ、拒否権を行使するよう助言したが、スターリンはその必要はないとの対応を示したという。

なお、国連司令部の指揮下には韓国軍も入って合計十七カ国が戦闘部隊を派遣、ほかに五カ国が人道支援部隊を出した。これら国連司令部の指揮を受けた部隊は国連旗の使用も認められたので、国連軍 UN forces or UN troops と呼んでも違和感はない。その一方で、国連司令部は国連が直接設立した国連の一機関ではないので、傘下の部隊を国連軍と呼ぶことはできないとの主張もある。いずれにせよ、朝鮮戦争では国連旗の使用を認められた米軍主導の多国籍軍あるいは有志連合軍が中国軍、北朝鮮軍と戦った。

トルーマンのNSC-68

ケナンの封じ込め政策は、語感から極めて強硬な対ソ姿勢であるとの印象を受けるかもしれない。しかし、ケナンの主張にあるように、元々はソ連を盟主とする共産主義圏の拡大を阻止することを目的としていた。別の言い方をすると、東欧をソ連から取り戻すことやソ連の共産主義体制を潰すことを想定した政策ではなかった。

ケナンは封じ込めの具体的手段については慎重な姿勢を示し、論文を寄稿した当時は必ずしも明確には言及していなかったが、外交官を辞した後は、軍事的手段の行使に反対した。ケナンはもともと、軍事力でソ連を封じ込めるのではなく、西側諸国が経済を発展させて強靭な社会体制を築き、ソ連の勢力拡張を防ぐことを意図していた。しかし、米政府の対ソ政策は徐々に軍事的封じ込めの色彩を濃くしていった。

米国家安全保障評議会（NSC）は一九五〇年四月に安全保障政策の基本方針を盛り込んだ六十八号文書（NSC-68）を作成、ハリー・トルーマン大統領が朝鮮戦争最中の同九月にこの文書に署名、承認した。NSC-68はソ連を完全に敵視し、外交的、経済的手段よりも軍事行動を重視、軍事支出を大幅に増やす必要があると指摘している。ケナンが考えていた戦略が穏健な封じ込めだとすると、NSC-68は強硬な封じ込めだ。

ソ連に対応する戦略には、「封じ込め」のほかに、「巻き戻し rollback」、「緊張緩和＝デタント＝détente」あるいは「宥和 appeasement」もある。巻き戻しとは単にソ連の勢力拡張を抑える（封じ込める）のではなく、ソ連を弱体化し、場合によっては共産主義体制を打倒する対応を指す。逆に緊張緩和や宥和は友好関係の構築をめざす政策だ。したがって、封じ込めは巻き戻しと緊張緩和の中間的な戦略であると位置づけることができる。NSC-68は巻き戻しに近い戦略であるとも言えよう。

マンハッタン計画とベノナ計画

冷戦第一期の特徴としてスパイ活動 espionage の活発化を指摘できる。

米国はＣＩＡ（中央情報局）、ＮＳＡ（国家情報局）、ＦＢＩ（連邦捜査局）、ＤＩＡ（国防情報局）、ソ連はＫＧＢ（国家保安委員会）、ＧＲＵ（ソ連軍参謀本部情報総局）といった諜報機関を有し、軍事、科学技術分野の機密情報入手、工作、防諜合戦を展開した。

戦後、西側諸国とソ連は軍事戦略上、優位に立つため原爆の開発に力を入れた。ソ連にとって特に貴重で収集に力を入れた対象は米国の原爆に関する研究開発情報だった。

原爆の研究開発は十九世紀末にフランス人、ピエール・キュリーとポーランド生まれのマリー・キュリーの夫妻の研究に元をたどることができる。夫妻はウラン鉱の一種であるピッチブレンドが大量の放射能を発すことを発見した。以来、原子の持つエネルギーに関する研究が急速に進み、それが原子爆弾や水素爆弾といった核兵器の開発につながった。

米国政府は第二次世界大戦中にナチ・ドイツが原爆の研究開発を進めているのではないかと疑い、ドイツより先に原爆を開発しなければならないと判断、一九四二年に「マンハッタン計画 Manhattan Project」を開始した。この計画は一九四七年八月まで続いた。関連施設の建設、運営にあたったのが米陸軍工兵団 US Army Corps of Engineer のマンハッタン管区だったため、マンハッタン計画との暗号名がつけられた。計画には一九四三年までに英国、カナダも参加、米国の核物理学者Ｊ・ロバート・オッペンハイマーが研究開発を主導した。

一九四五年七月十六日にはニューメキシコ州のアラモゴード近くでの初の原爆実験に漕ぎ着けた。その成果を踏まえ製造した原爆二発を一九四五年八月に広島と長崎に投下した。

米英政府はマンハッタン計画について敵国のドイツ、日本への漏洩は防ぐことができたが、ソ連への漏洩は防げなかった。ソ連はすでに一九四一年から米英における初期の原爆計画に関する情報を得ており、その情報源は英国のスパイ網「ケンブリッジ・ファイブ Cambridge Five, Cambridge Spies」の中のジョン・ケアンクロスやドナルド・マクリーンだったといわれる(7)。

ソ連がマンハッタン計画自体を察知したのは一九四三年で、本格的な情報収集に乗り出した。当時、ソ連の原爆開発は米国に遅れを取り、小規模で初歩的だった。西側の専門家らによると、入手したマンハッタン計画の情報は貴重で、その情報のお蔭で核兵器開発の試行錯誤の時間や費用も減らし効率的に進めることができたとされる。米エネルギー省は「少なくとも十二カ月から十八カ月」時間を短縮できたと推定している。(8)

ソ連の原爆開発は保安機関の長であるラブレンティ・ベリアの統括の下、原子力物理学者、イーゴリ・クルチャトフが中心となって進め、マンハッタン計画の研究成果を生かし一九四九年八月二十九日、カザフスタンのセミパラチンスクでソ連初の原爆実験を成功させた。これによりソ連は米国に次いで二番目の核兵器保有国となった。その後も相次ぎ実験を成功させ、一九五三年八月十二日にはアンドレイ・サハロフが設計した水爆の実験にも成功した。ソ連の核兵器開発は、閉鎖都市アルザマス-16（Arzamas-16、現サロフ）などで進められた。

ソ連は世界中にスパイ網をめぐらせ、原爆情報をはじめ様々な情報の入手を試みたが、米国はこれを座視せず、すでに一九四三年に「ベノナ計画 Venona project」と呼ばれる防諜事業を開始している。

米国は第二次世界大戦中、ドイツとソ連が和平することを懸念、その可能性を探ることがベノナの当初の目的だったが、第二次世界大戦後、冷戦の様相が深まる中で、対ソ防諜計画へと変身、潜伏しているスパイとソ連の間で交わされる通信を傍受、暗号を解読した。ベノナを統括したのは米陸軍の信号情報局 US Army's Signal Intelligence Service（この組織がのちにＮＳＡになった）。ベノナは一九八〇年まで継続した。この防諜計画の存在は極秘事項として極めて限られた人たちしか知らず、一般に知られるようになったのは一九八〇年代半ば以降で、ＦＢＩ要員だったロバート・ランフェールや英ＭＩ５要員だったピーター・ライトの著作で明らかにされた。(9) 米当局が公式に認めたのは一九九五年だ。

米国の学者、ジョン・アール・ヘインズとハーベイ・クレアによると、ベノナ計画によって約三百四十九人のスパイの存在が確認された。実名を察知できたのはその半分以下で、ほかは暗号名しか分からなかった。(10)

米当局がベノナによってマンハッタン計画に対するソ連スパイの活動を察知したのは一九四六年末で、さらに一九四八年までにワシントンの国務省、財務省など重要な省庁にソ連に協力するスパイがいることもつかんだ。のちにケンブリッジ・ファイブと呼ばれる英国人スパイ網の摘発にもベノナの情報が寄与した。

マンハッタン計画の情報を流した容疑で摘発されたスパイの中では、クラウス・フックスとローゼンバーグ夫妻が最も著名だ。フックスはセオドア・ホール、デービッド・グリーングラスといったほかの科学者とともにウラン濃縮方法、生産設備、起爆技術などの重要な科学情報を提供した。

フックスはドイツ生まれの英国国籍の物理学者。ドイツで共産党に入党、その後ナチス・ドイツを逃れ英国に移住し、物理学を研究、そしてマンハッタン計画に参加したが、一九五〇年にソ連スパイであることを自白した。英国での裁判の結果、懲役十四年の刑を受け服役、一九五九年に釈放され、東ドイツに移り住み生涯を終えた。

米国人の共産主義者、エセル・ローゼンバーグとジュリアス・ローゼンバーグの夫妻もマンハッタン計画の漏洩やスパイ調達の容疑で一九五〇年に逮捕された。翌年、米国での裁判の結果、夫妻に死刑判決が下され、死刑が執行された。夫妻は無罪を主張、米国内でも容疑をでっち上げだとする世論も巻き起こった。

ケンブリッジ・ファイブの暗躍

ケンブリッジ・ファイブは、第二次世界大戦中から一九五〇年代初めに活動した英国のスパイ網で、ケンブリッジ大学卒のエリート五人組を指す。五人はキム・フィルビー、ガイ・バージェス、ドナルド・マクリーン、アンソニー・ブラント、そしてジョン・ケアンクロス。ただし、彼らが相互にソ連スパイであることを知らない場合もあり、集団として定期的に会合を開くなどまとまって活動したわけではない。彼らがスパイとして活動していた時期には五人組としての存在は知られていなかった。

さらには当時の英国のソ連スパイは彼らのほかにもいたが、五人がその代表的存在として知れ渡った。エリートたちが「秘密情報局（ＳＩＳ＝Secret Intelligence Service、ＭＩ６とも言う。ＭＩはMilitary Intelligence の略）」や国内の諜報を担当するＭＩ５といった諜報機関、さらに外務省など政府中枢の要職に就き、多数の機密情報を漏らしていたという事態は世界のスパイ活動史の中でも極めて異例だ。

フィルビーらがスパイとしてリクルートされた一九三〇年代は米国発の大恐慌、失業、ファシズムの台頭で英国でも共産主義の支持者が増え、彼らも大学在学中から共産主義に傾倒していた。ただし彼らの大半は卒業後にスパイとしてリクルートされた。

ケンブリッジ・ファイブの活動はソ連崩壊後の公文書公開や自分たち自身の回想録、彼らに関する伝記、元諜報機関員の著書などによって徐々に明るみに出てきた。

中でもフィルビーは直接間接にスパイを採用する重要な役割を果たし、ＳＩＳに職を得てその活動に関する情報を流し続けた。一九四九年八月には米英間の諜報機関の連絡将校兼ＳＩＳワシントン支局長に抜擢された。ワシントンでの最初の仕事はマンハッタン計画をソ連に漏らしている人物の調査だった。当然のことながらベノナ計画に接し、英国外務省のマクリーンをスパイとしてあぶり出しつつあることを察知、これを駐米大使館にいた友人のバージェスを通じてマクリーンに知らせた。この情報のお蔭でマクリーンはバージェスとともに当局に捕まる前、一九五一年五月にソ連に亡命した。マクリーンはマンハッタン計画の進捗状況や米国が保有するプルトニウムの量などの情報を提供していたとされる。バージェスはＢＢＣラジオ番組製作者を経て外交官となり、マーシャル・プランをめぐる米英の協議内容などを流した。ＳＩＳはマクリーンとバージェスが行方不明になった後、ソ連に亡命したことを知っていたが公表せず、一九五六年二月に彼ら自身がモスクワで記者会見して二人がモスクワに亡命していたことが初めて一般に知れ渡った。

二人が亡命したことで彼らと親しかったフィルビーへの疑いも強まり尋問を受けたが、証拠不十分のために摘発を切り抜けることができた。フィルビーはＳＩＳを退職、その後、英国の新聞・雑誌の記者として活動し続けた。

一九六一年十二月、在ヘルシンキのソ連大使館にいたKGB少佐のアナトーリー・ゴリツィンが米国に亡命、英国にKGBが重宝した五人のスパイがいると明かした。ゴリツィンは彼らの暗号名しか知らなかったが、うち二人はすでにソ連に亡命していたバージェスとマクリーンであることは明らかだった。当時、ほかの三人の正体は不明だった。ケンブリッジ・ファイブという呼称が広がったのはゴリツィンの証言がきっかけだった。

MI5はその後の調査で、フィルビーがソ連スパイであるとの疑いを強めていたが、彼の知人筋からの情報でスパイであることを確実視、一九六三年初めに当時ベイルート特派員だったフィルビーを現地で取り調べ、免責を提示すると彼は自白した。彼はその後、ロンドンに戻ると約束したのだが、帰国せずベイルートからソ連に亡命した。これによりフィルビーがケンブリッジ・ファイブの中の「第三の男」であることが確定した。

五人の中で四番目にスパイであることが確認されたのはブラントで、一九六四年に自白した。ただし、そのことは一九七九年までは公にされなかった。ブラントは軍に入隊後、MI5で働き、ドイツ軍の暗号通信の内容やソ連国内のドイツ・スパイの情報を提供した。戦後は美術史の研究家として知られ、ロンドン大学教授、コートールド美術館館長を務め、さらには王室美術監督官 Surveyor of the Queen's Pictures としてバッキンガム宮殿などの美術品の選定、管理にあたった。

五番目のスパイが最終的に明らかになったのは一九九〇年。すでに一九七九年に英国人記者の調査報道でケアンクロスが五番目の男だと名指しされていたが、一九八五年に英国に亡命した元KGB大佐のオレグ・ゴルディエフスキーが一九九〇年に出した著書の中で確認した。ケアンクロスは外務省、SISでの地位を利用、英国の初期の原爆開発政策のほか、特にナチス・ドイツの重要な対ソ決戦の一つとなった一九四三年夏のクルスクの戦いに関するドイツ軍の作戦情報を事前にソ連に伝えたことが知られている。彼はすでに一九五二年にスパイであることを自白していたが、彼が第五の男であることは公には知られていなかった。

ソ連亡命組のフィルビー、バージェス、マクリーンの三人はモスクワで生涯を終えた。ブラントは一九六四年に自白と引き換えに起訴を免れ、彼がスパイだったことは知られていなかったが、一九七九年にマーガレット・サッチャー首相が彼はスパイだったことを認め、一九五六年に授与されていた彼の「ナイトフッド」の爵位を剝奪した。ケアンクロスは一九五二年にスパイだったことを認めて公職を退いた。彼もブラント同様、起訴されることなく、英国で死去した。

冷戦の本格化

朝鮮戦争は一九五三年七月に停戦を迎えたが、冷戦はその後一段と緊迫した状態を迎える。冷戦の第二期の始まりである。ソ連は西ドイツが一九五五年五月にＮＡＴＯに加盟したことに反発、同月、ＮＡＴＯに対抗する軍事同盟としてワルシャワ条約機構を発足させた。一九五六年十月にはハンガリーでソ連軍撤退や民主化を要求する運動が高まったのに対しソ連軍を中心とするワルシャワ条約機構軍が介入して鎮圧した。

一九六一年のベルリンの壁の建設に伴う危機も東西間の緊張を象徴する出来事だった。一九四八〜一九四九年にかけてのベルリン封鎖に次ぐベルリンを舞台にした危機である。第二次世界大戦後、ソ連が占領したドイツ東部（のち東ドイツ）から多くの市民が米英仏の占領地区であるドイツ西部（のち西ドイツ）へ移動し始めた。自由度も経済的な機会も西が良かった。ソ連と東ドイツはその流れを止めようとしたが、ベルリンは他の境界に比べ行き来しやすい場所で、ベルリンを通過して西へ流入する市民が多かった。東から西へ移動した市民は一九六一年までに三百五十万人にのぼり、東ドイツの人口の二割に上った。エンジニア、熟練工、医者、弁護士、教師など知識層の人たちが多く含まれ、東ドイツでは頭脳流出が深刻な問題だった。

バルター・ウルブリヒト率いる東ドイツ指導部はこの流れを止めるため壁を築くことを計画、ソ連の指導者ニキタ・フルシチョフに承認を求めた。フルシチョフは共産主義体制のイメージに打撃を与えることや米欧諸国の反応を考え渋っていたが、結局承認した。こうした経緯はフルシチョフとウルブリヒトが一九六一年八月一日にモスクワで会談した際の記録などで明らかになっている[11]。

一九六一年八月十三日午前二時、東ベルリンと西ベルリンの間で壁の建設が始まった。できあがった壁の全長は百五十五キロメートル。西ベルリンは壁に囲まれ、東ベルリンだけでなく、ほかの東ドイツの地区とも遮断された。ウルブリヒトはファシスト分子が人民の社会主義建設を妨害しており、それを防ぐためだと説明、壁を「反ファシスト防護壁」と名付けた。だが、実際には東から西ベルリンへの市民の脱出を防ぐためだった。壁の建設で西ドイツへの流出は止まったが、東西間の緊張が一段と高まった。

1961年，ベルリンの壁の建設現場

ベルリンの壁は冷戦を象徴する構造物として二十八年後の一九八九年十一月まで存在した。その間、約五千人が壁を乗り越えようと試み、百三十六人以上が死亡した。壁には数カ所チェックポイントと呼ばれる検問所が設けられ、厳重な監視下、これら「関所」を通って限定的に東側との往来は可能だった。

そのうちの一つがチェックポイント・チャーリーで、映画やスパイ小説の舞台になっている。ジョン・ル・カレの『寒い国から帰ってきたスパイ *The Spy Who Came In From The Cold*』（一九六三年）にも登場する。壁の崩壊後、この検問所はもちろん廃止され、跡地近くに小さな博物館が作られている。

ベルリンの壁は名演説の舞台にもなっている。ジョン・F・ケネディ米大統領は壁の構築から二十二カ月後の一九六三年六月二十六日、西ベルリンを訪問、ラートハウス・シェーネベルクに集まった四十五万人の大聴衆を前に西ドイツ市民との連帯を強調、ドイツ語で「Ich bin ein Berliner!（私はベルリン市民だ）」と叫んだ。またロナルド・レーガン米大統領は一九八七年六月十二日、ブランデンブルグ門で、「ミスター・ゴルバチョフ、この門を開放せよ。ミスター・ゴルバチョフ、この壁を打ち崩せ」と訴えた。当時、ソ連ではミハイル・ゴルバチョフ書記長がペレストロイカに取り組んでいた。

キューバ・ミサイル危機

欧州を舞台にした緊張はベルリンの壁の建設が最後だったが、欧州以外の場所では極めて深刻な対立が継続した。一九六二年、米ソが核戦争の一歩手前に至る緊迫した事態が生じた。キューバ・ミサイル危機である。ロシアでは「カリブ海危機 Карибский кризис」と言う。

一九六二年十月十四日、米空軍の偵察機U-2がキューバで核ミサイル基地が建設されていることを発見、写真の分析などを経て十六日朝にケネディ大統領ら政権首脳に説明があり、危機がはじまった。ソ連とキューバはその年の夏から秘密裏に米国全土を射程に入れた中距離核ミサイルをキューバに配備する計画を進め、ミサイルや核弾頭を運び込み、発射施設の建設に着手していた。

米国本土の鼻の先に核ミサイルを突きつけられるという重大事態を受けてケネディ大統領は米軍を高度警戒態勢に置き対応を協議、フルシチョフ首相との数度にわたる書簡のやりとりを経て、同二十八日に妥協が成立するまで十三日間、一触即発の緊迫した事態が続いた。

ケネディ政権内では、核ミサイル基地の破壊、キューバへの全面侵攻、海上封鎖（米国は国際法への配慮から「検疫」と呼んだ）などの対応を検討、ケネディ大統領は軍部による強硬論を抑え、キューバへの核ミサイルなど攻撃兵器の輸送を止めさせるため海上封鎖を実施し、同時にソ連が核ミサイル基地を解体撤去するよう求めるといった対応を選択、二十二日夜にテレビ・ラジオを通じ発表した。

フルシチョフ首相は当初、米国の対応を「海賊行為」だなどと批判、海上封鎖を無視する姿勢を示したが、もともと米国との核戦争を辞さないという覚悟があったわけではなく、妥協策を探った。ケネディ大統領もこれに応じ、十月二十八日に合意が成立、危機は収束した。ソ連はキューバからの核ミサイルの撤去、基地の解体を、米国はキューバに侵攻しないことを約束した。こうした合意内容は公表されたが、米国は別途、トルコに配備していた中距離核ミサイルの撤去を受け入れており、この措置は当時発表されなかった。

米軍の警戒態勢はＤＥＦＣＯＮ（Defense Readiness Condition 防衛準備態勢）という用語を使って五段階に分けられている。ＤＥＦＣＯＮ５が最も警戒度が低い通常の態勢で、ＤＥＦＣＯＮ１が最も警戒度が高い。ケネディ大統領がキューバに核ミサイルが配備されていることを明らかにした十月二十二日、米軍（在欧米軍を除く）にＤＥＦＣＯＮ３、さらに二十四日には核兵器を管轄する戦略空軍（ＳＡＣ）にＤＥＦＣＯＮ２を発動した。この２という態勢はこれまでに発動された最高の警戒水準である。

ソ連側も高度の警戒態勢を取る中で、核戦争勃発への懸念が高まった。最も危機的だった日は十月二十七日だろう。この日午前十時十五分から十一時（ワシントン時間）にかけてアラスカの基地から発進したＵ–２機一機がチュコトカ半島上空のソ連領空に誤って入り込んだ。パイロットは支援を要請、Ｆ–１０２戦闘機が緊急発進、当然ソ連もミグ戦闘機で追撃した。結局、Ｕ–２は攻撃されることなく領空外に出たのだが、領空侵犯を聞いたロバート・マクナマラ米国防長官は「ソ連との戦争になってしまう」と叫び、顔が引きつったとの話もある。

正午頃にはキューバ上空でＵ–２がソ連の地対空ミサイルに撃墜され、パイロットが死亡した。さらに同日午後五時頃、海上封鎖に出動していた米駆逐艦ビールがソ連の潜水艦Ｂ–59を追跡し、浮上させようとして攻撃するという事件が起きた。ビールはこの潜水艦が十五キロトンの核魚雷を装備していることを知らず攻撃した。ソ連潜水艦の中では第三次世界大戦が始まったとの認識から核魚雷を発射し反撃すべきだとの声が上がったが、ワシーリー・アルヒーポフという艦員が押しとどめ、結局、浮上を決断した。こうしたいきさつは二〇〇二年になって明らかになった[12]。

フルシチョフはなぜ、そしていつ頃からキューバに中距離核ミサイルを配備する計画を考えたのか。彼自身、危機が去った後の一九六二年十一月二十三日に開かれたソ連共産党中央委員会総会で、配備の目的について「われわれはキューバにミサイルを配備することによってのみキューバを救えると考えた」、「われわれの唯一の目的は、革命キューバを守り、キューバのために踏み出すことだった」と述べている。この中央委総会での発言は二〇一二年十月二十二日付雑誌『アガニョーク』で初めて明らかにされた。

同様の説明はフルシチョフの回想録の中にも見出せる。彼はソ連指導部から追放された後、余生を過ごす中で当局に秘密裏に回想をテープに吹き込み、それが『フルシチョフ回想録』としてまとめられているが、それによると、キューバに誕生した共産主義政権を米国の侵略から守ることが配備の理由だった。フルシチョフは、もしキューバを失ったら世界、特に中南米におけるソ連の威信に傷が付くし、マルクス・レーニン主義にも深刻な打撃となると思ったからだったと主張、「カリブ海へのアメリカの介入を確実かつ効果的にくいとめる措置を講じなければならなかった。だが、何が効果的なのか？　理にかなった答はミサイルだった」と指摘した[13]。

配備を検討し始めた経緯についてフルシチョフはおなじ回想録の中で、一九六二年五月にブルガリアを訪問した際にトルコに米国の核ミサイルが配備され、十五分でソ連の工業地帯を攻撃できるという話を聞き、帰国した後、キューバへの核ミサイルの配備を党・政府幹部に提案したと記している。当時のブルガリア訪問に同行したアンドレイ・グロムイコ外相ものちの回想録でフルシチョフの説明に言及している。フルシチョフは五月二十日、ブルガリアからの帰りの機内でキューバに核ミサイルを配備しなければならないと言ったという[14]。

米国はキューバにフィデル・カストロ政権が成立してからその転覆を試みていた。その最も大規模な作戦が一九六一年四月のピッグス湾侵攻事件で、米中央情報局（ＣＩＡ）が訓練した亡命キューバ人が侵攻したが、失敗に終わった。しかし、米国はカストロ政権打倒を断念しなかった。このためフルシチョフは反米色を強め、ソ連に接近するキューバに核ミサイルを配備することで米国によるキューバ侵攻を抑止したいと考えた。

また、フルシチョフは回想録で米国の核ミサイルのトルコ配備に言及していることから、キューバへのミサイル配備にはソ連自身の対米防衛能力を補うとの目的もあったと考えられる。当時の米ソの核戦力を比較すると、米国が質量ともにソ連を上回っていた。

キューバ危機はソ連が核ミサイルを米国の傍のキューバに配備したことで発生したのだが、米国が同様の中距離核ミサイルをソ連の傍のトルコに配備した際には特段、危機のような事態は発生しなかった。米国は一九五九年十月にトルコ政府との間でジュピター・ミサイルを配備することで合意、実際に一九六一年から配備を開始、キューバ危機の時点では十五基のミサイルがトルコに存在した。また米国は同様にイタリアにもほぼ同じ時期に三十基を配備したが、フルシチョフは大騒ぎしなかった。こうした経緯からフルシチョフは米国も同様にあまり大騒ぎしないと読んだのかもしれない。

結局、米国はキューバからソ連の核兵器を撤去させることができた。一方、ソ連はキューバを米国による侵攻の脅威から守り、さらにトルコに配備していた米国のミサイルを撤去させた。

キューバ・ミサイル危機で米ソどちらが勝ったのか負けたのか。フルシチョフ自身は「偉大な勝利だった」と自賛した。キューバが米国からの軍事攻撃の脅威にさらされることがなくなり、ソ連の支援を得て生き延びられる条件が整った。だが、ソ連指導部にはソ連が屈辱的な敗北を喫したとの受け止め方もあった。もちろん、そのことは当時、表には出なかった。

米国など米欧諸国では、トルコからの核ミサイルの撤去が当時、秘密とされたこともあって、ケネディが勝ったと受け止められた。ただし、米軍首脳の中にはケネディの弱腰を批判する声もあり、キューバ侵攻論をぶっていたカーチス・ルメイ空軍参謀総長はのちに「史上最大の敗北」と評価した。いずれにせよ、冷戦が熱核戦争に至らず、世界は救われた。

キューバ危機を振り返る際、なぜ核戦争を回避できたかについても考える必要があろう。当然、米ソの指導者が核戦争の恐ろしさを認識していたことを挙げられる。米ソの核戦略は相互確証破壊 Mutual Assured Destruction（MAD）の上に成り立っていた（基本的には現在も同じ）。相互に相手を確実に破滅させられる核戦力を保有する状態において成立する核戦略理論で、フルシチョフとケネディがMADを頭に刻み込んでいたから核戦争を回避できたと言えよう。

両国はキューバ危機以降、皮肉にも関係を一定程度前進させることができた。雨降って地固まるである。危機の最中の連絡が迅速でなかったことへの反省から一九六三年六月にはホワイトハウスとクレムリンの間に直通電話線（ホットライン）を敷設した。同年八月には米ソ、さらに英国も入って部分的核実験禁止条約が成立した。

一方で、フルシチョフの冒険は彼自身の政治的地位に打撃を与えた。フルシチョフは二年後に最高指導者の地位を解任されたが、その一因にキューバ危機への対応もあったとされる。また中国がフルシチョフの対応を厳しく批判、そのため中ソ対立はさらに深刻化した（中ソ対立については第9章を参照のこと）。

ケネディ大統領の弟で司法長官として大統領とともに対応にあたったロバート・ケネディが一九六九年にキューバ危機について著作を出版、緊迫したやり取りを描写している。[15] 二〇〇〇年にはロジャー・ドナルドスン監督で『十三日間 *Thirteen Days*』という映画も作られた。

危機克服後のデタント

キューバ・ミサイル危機を克服した米ソ両国は、一九七〇年代にはデタント détente の時期を迎えた。核戦争の瀬戸際まで行ったことへの反省があったし、双方ともに軍事費の増大が経済の重荷になっていた。またソ連には対中関係が悪化する中で、米中が手を組むことへの懸念もあった。ただし、緊張緩和といっても米ソが冷戦状態にあることに変わりはなかった。この時期を冷戦の第三期とした。

米ソはすでに一九六三年に部分的核実験禁止条約を締結していたが、一九七〇年代のデタントの具体的成果としてはまず、二次にわたる核兵器制限交渉を挙げられる。第一次戦略兵器制限交渉 Strategic Arms Limitation Talk-I と第二次戦略兵器制限交渉である。第一次交渉の結果、レオニード・ブレジネフ書記長とリチャード・ニクソン大統領が一九七二年五月にＡＢＭ条約 Anti-Ballistic Missile Treaty と、第一次戦略兵器制限条約ＳＡＬＴ-Ｉの調印に漕ぎ着けた。ＡＢＭ条約は戦略核ミサイルを迎撃するミサイルの数を制限した。

両国はさらに第二次交渉を進め、一九七九年六月にブレジネフ書記長とジミー・カーター大統領が第二次戦略兵器制限条約ＳＡＬＴ-Ⅱに調印した。ただし、第二次条約はその年の十二月にソ連軍がアフガニスタンに介入したことを受けて米国議会が批准せず、発効しなかった。

デタントの成果はこれら核兵器制限条約のほかに、一九七五年七月に欧州安保協力会議（ＣＳＣＥ）を構成する米欧諸国三十五カ国が調印したヘルシンキ合意 Helsinki Accords（ヘルシンキ宣言、ヘルシンキ最終文書ともいわれる）もある。この合意は、政治・軍事、経済・科学、人権の三分野での協力を謳い、政治・軍事分野では、各国の主権尊重、武力行使の抑制、国境不可侵、紛争の平和的解決、内政不干渉、人権と基本的自由の尊重などの原則を確認した。なお、ＣＳＣＥは一九九五年一月に欧州安保協力機構（ＯＳＣＥ）へと名称変更した。

西ドイツのウィリー・ブラント首相が一九七〇年に取り組み始めた東方政策 Ostpolitik もデタントの成果の範疇に入れられる。これは東ドイツ、そのほかの東欧諸国、ソ連との関係改善をめざす画期的な外交努力を指し、ブラントはまず一九七〇年八月にソ連とモスクワ条約を締結、武力行使の放棄、国境の現状承認を約束した。同年十二月にはポーランドとワルシャワ条約を結び同様の原則を確認、これによってオーデル・ナイセ線を両国の国境とすることが確定した。さらに一九七二年十二月に東ドイツと「基本条約」を締結、初めて相互に国家であることを承認し合った。

ブラントが率いる社民党政権が誕生する前はキリスト教民主同盟が政権を担い、西ドイツが全ドイツを代表する国家だとの立場を堅持、東ドイツを承認していなかった。また西ドイツはソ連を例外として東ドイツと外交関係を有する国を承認していなかった。ブラントはこうした戦後の西ドイツの基本的外交政策を変えた。東方外交はブラントの後、同じ社民党のヘルムート・シュミット、さらにキリスト教民主同盟のヘルムート・コールによって踏襲された。

プラハの春の抑圧

デタントの時期でも東西対立が消えてなくなったわけではない。一九六八年春にはチェコスロバキアで「プラハの春 Prague Spring」と呼ばれる民主化運動が高まり、ソ連は軍を投入してこれを潰した。一九五六年のハンガリー動乱に次ぐソ連軍の介入である。

チェコスロバキアでは一九六七年に作家同盟を舞台にスターリン主義や一党支配体制を批判する論者が現れ、翌年一月にアレクサンデル・ドプチェクがチェコスロバキア共産党第一書記に就任すると、改革運動が広がり、党は四月に自由化の「行動綱領」を採択するに至った。これには言論の自由の拡大、消費財生産に配慮した経済改革、ソ連や東欧諸国だけでなく西側諸国との関係改善などの方針が盛り込まれた。「人間の顔を持った社会主義 Socialism with a human face」と呼ばれた綱領である。六月には著名な作家でジャーナリストのルドウィック・ワツリークが「二〇〇〇語宣言」を発表、「行動綱領」を踏まえた改革の推進を訴えた。

ブレジネフ率いるソ連指導部は一九六八年前半にはチェコスロバキア問題への対応にかかりっきりだった。結局、八月二十日深夜から二十一日にかけソ連軍が主導する二十万人のワルシャワ条約機構軍を投入し、チェコスロバキアを占領した。形式的にはチェコスロバキアから介入要請があったと説明された。ソ連軍は党幹部を拘束、ドプチェクら数人を飛行機に乗せモスクワに連行、改革運動を「反社会主義的」「反革命的」だと糾弾する文書に調印させた。米欧諸国をはじめ多くの国がソ連軍の介入を非難したが、ソ連の行動を止めることはできなかった。

ブレジネフはこの介入を機に東欧諸国の民主化、ソ連圏離れの動きを制限主権論で牽制した。プラハの春の鎮圧から一カ月後、一九六八年九月二十六日付の党機関紙『プラウダ』はセルゲイ・コバリョフ名による「主権と社会主義諸国の国際的義務 *Sovereignty and international obligations of socialist countries／Суверенитет и интернациональные обязанности социалистических стран*」と題する論文を掲載、その後、ブレジネフが同十一月にポーランド共産党大会で演説し同論文の主張に基づいて「社会主義に敵対的な勢力が社会主義国を資本主義に向わせるよう試みた場合、それは当該国だけでなくすべての社会主義国に共通する問題、そして懸念となる」と強調、チェコスロバキアへの介入を正当化した。この外交原則はブレジネフ・ドクトリンあるいは制限主権論と呼ばれた。

ベトナム戦争での対決

一九五五年に始まったベトナム戦争は一九七五年まで二十年間続いた。ソ連、中国などが北ベトナムを、米国、フィリピン、韓国などが南ベトナムを支援した。朝鮮戦争同様、冷戦を象徴する大規模な代理戦争である。代理戦争と言っても、米国は一九六四年八月初めの*トンキン湾事件 Gulf of Tonkin incident を機に本格介入し、米軍の規模は一九六九年春には五十五万人弱に上った。一方、ソ連もトンキン湾事件後に北ベトナムへの軍事援助を強化、大量の戦車、装甲車、大砲などを送り込んだ。当時、ソ連軍の関与の規模は不明だったが、三千人規模の兵士が駐留し、砲撃兵が火砲を操作、直接戦闘に加わっていたことが一九九一年に明らかにされた。[16] ただし、地上戦に加わることはなかったという。ソ連軍兵士十三人が死亡した。

一方、中国も北ベトナムへの軍事支援に積極的で、工兵と砲兵を送った。工兵は鉄道、道路、空港、通信施設などを建設し、砲兵は軍事インフラや作業にあたる工兵を防衛した。加えて大量の兵器、装備、食糧も提供した。北ベトナムに派遣された中国軍兵士は延べ三十二万人に上り、最も多かった一九六七年には十七万人が駐留していた[17]。中国側の記録では、砲兵隊は米軍機一千七百七機を撃墜、一千六百八機に損傷を与えた[18]。

中国は積極的に北ベトナムを支援したのだが、その後は北ベトナムへの支援を縮小、一九七〇年七月までには部隊を完全撤収した。中ソ対立が激化する中で北ベトナムがソ連寄りの姿勢を強め、さらに米国との和平を模索し、ラオスを事実上支配してラオスから中国の影響力を排除しようとしたことに中国は反発した。

ベトナム戦争全体の犠牲者数は、兵士、民間人合わせて二百万人とも三百万人以上とも言われる。米軍兵士の死亡は公式に五万八千二百二十人とされている。ほかに千六百二十六人が行方不明となった。

＊**トンキン湾事件**……一九六四年にリンドン・B・ジョンソン米政権がベトナム戦争に本格介入する口実に使った事件。ジョンソン政権は一九六四年八月二日に米駆逐艦一隻、さらに八月四日に米駆逐艦二隻がトンキン湾の公海上で北ベトナム海軍魚雷艇から一方的に攻撃されたと議会に説明、議会はこの説明をもとに大統領に大幅な攻撃権限を与えるトンキン湾決議を可決した。だが、実際には八月二日に攻撃された米駆逐艦は北ベトナム沿岸の軍施設に対して攻撃作戦中だった。また八月四日には交戦そのものがなかった。ジョンソン政権のこうした虚偽はその後の公文書の公開で確認されている。

デタントの終わり

デタントは一九七九年十二月、ソ連のアフガニスタン介入で終わった。ここからの時期を冷戦の第四期とした。米国は第二次戦略兵器制限条約の批准を取り止め、さらに一九八〇年のモスクワ五輪をボイコット、日本を含め多くの国もそれに追随した。

アフガニスタンでは一九七八年四月に共産主義政党であるアフガニスタン人民民主党（ＰＤＰＡ）がクーデターで政権を奪取、ヌール・ムハンマド・タラキー大統領とハフィーズ・アミーン首相が率いる政権が改革を進め、同時に党内の政敵を含め反対勢力を厳しく弾圧した。

その後、政権内でタラキー派とアミーン派が抗争を繰り広げ始め、一九七九年十月にはアミーンがタラキーを逮捕、処刑した。だが、ソ連はアミーンが反政府勢力への大量粛清を主導し、それがアフガニスタン内外で反発を招き、内戦を激化させていると判断、特殊部隊を送り込んでアミーンを殺害し、バブラク・カールマルを新たな指導者に据えた。さらにイスラム主義のムジャヒディーンなど反政府武装勢力を掃討するため、同年十二月二十五日、軍、ＫＧＢ国境警備隊、内務省軍を投入し、アフガニスタンに本格介入した。

ソ連がアフガニスタンに軍事介入した主な動機として、ソ連の重要な国境地帯に面する地域に自分たちに敵対しない安定した国を確保しておきたいとの思惑を指摘できるだろう。しかし、米欧諸国は中東の石油やインド洋への出口の確保をねらった膨張政策だと見て、サウジアラビアやイランとともにムジャヒディーンを支援した。ソ連が支援するアフガニスタン政府軍とムジャヒディーンの戦闘は泥沼化し、ソ連側は一九八〇年代前半に十万人を超える兵士を派遣して政府軍を支援した。撤退するまでに派遣した兵士の延べ人数は六十二万人ともいう。

しかし多大な犠牲者を出したため、ソ連国内ではアフガニスタン介入は不評で、ゴルバチョフが党書記長に就任した後、撤収を決めた。ソ連が介入して九年後の一九八八年四月にアフガニスタン、パキスタン、ソ連、米国の外相がジュネーブで一連の和平協定に調印、それに基づいてソ連軍が撤収を開始、一九八九年二月に撤収を終えた。ソ連軍の死者数は一万五千五十一人と発表されている。アフガニスタン市民は百万人以上が死亡、六百万人がパキスタン、イランなどに避難したといわれる。アフガニスタンではソ連軍撤収後も混乱が収まらず、その後も内戦状態が続いた。

核戦争の新たな瀬戸際

米ソ両国は一九六二年のキューバ危機の際、核戦争の一歩手前にあったが、一九八三年にも同様のきわどい事態に直面した。ＮＡＴＯ軍は一九八三年十一月、核戦争を想定した「エーブル・アーチャー83／Able Archer

83」と銘打った軍事演習を実施した。当時はソ連のアフガニスタン介入で東西関係が緊張し、さらに米国はソ連が中距離核ミサイルSS-20を東欧に配備したことに対抗して中距離核ミサイル、パーシングⅡの欧州配備を計画していた。このため、ソ連指導部はこの演習がソ連を核攻撃する隠れ蓑ではないかと疑心暗鬼に陥り、核戦争準備体勢を取った。結局、演習が実戦に発展することはなく、緊迫した状態にも終止符が打たれたが、専門家たちは一触即発の事態だったと回顧している。

一九八三年にはもう一つ米ソ関係を悪化させる事件が起きている。九月一日、ニューヨークからアンカレジ経由でソウルに向かって飛行していた大韓航空〇〇七便がサハリンの西の沖合でソ連空軍機によって撃墜された。乗員乗客合わせて二百六十九人が死亡、死亡者の中には米下院議員もいた。ソ連は当初、関与を否定したが、結局、撃墜したことを認めた。〇〇七便が決められた航路を逸脱し領空を侵犯したためと理由を説明した。〇〇七便はスパイの使命を受けていたとも付け加えた。米国のロナルド・レーガン大統領はソ連軍の行為を強く非難、米国へのすべてのソ連航空機乗り入れを停止するなどの措置を取った。

新思考外交、フル回転

東西の緊張はゴルバチョフの登場で再び緩和に向かい始め、一九八九年には冷戦終了が宣言された。この時期が冷戦の最終章（第五期）である。

ゴルバチョフの新思考外交の本気度を世界に最初に示した出来事が、一九八六年十月十一、十二日にアイスランドのレイキャビクで開かれたレーガン大統領との米ソ首脳会談だった。

両首脳は核兵器全廃を協議、なんと一気に合意寸前まで漕ぎ着けた。向こう五年間に戦略ミサイルとその弾頭を五〇％削減し、その次の五年間で残りを全廃すること、また戦略ミサイルより射程距離が短い中距離核兵器（ＩＮＦ）についても同様に十年間で撤廃することでいったんは基本的に合意した。ところがゴルバチョフはレーガンのペット・プロジェクトとも言うべき戦略防衛構想Strategic Defense Initiative（SDI）の放棄を迫った。激しいやり取りが続き、ゴルバチョフはSDIの研究を研究室の中だけに限るなら認めて良いと譲歩したが、レーガンはSDIの研究に対する制限を受け入れず、二人の間の溝は埋まらなかった。

SDIはスターウォーズ計画とも呼ばれ、宇宙配備のレーザー兵器や粒子ビーム兵器で敵の大陸間弾道ミサイル（ICBM）を迎撃する弾道ミサイル防衛（BMD）システム。レーガン大統領が一九八三年に研究開発に着手するよう指示した。当初から費用がかかり過ぎるといった批判があったし、技術的に無理だとか、相互確証破壊（MAD）といわれる核戦争抑止戦略を不安定にするといった指摘もあったが、レーガン政権は研究開発を進めていた。レイキャビク会談時は、レーガンもゴルバチョフもSDIの開発、配備が可能だとの前提に立っていた。

SDIはその後、一九九三年になってビル・クリントン大統領が技術的に実現不可能と判断し、計画の縮小を決定、当初の遠大な構想はお蔵入りとなった。仮にレイキャビク会談時に米ソ首脳がSDIの実現が技術的に不可能であると認識していれば、核兵器全廃の合意が成立していたかもしれない。

1986年10月12日，レイキャビクでの会談を終えて別れのあいさつを交わすロナルド・レーガン米大統領（左）とミハイル・ゴルバチョフ・ソ連共産党書記長

ゴルバチョフは党書記長に就任して以来、一九八五年十月のパリ訪問、同年十一月のジュネーブにおけるレーガン大統領との初会談などの機会に核兵器の五〇％削減や世界から核兵器をなくすといった目標を提示、レイキャビクで示した提案の骨子を一九八六年一月十五日に発表していたが、首脳同士が直接具体的に、しかも真剣に交渉したのはレイキャビクが初めてだった。

こうしてレイキャビク会談は物別れに終わった。だが、この会談は世界が核兵器全廃に極めて近づいた時として記憶され続けるだろう。

指導者の強い意志があれば核兵器全廃に合意できる可能性があることも示したし、のちの核軍縮の素地を作ったという意味でも画期的だった。ゴルバチョフ書記長とレーガン大統領は一九八七年十二月にＩＮＦ（中距離核戦力）全廃条約 Intermediate-Range Nuclear Forces Treaty に調印、一九九一年七月にはゴルバチョフ書記長とブッシュ大統領が第一次戦略兵器削減条約 Strategic Arms Reduction Treaty I（START-I）に調印したが、これらの合意にレイキャビク会談での議論が生かされた。

ゴルバチョフの新思考外交はその後もフル回転、最後には冷戦に終止符を打つまでに進むが、新思考外交を象徴するもう一つの出来事が一九八八年十二月七日の国連総会でのゴルバチョフ演説である。ゴルバチョフはこの演説で、ソ連外交の基本方針を「全人類的価値の尊重」に置くと宣言した。それは耳慣れない言葉ではあるが、当時のソ連共産党内部ではソ連外交の基本理念として「全人類的利益」を重視するのか、それとも「階級的」視点を重視するのかが問われていたことを想起する必要がある。

一九八八年八月、ゴルバチョフの側近のアレクサンドル・ヤコブレフ政治局員とイエゴール・リガチョフ政治局員がこの問題をめぐって鞘当てを演じた。リガチョフが「われわれは国際関係の階級的特徴から出発する。それ以外の問題提起はソ連国民と外国の友人の認識に混乱をもたらすだけだ」と論じると、ヤコブレフは「地球がかつてないほど小さくなり、一つの事件が数時間内に五十億人が共有するものになるいまこの時代に、全人類的利益が現実のものとなった」と反論した。またヤコブレフはマルクス主義について、「それは個々の国や階級、国民、社会団体ではなく、全人類的な発展の歴史と展望という観点から見ての人類共通の利益についての思想である」と強調した。(19)

ゴルバチョフは国連演説で「全人類的価値の尊重」に言及したことで階級的視点、つまり他国でのプロレタリアート独裁をめざす運動には関与しないとの方針を世界に発した。ゴルバチョフはどの国も体制を選択する自由を有するとも述べた。これはブレジネフ書記長が掲げた制限主権論の放棄を意味する極めて重大な方針の表明だった。このブレジネフ・ドクトリンの放棄こそがその後の中欧・東欧諸国の共産党独裁体制に終止符が打たれる大きな要因になった。

実はゴルバチョフはこの国連演説の半年前の一九八八年六月二十八日、第十九回党協議会での開会演説の中で、「全人類的価値の優先」を明言、さらに「選択の自由の考えが新思考の柱である」と強調していた。党協議会が七月一日に採択した決議の中にも「選択の自由」という言葉が現れている。

ゴルバチョフは国連演説で一方的なソ連軍削減の方針も発表した。ソ連軍の規模を今後二年間で五十万人削減し、東ドイツ、チェコスロバキア、ハンガリーに駐留しているソ連軍五万人と五千両の戦車を二年で減らすと述べた。ソ連の欧州部と上記東欧三カ国で戦車一万両、火砲八千五百基、戦闘機五千機を減らすことも発表した。

東欧諸国の決別

ゴルバチョフの新思考外交が引き起こした大きな変化の一つが、一九八九年の東欧諸国における「革命」である。この年に東欧の共産党独裁体制が相次いで崩壊、あるいは崩壊し始めた。

さきがけとなった国は独立自主労組「連帯」が決定的な役割を果たしたポーランドである。この年二月から共産党（正式名称はポーランド統一労働者党）・政府と「連帯」を中心にした改革派勢力が「円卓会議」を組織、改革を議論し、党の権力独占の放棄、「連帯」の合法化、自由選挙の実施で合意した。同年六月四日には東欧初の自由選挙で予想に反し「連帯」の候補が圧勝、「連帯」政府が発足、翌一九九〇年十二月には「連帯」の指導者だったレフ・ワレサが大統領に就任してポーランドの変革劇は一段落した。

ポーランドとほぼ同時並行的にハンガリーでも改革勢力が支持を広げ、同国政府は一九八九年五月にオーストリアとの国境フェンスを撤去し国境警備を緩和、九月には共産党（正式名称はハンガリー社会主義労働者党）・政府と改革勢力が自由選挙導入など政治制度の抜本改革に合意した。八月に入ると、国境開放を利用して東ドイツ市民がハンガリー経由でオーストリアを通過し西ドイツに移住する動きが本格化した。東ドイツ市民はチェコスロバキア経由でも西ドイツを目指した。ハンガリーでは翌一九九〇年三月から四月にかけての議会選挙で共産党が敗北、五月に非共産党政府が発足した。

その後、一九八九年から一九九二年にかけ東ドイツ、チェコスロバキア、ブルガリア、ルーマニア、ユーゴスラビア、アルバニアで相次いで共産党政権が倒れた。こうした過程はルーマニアを除いて共産党指導部も反政府勢力も基本的に血を流すことなく進行、チェコスロバキアの場合は「ベルベット革命 Velvet Revolution」と呼ばれた。流血なしの優しい革命という意味である。唯一の例外がルーマニアで、一九八九年十二月二十五日にニコラエ・チャウシェスク大統領（党書記長）夫妻が即席の裁判にかけられた後、直ちに銃殺刑に処せられた。

ブレジネフ・ドクトリンの放棄

東欧諸国がなぜこの時期にソ連に先行して一気に共産党支配に終止符を打つことができたか。その過程は、第一にポーランドの「連帯」の勝利、第二にハンガリーがオーストリアとの国境を開放したことで加速し、多くの場合、市民による体制批判のデモ、党内外の改革派による「円卓会議」の組織、民主化討議、党の指導的役割の放棄、自由選挙の実施という共通点がみられた。

東欧諸国の体制転換の過程は以上のようにまとめることができるだろうが、その過程を引き起こした大きな背景として、それぞれの国で大多数の国民が共産党支配に辟易し、不満を抱き、怒りのマグマをたくわえる状況の中で、盟主ソ連のペレストロイカや新思考外交を目の当たりにして、今度は体制の転換が可能かもしれないと思い、行動したことを挙げられるだろう。

そうした行動を促したきっかけとして改めて特にゴルバチョフによるブレジネフ・ドクトリンの放棄を挙げておきたい。ソ連は一九五六年にハンガリー、一九六八年にチェコスロバキアで盛り上がった体制改革運動を戦車によってつぶした。だが、今度はそんなことはないだろうとの認識が各国の党、政府、国民の間に広がった。これが東欧における「革命」の決定的要因だ。

すでに指摘したように、ゴルバチョフは一九八八年六月の第十九回党協議会、同年十二月の国連総会演説でブレジネフ・ドクトリン放棄の方針を打ち出した。さらに一九八九年七月六日、欧州議会で演説し、「欧州共通の家」の建設を訴え、「いくつかの国で社会政治秩序が変わったし、今後も変わりうるだろうが、これはまったくそれぞれの国民が決めることだ。どのような内政干渉、あるいは友好国であろうと同盟国であろうとそのほかの国であろうと、他国の主権を制限するあらゆる試みも許されるものではない」と強調した。

ゴルバチョフがソ連崩壊後の一九九五年に明らかにしたところでは、彼は一九八五年三月、コンスタンチン・チェルネンコ書記長の葬儀に出席するためモスクワに集まった東欧諸国の首脳に対し、「あなた方にはっきりと伝えておきたいが、国家の平等と内政不干渉というこれまで宣言されていた諸原則はわれわれの現実の政策となるであろう。皆さんが自分の国のことについて責任を担っているのです。私たちはペレストロイカを必要としており、わが国でそれを実行していく。あなたたちは自ら決定を下して下さい」と述べ、さらにブレジネフ・ドクトリンは終わったと伝えておいたという。[20]

ゴルバチョフの名言とドイツ統一

東ドイツ共産党（正式名称はドイツ社会主義統一党）支配の終焉は一九九〇年十月三日、ドイツ統一となって結実した。第二次世界大戦前にドイツは一つの国で大戦後に東西二カ国に分裂したため、より正確には再統一 re-unification と言った方がよいかもしれない。

東ドイツの政治的動揺は、一九八九年五月にハンガリーがオーストリアとの国境の有刺鉄線を撤去したことをきっかけに大きくなり始めた。ハンガリーの国境開放は、東ドイツ市民を西ドイツに通過させることを意図していたわけではなかったが、国境開放の情報が東ドイツ市民に伝わり、八月以降に彼らが大挙して押し寄せ、その後、東ドイツ当局がハンガリーへの渡航を禁止すると、今度はチェコスロバキアに向かい、そこから西ドイツをめざす動きが活発になった。東ドイツ当局が渡航規制を強めると、ライプチヒを中心に反体制集会が広がり始め、エーリッヒ・ホーネッカー党書記長はこれを厳しく取り締まった。

国内で徐々に緊張が高まる中、十月七日、ホーネッカー書記長は東ベルリンでドイツ民主共和国（東ドイツの正式国名）建国四十周年記念式典を開き、共産圏を中心に世界各国の首脳を招いた。ゴルバチョフ書記長は同六日にシェーネフルト空港に到着、市内へ向かった。その沿道はゴルバチョフを歓迎する東ベルリン市民で鈴なりで、「ゴルビー、ゴルビー」とゴルバチョフの愛称が連呼された。

ゴルバチョフは七日にホーネッカーと会談、この時、「現実への対処に遅れる者は現実によって処罰される」と後に広く知られるようになる名言を発し、警告した。筆者自身、ゲンナジ・ゲラシモフ・ソ連外務省スポークスマンのブリーフィングでこのゴルバチョフの発言を聞き、強い印象を受けた。

当時、すでに東ドイツ市民がハンガリーを経由して西ドイツに流出、東ドイツ国内でも反体制運動が盛り上がりつつあったのだから、東ドイツ共産党は「処罰」されつつあった。ゴルバチョフの戒め通り、ホーネッカーは反体制運動を抑え込むことができず、会談からわずか十一日後の一九八九年十月十八日に退陣に追い込まれた。そしてチェコスロバキア経由での市民の国外脱出が続く状況の中、十一月十日にベルリンの壁は打ち壊された。一九六一年八月にベルリンの壁の構築が始まって二十八年あまり、レーガン米大統領が一九八七年六月にブランデンブルグ門で「ミスター・ゴルバチョフ、この門を開けよ。ミスター・ゴルバチョフ、この壁を打ち崩せ」と呼びかけてから二年五カ月後のことだ。

壁が崩壊する前にすでに東ドイツでは一部の人たちが統一を求め始めていたが、壁が崩壊した時にはまだ統一の機運は必ずしも高まっていなかった。壁の崩壊から約二週間後の十一月二十八日、ヘルムート・コール西ドイツ首相が突然、議会で「ドイツの統一を取り戻すための」十項目計画を発表し、統一は現実味を持ち始めた。この十項目計画は統一に至る段取りを打ち出した。ただし、具体的な統一の時期への言及はなく、当面は国家連合confederationを目指すとされた。国内の連立相手にも同盟諸国にも相談がなく、驚きの演説だった。

ベルリンの壁の崩壊後、東ドイツ市民が西ドイツへ次々と押し寄せ、共産党支配への信頼は地に堕ちた。共産党はマルクス・レーニン主義を放棄、民主社会党（PDS）として再出発したが、翌一九九〇年三月十八日の東ドイツでの初の自由選挙で敗北した。大連立政府が発足し、東ドイツも統一をめざす方針を打ち出した。

東西ドイツによる統一交渉が始まり、西ドイツの憲法第二十三条を活用して統一することが合意された。この条項によると、東ドイツは西ドイツにいつでも「加入accede」できることになっており、そのためには東ドイツの議会（人民議会）が加入を決議すればよかった。人民議会は八月二十三日、十月三日に「加入する」との決議を採択、それをうけて両ドイツ政府が八月三十一日に統一条約に調印した。コール首相が当初描いた国家連合を一気に飛び越しての統一が決まった。

ただし、ドイツ統一はドイツ人だけで自由に決められる問題ではなかった。第二次世界大戦後、ドイツとその首都ベルリンは米英仏ソの四カ国に分割占領され、特にベルリンについては東西ドイツが建国されてからも、形式的には四カ国に占領された状態にあった。四カ国はドイツの行方に関与する権利があるとの前提で、様々な意見を言い、両ドイツもこれら四カ国の同意を得ることで統一への国際的なお墨付きを得るよう努力した。

両ドイツと四カ国が協議する場として「ツー・プラス・フォー Two plus Four」が設けられた。ツーは両ドイツ、フォーは米英仏ソである。西ドイツのハンス・ディートリヒ・ゲンシャー外相がこの交渉の仕組みを考え出した。一九九〇年初めの時点では四カ国のドイツ統一に関する姿勢はばらばらだった。なんと英仏は統一に反対、米国は統一ドイツがNATOに加盟国となるとの条件を付けて統一に賛成、ソ連は時期尚早と考えていた。

ツー・プラス・フォーの第一回会合はコール首相、ゲンシャー外相の精力的な働き掛けの結果、一九九〇年三月に開かれた。国境をどうするか、ドイツにおける四カ国の地位をどうするかなどを中心に交渉を進め、九月十二日にモスクワで六カ国の代表は「ドイツに関する最終解決条約 Treaty on the Final Settlement with Respect to Germany」に調印した。この条約は、（一）四カ国はベルリンを含めドイツに保持しているすべての権利を放棄する、（二）東ドイツに駐留しているソ連軍は一九九四年末までに撤収する、（三）東ドイツ地域には外国軍も核兵器も配備しない、（四）ドイツ軍の兵員規模を三〜四年以内に最大三十七万人とし、うち陸軍と空軍を合わせ三十四万五千人以下とする、（五）ドイツは核兵器の製造、保有、管理を放棄する、（六）ポーランドとの国境をオーデル・ナイセ線とする、などを定めた。

こうした内外の協議、交渉を経て一九九〇年十月三日、東ドイツ（ドイツ民主共和国）を構成していた五州とベルリンが、西ドイツ（ドイツ連邦共和国）に加わる形でドイツ統一が実現した。ドイツ民主共和国は消滅、ドイツ連邦共和国が領土を拡大して存続した。西ドイツによる東ドイツの吸収合併といってよいだろう。統一の結果、ドイツ連邦共和国の人口は約千六百万人増え約八千万人に、面積は約十一万平方キロメートル増の約三十五万七千平方キロメートルとなった。

ドイツとポーランドは同年十一月十四日にオーデル・ナイセ線を国境とする条約に調印した。第二次世界大戦の結果、ソ連はポーランドからカーゾン線の東側十一万二千平方キロメートルを領土にし、その代わりポーランドがオーデル・ナイセ線の東側のドイツ領十八万七千平方キロメートルをドイツから得た。第二次世界大戦開戦前、シレジア、ノイマルク、ポメラニア、東プロシアといったオーデル・ナイセ線の東側にあった地方もドイツ領だったが、これら領土の変更が最終的に確定した。旧東プロシアの北半分はソ連／ロシア領、ほかはポーランド領であることも決着した。ドイツが失った領土は戦前の領土の二五％弱に上る。一方、六カ国による最終解決条約は、批准手続きを経て一九九一年三月十五日に発効、ドイツは形式的にも主権を回復した。

戦後、ドイツが東西に分かれた直後からドイツ人は統一を望み、誰も統一には反対しなかったと思うかもしれない。だが、実際はそうではなかった。主要国の中で最も強く統一を警戒し反対論をぶったのは、サッチャー英首相。フランソア・ミッテラン仏大統領も冷淡だった。

ゴルバチョフの外交顧問だったアナトーリー・チェルニャエフが一九八九年十月九日に記した日記には次のような一節がある。

多数の人が我々に対し、ソ連が控え目ながら現在進行中の「ドイツ統一」に反対していることはいいことだとささやいている。ザグラディン（注、ワジム・ザグラディン、ゴルバチョフの顧問）はフランス各地を訪問して帰ってきたが、彼はモスクワに暗号電報を送ってきた。ミッテランから地方の市長たちまでドイツ統一は必要ないと言っているという。それにサッチャーはゴルバチョフに突然、次のように言った。「オフレコだが、私はドイツ統一には強く反対だ。だが自国でもＮＡＴＯの中でもそうは言えない」。つまり、彼らはわれわれにそれを阻止してほしいのだ。[21]

チェルニャエフの日記にあるように、確かにサッチャー英首相は一九八九年九月二十三日、モスクワを訪問した際、ゴルバチョフ書記長に次のように述べている。以下は当時の英ソ首脳会談についてロシアの公文書に依拠した二〇〇九年九月十一日付英『タイムズ』紙の記事の要旨である。

サッチャー首相はドイツ統一を望んでいないとの姿勢を明らかにし、「（それは）戦後国境の変更につながるだろう。それを許すわけにはいかない。そんなことになれば国際状況全体の安定が損なわれるし、われわれの安全保障も危うくなりかねない」と述べた。

この厳しい見解はモスクワから秘密裏に持ち出されたクレムリンの資料の中に記録されていた。ゴルバチョフ氏が一九九一年に辞職した後、公文書のコピーがモスクワにある彼の個人的財団に運ばれた。この財団で研究に携わっていた若手作家のパーベル・ストロイロフが数年前、これら資料の歴史的重要性に気づいた。彼が政治局の討議に関する一千件以上の資料をコピーし、研究を続けるためロンドンに移住した際にそれら資料を持ってきた。

ドイツの動向を懸念していたのはサッチャー女史だけではなかった。ベルリンの壁の崩壊一カ月後、ミッテラン大統領の顧問、ジャック・アタリがキエフでゴルバチョフの補佐官、バジム・ザグラディンに会った。アタリ氏はモスクワが東ドイツに介入しないことについて「フランスの指導部は不思議がっている」「ソ連はドイツ統一の見通しをすんなりと受け入れ、阻止しないのかどうか」と尋ね、「パニックを引き起こすような懸念が生まれている」と述べた。

アタリ氏はぶっきらぼうにサッチャー女史と同じことを言った。「フランスはドイツ統一が不可避だと思っているが、決してそれを望んでいない」。

ベルリンの壁が崩壊して五カ月経った一九九〇年四月、フランスの政治家たちはドイツ再統一の悪夢に悩まされているとアタリ氏は述べた。一連の文書の中には、ミッテラン氏がそうなったら「火星に飛んでいく」と述べたとの記録もある(22)。

ドイツ人は長年統一を悲願に掲げ、西欧諸国はそれを支持すると言ってきたが、それが現実の問題として浮上すると警戒感をあらわにした。英仏のみならずイタリアやオランダなどほかの国も冷淡だった。

サッチャー首相は、統一ドイツが欧州で圧倒的な存在となり欧州の勢力均衡に重大な影響を与えると懸念し、さらにドイツの本質は安定勢力であるよりは不安定勢力であり、統一を機に領土拡張を主張し、欧州で国境をめぐる対立が噴出しかねないと考えた。彼女は一九九〇年一月二十日にパリでミッテラン大統領と会談した際に、

「統一を遅らせるためにできることは何でもやるべきだと主張した」と回顧している。[23]ミッテラン大統領もこうした認識を共有していたが、統一は止められないとも思い、サッチャー首相ほどには強硬な反対を貫かなかった。

一方、ジョージ・H・W・ブッシュ米大統領は統一ドイツがNATO加盟となることを主な条件にして賛成した。また、統一を漸進的に進めるべきだとの考えも示した。米国が統一ドイツのNATO加盟にこだわったのは、自らが主導する政治軍事同盟にドイツを組み込むことによって、引き続き欧州の安全保障に関与し続けられると判断したからだ。

ゴルバチョフ書記長はサッチャー首相に対し、当初は統一への懸念を伝えていたが、一九九〇年春から夏にかけてのブッシュ大統領やコール首相らとの会談で、統一に同意する姿勢を示した。ただし、統一ドイツを冷戦終了後の欧州の新たな安全保障体制の中でどう位置づけるかについての議論が必要だと考え、統一には長い時間がかかるだろうとみていた。[24]

当初、統一に否定的だったゴルバチョフがなぜ態度を変えたか。すでにブレジネフ・ドクトリンの放棄を宣言していたこともあったし、コール首相らの熱意を感じドイツ人自身の決定に干渉できないと思い始めたのだろう。ドイツからの経済支援の提供が同意を促す要因になったことも考えられる。当時、ソ連経済は対外債務の不履行寸前まで悪化、市民生活が窮していた。

当時、東ドイツにはソ連軍兵士三十五万人、その家族二十万人が暮らしており、ドイツ統一後に本国に撤収しなければならなかった。ゴルバチョフはその撤収費用および本国での住宅の確保のため資金を中心に無償援助と無利子融資を求め、西ドイツと交渉した。西ドイツがドイツ統一のために結局のところいくらソ連に資金を供与したかは定かではない。ドイツでは五百億マルクから八百億マルクとも五百五十億マルクとも言われた。[25]仮に五百五十億マルクだとすると、西ドイツの一九八九年のGDP（国内総生産）の約二%にあたる。当時の為替レートで換算すると日本円で四兆円を少し上回る。ドイツ統一をカネのやり取りだけで説明するわけにはいかないが、見方によっては悲願の統一の代償としては安くついたと言えるのかもしれない。

ドイツ統一に対する主要国の姿勢は、十九世紀半ばに英国の首相や外相を務めたパーマストン卿（子爵）の残した言葉を想起させる。彼は一八四八年に下院での演説で、「この国がイングランドの永遠の同盟国だとか、あの国が永久に続く敵国などと考えることは了見が狭い。われわれには永遠の同盟国も永久に続く敵もいない。われわれの利害こそが永遠のものであって、それを追求することがわれわれの義務である」と述べた[26]。国益重視を最優先する外交姿勢が鮮明に打ち出されている。

「冷戦を地中海の底に」

東欧諸国の体制転換が起きた一九八九年には、もう一つ冷戦終了を世界に印象づけた重要な会談が開かれている。ゴルバチョフ書記長とジョージ・H・W・ブッシュ大統領が十二月二、三日、地中海の島国、マルタのバレッタで会談した。ブッシュが大統領に就任して初めての米ソ首脳会談だった。台風のような嵐が到来、予定していた船上での会談を取り止め場所を移動しなければならないという波乱もあったが、会談は和やかに進んだ。

両首脳は会談終了後、共同で記者会見に臨み、ゴルバチョフ書記長は「私は米大統領に米国に対する熱い戦争を始めることはないと確約しました」と述べ、ブッシュ大統領は「われわれは平和を継続し、東西関係を永続的な協調へと変えることができるだろう」と応じた。

両首脳はマルタで特別な宣言を発出したわけでも協定に調印したわけでもないが、この会談が冷戦の終了を告げたと言われる。ソ連のスポークスマンだったゲンナジ・ゲラシモフ外務省情報局長は、マルタ会談が開かれる一カ月前の十一月一日、米国のＡＢＣ放送との会見で、マルタ会談について「冷戦を地中海の底に沈める」場になるだろうと述べていた。また、会談前に東欧諸国で次々と共産主義政権が倒れていた。こうした背景もあって、マルタ会談が冷戦終了を宣言する場になったとの印象が生まれた。

一九八九年の世界情勢を見渡すと、ベルリンの壁崩壊、マルタ会談のほか、ポーランドの「連帯」が躍進し、三月にソ連で史上初めて複数の候補者が立候補する自由選挙が実施され、六月四日には北京で天安門事件が起きている。一九八九年は現代世界史の重要な転換点だった。

パリ憲章とワルシャワ条約機構の解散

冷戦終了は一九九〇年十一月十九日から二十一日までパリで開かれた欧州安全保障協力会議（ＯＳＣＥ）の首脳会議でも確認された。ゴルバチョフ書記長、ブッシュ大統領も出席、「冷戦を後始末した講和会議」とも言われ、「新しい欧州のためのパリ憲章 Charter of Paris for a New Europe」を採択した。このパリ憲章は「欧州における対立と分裂の時代は終わった。われわれは今後のわれわれの関係が尊敬と協調に基づくことを宣言する」と格調高く強調、さらに「一つにまとまった自由な欧州は新たな始まりを求めている」などと続けた。

第二次世界大戦後、ソ連を盟主とする東側陣営の結束を象徴する国際組織は三つあった。コミンフォルム、ワルシャワ条約機構、そしてコメコンである。各国共産党の協力組織であるコミンフォルムはすでに一九五六年にフルシチョフによるスターリン批判を踏まえ解散した。東欧諸国における共産支配の終焉は当然、残っていたワルシャワ条約機構とコメコンの解散をもたらした。

ワルシャワ条約機構はＮＡＴＯに対抗する軍事同盟であるとともに、ブレジネフ・ドクトリンを実践する手段でもあった。ワルシャワ条約機構軍がＮＡＴＯ軍と直接戦闘することはなかったが、一九五六年にワルシャワ条約機構からの脱退を宣言したイムレ・ナジ首相のハンガリーに介入、ナジ政権を追放した。一九六八年には「プラハの春」をつぶした。

東欧諸国で共産党支配が崩壊した一九八九年にはワルシャワ条約機構は事実上、機能を停止し、一九九一年七月、プラハで開いた首脳会議で解散が正式に決定された。

コメコンの正式名称は相互経済援助会議 Council for Mutual Economic Assistance / Совет экономической взаимопомощи で、コメコンは英語の略称。東側陣営の経済的結束を目的に一九四九年一月にソ連など六カ国で発足した。その後、モンゴル、キューバ、北ベトナムといった欧州諸国以外の国が正式に加盟したが、西欧の欧州統合のような政策調整、結束は実現しなかった。ワルシャワ条約機構が解散する直前の一九九一年六月にコメコンも正式に解散した。

第8章

冷戦終了後の米露関係

蜜月関係、そして幻滅

ソ連崩壊、冷戦終了で世界の国際関係の枠組みは大きく転換し、ロシアと米欧諸国は同じ価値観を有していると言われ、実際に関係は一段と改善し始めた。しかしその後は紆余曲折をたどっている。米欧の報道機関ではソ連崩壊後も「西側 the west」とか「西側世界 the western world」という表現が使われ、ロシアはその「西側」の一員とはみられていない。

ソ連崩壊後の米露関係は六つの時期に分けられるだろう。ボリス・エリツィン時代を二期に、次にウラジーミル・プーチン時代を四期に分ける。第六期のプーチン大統領とバラク・オバマ大統領時代の関係はウクライナ問題などをめぐる対立で冷え切っていたが、二〇一七年一月にドナルド・トランプが米大統領に就任、彼は大統領選挙期間中からロシアとの関係の再構築に意欲を示していたことから、米露関係は新たな節目を迎える可能性がある。

第一期はソ連崩壊から一九九六年一月まで米露が蜜月関係にあった時期だ。ソ連崩壊直前の一九九一年十二月二十日、ロシアのエリツィン大統領はブリュッセルでの北大西洋協力評議会で、ロシアは北大西洋条約機構（NATO）加盟をめざすと表明した。ソ連崩壊後の一九九二年六月十七日の米議会での演説では、米国に照準を合わせていた多弾頭の大陸間弾道ミサイル（ＩＣＢＭ）のＳＳ-18の警戒態勢を解除すると宣言し、対米関係の改善をさらに推し進める用意のあることを明らかにした。ロシアでは共産主義体制が瓦解し、二度と息を吹きかえすことはないとも強調した。米議員は演説の途中で九回も立ち上がって拍手し、「ボリス、ボリス（エリツィンの名前）」を連呼した。

しかし、エリツィン政権が一九九四年にチェチニャで分離独立をめざす武装勢力と本格的な戦争を開始すると、雰囲気は変わり始めた。バルカン半島の紛争への対応、ＮＡＴＯの東方拡大（旧ソ連圏の東欧諸国をＮＡＴＯ加盟国として受け入れる動き）をめぐる対立も浮上、相互に幻滅感が広がった。

一九九四年十二月五日、エリツィン大統領はブダペストで開かれた欧州安保協力会議（ＣＳＣＥ）首脳会議で、「欧州は冷戦の遺産から自らを解放しておらず、冷たい平和に陥ってしまう危険にさらされている」と演説した。この頃すでに米欧の論壇にも、冷戦ならぬ「冷たい平和 Cold Peace」という言葉が現れていた。エリツィン大統領は、親西側路線を推進し国内で強い批判を浴びていたアンドレイ・コズイレフ外相を一九九六年一月に更迭、後任の外相にイエブゲニー・プリマコフを起用した。

プリマコフ外交の展開

第二期は米露間に摩擦が目立った時期。コズイレフ外相解任から一九九九年十二月のエリツィン大統領辞任を経てウラジーミル・プーチンが後任の大統領に就任してから約一年後までの期間だ。プリマコフ外相はロシアの大国としての地位を強調し、多極的世界観に基づいて米欧と対等の立場で協調していくとの方針を打ち出した。多極的世界観とは、米国一極主義に反対する考え方。このプリマコフ外交がその後のロシア外交の基本となった。

エリツィンは一九九八年九月、外相だったプリマコフを首相に任命した。首相職は経済政策が主な担当だが、プリマコフが引き続き外交を主導した。彼は一九九九年三月二十四日、訪米するため大西洋上空を飛行中、ＮＡＴ

O軍がセルビアを空爆し始めたとの連絡を受け、これに反発して急遽訪米を取りやめ、モスクワに引き返した。

NATO軍はセルビア軍によるコソボ攻撃を止めるためセルビアを空爆したのだが、米露は、チェチニャ戦争、ポーランド、チェコ共和国、ハンガリー三カ国のNATO加盟（一九九九年）、さらには米国による弾道ミサイル防衛（BMD）システムの欧州配備をめぐっても鞘当てを演じた。国連安保理での米露協調にも亀裂が走った。米欧諸国にはロシアが民主国家ではなく、西側とは異質の価値観を持った国だとの認識が強まり、冷たい雰囲気はプーチンが大統領に就任してからも一年強続いた。

プーチンの魂を感じたブッシュ

二〇〇一年六月十六日、スロベニアのリュブリャナ郊外でジョージ・W・ブッシュ（父は第四十一代大統領ジョージ・H・W・ブッシュ）大統領とプーチン大統領が会談、両国間の雰囲気はガラッと変わった。第三期の始まりである。会談後、ブッシュ大統領はプーチン大統領について「この人物の目をみた。彼は率直で信頼できる。素晴らしい話し合いだった。彼は国を守り国益を守ろうとする人物であり、私は彼の魂を感じることができた」と絶賛した。一九八四年にサッチャー英首相がゴルバチョフに会って「一緒に仕事のできる男」と言った印象を想起させる。

2001年６月16日，リュブリャナ郊外で握手するジョージ・W・ブッシュ米大統領（左）とウラジーミル・プーチン・ロシア大統領

二人の間の友好的雰囲気は二〇〇一年九月十一日のニューヨークとワシントンD.C.における同時多発テロでさらに深まった。プーチン大統領はほかの国の首脳に先駆けてブッシュ大統領に見舞いの電話を入れ、九月二十四日にはテレビを通じて演説、ロシアはテロリズムと

の戦いに協力すると述べた。プーチン大統領は二〇〇一年末から翌二〇〇二年四月にかけてキューバのレーダー基地とベトナムのカムラン湾基地からロシア軍を撤収した。これも両国関係の改善を象徴した。

プーチン、ブッシュの良好な関係は二〇〇二年五月のモスクワ、サンクトペテルブルグにおける首脳会談で頂点に達した。両大統領は五月二十四日、モスクワで戦略攻撃兵器削減条約（ＳＯＲＴ）に調印、モスクワ条約とも言われるこの条約で、双方の戦略核弾頭を千七百発から二千二百発の間の水準にまで減らすことを取り決めた。

しかし、ブッシュ大統領は二〇〇一年十二月、弾道ミサイルを迎撃するミサイルを制限する条約（ＡＢＭ条約）を廃棄、またＮＡＴＯの加盟国を増やすことにも積極的で、摩擦の種がなくなっていたわけではなかった。

摩擦再燃

第四期は、二〇〇三年三月から二〇〇八年にかけて摩擦が再燃、本格化した時期だ。二〇〇六年頃からは米欧で冷戦復活の論評が目立ち始めた。要因はいくつかあるが、まず米国が二〇〇三年三月二十日に国連安保理でのあいまいな決議を根拠にサダム・フセイン大統領のイラクへの攻撃に踏み切ったこと。ロシアはフランスやドイツとともにこの攻撃に反対した。

ロシアの当局が二〇〇三年十月に大手石油会社ユーコスの最高経営責任者ミハイル・ホドルコフスキーを逮捕したことも米露関係に否定的な影響を与えた。米政府は逮捕をプーチン政権に反対する人物への恣意的な権力行使とみて批判、ロシアの人権状況に懸念を示した。

二〇〇三年秋から二〇〇五年初めにかけて旧ソ連のジョージアとウクライナで反政府運動が勢いを増し、政権交代が実現した。この時ロシアは米国が反政府運動を煽ったと批判、ロシアでも同様の内政干渉の挙に出るのではないかと警戒感を強めた。これらの反政府運動はカラー（色つき）革命と呼ばれた。特定の色を運動の象徴に使用したからだ。

ジョージアでは二〇〇三年十一月の議会選挙が不正選挙だったとの批判を機に反政府運動が広がり、ソ連外相の経験のあるエドアルド・シェワルナゼ大統領が任期途中で辞任に追い込まれた。翌二〇〇四年一月の大統領選でミヘイル・サーカシビリが当選、大統領に就任した。運動参加者はバラを手にしていたことからバラ革命とも言う。ウクライナでは、二〇〇四年十月から十一月にかけて実施された大統領選で親西側路線を打ち出すビクトル・ユーシチェンコと、対露関係も重視するビクトル・ヤヌコービッチが争い、やり直し決戦投票を経て二〇〇五年一月にユーシチェンコが大統領に就任した。こちらはオレンジ色を選挙運動のシンボルにしたのでオレンジ革命である。ジョージアとウクライナにおけるカラー革命によって、ロシアは包囲されているとの意識が強まったとの見方ができるだろう。

ＮＡＴＯは一九九三年にポーランド、チェコ共和国、ハンガリーの三カ国を新たな加盟国として迎えたが、二〇〇四年三月には新たに一気に七カ国、二〇〇九年にさらにクロアチアとアルバニアを新規加盟国として受け入れた。ＮＡＴＯは二十九カ国の政治軍事同盟に拡大した。ＮＡＴＯ拡大に対するロシアの姿勢は後述するように一様ではなかったが、最終的にはＮＡＴＯを脅威とみなした（ＮＡＴＯ拡大問題についてはこの章の「ＮＡＴＯ拡大への反発」「約束はあったか」の項を参照のこと）。

ブッシュ大統領は二〇〇一年にＡＢＭ条約を廃棄し、その後、弾道ミサイル防衛 Ballistic Missile Defense（ＢＭＤ）システムの研究開発を進めた。ＢＭＤはＡＢＭと同義語で、核ミサイルを撃ち落すシステムのこと。一九八〇年代にレーガン大統領が熱心に取り組んだＳＤＩ（戦略防衛構想）もＢＭＤシステムの一種だ。ブッシュ大統領は二〇〇四年から二〇〇五年にかけてアラスカ州とカリフォルニア州の国内二カ所にＢＤＭを配備、その後さらにポーランドとチェコ共和国にも配備する計画を決めた。

これにプーチン大統領が強く反発した。米国のＢＭＤシステムがそもそも機能するのかどうか疑問を呈する専門家もいるし、機能するとしても東欧に配備しようとしたＢＭＤはイランからの核ミサイル攻撃を想定しており、ロシアのＩＣＢＭやＳＬＢＭ（潜水艦発射弾道ミサイル）を迎撃する能力はないとの指摘もある。しかし、ロシアは米国のＢＭＤの精度が上がり東欧あるいはその周辺に多数配備されれば、ロシアの核抑止力に打撃となると考えた。

関係がぎくしゃくする中、ディック・チェーニー米副大統領は二〇〇六年五月四日にリトアニアの首都ビリニュスで演説、冷戦終了後最も激しいといわれるロシア批判を展開した。彼は「今日ロシアでは、改革に反対する者たちが過去十年間の成果をひっくり返そうとしている。宗教界、報道機関から政治団体、政党にいたるまで市民社会の多くの分野で政府は国民の権利を不当に制限している」と述べ、さらに石油とガスを使ってほかの国を恐喝しているとか、近隣諸国の領土一体性を危うくし、民主的運動を阻止するため干渉していると非難した。

二〇〇六年十月にはモスクワでジャーナリストのアンナ・ポリトコフスカヤが殺害され、同年十一月には元ＫＧＢ要員でロンドンに亡命したアレクサンドル・リトビネンコが放射性物質のポロニウム２１０を盛られて毒殺されるという事件が発生した。米欧諸国の報道機関はこうした事件の背後にプーチンがいるのではないかと疑った。

プーチン大統領は二〇〇七年二月十日、ミュンヘンでの安全保障に関する国際会議に出席、米国を徹底的に批判した。「一国、まずそれは米国のことだが、その一国の法体系が国境を越えてほかの国に押し付けられている」とブッシュ外交を一極主義だと断じ、「都合がよければいつでも爆撃し射撃してもよいのか。そのような紛争解決の方法は、問題を袋小路に追いやるだけだし間違いの数を増やすだけだ」と米軍によるイラク攻撃を批判した。ＮＡＴＯが加盟国を増やしていることについても、「ＮＡＴＯ拡大は欧州の安全保障を強めるどころかむしろ弱めている」と述べた(1)。

メドベージェフ・オバマの「リセット」

第五期は二〇〇九年以降で米露関係の「リセット（作り直し）Reset」が特徴の時期。ロシアでは二〇〇八年五月にプーチン大統領が任期切れを迎え、代わりにドミトリー・メドベージェフが大統領に就任した。一方、米国では二〇〇九年一月にブッシュ大統領の後をバラク・オバマが継いだ。プーチンはメドベージェフ大統領の下、首相に就任、ロシアの政権は「タンデム」と呼ばれたが、実権は引き続きプーチンが握っていた。ともかく米露で新首脳が誕生し、雰囲気は改善に向かった。

二〇〇九年三月六日、ジュネーブでセルゲイ・ラブロフ外相とヒラリー・クリントン国務長官が会談し、両国関係を「リセット」することで合意した。この時、クリントン国務長官が手の平の大きさの箱をラブロフ外相に贈呈した。その箱にはボタンが付いており、ボタンのそばに英語でReset と書かれていた。双方でリセット・ボタンを押しましょうという主旨だった。箱にはリセットのロシア語訳が付いて「ペレグルースカ peregruzka」と書かれていたが、これは誤訳で「ペレザグルースカ perezagruzka」と書くべきだった。ラブロフ外相がペレグルースカの意味は「リセット」ではなく、「過大積載」だと指摘、大笑いとなった。

二〇〇九年四月一日、メドベージェフ大統領とオバマ大統領はロンドンでのG20（主要二十カ国グループ）首脳会議の前夜に初めて会談、新たな*核兵器削減交渉を開始することで合意した。この交渉は二〇一〇年四月八日、両大統領がプラハで調印した新戦略兵器削減条約（新ＳＴＡＲＴ条約）として実を結んだ。条約は二〇一一年二月に発効、両国は発効後七年間でそれぞれ配備済み戦略核弾頭を千五百五十個以下に減らすほか、ＩＣＢＭ発射装置、ＳＬＢＭ発射装置、重爆撃機を八百以下に減らすことなどを取り決めた。

関係悪化の大きな要因の一つだった米国のＢＭＤの欧州配備計画についても妥協の動きがみられた。オバマ大統領は二〇〇九年九月、ポーランドとチェコ共和国への配備計画を取りやめ、地中海に展開するイージス艦の活用などで対処すると発表した。その理由について、イランが発射する短中距離ミサイルの攻撃に備えることが緊急の課題だからと説明した。米国はそれまでイランのＩＣＢＭの迎撃を想定して欧州配備を計画していた。ロシアが反対したから見直したわけではないと指摘したが、ロシアはこの新方針を歓迎、リセットを支える材料となった。ただし、ロシアは米国のＢＭＤ計画そのものへの警戒を緩めなかった。

核兵器分野以外の関係改善の成果としては、二〇一〇年六月の国連安保理の対イラン制裁決議（一九二九号決議）の成立と実行、アフガニスタン作戦を展開する米軍やNATO軍向けのロシアを経由した物資輸送ルート「北方配送ネットワークNorthern Distribution Network」の拡充、二〇一二年八月のロシアの世界貿易機関（WTO）加盟へ向けた米国の協力、三年間有効の数次ビザの相互発行、二〇一〇年のキルギスタン政変・民族対立危機の際の米露共同対応などを挙げられる。

＊**核兵器削減交渉**……米ソあるいは米露で調印した核兵器規制に関する条約のうちSALT-IとSALT-Ⅱは「削減」ではなく「制限」を内容とする。戦略核兵器の実際の保有数を削減する合意はSTART-Iが初めてで、その後、SORT、新STARTと続いた。これら三つの戦略核兵器削減に関する条約の主な内容を次頁表に掲げた。なお、START-IのほかにSTART-Ⅱも調印されたが、ソ連のアフガニスタン侵攻問題などが障害になって両国で批准されず、発効しなかった。

核兵器に関する交渉では一般的に、核弾頭、その運搬手段あるいはミサイル発射装置、検証の仕組みを取り上げる。核兵器は戦略核兵器、非戦略核兵器に分けられる。戦略核兵器は大都市や広範な地域を攻撃する兵器で、殺傷能力が大きく、射程距離が長い。戦略核弾頭とは大陸間弾道弾など射程距離の長いミサイルに搭載されるか、あるいは航続距離の長い重爆撃機（戦略爆撃機ともいう）で運ぶ弾頭を指す。

戦略核兵器以外を非戦略核兵器と言うが、戦術核兵器、戦域核兵器、戦場核兵器などに分けることもできる。戦略核兵器に比べ小型で射程距離が短い。運搬手段とは弾頭を搭載するミサイルあるいは爆撃機を指す。ミサイル発射装置（ローンチャー）も運搬手段と同じ概念で扱われている。

米ソ／米露が交渉してきたのは戦略核兵器のほか非戦略核兵器の中の戦域核兵器（中距離核兵器）で、射程距離の短い戦術核兵器は手付かずのままだ。

核兵器に関する信頼できる情報を発表している米国科学者連盟（FAS）によると、二〇一六年五月の段階で世界には多く見積もって一万五千三百五十発の核弾頭があり、うち最大四千発が配備されている。数は冷戦時代に比べる

米ソ／米露・戦略核兵器制限条約

	START−Ｉ	SORT	新 START
配備済み弾頭数	6,000	1,700–2,000	1,550
配備済み運搬手段数	1,600	規制なし	700
未配備を含めた運搬手段数			800
調印日	1991.7.31	2002.5.24	2010.4.6
発効日	1994.12.5	2003.6.1	2011.2.5
目標達成期限	2001.12.5	2012.12.31	発効後７年以内
条約有効期限	2009.12.5	2012.12.31	発効後10年（注）

（注）　新 START 条約は双方が合意すれば５年間延長する条件付き。

世界の核弾頭保有数（2016年５月26日時点）

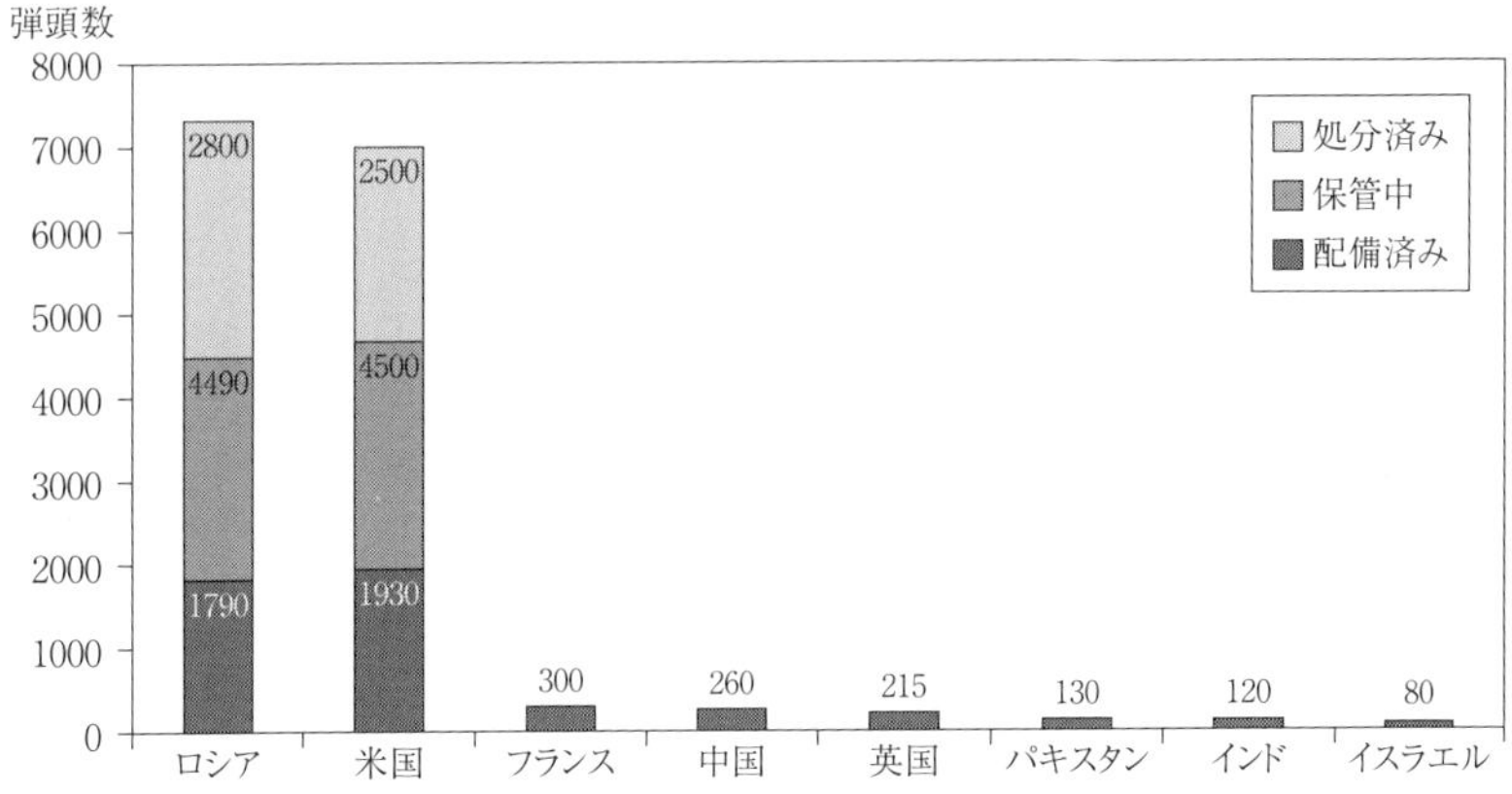

（注）　北朝鮮については実態不明としてここには記されていない。
［http://fas.org/issues/nuclear-weapons/status-world-nuclear-forces/］より作成。

と大幅に減っているが、保有国は精度を上げるなど新型核兵器の開発に取り組んでいる。

クリミア併合と国際法

リセットは二〇一二年五月にプーチンが三期目の大統領に就任すると徐々に、色あせていった。プーチンが再登場した際、米露間には、ＢＭＤ問題、イランの核兵器開発疑惑への対応、ＮＡＴＯ拡大、欧州の新安全保障体制作り、ロシアの人権政策、シリア内戦をはじめとする中東情勢の変化への対応などの懸案が存在した。加えて二〇一一年末から翌二〇一二年初めにかけてモスクワで反政府デモが発生、ロシアではそれを米国が裏で煽っていたと疑うようになった。そして二〇一三年末以降は、ウクライナ情勢をめぐる対立で関係は決定的に悪化した。これ以降を第六期とした。

プーチン大統領はウクライナでの政変に乗じてクリミアを併合、さらにはウクライナ東部が内戦状態に陥ると、親ロシア勢力を支援した。これを米欧諸国は強く非難、二〇一四年春には米欧諸国にオーストラリアや日本も加わってロシアに対し経済制裁を実施、これにロシアが対抗措置を取り、制裁合戦が始まった。ロシアと米欧との関係はソ連崩壊後、最悪の状態に陥り、米欧でもロシアでも、ロシア対西側諸国の地政学的対立は新冷戦の様相を示すとの論評が一段と目立った（ウクライナ情勢の展開については、第6章の「ウクライナをめぐる駆け引き」「力ずくのクリミア併合」「キエフにさかのぼるロシア国家の源流」の各項を参照のこと）。

米欧諸国や日本は二〇一四年三月のロシアのクリミア併合を明白な国際法違反だと厳しく批判したが、ロシアは国際法を遵守していると反論した。ロシアに分はあるだろうか。

ロシアはクリミアの住民投票、独立宣言、ロシアへの編入要請を経て併合に踏み切ったが、米欧諸国と日本で構成するＧ７の首脳は、まず住民投票直前の二〇一四年三月十二日に声明を出し、「威嚇的なロシア軍の存在」があったと指摘し、住民投票は効力を持たないと主張した。

Ｇ７諸国はさらに併合が宣言された後の三月二十四日にオランダのハーグで会議を開き、「国際法は強制あるいは力による他国の領土の一部あるいはすべてを獲得することを禁止している」と指摘、住民投票はウクライナ憲法違反であると表明した。さらにはクリミア併合を国連憲章、ヘルシンキ合意、一九九七年のロシア・ウクライナ友好協力協調条約、一九九七年にロシアとウクライナが結んだロシア黒海艦隊のウクライナにおける地位協定、一九九四年のブダペスト覚書といった一連の国際法に違反していると非難した。

Ｇ７が指摘したこれら国際的文書、条約、協定は領土の一体性、主権尊重、紛争の平和的解決の原則、さらにクリミアを含めたウクライナの領土一体性を認めている。国連憲章第二条第四項は「すべての加盟国は、その国際関係において、武力による威嚇又は武力の行使を、いかなる国の領土保全又は政治的独立に対するものも、また、国際連合の目的と両立しないほかのいかなる方法によるものも慎まなければならない」と規定している。

黒海艦隊の地位協定はクリミアの基地にロシア軍が駐留できること、基地とロシアの間を移動できることを定めているが、クリミアで自由に行動できる権利まではロシアに与えていない。ブダペスト覚書は一九九四年十二月にブダペストでロシア、米国、英国が調印した文書で、ウクライナが核兵器を放棄し核不拡散条約に加盟する見返りとして、三カ国はウクライナの領土一体性、独立を侵そうとする武力の行使、あるいはその脅威からウクライナを守ることを約束した。

Ｇ７によるロシア批判の要点は、ロシア軍がクリミアで国際法に違反して勝手に行動、主要施設を管理下に置き、その監視下で住民投票を強行したこと、さらにその演出された住民投票の結果を受けてクリミアを併合しウクライナの主権、領土一体性を侵害したことの二点である。

このうちまず、クリミアにおけるロシア軍の行動についてプーチン大統領は、当初はクリミアでロシア軍兵士を出動させていたことを否定していたが、後にこれを認めた。またその目的についてロシア軍基地施設を守るためだったと説明したかと思えば、地元民の自衛組織に協力し過激な武装勢力から住民を守るためだったと述べるなど、クリミアでのロシア軍の行動について説明が一貫せず、国際法上の根拠を示さなかった。

プーチン大統領がクリミア併合から一年経った二〇一五年三月十五日に国営テレビ局、ロシア第一チャンネルが編集したドキュメンタリー番組で明らかにしたところでは、二〇一四年二月二十二日から二十三日午前七時まで徹夜の緊急会議をクレムリンで開き、二十一日夜にキエフを脱出したヤヌコービッチ大統領をいかに救出するかについて協議した。会議が終了する際にプーチン大統領は「われわれはクリミアをロシアに戻す作業を開始しなければならない」と述べた。彼はヤヌコービッチ政権の崩壊と同時にクリミア併合を考えていたことになり、ロシア軍兵士の出動は当初から併合のためだったと見なされうる。

国連憲章を中心とする国際法では、外国に武力介入できるのは、国連安保理が介入を認める決議を採択した場合、自衛のため、そして当該国の要請がある場合だ。別途、多くの人の命が危険にさらされている状況下での人道目的の介入も許されるとの意見もある。このうち自衛の概念の中には、自国民の保護 protection of nationals も含まれると一般的に解釈される。

プーチン大統領はクリミアでのロシア軍兵士の行動について国際法上の根拠を明確には示さなかったが、これらの基準に照らし合わせ出動は正当化できるのだろうか。

ビタリー・チュールキン国連大使は二〇一四年三月四日に国連安保理でヤヌコービッチ大統領が署名した「法と秩序を回復するため」介入を要請するとの文書のコピーを公表した。ロシアは要請を受けて介入したと主張したわけではないが、仮に要請があったとしても文書の日付は三月一日で、ロシア軍兵士はそれより前の二月下旬に出動しているから、この要請を介入の正当な根拠にすることはできない。

クリミアへの介入が自国民保護のための自衛行動であるという主張はどうか。クリミアにはロシア語系の住民が多く、自分はロシア人だと意識していることは確かだが、国籍はウクライナであり、ロシアが自国民の保護を口実に軍を出したという主張には無理があろう。

次に人道介入だが、それが認められるかどうかについては議論がある。国連憲章に人道介入を認めるとの規定はない。人道介入が認められるとの主張においても、多くの住民の命が危うい状態に置かれていることが条件とされる。クリミアではキエフでの親西側勢力による政権掌握後、親ロシア派市民がそれに反発して集会を開き、衝突が発生、さらにはロシア軍兵士が出動、混乱が広がり始めたが、二月末の時点で外国軍による人道介入を必要とする状況にあったとは言い難いのではないか。

以上はクリミアへのロシア軍兵士の投入に関する国際法上の問題点だが、次に併合に関する問題点を整理してみよう。プーチン大統領は二〇一四年三月十八日の演説で、旧ユーゴスラビア・セルビアの中の一地方だったコソボの独立宣言に関する国連国際司法裁判所の判断と米国の見解を引用し、クリミアの独立宣言は国際法違反ではないと強調した。(2) 国際司法裁判所は二〇一〇年七月二十二日、「一方的独立宣言の一般的禁止は安全保障理事会には由来しない」、「一般的国際法は独立宣言の禁止の適用を含んでいない」との判断を示している。

プーチンが言及した米国の見解とは、米政府が二〇〇九年四月十七日に国際司法裁判所に提出した覚書の中に盛り込んだ「独立宣言は国内法に違反することがある。しかし、それは国際法違反であることを意味しない」との指摘を指す。ウクライナ憲法では国内の一地方の分離に関する問題は、当該地方の住民だけでなく、全国民の投票にかけなければならないとされている。プーチンは、独立宣言がウクライナ憲法違反であるかもしれないが国際法違反ではないと主張したかったのだろう。

確かにコソボは二〇〇八年にセルビア議会・政府の承認なしに独立を宣言、西側諸国はその独立を認めた。プーチン大統領はコソボが良くてクリミアがダメだという判断こそ二重基準だと言いたかったと思われる。

この主張はもっともだ。ただし、クリミアの二〇一四年三月十六日の住民投票はすでに指摘したように、法的根拠が薄いロシア軍兵士の警備の中で実施された。またコソボの場合、民族としてのアルバニア人住民への重大な人権侵害、残虐行為が続き、その後、コソボは九年近く国連の管理下に置かれ、国際社会の多くが分離独立以外に紛争解決の見通しがないと判断した後で独立を宣言した。ロシアにはチェチニャやタタルスタンなどソ連崩壊後も分離独立の気運が高まった地方がある。モスクワの政府の同意なしに地方が住民投票で分離独立を決めた場合、どう対処するのか興味深い。

国際法は領土一体性の尊重を打ち出す一方で、民族自決の原則も掲げる。現代世界ではこの二つの原則が相克する問題が発生している。クリミア併合もその範疇に入れられる問題だ。国際法という法がありながら混乱が生じるのは、国際法が個別具体的な基準を示しておらず、解釈がばらつきやすいからだ。欧州では現代においても二百を超える分離独立運動が展開されている。もちろん中国を含めアジアにも多い。コソボやクリミアでみられたような事態は今後も起きるだろう。そして法解釈の一致によって事態が収拾されることはあまりないだろう。

制裁合戦

ウクライナ東部のドネツク州とルハンスク州（ウクライナ語表記ではルガンスク）では二〇一四年三月初めから親ロシア武装勢力が活動を強め、それぞれが四月にウクライナから分離独立し、人民共和国を名乗った。分離独立を阻止するためウクライナ連邦軍が介入し、両地方は内戦状態に陥った。米欧諸国はこれら武装勢力にロシアが兵器を提供、ロシア軍兵士も加勢していると批判したが、ロシアは否定した。

米欧諸国はロシアのクリミア併合や東部での親ロシア武装勢力支援を明確な国際法違反だと糾弾し、二〇一四年三月から米国、EU、それにオーストラリア、日本なども加わってロシアに経済制裁を実施した。当初は特定の人物へのビザ発給停止、資産凍結などが中心だったが、徐々に対象を拡大し、同年夏以降は金融市場からの排除、石油会社を対象に海底油田開発やシェール開発に関連した技術協力の停止も実施した。これに対しロシアが同年八月に米国、EU、ノルウェー、カナダ、オーストラリアからの果物、野菜、肉、魚、酪農製品の輸入禁止に踏み切った。

ＥＵ諸国はロシア産の天然ガス、原油の輸入に大きく依存、日本もＥＵほどではないがロシアからこれらの資源を輸入しているが、天然ガス、原油の輸入禁止までは実施しなかった。自国経済への影響が大きいからだ。ロシアも制裁を農産物の輸入禁止にとどめたから、制裁合戦は限定的とも言えるが、双方の経済に一定の打撃を与えた。特にロシア経済にとっては制裁が原油の価格低下と重なったことが痛かった。

クリミア併合の後、ウクライナ情勢の焦点はロシアがウクライナ東部のドネツク州とルハンスク州を合わせたドンバス地方を併合するかどうかに移った。この地方にはクリミアと違って黒海艦隊の本拠地はないし、併合した場合にはＧ７による制裁が一段と強化され、さらにはウクライナあるいは西側諸国との戦争状態すら出現しかねないと思われたが、プーチン大統領はドンバス地方についてはクリミアへの対応と一線を画した。

ＮＡＴＯ拡大への反発

冷戦終了直前からロシアと米欧諸国の関係で大きな比重を占めてきた問題にＮＡＴＯ拡大がある。

一九八九年十一月にベルリンの壁が崩壊した後、米欧ソの首脳の間でドイツ（再）統一が議論される中で、統一ドイツのＮＡＴＯ加盟を認めるかどうかという問題が大きな焦点となった。西ドイツはすでにＮＡＴＯ加盟国であり、統一ドイツがＮＡＴＯ加盟国になる場合、それはＮＡＴＯが東ドイツ部分に拡大することを意味した。これが冷戦終了の過程で浮上した最初のＮＡＴＯ拡大問題である。次に統一ドイツの扱いとは別に、共産党支配に終止符を打った東欧諸国がＮＡＴＯ加盟を希望したため、これらの国を新規加盟国として受け入れるかどうかという問題が浮上した。こちらの議論は一九九〇年十月にドイツ統一が実現した後、一九九三年頃から本格化した。さらには東欧諸国のみならず、ロシアもＮＡＴＯに加盟する意思を示した時期がある。

このようにＮＡＴＯ拡大は、東ドイツだった地域、東欧諸国、そしてロシアに広げるのかどうかという三つに分けることができ、冷戦終了後の欧州の安全保障体制をどうするのか、ＮＡＴＯはどのような新たな役割を担うべきかという課題と一緒に議論された。

統一ドイツがＮＡＴＯ加盟国になるかどうかの問題は、東ドイツ部分へＮＡＴＯ部隊を配備しないなどとの条件付きでソ連が加盟を受け入れ、決着した。

東欧諸国への拡大については、当初、米国を含めＮＡＴＯ域内でも支持は少なかった。ＮＡＴＯとしての結束が弱まる、政策決定が難しくなり、決定までに時間がかかるといった理由が挙げられた。ロシアへの配慮もあった。米国は妥協策として、「平和のためのパートナーシップ Partnership for Peace（PfP）」という仕組みを考案、ロシアと東欧諸国に提示した。ＰｆＰは加盟国としてではないが、言わば仲間として迎える姿勢を示す制度だ。

ＮＡＴＯは一九九四年一月、ブリュッセルでの首脳会議でＰｆＰの創設を決めた。しかし、東欧諸国はその後もＮＡＴＯへの加盟にこだわり、米国でもＮＡＴＯ拡大論が広がった。結局、一九九七年七月にマドリッドで開いたＮＡＴＯ首脳会議がチェコ共和国、ハンガリー、ポーランドの三カ国の加盟を承認、三カ国は一九九九年四月に加盟した。さらに二〇〇四年三月にはバルト三国を含む七カ国、二〇〇九年四月に新たに二カ国が加盟し、加盟国は二十八カ国に増えた。

ロシアのＮＡＴＯ拡大に対する姿勢は紆余曲折を経た。ロシアは当初、ＮＡＴＯとの協調路線を打ち出し、自らのＮＡＴＯ加盟の可能性にも言及したほどで、拡大を前向きにとらえていた。エリツィン大統領はソ連崩壊の直前の一九九一年十二月二十日、ＮＡＴＯと元ワルシャワ条約機構加盟国の対話の場である北大西洋協力会議（ＮＡＣＣ）の設立会議にメッセージを送り、長期的課題と断りながらも、「ロシアのＮＡＴＯ加盟の問題を提起する」と伝えた。エリツィン大統領が一九九三年八月にポーランドを訪問した際にはワレサ大統領との共同宣言で、ポーランドのＮＡＴＯ加盟の意向に理解を示した。しかし一九九三年秋以降は、ＮＡＴＯのバルカン紛争への介入もあって拡大への懸念や反対の姿勢を示したかと思えば、ＮＡＴＯに接近するなど対応は揺れた。

ＮＡＴＯ側はロシアに対し、東欧諸国に対するのと同様にＰｆＰへの参加を呼びかけ、ロシアも一九九四年六月、これを受け入れた。ＮＡＴＯとロシアは一九九七年五月二十七日には基本協定Founding Act on Mutual Relations, Cooperation and Security between NATO and the Russian Federationに調印した。双方はこの協定で相互に敵とみなさないと宣言、常設合同理事会を設け緊密に協議することを取り決めた。常設合同委員会は二〇〇二年五月にはＮＡＴＯ・ロシア評議会へと衣替えした。このように、ＮＡＴＯはロシアを加盟国としては受け入れなかったが、特別な配慮を示し、ロシアもそれに応じた。

その一方で一九九七年十二月に採択した安全保障政策の基本理念を示すロシア国家安全保障概念は「ＮＡＴＯの東への拡大と欧州における支配的な軍事政治力への変身は、大陸に新たな分断の脅威を作り出す」と指摘、ＮＡＴＯ拡大に警告した。一九九九年にはコソボの人道危機に対処する目的で、ＮＡＴＯがロシアの反対を押し切り、ユーゴスラビアを空爆、ロシアとＮＡＴＯの関係は冷戦終了後最悪の状態に陥った。

プーチン大統領の対応も揺れた。当初、プーチン大統領もＮＡＴＯとの関係改善に前向きだった。まだ暫定大統領だった二〇〇〇年三月五日には、英ＢＢＣとの会見でロシアがＮＡＴＯに加盟することは可能かと聞かれ、「どうして不可能なのか。私はその可能性を排除しない。繰り返すが、ロシアの利益が考慮されるなら、またロシアが完全なパートナーとなるならのことだ」と述べた。(3) さらに二〇〇一年十月三日のブリュッセルでの記者会見では、ＮＡＴＯが軍事組織よりも政治組織への変身を続けるのであればとの条件を付けながらも、拡大への姿勢を見直す用意のあることを示唆した。(4)

関係改善の雰囲気は二〇〇一年九月十一日の米国でのテロ事件で盛り上がった。プーチン大統領は米欧諸国と協調してイスラム過激派のテロリズムに対抗する姿勢を鮮明に打ち出した。二〇〇四年三月には旧ソ連のバルト三国がＮＡＴＯに加盟したが、この時、プーチン大統領は強い反発の声を上げなかった。

ところが、ロシアは二〇〇六年から二〇〇七年にかけて米欧との路線の対立が本格化する中で、ＮＡＴＯ批判を強め始めた。プーチン大統領は有名な二〇〇七年二月十日のミュンヘンでの演説で、ＮＡＴＯ拡大は欧州の安全保障を弱めている、NATO拡大はいったい誰に向けられているのか、欧州にベルリンの壁に代わる新たな分断線を作るべきではないと強調した。二〇〇八年に入ると、NATO域内でジョージアとウクライナのNATO加盟が議論されるようになり、ロシアの反NATO感情は一段と高まった。

プーチン大統領は二〇〇八年四月、ブカレストでのNATO首脳との会議に出席した後の記者会見で、ロシアの国境に迫るNATO拡大はロシアの安全保障にとって脅威であると強調、ロシアは「適切に対応する」と付け加えた。二〇〇八年八月にロシア・ジョージア戦争が勃発してNATOとの関係は緊張、二〇一〇年二月発表のロシアの新軍事ドクトリンは「主な対外的軍事脅威」として、まずNATOの役割拡大とロシア国境への軍事インフラの移動を指摘した。二〇一四年にはロシアがウクライナの政変に乗じてクリミアを併合したことなどからNATOはロシアとの協力関係の停止に踏み切った。

ロシアと米欧諸国のNATO拡大をめぐる対立は、基本的には冷戦終了後の欧州の安全保障体制をどう築いていくかという問題に帰結する。米欧諸国はNATOをその柱に据え、ロシアと協力はするが加盟国としては受け入れなかった。また東欧諸国は歴史的経緯からロシアと同じ政治軍事同盟に入ることに強く抵抗した。

一方、ロシアはソ連崩壊後も大国意識を抱きながら欧州の新たな安全保障体制作りに積極的な役割を果たすことを望んだが、NATOは自分たちを完全な仲間としては受け入れず排除していると不信感を強めた。ロシアはもはや敵ではないと言いながら、なぜロシアを排除した政治軍事同盟が必要かと反発した。

一九五二年から一九五七年まで初代NATO事務総長を務めた英国のイズメイ卿はかつて、NATOの目的について、「ロシアを排除し、米国を入れ、ドイツを抑え込むこと」と述べたことがあるという(5)。NATOは実際にそのように運用されている。NATOの本質を端的に示す名言だ。

約束はあったか

プーチン大統領やセルゲイ・ラブロフ外相は、米欧諸国がＮＡＴＯを拡大しないと約束したにもかかわらず、それを反故にしたと繰り返し指摘、不信感をあらわにした。ロシアの見解では、「ツー・プラス・フォー（東西両ドイツと米英仏ソ）」の場でドイツ統一の条件を交渉した際、ジェームズ・ベーカー米国務長官や西ドイツのコール首相がゴルバチョフ書記長に対し、ドイツ統一を認め統一ドイツのＮＡＴＯ加盟に同意してくれるなら、ＮＡＴＯを東欧諸国や旧ソ連諸国に拡大しないと約束した（ドイツ統一交渉については、第7章の「ゴルバチョフの名言とドイツ統一」の項を参照のこと）。

果たしてそうした約束はあったのか。一九九〇年にドイツ統一交渉にあたった当事者たちの見解は食い違う。ゴルバチョフは約束があったと言う。しかし、ゴルバチョフと一緒にソ連の新思考外交を担ったエドアルド・シェワルナゼ外相（のちグルジア＝ジョージアの大統領）はそうした約束はなかったと述べ、ベーカー国務長官もベーカー長官の顧問だったロバート・ゼーリック氏もそんなことを約束していないと反論した。

この問題については米ハーバード大のマーク・クレーマー教授やドイツの『シュピーゲル』誌が交渉当事者たちの証言、公開された外交文書を調査し発表した論文と記事が最も権威がある。クレーマー教授はそのような約束はなかったとの結論を出した。一方、『シュピーゲル』誌は交渉の全体の雰囲気から判断して事実上、約束があったとの見解を出した(6)。

クレーマー教授によると、ツー・プラス・フォーの交渉の場でＮＡＴＯの東欧諸国への不拡大が議論されたことはなかった。この交渉が進行した一九九〇年には統一ドイツとＮＡＴＯの関係が問題になっていたのであって、東欧諸国がＮＡＴＯに加盟するかどうかは想定外の話だった。したがって、ＮＡＴＯを東欧諸国に拡大するか、しないかという問題は協議されなかった。また実際にＮＡＴＯを東欧諸国に拡大しないとの合意を示す文書はなく、ロシアもそうした文書を示していない。ＮＡＴＯは二〇一四年四月、公式に「そのような約束はなかったし、ロシアの主張を裏付ける証拠はなんら提示されていない」との見解を発表した。

エリツィン大統領もプーチン大統領ものちにロシアのＮＡＴＯ加盟の可能性に言及したことがあることを考えると、両指導者にはドイツ統一をめぐる協議でＮＡＴＯの東欧諸国への不拡大が約束されたとの認識は少なくとも当初はなかったのではないかと推察される。

だが、『シュピーゲル』誌が指摘するように、約束違反だというロシアからの批判に根も葉もないわけではない。ベーカー長官やコール首相が一九九〇年にゴルバチョフ書記長に対し、ＮＡＴＯを「東 eastward」に拡大しない旨発言していることは確認されている。この場合の「東」とは会話の文脈から東ドイツ地域を指しており、東欧諸国や旧ソ連諸国を指していないというのが、クレーマー教授の見解だが、『シュピーゲル』誌は米国などが東欧諸国や旧ソ連諸国への不拡大の印象を与えようと努力したと詳細な調査の後で結論づけた。

また、『シュピーゲル』誌の主張とは別に、ＮＡＴＯの東欧諸国への拡大はドイツ統一について合意された時の「精神」に反すると指摘する声もある。

いずれにせよ、ゴルバチョフと米欧首脳との会談ではＮＡＴＯの「東」への拡大についてやりとりがあり、一九九〇年九月に六カ国が調印したドイツ統一に関する「最終解決条約」では外国軍つまりＮＡＴＯ軍は東ドイツ地域に配備されないことは合意されているが、ロシアが指摘するような東欧諸国への不拡大の約束は盛り込まれていない。したがって、約束違反というロシアの批判は迫力不足と言わざるを得ない。

以上は一九九〇年のドイツ統一をめぐる交渉における経緯だが、その後の米露協議の場でこの問題についてのやり取りはなかったのかどうか。米国は何か約束しなかったのか。こうした疑問については、米国の学者ジェームズ・ゴールドゲイアーの研究が参考になる。(7)

彼は一九九三年十月二十二日のモスクワ郊外でのウォレン・クリストファー米国務長官とエリツィン大統領との会談に注目する。この頃にはすでにチェコ共和国やポーランドなどがＮＡＴＯ加盟の要望を明らかにしており、

NATO拡大とはこれら東欧諸国を新規加盟国として受け入れるかどうかの問題だった。

クリストファー長官は、東欧諸国へのNATO加盟を認めず、ロシアと東欧諸国にPfP（平和のためのパートナーシップ）への参加を呼びかけることにしたと伝えた。エリツィン大統領はこの方針を高く評価したが、クリストファー長官は、NATO拡大を将来の問題として長期的に考えている旨付け加えた。エリツィン大統領がこの発言をどの程度真剣に受け止めたかはっきりしないが、とにかくクリストファー提案を歓迎し、ロシアも一九九四年六月にPfPに参加した。

ところが、NATO拡大は遠い将来の問題ではなかった。ビル・クリントン米大統領はこの年の九月にNATO拡大の考えをエリツィン大統領に伝え、エリツィン大統領は十二月のCSCE（全欧安保協力会議）の場で不快感をあらわにした。クリストファー・エリツィン会談から一年の間に米政権内でNATO拡大の方針が有力になった。エリツィン大統領にしてみれば、話が違うではないかということになろう。こうした経緯もロシアで対米欧不信感を高める大きな要因になった。

ロシアのNATO拡大反対など厳しい対米欧外交姿勢の基本的な背景として強い大国意識を指摘できる。ロシアは歴史的に大国であり、米欧の方針に付き従わないし、彼らから指図を受けたくないとの意識である。それが米国の一極主義に対する批判や、ロシアの伝統的な地政学的地位や利益を死守しようとする外交に現れている。

シリア紛争をめぐる対立

米露は二〇一一年に始まったシリア内戦への対応でも対立した。ロシアは一貫してバシャル・アル・アサドが率いるシリア政府を支持、経済、軍事の両面で援助した。二〇一五年九月には直接軍事介入してアサド政権を支えた。冷戦終了後にロシアが旧ソ連諸国以外の地域に軍事介入するのは初めてだ。

シリアは冷戦時代から親ソ連国で、ロシアはこの友好関係を大切にしている。シリアはバシャルの父のハフェズ・アル・アサド大統領時代の一九七一年にはソ連海軍に対し地中海に面するタルトゥスを使用することを認めており、ロシアにとってシリアは中東での軍事的足がかりを確保するためにも重要な国だ。

アラブ世界では二〇一〇年にチュニジアを皮切りに一連の反政府運動と騒乱を特徴とする「アラブの春」が進行、その影響でシリアでも二〇一一年にはアサド政権打倒をめざす運動が広がった。アサド大統領がこれを厳しく弾圧、内戦が始まり、これにロシア、米国、イラン、サウジアラビア、トルコなどが介入、国際紛争に発展した。

ロシアの軍事介入は主として空爆に限られ、地上軍は投入していない。その意味で限定介入だ。ロシアにはソ連時代にアフガニスタンに介入し多大な犠牲を払ったというトラウマがあるし、本格介入は財政面からも難しい。

プーチン大統領が介入を決断した理由として考えられるのは、まず、米軍による*「イスラム国（ＩＳ）」への空爆が効果を上げず、ＩＳが攻勢を続けシリア政府軍が敗走を余儀なくされていたという事情がある。つまりロシアは政府軍を救いたかった。親露的なアサド大統領が率いるシリアは地政学的に貴重な資産であるからだ。シリアがソ連時代から兵器の主要な購入者で、そのお得意さんを失いたくないという計算もあったかもしれない。

もう一つ、ロシアは一千四百万人を超えるイスラム教徒（ムスリム）を抱えており、過激なイスラム思想が国内に入り込むことを阻止しなければならないという事情がある。ムスリムはロシア南部の北コーカサス地方に多く住み、中にはＩＳに参加しているロシア国籍の人もいる。彼らがロシアに帰国しＩＳの過激思想を広め、戦闘員を徴集しているとの情報もある。ロシアにとってシリアは直接的な脅威の発生源にもなりうるわけで、ＩＳの影響力を抑え込む必要がある。

だが、プーチン大統領のシリア政策はオバマ米政権にはまったく支持されなかった。米政権はアサド政権への支援に強く反対した。

米露のシリア紛争への対応は基本的に異なる認識から出発している。ロシアは米軍による空爆が効果を上げていない以上、ＩＳの進撃を阻止するには地上での大規模作戦が必要で、その役割を担えるのはシリア政府軍以外にないと考えた。アサド政権が倒れれば、シリアがＩＳなどイスラム過激集団に乗っ取られ、大混乱に陥り、大量虐殺が始まるとみる。中東では独裁者が退場したとしても事態はますます悪化するという事例が多く、それは米国の中東政策の失敗が教えているではないかと指摘する。

一方、米国は一言で表現するなら、ＩＳも悪いがアサドも悪いと考えており、アサド政権が早く倒れシリアに「穏健な」反アサド勢力による政権ができれば、対ＩＳ作戦も前進すると考えた。だから、アサド政権の延命に手を貸すロシアはけしからんということになる。それにクリミアを併合したロシアの言うことなど聞いていられるかとの思いもあろう。米露はＩＳという共通の敵を抱えながら、主にアサド政権に対する認識の違いで協調できず、シリア問題はプーチン・トランプ両大統領に引き継がれた。

＊**「イスラム国」**……サラフィズムあるいはワハビズムと呼ばれる原理主義的、超保守的イスラム教を信仰する集団が設立を宣言した「国家」で、彼ら武装勢力を指す用語でもある。英語ではイスラム国 Islamic State / IS のほか、イラク・レバント・イスラム国 Islamic State of Iraq and the Levant / ISIL（略称の読みはアイシル）、イラク・シリア・イスラム国 Islamic State of Iraq and Syria / ISIS（アイシス）とも表記されている。レバントとはシリアなど東部地中海沿岸地方のこと。一九九九年にアルカイダに忠誠を誓う組織として発足、イラク戦争で政府軍や多国籍軍と戦い、二〇一四年にイラク西部で政府軍に勝利して地歩を固め、シリアからイラクにかけて広い領域を掌握した。シリア紛争は関係者が入り乱れ複雑で、ＩＳはアサド政権と戦う反政府武装勢力だが、ほかの反政府勢力とも戦っている。国連はＩＳをテロリスト組織であると定義、ロシアも個別に同様に定義している。

第9章

中露関係の紆余曲折

戦略的パートナーシップ宣言

第二次世界大戦後のソ連／ロシアと中国の関係も紆余曲折を経てきた。同じ共産主義国家でありながらソ連と中国の関係は一九六〇年代に交戦するまでに悪化したが、一九八九年にミハイル・ゴルバチョフ書記長が訪中し、改善に向けて動き出し、ソ連崩壊後、ロシアと中国はハネムーンのような状態を続けた。両国は二〇〇四年秋にはソ連時代からの懸案だった国境問題を解決、二〇〇五年には「戦略的パートナーシップ」の関係を確認、合同で軍事演習するまでに至った。

両国は国連安保理で米国の一極支配を許さないと共同歩調を取り、北朝鮮、イラン、中東和平、シリア問題などで米欧の動きを牽制、時には阻止している。ユーラシアでは協力して中央アジア諸国などを招いて上海協力機構を設立した。ロシアがエネルギーや兵器を中国に輸出するなど経済関係も飛躍的に広がった。

中ソは一九五〇年二月に友好同盟相互援助条約を結び軍事同盟関係にあった。この条約は一九八〇年四月に期限切れとなったが、中露は再び軍事同盟を作るのではないかと思わせるくらい緊密だ。だが、その内情は複雑で、軍事同盟復活は非現実的だ。当然のことながら両国にはそれぞれの国益があり、それは常に一致するわけではない。ロシアは二〇〇八年八月、ジョージアと交戦、ジョージア国内の南オセチアとアブハジアの独立を承認したが、中国はロシアに追随しなかった。中露国境は四千二百キロメートルに及び、ロシア側には人口過疎化が進むシベリアの大地があり、中国側には人口の多い地域が広がる。ロシアでは極東地方が中国人にいずれ乗っ取られるとの危惧も存在する。

スターリンと毛沢東のぎくしゃく

中露の接触はロシアのシベリアへの進出が広がり始めた十七世紀半ばから始まり（当時はロシア帝国と清国）、交易し、時には軍事衝突を繰り返した。一六八九年に両国は国境画定条約であるネルチンスク条約を締結、ロシアはアムール低地への領有権を放棄、代わりに交易権を認めさせた。その後、二百年あまり両国の関係は薄かった。ようやく十九世紀半ばになってロシアがシベリア・極東地方への関心を高め、国力が低下していた清国との間に愛琿条約（一八五八年）、北京条約（一八六〇年）、タルバガタイ条約（一八六四年）といった条約を結び、清国から計約百五十万平方キロメートルの土地を取得した。ロシアは一九〇〇年の義和団事件Boxer Rebellion（北清事変）の際にはドイツや日本などと一緒に連合軍の一員として参加、代償として大連と旅順を取得した。

中国史では一八四〇年勃発の阿片戦争から一九四九年の共産中国の成立までの約一世紀を屈辱の世紀（「百年国恥」）Century of Humiliationと呼ぶことがあるが、ロシアによる領土、権益の獲得もその中の出来事に入る。

ロシアでは一九一七年の二月革命でロシア帝国の幕が閉じ、十月革命で共産主義政権が発足したが、中国（当時は中華民国）で一九二〇年代に共産主義運動が台頭すると、ソ連が率いる国際共産主義運動組織のコミンテルンが、中国共産党に顧問を派遣、留学生を受け入れ、財政面でも支援した。だが、その支援のあり方は、当時表面化しなかったが、中国共産党の不満、反発を買った。スターリンは中国共産党と戦う蔣介石の国民党を積極的に支持、コミンテルンが毛沢東の農村での根拠地建設を非難したからだ。

さらに第二次世界大戦の戦後処理を話し合った一九四五年二月四～十一日のヤルタ会談で、スターリンは対日参戦する条件として中国の主権を侵害する形でソ連の権益を確保した。スターリンは*ヤルタ協定で勝ち得た成果に基づいて一九四五年八月十四日に国民党政府と*中ソ友好同盟条約を締結、外交関係を維持、蔣介石政権を承認した。

スターリンは一九四四年には中国共産党を「マーガリン・コミュニスト」と呼んでいた(1)。なぜスターリンは同じ共産主義者の毛沢東を軽視し、嫌ったのか。一つには戦時中、中国大陸で日本軍と戦う能力を持っていたのは国民党であり、共産主義勢力の力が弱かったことを挙げられる。日本軍を抑え込むために、頼りにならない毛沢東の部隊よりも蔣介石の軍を重視したのだろう。さらには毛沢東が目指す革命が農村中心でスターリンが思い描く革命とは異質で、あまり信用できないと受け止めたのかもしれないし、毛沢東の革命理論がスターリンの一国社会主義論よりも政敵トロツキーの永続革命論に近いと判断していたのかもしれない。

一方、毛沢東もスターリンが兄貴面してあれこれ間違った指示を出すことに怒っていた。中国研究で知られた中嶋嶺雄は「毛沢東路線の確立過程は、一貫して党中央およびその背後にあったスターリン指導下のコミンテルン路線への反逆と抵抗の過程であった」と指摘した(2)。

一九四九年十月一日に中国共産党が中華人民共和国の樹立を宣言した際、両国間の相互信頼は薄かった。ソ連の報道機関は毛沢東革命に冷淡な記事を書いていたし、新中国の成立を持ち上げることはなく、仲間を大歓迎するという感じはなかった(3)。

***ヤルタ協定と中ソ友好同盟条約**……一九四五年二月十一日に署名されたヤルタ協定の中の日本に関する部分にソ連が対日参戦する条件が規定されている。その要旨は、(一)外蒙古(蒙古人民共和国)の現状は維持する、(二)樺太の南部及びこれに隣接するすべての島をソ連に返還する、(三)大連商港を国際化し、この港におけるソ連の優先的利益を擁護し、また、ソ連の海軍基地としての旅順口の租借権を回復する、(四)東清鉄道及び大連に出口を提供する南満洲鉄道は、中ソ合弁会社を設立して共同に運営する。但し、ソ連の優先的利益は保障し、また、中華民国は、満洲に

おける完全な主権を保有するものとする、（五）千島列島は、ソ連に引き渡す――である。ここで紹介した（一）から（四）までの内容が、基本的にそのまま一九四五年八月十四日にソ連と中華民国が調印した友好同盟条約に反映された。次項で取り上げた中ソ条約はソ連と共産中国との条約（ヤルタ協条文は、大沼保昭編『国際条約集』有斐閣、二〇〇七年を参照した）。

中ソ友好同盟相互援助条約の調印

毛沢東はスターリンに反発しながらも、一九四五年のソ連と国民党政府の友好同盟条約調印の際に取り決めたソ連に有利な地位や利権を改めるため、新たな基本条約を締結しなければならなかった。毛沢東は一九四九年十二月二十一日のスターリンの七十歳誕生日祝賀会に合わせて訪ソ、条約改定について交渉し、翌一九五〇年二月十四日、ソ連と中国人民共和国は中ソ友好同盟相互援助条約に調印した。

これは日本、そして日本と「連合する国」、つまり米国を仮想敵国として明記した軍事同盟条約だ。第一条は次のように規定した。「両締約国は、日本国又は直接に若しくは間接に侵略行為について日本国と連合する他の国の侵略の繰り返し及び平和の破壊を防止するため、両国のなしうるすべての必要な措置を共同して執ることを約束する」。さらに「締約国の一方が日本国又はこれと同盟している他の国から攻撃を受け、戦争状態に陥った場合には、他方の締約国は、直ちに執ることができるすべての手段をもって軍事的及び他の援助を与える」。

この時、中ソは条約に締結したほか、ソ連が中国長春鉄道（以前の東清鉄道と南満洲鉄道）を一九五二年末までに無償譲渡すること、対日講和成立直後しかも遅くとも一九五二年末までにソ連軍を旅順口から引き揚げ、施設を引き渡すことでも合意した。これらは中国側にとって成果であるが、中国は新疆で石油や希少金属資源を開発する合弁会社の設立、ソ連が事実上支配していた外モンゴル（モンゴリア）のモンゴル人民共和国の独立の保障を受け入れざるをえなかった。合弁会社は事実上、ソ連の利権の維持を意味した。外モンゴルの支配をめぐって

1950年２月14日，中ソ同盟条約に調印する周恩来。後方にスターリンと毛沢東の姿が見える

は清朝による支配が崩れてからソ連と中国が争い、中国共産党も国民党同様に宗主権あるいは主権を要求していた経緯を考えると、独立の保障は中国の主権が及ばない領域であると認めたことを意味した。モスクワではこのほか、中国はソ連から借款の約束も取り付けたのだが、その額は五年間で三億ドルと少なかった。

　毛沢東がモスクワに到着してから条約調印までに一カ月半近くかかった。毛沢東は十二月十六日にモスクワに到着、さっそく同日深夜、スターリンと会談、新条約の締結やソ連からの支援について交渉したのだが、その後十七日間スターリンと会談できず、待ちぼうけを食らわされた。

　ソ連崩壊後に明らかにされたロシア大統領府文書保管所の資料によると、毛沢東はこの時の交渉やソ連側による待遇について一九五八年七月に訪中したフルシチョフに対し、「私がモスクワを訪問した時、スターリンはわれわれと友好条約を結ぶことを望まず、かつて国民党と結んだ条約を破棄しようとしなかった」と述べ、さらにスターリンが連絡役を通じて毛沢東らにソ連国内を旅行し、見学したらどうかと伝えられたと明かした。毛沢東はこれに対し、「私には三つの任務だけが、すなわち食べること、寝ること、排泄することがある、と言った」とされる[4]。スターリンは毛沢東に観光旅行でもしたらどうかと言ってけんもほろろに対応、毛沢東をバカにした一件である。

　ソ連外相を二十八年間務めたアンドレイ・グロムイコは回想録の中で、スターリンと毛沢東の関係について要旨次のように言及している。二人の指導者は会ってもあまり言葉を交わさず、沈黙が長く続き、重苦しい雰囲気が流れることがよくあった。中ソ条約が締結された一九五〇年二月十四日、メトロポール・ホテルのレストランで正餐を開き、二人が隣同士に座ったが、この時もほとんど会話はなかった。同じテーブルに二人と向かい合わせに座っていたグロムイコ（当時、第一外務次官）は二人に会話を促そうとしたができなかった。グロムイコは、スターリンと毛沢東は言わば個人的に馬が合わなかったとの感想を記している。(5)

一九五〇年代初めの中ソ関係には、共産中国における初の党内闘争である高崗事件も影響したと言われる。(6) 高崗（日本語読みコウコウ。英語表記 Gao Gang）は東北地方（旧満洲）で力を振るった共産党指導者だが、一九五三年に党中央から東北に「独立王国」を作ろうとし、また分裂・分派活動を進めたとして断罪され、一九五四年八月に自殺した。高崗は党中央とは別にスターリンと独自の関係を築いており、毛沢東らは高崗がスターリンを後ろ盾に権力奪取を図ったと疑った可能性がある。

スターリン批判をめぐる対立

一九五〇年六月にスターリンと毛沢東の承認の下に北朝鮮が南攻し朝鮮戦争が勃発、ソ連は極秘で限定的ながら空軍を動員し北朝鮮を支援したが、中国は北朝鮮軍が対中国境まで押し戻された段階で人民解放軍を志願軍と称し投入、多大な犠牲者を出した（朝鮮戦争については第7章の「朝鮮戦争の勃発」の項を参照のこと）。その際、ソ連は中国に対して軍事援助を提供したが、有償で、中国はソ連に対する不満を募らせた。一九八九年五月に訪中したゴルバチョフに対し鄧小平は、「われわれは、もちろん、ソ連が武器供与でわれわれを援助してくれたことは忘れません。しかしわれわれはこれを五〇％の値引きで支払いをしたんですよ」と苦情を言った。(7)

一九五三年三月にスターリンが死去、中ソ関係は転機を迎え、一九五四年九月二十九日から十月十二日までフルシチョフ党第一書記・首相がブルガーニン第一副首相らを引き連れて訪中した。中華人民共和国の建国五周年式典に出席するためだった。その時の会談で、対日講話条約の発効前にソ連軍が旅順口から撤退すること、新疆の資源開発の合弁会社の解散、中国への経済援助の追加など、一九四九年十二月から一九五〇年二月にかけての中ソ条約交渉の際に毛沢東が手を付けられなかった懸案を解決、雰囲気は明らかによくなった。しかし、この時も毛沢東が求めていた外モンゴルの中国への帰属の問題は棚上げとなった。

一九五六年二月にはフルシチョフがソ連共産党第二十回党大会で演説し、スターリンを批判、世界の共産主義運動に大きな影響を与えたが、これが中ソ対立を本格化させる大きな要因となった（スターリン批判については、第4章の「『秘密演説』の驚天動地」の項を参照のこと）。

フルシチョフは演説でスターリンの個人崇拝を徹底批判、さらに平和共存、革命の平和的移行、革命の多様性などの課題を提起した。これに対し、中国共産党は当初、個人崇拝批判に焦点を当て反応、スターリンは間違いを犯したが功績も大きいといった見解を示し、個人崇拝批判に異議を唱えた。

毛沢東は一九五七年十月九日の第八期中央委員会第三全体会議（総会）での締めくくり演説で、ソ連と意見が対立する問題を次のように指摘した。

まず、第一にわれわれはスターリンの問題についてフルシチョフと異なる。彼はスターリンをひどい人物に仕立てた。彼はものすごく醜い人物にされてしまっており、われわれはそれには同意できない。これは彼らの国だけの問題ではない。それはすべての国に関係している。われわれは天安門の外にスターリンの肖像画を掲げている。それが全世界の労働者の望みだからだ。そのことがわれわれとフルシチョフとの基本的な違いを示している。スターリン自身については三〇％（悪い評価）と七〇％（良い評価）を与えるべきだ。スターリンの成果が七〇％、過ちが三〇％ある。それも正確でないかもしれない。（彼の）過ちはわずか二〇％あるいは一〇％であるかもしれないし、それ（二〇％）以上かもしれない。とにかく、スターリンの業績が主で、過ちは二次的なものだ。この点についてわれわれとフルシチョフは意見を異にする。(8)

毛沢東とスターリンの個人的関係はいつもぎくしゃくしていただけに、毛沢東がスターリン批判に諸手を挙げて賛同してもおかしくない感じもするが、そうしなかった。この点について中嶋嶺雄は、「おそらく毛沢東にとって『スターリン批判』は、彼自身が抱いていた積年のスターリン像からすれば一面で歓迎すべきことでありながら、他面ではそれが個人崇拝の問題や独裁的な指導者と権力の問題を含んでいただけに、全体に許容し得ないところであり、フルシチョフの言動にかんして、ここで初めて大きく戸惑わねばならなかったものと思われる」との見解を示している(9)。つまり、毛沢東はスターリン批判が中国国内における自らの威信や正当性に疑義を生みかねないと懸念したのだろう。

また、毛沢東は当時、すでに国際共産主義運動の重鎮的存在だったが、フルシチョフはスターリン批判演説について毛沢東に事前に通告もしていなければ、相談もしなかった。毛沢東がフルシチョフから無視されたと感じたとしても不思議ではないだろう。

しばしばフルシチョフのスターリン批判を機に中ソ関係は悪化したと言われる。しかし、演説後ただちに悪化したわけではないことにも注意しておきたい。スターリン批判から一年半以上経った一九五七年十月十五日には中ソは秘密裏に新国防技術に関する協定に調印、ソ連は「原子爆弾のサンプル」と中国の核兵器製造向けの技術データの提供を約束している。

節目となった台湾砲撃

中ソ対立が決定的になったのは一九五八年夏だ。フルシチョフが同年七月三十一日から八月三日まで訪中、その際、毛沢東はすでに台湾海峡にある金門島への砲撃を決めていたにもかかわらず、まったく会談の議題として取り上げなかった。人民解放軍は八月二十三日に砲撃を開始した。フルシチョフには寝耳に水だった。

この時の会談では、フルシチョフが中国に潜水艦の共同艦隊やソ連軍の無線基地を設置したいと提案したことについて、毛沢東はソ連が軍事的に中国を制御したがっていると受け止め反発したし、中国がこの年五月に「三面紅旗 Three Red Banners」と呼ばれる三大スローガンを掲げ開始した変革運動をめぐっても意見が合わなかった。三つのスローガンは、「社会主義建設の総路線」、「大躍進」、そして「人民公社」である。工業と農業、都市と農村、精神労働と肉体労働の差異の消滅などをめざした。

ソ連は遂に一九五九年六月二十日、一年八カ月前に結んだばかりの新国防技術に関する協定を破棄、原子爆弾のサンプル提供の約束も反故にした。これが対立を決定的にした。フルシチョフは一九五九年十月に再度訪中し、毛沢東と会談した。双方は台湾問題、中印紛争、対米関係などの問題をめぐって非難を応酬、この時の会談は修羅場といってよいほどすさまじいものだった。ロシアの公文書によると、毛沢東はフルシチョフらを「迎合主義者」と呼び、フルシチョフは憤慨した。その際、フルシチョフと陳毅（外相、元帥）との間で次のようなやりとりがあった。

フルシチョフ　私は、たんにいくつかの問題で、あなた方のミスを指摘しただけで、原則的な政治的非難はしていない。しかし、あなた方はまさにこの原則的な政治的批判をおこなった。そして、あなた方がわれわれを迎合主義者と見ているなら、同志陳毅、私に手をさしのべるな。私は握手しない。

陳毅　私もだ。あなたがどんなに怒っても、私はちっとも怖くはない、ということを言っておきたい。

フルシチョフ　元帥という高いポストから、われわれにつばをかけるな。つばが足りなくなる。われわれはそんな脅かしには負けない。(10)

以上のような対立の内情は一九五九年には表に出ておらず、中ソの一枚岩的団結という虚偽がまかり通っていたが、一九六〇年に入ると対立が公然化、フルシチョフは一九六〇年七月十八日には一千三百九十人にのぼる技術専門家らを引き揚げると発表、彼らは八月末までにソ連に帰国した。

一九五九年九月と一九六二年十一月に中国はインドと国境地帯で衝突したが、その際、ソ連が中立の姿勢を示したことも中国には気にくわなかった。

一九六四年十月にはフルシチョフが失脚、中ソ関係の悪化に歯止めがかかるかと思われたが、両国の関係はフルシチョフと毛沢東の個人的な関係にだけ規定されていたわけではなく、対立は続いた。

一九六八年に入ってチェコスロバキアで「プラハの春」と呼ばれる自由化運動が盛り上がると、ソ連が八月に軍事介入してこの運動をつぶし、社会主義国の主権制限を正当化するブレジネフ・ドクトリンを提唱すると、中国はこれを強く批判した。

二大共産国家の国境紛争

中ソ関係はついに一九六九年に国境をめぐり大規模な武力衝突を繰り返すまでに悪化した。中ソ国境は十九世紀の一連の画定条約で一応定まったが、中国側にはこれらの条約が清朝の弱体化につけ込んで結ばれた不平等条約で、領土を奪い取られたとの意識があった上、国境の細部まで必ずしも詰めていない面もあった。

イデオロギー対立も加わり、すでに一九六〇年頃から国境のあちこちで相互に国境を侵犯した、しないと非難の応酬があり、小競り合いや小規模な衝突が頻発するようになった。一九六二年春には新疆ウイグル自治区の対ソ国境近くに住むウイグル人、カザフ人など六万人に上る住民が生活苦や民族的抑圧を理由に国境を越えソ連側に移住する事件が起き、中国はソ連が煽ったと非難、中ソ国境が一段と緊張した。

中国がロシア／ソ連に領土を奪い取られたとの認識は毛沢東自身が示している。一九六四年七月十日、毛沢東は訪中した日本社会党の代表団と会談、その際、ロシア帝国がシベリアと極東地方の広大な土地を奪い取ったと述べ、「約百年前、バイカル（湖）の東がロシア領土となり、それ以東ウラジオストク、ハバロフスク、カムチャツカ、そのほかの地域がソ連領土となった。私はまだこれらについて清算していない」と強調した[11]。

一九六六年二月二十五日にソ連とモンゴル（人民共和国）が友好協力相互援助条約を締結、これに基づいて駐留軍をモンゴルと中国の国境地帯に増強したことも中国の反発を招いた。中国も対ソ国境地帯への軍の増強を進め、一九六〇年代末には中ソ国境に数十万人の軍が対峙していた。

小競り合いを経て遂に一九六九年三月二日、アムール川 Amur River / **река Амур**（黒竜江）の支流のウスリー川 Ussuri River / **река Уссури**（烏蘇里江）に浮かぶ小島、ダマンスキー島 Damansky Island / **остров Даманский**（珍宝島）で大規模な衝突が発生した。この時の模様は戦闘に参加した主にソ連側の兵士（国境警備隊と正規軍の兵士）の証言、記録で明らかになっており、研究者の多くは中国側が事前に計画を練り、毛沢東、周恩来の承認、指示の下で三百人の兵士を動員しソ連側に攻撃を仕掛けたとの見方で一致している。ソ連側にとっては中国による不意打ちの攻撃 ambush だった。

さらに三月十五日には同じ島で二日よりも大規模な戦闘が展開された。ソ連側は最新鋭戦車、装甲車、火砲を投入した。その後も三月中に小規模な撃ち合いがあった。ソ連側の公文書によると、二日の戦闘でのソ連側兵士の死者は三十二人、十五日に二十四人、十七日一人、二十二日一人で合計五十八人が戦死、負傷者は九十四人[12]。一方、中国政府は中国側の犠牲者について一切発表していない。死者は数百人とも千人を超えるとも言われる。ダマンスキー島は縦一千七百メートル、幅五百メートルほどの細長い楕円形の小島で、面積は〇・七五平方キロメートル。水が多い時は水面下に沈む。資源があるわけでもなく軍事戦略上も価値がない島とされる。

中国がなぜこの小さな島で攻撃を仕掛けたか。様々な見方が可能だが、当時、毛沢東は文化大革命を完遂する必要に迫られ、そのためにソ連の脅威を作り出し国内を結束させることを目論んだことが考えられる。また、この島付近だけでなく、ほかの国境地帯でも中国側にとってはソ連が挑発したと受け止められる行為を繰り返し、中国は我慢を重ねてきたのだが、遂に堪忍袋の緒が切れて、ソ連にお仕置きするつもりだったのかもしれない。

その後の状況からは、中国が本格的に戦争をするつもりで攻め込んだわけではないと判断される。

多くの血が流れる舞台となったダマンスキー島の帰属について、ソ連は北京条約でソ連の領土であると規定されていると主張、事実上ソ連が支配してきたが、実は両国は一九六四年からほかの国境地帯を含め画定交渉を進めており、同年にダマンスキー島を中国領とすることで暫定的に合意していた。しかし、関係悪化で交渉は中断、その後軍事衝突した。

ダマンスキー島は現在中国領である。ソ連崩壊直前の一九九一年五月十六日に中ソは国境東部の大部分の線引きを終え、協定を締結、その際一九六四年の暫定合意をそのまま生かし、ダマンスキー島は珍宝島として中国に帰属することが確定した。黒龍江省虎林市に帰属している。

核攻撃の恐怖

ダマンスキー島での大規模軍事衝突は一九六九年三月二日、十五日の二回で収まったが、八月十三日に今度は国境地帯の新疆ウイグル自治区遊民県鉄列克提 Tilieketi（カザフスタンのジャラナシコリ湖近く）で大規模衝突が発生、この時は中国兵三十八人が死亡、ソ連国境警備隊員は二人死亡、十人が負傷した。こうした軍事的緊張が続く中、ソ連が中国に対する核攻撃の可能性をちらつかせたことから、中国ではソ連が中国に全面攻撃を仕掛けてくるとか、中国の核兵器関連施設を攻撃するといった恐怖が高まった。

ソ連は新聞やラジオを通じてソ連には核ミサイルがあると指摘し、さらに外交官を使うなどして中国の恐怖を煽った。例えば、八月十八日、ワシントンのソ連大使館員ボリス・ダビドフが米国務省の職員ウィリアム・スティアマンと昼食、その際、ソ連が中国の核施設を攻撃したら米国はどう反応するかと聞いた。また八月二十七日にリチャード・ヘルムス米中央情報局（ＣＩＡ）長官が一部記者に、ソ連が中国を予防核攻撃したらどう反応するかと複数の外国政府に打診しているとの情報を明らかにした。[13]こうした情報は当然、中国に伝わり、ソ連が核攻撃を準備しているとの疑いを強めた。

ダマンスキー島と新疆での大規模衝突事件の後、両国はようやく九月になって事態収拾へ動き出した。北ベトナム（ベトナム民主共和国）のホー・チ・ミン国家主席が九月初めに死去、葬儀に出席したアレクセイ・コスイギン首相が北ベトナム政府を通じて中国訪問を打診、中国がこれを受け入れた。コスイギン首相は北ベトナムからの帰路、北京に立ち寄り、空港で周恩来首相と会談した。周恩来は、核攻撃の問題に言及、ソ連が中国の核施設を予防攻撃すると言っているが、攻撃されたら中国は最後まで戦うと牽制した。結局、両首脳は、相互に本国に呼び戻していた大使を復帰させる、国境を暫定的に現状のまま維持し交渉を再開する、貿易関係も再開するなどで合意した。

コスイギン・周会談で緊張は緩和したようでもあったが、実際にはまったく逆の動きがみられた。中国側はコスイギンの一見柔軟な姿勢が攻撃準備のための時間稼ぎであって、見せかけだと受け止め、さらにはコスイギンが核攻撃しないと明言しなかったことから、疑念を深めた。林彪国防相はソ連が十月一日の国慶節の日に攻撃してくると警戒、九月三十日に軍を臨戦態勢に置いた。

十月一日が平穏に過ぎると、今度は十月二十日がその日だと疑い、党、政府の要人に北京を離れるよう指示が出され、毛沢東も地方に避難した。重要な公文書も安全と思われる場所に移した。十月二十日はコスイギン・周会談での国境交渉再開の合意を受けてソ連代表団が北京に到着する日で、中国側は代表団が訪中すると見せかけて実際には軍が攻撃してくるのではないかと疑心暗鬼になっていた。しかし、この日も攻撃は起きなかった。中国側の対応はすべて取り越し苦労に終わったが、一九六九年夏から秋にかけて中国は異常な緊張状態にあった。

米中接近のショック

中ソ指導部は国境地帯に大規模な軍を張り付けながらも、本格戦争に踏み切ることはなく、関係は膠着したままで、そうした状態が一九八九年五月のゴルバチョフ書記長の訪中まで続いた。その一方で、中ソ対立は米中関係の改善という冷戦構造を大きく変える出来事を生み落とした。

中国は一九六五年から開始した文化大革命の間も、「ソ連修正主義者 Soviet revisionists」と「米国帝国主義者 US imperialists」が共謀し、かつ競い合っていると喧伝、米ソ両国を敵視していた。しかし、毛沢東の対米観はダマンスキー島事件の後の一九六九年頃から微妙に変化、同年八月の新疆での衝突で対米関係の見直しを真剣に考えるようになった。敵の敵は味方という論理がうかがえる。

中国政府はこの年の十二月に在ポーランドの中国外交官に対し、米国の外交官と接触してもよいとの指令を出した。これに米国も呼応、両国は一九七〇年一月にワルシャワで大使級会談を開催した。こうした関係改善の試みを経て、リチャード・ニクソン大統領の補佐官、ヘンリー・キッシンジャーが一九七一年七月九日に極秘訪中、九、十の両日、周恩来首相と会談した。キッシンジャー訪中の成果を踏まえニクソン大統領が同月十五日、翌年五月までに中国を訪問すると発表、世界を驚かせた。*ニクソン・ショックである。

ニクソン大統領は翌一九七二年二月に訪中し、毛沢東と会談、同月二十八日に米中共同コミュニケを発表した。合意内容は、（一）関係正常化をめざす、（二）アジア太平洋地域において米中のほかの国も覇権 hegemony を追求すべきではないとの認識で一致する、（三）米国は一つの中国を容認する、（四）米国は台湾駐留の米軍を削減する、（五）両国は経済、文化面での交流を拡大する――など。このうち覇権を追求すべきではないとのいわゆる反覇権条項はソ連に対する牽制だった。

米中の国交回復は約七年後のジミー・カーター大統領時代の一九七九年一月一日に実現した。米中関係の改善は一般に米中和解 US-China rapprochement と言う。

***ニクソン・ショック**……ニクソン大統領の訪中発表は日本政府には寝耳に水だった。ニクソン大統領はその発表の一カ月後の八月十五日には今度は金（ゴールド）とドルの交換停止を主な内容とする戦後の国際通貨体制を変える大胆な決

定を発表した。世界ではこの金・ドル交換停止の発表をニクソン・ショックというが、日本では訪中発表を合わせてニクソン・ショックと呼ばれている。

インドシナでの鞘当て

一九七〇年代後半には中ソはインドシナでも鞘当てを演じた。ベトナムでは一九七五年に北ベトナム（ベトナム民主共和国）が南ベトナム（ベトナム共和国）に勝利し、翌年ベトナム社会主義共和国を建国した。その隣国のカンボジアCambodiaでも一九七五年にクメール・ルージュKhmer Rouge（カンプチア共産党）が政権を掌握、民主カンプチアDemocratic Kampucheaが発足した（カンプチアはクメール語でカンボジアのこと）。

ベトナムと民主カンプチアは同じ共産党支配の国家であるにもかかわらず、折り合いが悪かった。ベトナム戦争中、北ベトナムは中国とも良好な関係を保っていたが、南北統一後はソ連寄りの姿勢を強めた。一方、民主カンプチアは内戦中から中国の支援を受け、中国寄りだった。ベトナムがインドシナで勢力圏を作ろうとしていると警戒、国境地帯での軍事衝突が頻発した。ベトナムは遂に一九七八年十二月にカンボジアに全面侵攻、クメール・ルージュ政権を追放し、そのままカンボジアを占領し続けた。

ベトナムは一九七八年十一月三日にはソ連と友好協力条約を締結、両国は一方が軍事攻撃を受けた場合、対応策についてただちに協議することを取り決めた。中国はソ連の影響力がベトナムを通じてインドシナに拡大する懸念を強め、遂に一九七九年二月十七日にベトナムに侵攻、三月一日までの短期間だったが中越戦争が発生した。ソ連を後ろ盾とするベトナムのカンボジア侵攻・占領を牽制することが主要な目的の一つだったと推察される。

一九五〇年締結の中ソ同盟条約は完全に有名無実化し、中国は条約期間満了の一年前の一九七九年四月に廃棄の意思を通告し、条約は規定通り一九八〇年四月十一日に失効した。

中国は一九八二年に入ると中ソ関係の改善を妨げている「三大障害」を指摘、ソ連にその除去を求め始めた。

三つの障害とは、ソ連軍の対中国境地帯とモンゴルでの展開、ソ連軍のアフガニスタン作戦、カンボジア作戦を展開するベトナムへの支援である。中国の最高指導者、鄧小平（当時は党中央軍事委員会主席・党中央顧問委員会主任）はゴルバチョフが書記長に就任した半年後の一九八五年十月、訪中したルーマニアのニコラエ・チャウシェスク大統領を通じてゴルバチョフに親書を送り、改めて三大障害の除去、とりわけベトナム軍をカンボジアから撤退させるよう求めた。

ソ連は一九七九年十二月にアフガニスタンの親ソ共産党政権を守るためアフガニスタンに侵攻、中国はこれをソ連の中国包囲政策の一環だとみて批判しており、ベトナムに対するカンボジア撤退要求と同じようにソ連にアフガニスタンからの撤退を求めた。こうした対ソ政策では米中は基本的に一致していた。

画期的なゴルバチョフ訪中

中ソの冷却した関係の改善は一九八九年五月のゴルバチョフ訪中まで待たなければならなかった。一九八五年三月にソ連共産党書記長に就任したゴルバチョフは外交面でも大胆な改革を打ち出し、一九八六年七月二十八日には極東地方のウラジオストクで演説、対中関係の改善を中心に新外交方針を発表した。アフガニスタンからのソ連軍の撤退を表明、米国との軍縮促進、アジア太平洋地域の緊張緩和のための国際会議開催などを提案、対中関係については、善隣友好を進め、モンゴルからソ連軍を撤退させると述べ、国境を「平和と友好の地帯」にしたいと強調した。

ゴルバチョフのウラジオストク演説は、鄧小平が求めていた三大障害のうちの二つに応えている。もう一つのベトナム軍をカンボジアから撤退させることについては、明言はしなかったが、ベトナムが一九八八年五月に段階的撤退の方針を発表し、中ソ関係改善の条件は整った。ベトナム軍は一九八九年九月に撤収を完了した。

一九八九年二月にエドアルド・シェワルナゼ外相が訪中し、その下準備を経て、ゴルバチョフ書記長が同年五月十四日から十八日まで訪中、中ソ関係の正常化を宣言した。五月十八日に発表された共同コミュニケは、両国がどのような形の覇権も求めないと明言、国境問題解決への努力を加速し、国境地帯の兵力を必要最低限の水準に削減する方針を確認した。五月十六日にゴルバチョフと会談した鄧小平は「すべての歴史的負債は清算され、すべての問題は解決された」、「過去はわれわれの後方に退いた」と述べた。

中ソが対立した原因は様々ある。国境問題を含むロシア人と漢族の民族的相克、国益の違い、指導者同士の個人的な折り合いの悪さ、外敵を作り国内権力闘争を有利に展開しようという中国側の思惑、そして平和共存、社会主義への移行の多様性、スターリンに対する評価などをめぐるイデオロギー論争などを指摘できる。これらの要因のうち何が対立の主因であるか。鄧小平は先のゴルバチョフとの会談で、「すべての問題の本質は、われわれが不平等な立場におかれ、軽視され、圧迫されていたということにあるのです」と中ソ対立を総括した[14]。

中ソ対立の現代史的意義は、中嶋嶺雄が指摘したように「マルクス・レーニン主義の一枚岩的団結という神話が強要してきた擬制を打ち砕いた[15]」ことにあろう。付け加えるなら、米中接近や中越戦争の引き金になるなど戦後冷戦構造に重大な影響を与えた。

四十四年後の国境画定

ソ連崩壊後はエリツィン大統領が改善の流れを引き継ぎ、一九九六年四月に訪中、江沢民国家主席との間で「対等と恩恵に基づき二十一世紀を志向した戦略的協調関係 partnership of strategic coordination」を宣言するに至った。エリツィンの後任のウラジーミル・プーチンも戦略的協調関係を強調、二〇〇五年九月七日に休養先のソチで曹剛川国防相と会談した際には、「現在、ロシアと中国の関係は歴史上最良の状態にある」と発言した。ロシア首脳はこの表現をその後も繰り返した。

二〇〇一年七月には新たな国家間基本条約となる中露善隣友好条約 Sino-Russian Treaty of Good-Neighborly and Friendly Cooperation を締結した。新条約は一九五〇年の中ソ同盟条約と異なり両国の軍事同盟関係を宣言していないし、対抗すべき国を名指ししていない。中露いずれかが侵略の脅威を受けた場合など直ちに協議すると規定している。

中露はこの条約の第六条に相互に領土要求がないことを明記することができた。ソ連時代を含め対中国境の画定は長年の懸案で、領土問題を基本的に解決できていたことも条約締結を可能にした。

ソ連と中国の国境には画定されていない箇所が多数あったため両国は一九六四年に画定交渉を開始した。しかし、関係悪化で中断、一九六九年九月のコスイギン・周会談を踏まえ同年十月に再開したものの、膠着状態が続いた。一九七〇年代後半には中国がソ連のアフガニスタン政策やインドシナ政策に反発、交渉は一九七八年に再び中断した。それが約九年続いた後、ゴルバチョフのウラジオストク演説があって、一九八七年にようやく再開、両国は一九九一年五月十六日、国境の東側部分の一部を除いて基本的に画定を終え東部国境協定に調印した。

ソ連崩壊後も交渉は前進、一九九四年九月三日に国境の西側部分についても合意した。ただし、その時点でも国境の東側部分には画定作業が残った部分があった。その一つは中国、ロシア、北朝鮮の三カ国国境地帯に近いハサン地区 Khasan／Хасан にある三百ヘクタール（三平方キロメートル）の土地。両国は一九九七年十一月にこの係争地をほぼ半分に分けるという手法で折り合った。いわゆる「フィフティ・フィフティ fifty-fifty」の解決法である。

そして東部国境の川に浮かぶ二カ所三島の画定が最後まで残ったが、二〇〇四年十月十五日、プーチン大統領が北京を訪問した際、胡錦濤国家主席との間でこれら二カ所三島について妥協、両国は約四千二百キロメートルに及ぶ国境を最終的に画定した。その後、東部国境に関する追加協定を結び、二〇〇八年七月に議定書に調印し、交渉は最終的に決着した。ソ連時代に始まってから四十四年かかった。

最後まで残っていた二カ所三島とは、ロシア・チタ州に流れるアルグニ川上流のボリショイ島／阿巴該図洲渚

Abagaitu Islet、そしてハバロフスク郊外のアムール川内のボリショイ・ウスリスキー島／黒害瞎子島 Heixiazi Island、およびタラバロフ島／銀竜島 Yinlong Island で三島合わせた面積は約四百平方キロメートル。両国はボリショイ・ウスリスキー島とそのすぐ西隣のタラバロフ島の二島を一体の島として扱い、それをほぼ半分に分けた。その結果、中国はタラバロフ島に加えボリショイ・ウスリスキー島の一部を得た。ロシアはボリショイ・ウスリスキー島について中国よりも広い面積を確保した。両国はボリショイ島もほぼ半分に分けることにした(16)。ハサン地区に適用した折半方式が再び使われた。

エネルギー協力で相互補完

政治関係の改善はエネルギー分野を中心に経済関係の拡大をもたらした。ロシア経済の最大の強みは石油、天然ガス、石炭といった資源が豊かであることで、二〇〇六年にプーチン大統領が訪中してから、両国のエネルギー関係が一段と広がった。

ロシアはソ連時代から開発が遅れたシベリアと極東地方を発展させる必要に迫られ、それをアジア太平洋諸国との関係を拡大する中で実現しようとしてきた。プーチン大統領は二〇一三年十二月十二日、年末恒例の議会向け演説で、シベリアと極東地方の開発を「二十一世紀全体を通じたわれわれの優先的国家課題である」と強調し、その前年の二〇一二年九月にはウラジオストクでアジア太平洋経済協力会議（APEC）首脳会議を開催、ロシアをアジア・太平洋国家として発展させたいとの方針を改めて内外に印象づけた。こうした路線を支える重要な国として中国を位置づけた。

ロシアと中国との関係の拡大は二〇一四年のウクライナ危機で一気に加速した。米欧諸国がクリミア併合などロシアのウクライナ政策を強く批判、経済制裁に乗り出すとロシアは中国に一段と接近し始めた。

二〇一五年五月九日のモスクワ赤の広場での戦勝七十周年記念式典の模様がロシアのおかれた国際環境を象徴

的に示した。式典には外国から約三十人の国家元首や首相らが出席したが、米欧首脳の姿はなく、プーチン大統領の隣にすわったのは習近平国家主席夫妻だった。五年前の六十五周年式典の際には北大西洋条約機構（ＮＡＴＯ）諸国の部隊が赤の広場を行進したが、二〇一五年の式典で行進したのは中国の人民解放軍兵士だった。

中露関係の拡大は、経済面ではロシアからの中国へのエネルギー輸出、通貨スワップなどの金融協力、高速鉄道建設などインフラ整備での協力、さらに政治面では外交面での共同歩調に象徴される。両国の貿易額は二〇〇〇年に七十億ドル程度だったが、急速に増え、二〇一一年以降は二〇二〇年に二千億ドルをめざすとの目標が強調された。ロシアからの原油と天然ガスの対中輸出がその増加を牽引する見通しである。

中露のエネルギー関係を大きく前進させた案件として二〇〇九年の石油の対中輸出協定と二〇一四年の天然ガスの対中輸出協定がある。二〇〇九年四月二十一日、イーゴリ・セーチン副首相と王岐山副首相が北京で中国への石油輸出協定に調印した。中国の国家開発銀行 China Development Bank がロシアの国営石油企業ロスネフチに百五十億ドル、国営石油パイプライン企業トランスネフチに百億ドルの合計二百五十億ドルを期間二十年で融資、代わりにロスネフチが同じ二十年間、年一千五百万トン（日量約三十万バーレル）を輸出し、トランスネフチがそのためのパイプラインを建設することが盛り込まれた。

トランスネフチは二〇〇六年にイルクーツク州タイシェトからバイカル湖近くを通り太平洋岸のコジミノにいたる全長四千八百五十七キロメートルの東シベリア・太平洋石油パイプライン East Siberia-Pacific Oil pipeline／ESPO に着工しており、協定締結を受けてこのパイプラインの途中のスコボロジノから中国国境までの支線をトランスネフチが作った。中国領内の大慶に延びるパイプラインは中国側が建設、このパイプラインは二〇一一年一月に運用を開始した。それまではロシアから中国への原油輸出は鉄道を使い、少量にとどまっていた。

天然ガスの輸出商談は原油に比べると遅れていたが、二〇一四年五月二十一日、ロシアの国営ガス企業ガスプロムが中国石油天然気集団（ＣＮＰＣ）に対し、二〇一八年開始をめざし三十年間、年三百八十億立法メートルを供給することで合意した。そのガスを運ぶため「シベリアの力 Power of Siberia / Сила Сибири」と名付けたガスパイプラインを建設することも取り決めた。これはロシアの北極圏に位置するサハ共和国（ヤクーチアとも言う）からハバロフスクまでシベリアを横断するパイプラインで、ハバロフスクでウラジオストクまでのパイプラインにつなげる。途中のブラゴベシチェンスクで中国向けの支線を作る。北京での両社の調印式にはプーチン大統領と習近平国家主席が同席した。両社は十年以上にわたり価格をめぐり対立していたが、折り合ったとされる。ただし、価格合意の内容は非公表とされた。サハ共和国の首都ヤクーツクで二〇一四年九月一日、「シベリアの力」パイプラインに着工した。

対中ガス輸出の経路としてはもう一つ計画があり、二〇一四年十一月にガスプロムがCNPCに対し二〇一九年から年三百億立法メートルを供給することで合意した。これは西シベリア産のガスをこれも新たに建設する「アルタイ・パイプライン」で運ぶ。このパイプラインは「シベリアの力―2」とも呼ばれる。

中露のエネルギー協力ではこうしたロシア産の原油や天然ガスの対中輸出だけでなく、二〇一三年頃から中国がロシアでの油田・ガス田開発に直接参加する案件も出始めた。ロシアの大手ガス企業ノバテクがヤマル半島で進めるガス田開発とLNG（天然液化ガス）事業にCNPCが出資、またロスネフチが東シベリアのバンコールで進める油田開発にも出資することが決まった。

中露のエネルギー協力は二〇一四年のウクライナ危機以前から動き出していた。欧州のロシア原油・天然ガスに対する需要が伸び悩み、さらに欧州の中にはロシア依存を下げるべきだとの声が高まり、また、西シベリアの油田・ガス田の一部が老朽化し新規に東シベリアでの開発に力を入れなければならず、その最も近い潜在的巨大市場が中国であるといった事情があった。だが、その中国傾斜を二〇一四年のウクライナ危機が強く後押しした。

大きなエネルギー協力案件が相次いだが、それらが計画通りに進むかどうかはその時々の市場動向に大きく影響されるから、いかに中露緊密化を象徴する分野であっても予定通り進まない事態も起きるだろう。

活発な軍事協力

中露は軍事分野の協力にも積極的で、一九六〇年代の国境戦争を考えると隔世の感がある。一九八八年十二月にゴルバチョフ書記長が国連演説でモンゴル駐留ソ連軍の大部分を撤収すると表明するなど、ソ連時代末期から相互に国境地帯の兵力削減を開始、さらに一九九〇年にはソ連はＳｕ—27戦闘機を四機とＭｉ—17ヘリコプター二十四機を中国に売却し、ソ連からの兵器輸出が本格化した。

中国への兵器売却はロシアの防衛産業の生き残りに大きく貢献した。ソ連崩壊後、ロシア経済は破綻状態に陥り、防衛予算が激減、防衛産業への発注は止まった。これを救ったのが中国からの受注だった。ロシアの防衛産業は対中輸出に活路を求めた。売却した兵器は一九九〇年代から二〇〇〇年代初めにかけて、地対空ミサイルＳ—３００、Ｔ—72戦車、ＩＬ—76輸送機、キロ級ディーゼル潜水艦、サベレメンヌイ級駆逐艦、Ｓｕ—30ＭＫＫ戦闘機などへ広がった。ロシアは一九九六年には中国に対しＳｕ—27を二百機製造するライセンスを与えた。

その後二〇〇六年頃から対中兵器輸出は減少、転機を迎えた。中国の防衛産業が育ち、自前で生産できる兵器が増えたことが主な理由だと言われる。中国がロシアから購入した兵器をコピー生産、これにロシア側が怒り、関係がぎくしゃくしたことも輸出減に影響したようだ。また二〇〇〇年以降、ロシア経済が改善し、防衛予算による兵器調達が増え始め、ロシアの防衛産業に余裕が生まれたし、インドなどほかの国からの受注が増え始め、中国に買ってもらわなければ立ちゆかないという事情もなくなった。ロシアにはかつての敵国に高度な兵器をたくさん売ってよいのかという声も上がったが、これが兵器貿易に影響したかどうかは定かではない。

ロシアからの対中兵器輸出は大幅に減ったわけではなく、二〇一〇年代に入っても一定の水準を保ち、二〇一〇年代半ばでロシア製兵器の主要輸出先はインドと中国で両国合わせ半分を占めた。二〇一四年のウクライナ危機以降はロシアが誇る最新鋭兵器の売却案件も協議され始めた。例えば地対空ミサイルＳ—４００。このミサイル・システムは戦闘機、戦域弾道ミサイル・巡航ミサイル、無人航空機、精密誘導兵器を撃墜目標とし、一時に百の目標を追跡、うち最大で十二の目標を撃墜できるという。S―300の後継システムだが、射程がS―300の二百キロメートル程度から四百キロメートルへと延びるなど能力は飛躍的に向上している。インド、イランなどもS―400の導入に関心を示した。

中露のもう一つの軍事協力は合同演習の実施と軍人交流。合同軍事演習は二〇〇三年から上海協力機構（SCO）の枠組の中で実施し始めた。軍人交流では国防相を含め軍幹部の相互訪問、軍学校での訓練などを実施している。

価値観共有に潜む摩擦要因

中露は対米欧牽制の必要で一致、多角的世界観を共有する。米欧諸国が政治の民主化や人権尊重の要求を突きつけることに反発する点でも一致する。こうした価値観の一定の共有はお互いに国際的孤立を回避しやすくするという効果も持ち、外交分野での共同歩調につながる。中露は北朝鮮やイランの核開発問題、軍事政権下のミャンマーの人権抑圧、スーダンのダルフール地方の人道危機、「アラブの春」などにほぼ同じ対応を示した。

ちなみに二〇〇五年に国連で安保理の組織改革の機運が盛り上がった際、日本がインド、ドイツ、ブラジルと組んで常任理事国入りをめざし運動したが、ロシアと中国は国際社会全体の総意をまとめる必要があるなどと主張して共同で安保理改革を押しとどめた。

だが、どんな関係も常に平和的で安定しているとは限らない。中露の関係は非の打ち所がないようではあるが、ぎくしゃくする潜在的な要因もいくつかある。

ロシアには中国がいつの日か領土要求を復活させるのでないかとの懸念が存在する。政権内でそのような声が上がることはほとんどないが、識者の中には結構幅広く存在する。例えば、ロシアの有力シンクタンク、カーネギー・モスクワ・センターのドミトリー・トレーニンや国際政治学者のアレクセイ・アルバートフなどを挙げることができる。オーストラリア出身のロシア専門家、ボボ・ローはロシアが中国の*イレデンティズム irredentism（失地回復主義）を恐れていると指摘する。中国が台湾と統一した後にロシア極東地方を取り戻そうとするのではないかと警戒しているという[17]。

中国には言論統制の一環で世論調査が普及せず、中国人の対露領土観がわかりにくいが、黒竜江省黒河市にある愛琿歴史博物館が興味深い。黒河はアムール川を挟んでロシアのブラゴベシチェンスクと向き合う都市。一九五八年に今の黒河市の愛琿地区でロシアと清朝が条約を結び、一六八九年のネルチンスク条約以来清国領とされてきたアムール川左岸の土地をロシアが得ること、ウスリー川以東を両国の共同管理地とすることなどを定めた。

博物館は愛琿条約に焦点を当て展示、見学に来た学童らはこの条約について清国が列強から強いられた不平等条約の一つだと教えられる。同時に、愛琿条約締結とは直接関係ないが、帝政時代のロシア人が中国人に対しいかに残虐であったかを示す展示もある。例えば一九〇〇年七月にアムール川北側の現在のブラゴベシチェンスクとその周辺の中国人五千人が虐殺されたとか、「赤毛の連中がやってきてわれわれの土地を奪った。われわれの髪の毛を結びつけアムール川に追いやった」という説明がある。ロシア人は博物館を見学できないという[18]。

対中警戒感は特に中国製品や中国人労働者の流入が多いシベリアと極東地方で強い。ロシアでの世論調査では中国との関係を大切にすべきだと考える人たちの間でも中国人労働者の受け入れを規制する必要があるとの声は多い。ただし、移民としてロシアに入ってきた中国人労働者の数については「数百万人に上る」といった誇張された噂が流布しがちだ。実際にはそれを大幅に下回っている。極東地方でみかける中国人の大半は行商人や観光客だ。だが、こうした中国人移民に対する警戒感は、領土要求への警戒感、そして国境を挟んだ人口格差からも生じている。二〇〇四年のロシアの国勢調査では極東地方の人口は六百六十万人。隣接する黒竜江省、吉林省、遼寧省の三省の人口は一億七百万人いる。

経済面ではプーチン政権時代に貿易が拡大したが、その構造はいびつだ。ロシアの対中輸出の約七割が石油、石油製品で、ガスパイプラインが稼働すれば、エネルギーが占める比率はさらに高まる可能性がある。一方、中国からの輸入品の多くは安価な雑貨などが多く高度技術製品は少ない。ロシアには中国の原材料供給基地の地位にとどまっていることへの不満が多い。またロシア経済が中国に急接近していると言ってもロシアにとっての第一の貿易相手は二〇一〇年代半ばの段階では欧州連合（EU）であり、中国にとっての第一の貿易相手は米国である。中露の経済交流が進んだとしても両国経済におけるEU、米国、さらには日本の比重は極めて大きい。

国連の場で共同歩調が目立つ中露だが、時に異なる対応を示すこともある。二〇〇八年八月、ロシアとジョージアが五日間の戦争を繰り広げた際、中国は中立を堅持、ロシアを必ずしも支持せず、双方に即時停戦や対話による平和解決を求めた。ロシアは対ジョージア戦争後に南オセチアとアブハジアの独立を承認したが、中国は追随しなかった（ロシア・ジョージア戦争については、第6章の「対ジョージア戦争」の項を参照のこと）。

二〇一四年のウクライナ危機をめぐる国連での討議でも中露の微妙な違いがうかがえた。クリミアでのロシアへの編入の是非を問う住民投票の直前の三月十五日、国連安保理は住民投票の結果を受け入れないよう各国に求める決議案を審議、採決に付した。ロシアが拒否権を発動したため可決されなかったが、中国は拒否権を発動せず棄権した。

ロシアがクリミアを併合した後の三月二十七日、今度は国連総会がウクライナの領土一体性を尊重しクリミア併合を不法だとする決議案を採決した。ロシアはもちろん反対票を投じ、ほかにアルメニア、ベラルーシなど十カ国がロシアに同調したが、中国はここでも棄権した。中国が国内のチベットや新疆ウイグル自治区で自治権拡大あるいは分離運動を抱え、さらには台湾統一を目論んでいることが影響したのだろう。

＊**イレデンティズム**……イタリアが一八六六年にオーストリアと戦った際にイタリア語系の住民が住むトレンチノやトリエステなどの土地がオーストリアの支配下に入り、その土地を取り戻そうという運動が広がった。"Italia Irredenta（未回復のイタリア）"をかけ声にしたことからイレデンティズムという言葉が生まれた。イタリアは一九一九年のべ

ルサイユ条約でトレンチノなどを確保した。現在では民族主義的な動機から領土の現状を変更する政策全般を意味する言葉として使われている。

「便宜的な枢軸」か「緩やかな同盟」か

プーチン大統領が史上最高の状態にあると自負する中露関係を形容する用語は様々ある。両国政府は一九九六年以降、「戦略的パートナーシップ」という言葉を頻発しているが、研究者たちの間では、「便宜的な枢軸 axis of convenience」、「便宜的な結婚 marriage of convenience」、「同盟なき連携 alignment without alliance」、「緩やかな同盟 soft alliance」、「中露協商 Sino-Russian entente」、「準同盟 quasi-alliance」といった表現が使われている。少々長い表現だが、「便宜的な結婚の要素を残したパートナーシップ partnership with elements of a marriage of convenience」もある。

このうち便宜的枢軸という表記はボボ・ローが二〇〇八年に出した著書の題名としても使っている[19]。彼によると、中露は戦略的価値観を共有しておらず、将来、軍事政治同盟を作ることはない。その一方で対決するわけでもなく、両国の関係は戦略的競合関係 stragetic rivalry に変質していくという。

中露協商と形容するのはドミトリー・トレーニン。彼はロシアがウクライナ危機を機に地政学的軸を米欧志向からユーラシアおよび中国志向へと変えたと見る。ローが指摘した便宜的な枢軸の域を脱したという。中露は世界的覇権を誇示する米国に対抗し外交、安全保障政策を調整し、調和の取れた連合を築くと見る。ただし、かつて中ソが組んでいた軍事同盟が復活することはない。ロシアも中国もそれぞれ潜在的紛争地域を抱え、お互いにそれには巻き込まれたくないと考える。ロシアにはウクライナ、ジョージアとの難しい関係があるし、中国には南シナ海と東シナ海での領土問題、台湾統一問題がある。中露には運命共同体と言えるほどのまとまりはないし、一定の距離は相互に保つだろうとトレーニンは主張する[20]。

中露接近はどちらが兄でどちらが弟かという問題を提起する。経済規模、成長速度、人口の大きさから判断して中国が兄のような存在になるのかもしれない。だが、ロシア史を通じて存在するロシアの大国意識の強さを考えると、ロシアが中国の弟分の地位を受け入れるとは思われない。

中露接近を象徴する出来事は今後も続くだろう。それが世界政治や経済に与える影響を軽視すべきではない。だが、その一方で当然のことながら、両国には利害の相反もあることも忘れるべきではない。中露に割って入る余地はある。

第10章

日露関係と北方領土問題

初期の接触と通好条約の調印

ロシアの*シベリアには古代から遊牧民が暮らしていたが、大半は未開の地だった。ロシア人がシベリアに姿を見せるようになったのは十六世紀。商人、コサックが入り込み、軍も拠点を作り始めた。十七世紀半ばには太平洋岸に到達した。日本人とロシア人の接触もその後始まった。

初期の接触は日本の難破した船がカムチャトカ半島やアリューシャン列島に流れ着いたことがきっかけ。十七世紀末に大阪出身の伝兵衛がカムチャトカ半島に漂着、入植していたコサックのウラジーミル・アトラソフに会い、その後、サンクトペテルブルグまで連れて行かれ、ピョートル大帝に謁見している。伝兵衛は日本語を教えていたと言われるが帰国することなく生涯を終えた。

同様に難破してロシアに渡り、エカテリーナ二世に謁見したのが大黒屋光太夫。光太夫は伊勢国白子（現三重県鈴鹿市）の港を拠点とする回船（運搬船）の船頭で、一七八三年（天明三年）、彼とほかに十五人が乗った回船が江戸に向かう途中、嵐に遭って漂流し、アリューシャン列島のアムチトカ島に漂着した。

光太夫らはロシア本土に連れて行かれ、一七九一年にはサンクトペテルブルグでエカテリーナ二世に謁見し帰国の許可を願い出て、認められた。仲間の多くは途中で死亡したが、彼と磯吉の二人が漂流から九年半後の一七九二年（寛政四年）にロシア使節アダム・ラクスマンに伴われ帰国した。翌年江戸に行き、光太夫は当時の蘭学者たちと交流した。そのうちの一人の桂川甫周が彼の見聞を『北槎聞略《ほくさぶんりゃく》』にまとめた。光太夫はロシア語を習得、広く見聞していたこともあって当時のロシア事情を的確に伝えている。

光太夫を連れてきたラクスマンは日本に通商を申し入れた。当時は鎖国時代で幕府は断ったが、長崎への入港証を渡している。ロシアは一八〇四年にニコライ・レザノフを特使として長崎に派遣するなど通商を求め続けたが、奏功しなかった。

その後、樺太や択捉島で小規模な衝突事件が発生、一八一一年には国後島周辺を測量していたロシア艦船の艦長ワシーリー・ゴロブニンが国後島に上陸した際、幕府が彼を捕らえる事件が起きた。副艦長だったピョートル・リコルドが艦長の捜索を続け、翌年、国後沖で蝦夷地での海産物輸送などで成功していた廻船業者、高田屋嘉兵衛が乗り込んでいた船を尋問のため捕らえ、カムチャトカのペトロパブロスクに連行した。嘉兵衛はロシア語を学び、リコルドと信頼関係を築き、二人でゴロブニンの釈放を幕府に働きかけることにし、両人は蝦夷地に戻り、一八一三年、ゴロブニンは釈放された。

日本とロシアが公式の条約を初めて結んだのは一八五五年（安政元年）。海軍軍人のイエフイミイ・プチャーチンが率いるロシア艦隊が一八五三年八月、長崎に来航した。米国の海軍軍人、マシュー・ペリー率いる米艦隊が浦賀に入港してから一カ月後である。プチャーチンは翌年十月に再来日、断続的に交渉を続け、一八五五年二月七日（安政元年十二月二十一日）、下田で幕府と日魯通好条約に調印した。正式名称は「日本国魯西亜国通好条約」。日露和親条約、下田条約とも呼ばれる。箱館（函館）、下田、長崎の開港のほか、千島列島における日本とロシアの国境を択捉島とウルップ島の間に定め、樺太については相互の主張が対立したため、国境線を引かずそれまでのしきたり通り混住の地とすることなどを取り決めた。なお、日米和親条約は日魯通好条約の前の一八五四年三月に調印されている。

日魯通好条約は両国間で国境を初めて決めた条約であり、日本政府は一九八一年（昭和五十六年）一月、調印された二月七日を「北方領土の日」とすることを決め、この条約に基づいて、択捉島を含め北海道に近い四島（ほかの三島は国後島、色丹島、歯舞群島）を日本固有の北方領土として返還を求めている。

ところで日魯通好条約で登場する千島列島（クリル諸島）がどの島々を指すかが、現代の北方領土返還交渉において問題点の一つになっている。日本は一九五一年（昭和二十六年）にサンフランシスコ平和条約に調印、その中で千島列島を放棄した。日魯通好条約の正文は交渉当事者の語学能力の問題からオランダ語で書かれており（ロシア語、日本語の正文があるが、オランダ語からの翻訳）、そのオランダ語正文では択捉島、そして国後島も千島列島の範疇に入ると解釈することが可能だ。しかし、そうだとすると、日本は択捉も国後も放棄したのだから、返還を要求する根拠が揺らぐ。日本政府は日魯通好条約においても千島列島とは得撫島（ウルップ島）より北の島々を指し、択捉以南は千島列島に含まれていないし、一八七五年（明治八年）五月にロシアと調印した樺太・千島交換条約も千島列島をそのように扱っているとの見解を取っている。

この交換条約は、日魯通好条約で樺太が両国民混住の地とされて住民同士のいさかいが増え、その対応策として結ばれた。日本が樺太をロシアに引き渡し、代わりに得撫島以北の千島列島十八島を得た。サンクトペテルブルグで調印されたため、サンクトペテルブルグ条約とも呼ばれる。

なお、日本とロシア／ソ連との間の国境画定に関する条約は日魯通好条約、樺太・千島交換条約のほかに、一九〇五年（明治三十八年）のポーツマス条約と一九五一年のサンフランシスコ平和条約がある。

＊**シベリア**……シベリアはロシア語で **Сибирь**（シビーリ）。英語は Siberia（サイベアリア）。日本語のシベリアは英語の綴りをローマ字読みしている。ロシアでもほかの国でも一般的にシベリアはウラル山脈以東を指すが、ロシアの行政区分では、ウラル以東を「ウラル連邦管区」「シベリア連邦管区」「極東連邦管区」に分けている。本書では基本的にシベリアとはウラル以東全体を指す言葉として使用する。

三国干渉と日露戦争

日露関係は一八九一年（明治二十四年）五月十一日に大津事件が起きて一時的に緊張した。ロシア皇太子ニコライ（のちのニコライ二世）が船でスエズ運河、インド洋を経由してシベリア鉄道の起工式に出席するためウラジオストクに向かう途中、日本に寄港した。琵琶湖遊覧の後、滋賀県大津町（現大津市）を通過中、警備にあたっていた巡査の津田三蔵に切りつけられ、頭部を負傷した。ロシアが日本を侵略しようとしているとの風説を信じての犯行とも言われるが、動機は明確ではない。日本では、世界の列強の一国ロシアの皇太子を負傷させたことでロシアが報復するのではないかとの噂も出た。明治天皇が東京から京都の宿舎に見舞に駆けつけている。この事件でニコライ二世は悪い対日感情を抱くようになったという見方があるが、ニコライ二世の日記を見る限り、「善良な日本人に対して少しも腹を立てていない」との記述もあり、日本に好感を抱いていたようでもある。(1)

対露関係で大津事件の次に波風を立てた出来事が三国干渉である。朝鮮国内の内紛を機に日本と清が朝鮮に対する影響力の確保をめぐり対立、日清戦争（一八九四年＝明治二十七年七月から一八九五年三月）を展開した。結局、日本が勝利し、一八九五年四月の日清講和条約（下関条約とも言う）で清に対し朝鮮の独立を認めさせ、清から遼東半島、台湾、澎湖列島を割譲させ、巨額の賠償金を得た。これに対し、ロシアが主導してドイツ、フランスとともに遼東半島を清に戻すよう勧告、日本は同年五月にこれを受け入れた。日本にはこれら列強に伍するまでの力はなく、特に干渉を主導したロシアを念頭に「臥薪嘗胆」の声が高まった。この三国干渉が日露戦争の遠因の一つになったと見ることもできる。

当時は帝国主義の時代であり、三カ国は正義感に駆られて清に助け舟を出したわけではなく、それぞれが清における権益確保の思惑を抱き、日本に遼東半島を放棄させた。ロシアは一八九八年には清と遼東半島の南端にある旅順、大連を租借する条約を締結、また一九〇〇年に発生した義和団事件を機に満洲に侵攻し、占領した。

朝鮮半島、満洲をめぐる日露の勢力争いは一九〇四年（明治三十七年）二月、日露戦争へと発展した。日本には、ロシアが朝鮮半島を支配すると日本の安全保障が危うくなるとの認識が強かった。

戦闘は、旅順攻囲戦、黄海海戦、遼陽会戦、旅順攻略、奉天会戦、そして日本海海戦へと進んだ。有名な二〇三高地をめぐる戦いは旅順攻略の一環で、乃木希典大将率いる第三軍が多大な犠牲を払い奪取した。

戦況は日本に有利に展開したのだが、両国は一九〇五年九月に米国の仲介でポーツマス条約を締結した。日本海海戦での勝利後、日本の要請で米国のセオドア・ルーズベルト大統領が講和の仲介に乗り出し、小村寿太郎外相とセルゲイ・ウィッテ元蔵相が交渉した。日露双方とも犠牲者の多さや戦費負担の重圧に苦しんでいた。またロシアでは社会不安が高まっていたことも講和を後押しする要因となった。日露戦争の戦死者数は定義にもよるが、日本が病死も含め約八万八千人、ロシアは約二万五千人といわれる。

条約は日本が韓国で「卓絶なる利益を有する」、つまり韓国を勢力圏とすることを認め、日本が旅順、大連一帯の租借権をロシアから譲り受け、東支鉄道（ロシアのチタから清の国内を通過してウラジオストクにいたる鉄道）の一部（旅順から長春までの鉄道。南満洲鉄道と呼ばれた）の租借権を得た。さらに樺太の北緯五〇度以南、つまり南半分を領土として獲得した。

日本はロシアが韓国、満洲を勢力圏に組み入れることを阻止し、権益を確保することができた。また、欧州列強の一角のロシアをアジアの小国と思われていた日本が勝利し、日本は世界の列強の仲間入りを果たした。しかし、賠償金についてはロシアが支払いを拒否、賠償金なしで決着した。このため、戦争に勝利し多額の賠償金を取れると思っていた国民が講和の内容に怒り、日比谷焼き打ち事件など暴動が発生した。

講和成立後、日露は一転して関係を強め、一九〇七年（明治四十年）から一九一六年（大正五年）にかけて四次にわたり日露協約を結んだ。満洲とモンゴルでの米国の勢力拡張を牽制する必要があるとの点で利害が一致したためで、日露が権益を認め合った。

日本の大規模シベリア出兵

ロシアでは一九一七年の二月革命、十月革命で帝国が崩壊し混乱、ボリシェビキ支配の共産主義国が成立して日本の対露関係も一変した。日本が英仏米などほかの列強と合同で内戦に陥ったロシアのシベリアに兵を送り、ボリシェビキ政権と敵対した。第一次世界大戦の連合国によるシベリア出兵である。シベリア出兵の経緯、目的は複雑だ。

ボリシェビキは政権を奪取すると、一九一八年三月にドイツとその同盟国とブレスト・リトフスク条約を結び、戦線を離脱した。英仏を中心とする連合国は、単にロシアという味方を失ったばかりでなく、ドイツとその同盟国は軍を東部戦線から引き揚げ西部戦線に集中できるようになったため、衝撃を受けた。さらに、連合諸国が革命前にロシアを支援するため送っていた大量の兵器、弾薬、その他装備がウラジオストク港などに保管されていて、それがドイツやボリシェビキの手に渡ってしまう可能性があった。

英仏は、ロシア帝国軍の配下に入って独立をめざし中央同盟軍（ドイツ、オーストリア・ハンガリー、トルコ、ブルガリア）と戦っていたチェコスロバキア軍団 Czechoslovak Legion やロシア内戦での白軍の運命にも重大な関心を持っていた。チェコスロバキア軍団とは、オーストリア・ハンガリー帝国からの独立をめざしロシア帝国内で編成されたチェコ人とスロバク人の義勇兵部隊。チェコ人が大半を占めた。彼らはオーストリア・ハンガリー帝国軍の一員として対露戦争にかり出され、ロシア帝国軍の捕虜となっていたが、オーストリア・ハンガリーからの独立意識が強かった。そこでロシア帝国はチェコスロバキア軍団の編成を支援、味方に取り込んだ。ロシアに居住していたチェコ人、スロバク人も軍団に加わった。

チェコスロバキア軍団は、ロシアが講和で戦線を離脱した後も、独立を勝ち取るため戦いを継続する強い意志を固めていた。彼らは、新しく発足したボリシェビキ政権と交渉し、ロシアの欧州部の港は安全でなかったために、シベリア横断鉄道でウラジオストクへ出て、そこから米国を経由してフランスに行き、西部戦線で中央同盟軍と戦う計画を立てた。

軍団の規模は数万人で、英仏は彼らの戦線復帰に期待した。ところが鉄道輸送網が混乱、軍団は立ち往生し、さらには一九一八年五月にはチェリャビンスク駅でオーストリア・ハンガリー帝国軍の捕虜と衝突する事件が起き、軍団が窮地に陥っているとの情報が英仏などに伝わった。またボリシェビキ政権はドイツの圧力にさらされ、さらに軍団と白軍など反革命勢力との結託を警戒、それまでの合意に反して軍団を武装解除し収容所に入れる方針を決めたことから、彼らは赤軍と戦うようになった。こうして連合国にとってはチェコスロバキア軍団が貴重な援軍となってくれるかどうか不確実になった。

そこで英仏は、チェコスロバキア軍団の保護、安全な移送を目的に米国、日本などに介入を働きかけた。米国がこれに応じ、さらに米国が日本に派兵を直接要請した。日本は一九一八年（大正七年）八月、派兵を決定した。シベリアに兵を送った国は全部で十カ国、一時は十二万五千人規模に達した。

日本軍は八月にウラジオストクに上陸した後、北上、ハバロフスク、ブラゴベシチェンスクなどシベリア内部に進み、一時はバイカル湖西側のイルクーツクまで到達、白軍を支援した。部隊も増強し、同年十月末には七万二千四百人に達した。これは列強の中では最大。米国は八千人、以下、英国千五百人、カナダ四千百人、イタリア千四百人など。

連合国は中央同盟国との戦争遂行を念頭に、チェコスロバキア軍団の保護、軍需品の確保、さらに東部戦線を切り開くため白軍支援を目的に介入したのだが、中央同盟諸国は一九一八年十一月に敗北、第一次世界大戦は終わった。連合国は、チェコスロバキア軍団を戦線に再投入する必要がなくなったし、東部戦線を切り開くために白軍を支援する必要もなくなった。さらに赤軍の攻勢で白軍が弱体化したこともあって連合国は撤退を開始、一九二〇年八月までに日本軍を除いて撤収した。チェコスロバキア軍団は同年九月までにロシアを撤収、一九二〇年に成立した新国家チェコスロバキアの軍に参加した。

日本は当初の介入目的を失った後も新たに自衛や居留民保護の目的を掲げ、規模を縮小しながらシベリアにとどまった。それに日本にはもともと内戦の混乱に乗じて勢力範囲をシベリア東部に拡大したいとの思惑があったし、共産主義が満洲、朝鮮、日本へと波及することを防ぎたかった。

しかし、日本軍は赤軍を支持する労働者、農民らパルチザンから攻撃を受け、一九二〇年（大正九年）三月から五月には尼港事件という極めて残虐な事件が起きた。尼港はアムール川河口の町ニコラエフスク（現ニコラエフスクナアムーレ）の日本名。海を隔てて樺太（サハリン）の北端に面する。日本軍が一九一八年九月にシベリア出兵の一環で進駐し、日本人居留民も三百五十人以上いた。ここをロシア人、朝鮮人、中国人らの約四千人ともいわれる赤軍パルチザンが一九一九年三月から五月にかけて攻撃、町の人口の半分にあたる約六千人の住民を虐殺した。その中には日本人居留民約三百五十人が含まれ、日本人は日本軍守備隊合わせて七百三十一人が殺害されたといわれる。殺害の方法が極めて残忍だったことについては数々の証言がある。なお、犠牲者数については別の数字もある。

ボリシェビキは事件とは無関係だとの立場を取ったため、日本は賠償などの処理について交渉する相手がいない、つまり無政府状態だと判断、将来、正当な政府が樹立され事件の満足な解決が得られるまでと言って、八月に北樺太サガレン州に兵を出し保障占領した。一般的に保障占領とは相手に賠償支払いなどの国際的な約束を履行させるため、その領土を占領することを言う。

日本は結局、一九二二年（大正十一年）六月にシベリアからの撤収を決定、北樺太の保障占領にあたっていた部隊を除いて同年十月に撤収を完了した。シベリアに出兵していた四年余りの間に三千人から五千人の死者を出した。日本が支援した白軍は敗北し、シベリアに勢力圏を確保することもできなかった。

日本とボリシェビキ政権の関係は断絶状態にあったが、日本はシベリアからの軍の撤収を終えた後は、貿易や漁業上の利益を考えて関係改善を模索、一九二五年（大正十四年）一月に日ソ基本条約を締結し、ソ連を正式に承認した。この条約の付属議定書で北樺太の保障占領の終了も受け入れた。日本がソ連を承認した時、すでにドイツ、英国、フランスなどがソ連を国家承認していた。米国は一九三三年に承認した。

ノモンハンの本格戦闘

日ソは基本条約の締結で一応、関係を正常化したが、ソ連は国際共産主義運動を展開、一九二二年創設の日本共産党をコミンテルン（第三インターナショナル）の日本支部に指定するなど、日本でも共産主義運動を推し進めた。このため日本政府の対ソ警戒感は強かった。その上、一九二四年にソ連の影響力の下、外モンゴル Outer Mongolia で共産主義国家のモンゴル人民共和国が誕生、日本では共産主義の満洲への波及を阻止しなければならないとの考えが強まった。

日本は一九三一年（昭和六年）九月に勃発した満洲事変を経て翌年三月の満洲国の建国を後押し、満洲を完全に日本の勢力圏に組み入れた。満洲駐留の関東軍（日本帝国陸軍の一部）と満洲国軍は外モンゴルとソ連との国境地帯でソ連軍の動きを警戒していたが、国境があいまいだったこともあり、小規模な衝突を繰り返した。

一九三八年（昭和十三年）七〜八月にはソ連と満洲の国境の東南端にある張鼓峰で日本軍とソ連軍が衝突（張鼓峰事件）、そして遂に一九三九年（昭和十四年）五月、外モンゴルとの国境地帯でソ連軍と本格的な戦闘に入った。それが九月まで続いた。これが日本ではノモンハン事件と呼ばれる。宣戦布告がない限定戦だったこともあって、「事件」と呼ばれているが、本格的戦闘だった。ソ連ではハルヒン・ゴルの戦い Battles of Khalkhin-Gol / бои на Халхин-Голе といわれる。ノモンハンは主戦場近くの村の名前、ハルヒン・ゴルは主戦場にある川の名前。

この戦いは形式的には満洲国とモンゴル人民共和国の間の国境紛争だが、実質的には関東軍とソ連軍の勢力争いの戦争で、関東軍は日本の参謀本部の意向を無視し独走して戦闘を開始した。特に関東軍の作戦参謀、服部卓四郎中佐と辻政信少佐が大きな役割を果たした。日本は約六万人を動員し、満洲国軍と合わせ七万六千人がソ連軍およびモンゴル軍と戦い、苦戦を強いられた。

ノモンハンでの戦闘が続いていた八月二十三日にソ連とドイツは不可侵条約を締結、日露も結局、九月十五日に停戦協定を結び、十二月から一九四一年十月までの国境画定交渉で国境が定まった。その結果は、ほぼソ連側の主張通りとなった(2)。

この戦いは日本の大敗、惨敗だったという見方がある。日本にとって思うような国境画定ができなかったことに加え、犠牲者がソ連側に比べ多かったとみられていたからだ。ところがソ連崩壊後にソ連公文書が公開され、ソ連軍の犠牲者がそれまでの発表よりも相当に多いことがわかった。このため、近年では日本は大敗しなかったが、勝利したわけでもないとの見方が定着している。

双方の犠牲者数にはいくつか数字があるが、日本側の資料では、日本軍の戦死傷者は一万九千人前後とされる。一方、ソ連軍の死傷者数はソ連時代には九千人に近い数字が発表されていたが、ソ連崩壊後は新資料によって、それをはるかに上回っていたことが判明した。二〇〇一年に刊行された報告ではソ連軍の死傷者は二万五千六百五十五人とされている(3)。

しかし、日本軍がソ連軍から痛撃を受けたことには間違いはない。二年後に北進か南進かが問題になった際、ノモンハンでの苦い経験が北進を選択しなかった理由の一つになったと言われる。そうだとすると、この戦闘は第二次世界大戦の行方を大きく左右したことになる。

ノモンハンで戦ったソ連軍部隊の司令官はゲオルギー・ジューコフ中将。彼にとって最初の勝利だった。ジューコフはその後、ノモンハン事件の作戦を生かしてドイツとのモスクワ攻防戦（一九四一年十二月）、スターリニングラード攻防戦（一九四二年八月―一九四三年二月）を指揮し、名をあげ、元帥の称号を得た。ジューコフはクレムリンの壁墓地に埋葬されている。また、馬にまたがったジューコフの像が赤の広場脇に設置されている。

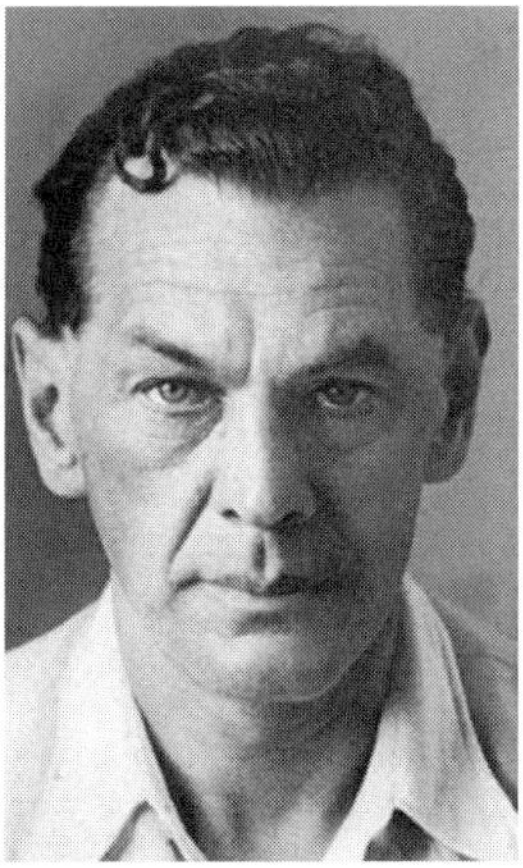

リヒャルト・ゾルゲ

スパイ・ゾルゲの貴重な情報

軍人の鏡といわれたジューコフはノモンハン事件以外でも日本とかかわりを持つ。彼がノモンハン事件後にシベリア・極東地方から部隊をモスクワに回してモスクワ攻防戦を指揮したのだが、シベリア・極東地方を手薄にしても構わないという判断は、東京在住のソ連スパイ、リヒャルト・ゾルゲからもたらされた情報に基づいていた。ゾルゲは一九四一年十月、日本軍が南方に進出しようとしており、北方には兵力を割かないと伝えた。

ゾルゲは一八九五年、アゼルバイジャンのバクー近郊で生まれた民族的にはドイツ人。父は鉱山技師だった。幼少の頃ドイツに戻ったドイツ育ちの人物で、ドイツの大学を卒業した。学生の頃から共産主義を信奉するようになり、一九二四年にモスクワに移住し、ソ連軍参謀本部情報本部（GRU）のスパイになり、一九三三年にドイツ紙『フランクフルター・ツァイトング』のドイツ人記者として来日した。東京での主な情報源は近衛文麿首相の側近の一人である朝日新聞記者、尾崎秀実《ほつみ》と駐日ドイツ大使館。大使館ではオイゲン・オット大使の顧問、次にプレス・アタッシェの地位を得た。

ゾルゲが東京からソ連に送った重要情報は二つある。一つはドイツ軍がソ連を攻撃するとの情報で、これはドイツ大使館から入手した。しかし、スターリンはこの情報を無視するという重大な過ちを犯した（ドイツ軍のソ連攻撃に関するゾルゲの情報については、第3章の「戦争犠牲者二千六百六十万人」の項を参照のこと）。

もう一つは、日本軍がソ連を攻撃せず南方、つまり東南アジアに進出するとの情報である。日ソは一九四一年四月に中立条約を結んでいたものの、相互の不信感は強く、ソ連軍は大規模な部隊を極東に配備していた。日本では当時、北進論と南進論が議論されていたが、ゾルゲは尾崎の情報などを基に一九四一年八月に日本が同年末から翌年初めにかけてソ連を攻撃することはないと打電し始めた。この情報を受けてジューコフ率いるソ連軍は極東から部隊と軍備を大量にモスクワ防衛へと移動した。

モスクワのシェレメチボ国際空港から市内に向かう途中の幹線道路レニングラード街道脇にナチ・ドイツ軍の侵攻を止めた地点に記念碑が建っている。モスクワ攻防戦は大戦の行方を左右する重要な戦いで、ソ連軍勝利の裏にはゾルゲの情報活動があった。

日本が少なくとも当面はソ連を攻撃しないとの情報は、英国人のスパイ網「ケンブリッジ・ファイブ」の一員、キム・フィルビーもソ連に届けていた。フィルビーは国家保安委員会（ＫＧＢ）のスパイで、当時、英国諜報機関、秘密情報部（ＳＩＳ）職員。彼の回顧によると、一九四一年十一月末にオイゲン・オット駐日ドイツ大使が日本は間もなく南方、つまりシンガポール、そのほかの東南アジアで大規模な軍事作戦を始めるとベルリンに打電、これを英国が傍受、その内容をフィルビーがＫＧＢに伝えた。ゾルゲが伝えていた情報とほぼ同じ内容で、スターリンは日本がソ連に攻め込まないことを確信したという[(4)]（ケンブリッジ・ファイブなどによる戦中、戦後の米英を部隊にしたスパイ活動については、第7章の「ケンブリッジ・ファイブの暗躍」の項を参照のこと）。

日本の当局は一九四一年（昭和十六年）にゾルゲのスパイ活動を察知、同年十月に尾崎とゾルゲを相次いで逮捕した。ゾルゲは一九四四年十一月七日、巣鴨刑務所で絞首刑に処せられた。最後に日本語で「赤軍、国際共産党（国際共産主義）、ソ連共産党万歳」と叫んだといわれる。ゾルゲは石井花子と同棲していた。遺骨は彼女が引き取り、東京都府中市にある多磨墓地に埋葬されている。石井は二〇〇〇年（平成十二年）に死去するまでお参りを続けた。正式に結婚していないが、ゾルゲの墓石には「妻石井花子」と添え書きされている。ゾルゲは第二次世界大戦中に活動した最も有名なスパイの一人で、東京のロシア大使館内の小中学校にはゾルゲの名前が付けられている。命日にはロシア大使館員が墓参している。

列強の確執と日ソ中立条約

日本は一九三六年（昭和十一年）十一月に日独防共協定を結び、コミンテルン対策で協力、さらにどちらかがソ連から攻撃されるか攻撃の脅威を受けた場合、他方はソ連の負担を軽くする措置を取らないことを約束した。だが、一方で一九三九年にはノモンハン事件で激戦を展開したにもかかわらず、一九四一年（昭和十六年）四月十三日に日ソ中立条約を結んだ。その背景には一九三〇年代後半からの欧州と中国大陸での列強による勢力圏の拡大あるいは防御をめぐる駆け引きがあった。

日ソ中立条約は一方が第三国から軍事攻撃を受けた場合、他方は中立を守ることを取り決めている。日本は一九四〇年（昭和十五年）九月、様々な議論を経て日独伊三国同盟を締結、当時欧州で破竹の進撃を続けていたドイツとの提携を背景に南進し、オランダ、フランス、英国が東南アジアに持っていた権益を確保する道を選択した。この戦略を強力に推したのは陸軍、そして日独伊三国同盟を設立する交渉には松岡洋右外相があたった。

松岡は三国同盟を成立させた後、ソ連を巻き込んで四カ国同盟を作る意図も持って日ソ中立条約の締結に邁進した。ソ連はドイツと一九三九年八月に独ソ不可侵条約を結んでいたものの、ドイツの野心を警戒するようになり、日本との中立条約によって極東部の戦力を欧州部へ展開しやすい体制を作りたかった。だが、松岡の四カ国同盟構想はドイツが一九四一年六月にソ連に攻め込んだことでつぶれた。

日ソ中立条約の有効期間は五年。期限切れ一年前までに破棄通告しなければ、さらに五年間自動延長されることになっていた。ソ連は一九四五年四月五日、期限切れのほぼ一年前に延長しないと日本に通告した。ソ連は同年二月十一日の英米とのヤルタ協定で、ドイツが降伏し欧州での戦争が終結した後、二～三カ月を経て対日参戦することを取り決めていたからだ。ヤルタ協定に従ってビャチェスラフ・モロトフ外務人民委員（外相）は八月八日、モスクワで佐藤尚武駐ソ大使に宣戦を通告、ソ連軍はただちに八月九日、満洲国、日本領朝鮮半島北部に攻め込み、その後南樺太、千島列島にも侵攻した。

これは米英の支持を受けてのソ連による中立条約違反である。この指摘に対し、日本は中立条約を締結したわずか三カ月後の一九四一年七月にはソ連との戦争を想定して「関東軍特種演習」という兵力増強政策を実行していたのだから、どっちもどっちだと言う意見がある。しかし、ソ連軍が中立条約に違反し攻め込み、日本軍は違反していないということは事実である。

ソ連軍が満洲に攻め込んだ時、関東軍は約七十万人の規模を保持していたが、急遽集められた兵士も多く、訓練不足で装備もまったく十分ではなかったため、圧倒的多数のソ連軍の進撃を止められなかった。当時、満洲には約百五十五万人の日本人が居住していた。戦闘に巻き込まれたり、避難中に飢餓や病気に苦しんだりして犠牲になった人も多い。ソ連軍兵士は各地で居留邦人（民間人）に対し銃撃、略奪、強姦といった蛮行を繰り返した。満洲での居留邦人の状況を調査した若槻泰雄は「すさまじいの一語」と表現している。[5] また多くの日本人が満洲から帰国できなくなった。肉親と離別して孤児となり中国の養父母に育てられた人も多い。彼らは中国残留邦人と呼ばれる。

南樺太では八月二十日、ソ連軍の攻撃で逃げ場を失った電話交換手ら十人が集団自決（うち一人は生き残った）するという真岡郵便電信局事件が起きた。八月二十二日には南樺太からの引き揚げ民を乗せた小笠原丸など三船が北海道留萌沖でソ連軍潜水艦の攻撃で沈没、あるいは大破して千七百八人の死者・行方不明が出るという悲劇も起きた。

日本ではソ連が中立条約に違反したことや満洲でのソ連兵の蛮行を受けて強い対ソ批判が巻き起こり、それが戦後の対ソ感情の悪化の要因の一つとなった。

シベリア抑留の悲惨

ソ連軍は中立条約に違反して満洲国など日本の支配下にあった地を占領、さらに武装解除した軍人、軍属、一部民間人を捕虜としてシベリアなどへ連行し、強制労働を課した。厚生労働省によると、抑留された者五十七万五千人、帰還した者四十七万三千人、死亡した者五万五千人に上る。

シベリア抑留という言葉が定着しているが、抑留された場所はシベリアのほか旧ソ連各地、さらにはモンゴル（モンゴリア）なども含まれる。一九四六年（昭和二十一年）十一月に締結された米ソの協定に基づいて帰還が始まり、一九五〇年（昭和二十五年）春までに大半が帰還した。しかし、一九五六年（昭和三十一年）まで十一年間抑留されていた人もいる。

帰還した人の中には歌手の三波春夫、作曲家の吉田正、文学者の内村剛介、首相を務めた宇野宗佑、伊藤忠会長だった瀬島龍三などがいる。ロシアのボリス・エリツィン大統領は一九九三年十月に訪日した際、「非人間的な行為に対して謝罪の意を表する」と表明した。

ソ連も署名したポツダム宣言には、日本軍は完全に武装解除された後、「各自の家庭に復帰し、平和的かつ生産的な生活を営む機会を得しめられるべし」との規定があり、抑留はポツダム宣言に違反している。しかも労働が過酷であったことはその死者数が物語る。スターリンのソ連は日本人だけを抑留したわけではなく、ドイツ人、ハンガリー人なども対象になった。スターリンは戦争で壊れたインフラの整備をはじめ農作業などありとあらゆる作業を捕虜に強制した。

北方領土問題の始まり

戦後の日ソ／日露関係史は基本的に領土交渉史である。ソ連軍が八月十八日に千島列島の占領を開始、択捉、国後、色丹、歯舞の四島についても八月二十八日から九月五日までの間に占領し、それがいまだに続いている。四島の面積は合わせて五千平方キロメートル。千葉県と同じくらいの大きさだ。日本は四島を北方領土と呼び、返還を求め、ソ連／ロシアが要求を拒否している。これが北方領土問題である。ロシアでは四島を南クリール

（南千島）の諸島と位置づけている。

日本とソ連は戦後十年間、関係断絶の状態にあったが、一九五五年（昭和三十年）に国交正常化交渉、同時に領土問題をめぐる交渉が始まった。レオニード・ブレジネフ時代（一九六四年〜一九八二年）にはソ連は領土問題の存在そのものを否定したが、ソ連時代末期のミハイル・ゴルバチョフ時代に交渉が再開された。しかし、交渉は進まず、ソ連崩壊後も膠着状態にある。解決の展望はなく、日露間の最大の懸案になっている。

日露間の領土に関係する条約には、一八五五年（安政元年）調印の日魯通好条約を皮切りに、一八七五年（明治八年）の樺太・千島交換条約（サンクトペテルブルグ条約）、一九〇五年（明治三十八年）のポーツマス条約、そして一九五一年（昭和二十六年）九月八日調印のサンフランシスコ平和条約がある。

日本は最も直近の条約であるサンフランシスコ平和条約において、大戦前に日本の領土だった南樺太と千島列島に対する権利を放棄することを受け入れた。しかし、ソ連代表のアンドレイ・グロムイコ外相はそれらの領域がソ連に帰属すると明記していないことなどに抗議、調印せずに帰国した。平和条約の第二章第二条（c）は「日本国は、千島列島並びに日本国が千九百五年九月五日のポーツマス条約の結果として主権を獲得した樺太の一部及びこれに近接する諸島に対するすべての権利、権原及び請求権を放棄する」と規定している。

日本は千島列島を放棄したのだから、四島の返還を要求することはできないのではないかとの疑問が涌くだろうが、日本政府の見解では四島は千島列島の一部ではない。サンフランシスコ会議で吉田茂代表は色丹島と歯舞諸島について「北海道の一部を構成する」と明言、さらに択捉、国後両島について次のように述べている。「日本開国の当時、千島南部の二島、択捉、国後両島が日本領であることについては、帝政ロシアもなんらの異議を挿まなかったのであります」。日本政府はこの吉田演説について、四島が一八五五年の日露通好条約以来、一貫して日本の領土であり続けており、千島列島には含まれないことの表明であると解釈している。

だが、苦しいところだ。吉田首相は択捉、国後を「千島南部の二島」と表現した。また、条約調印後の一九五

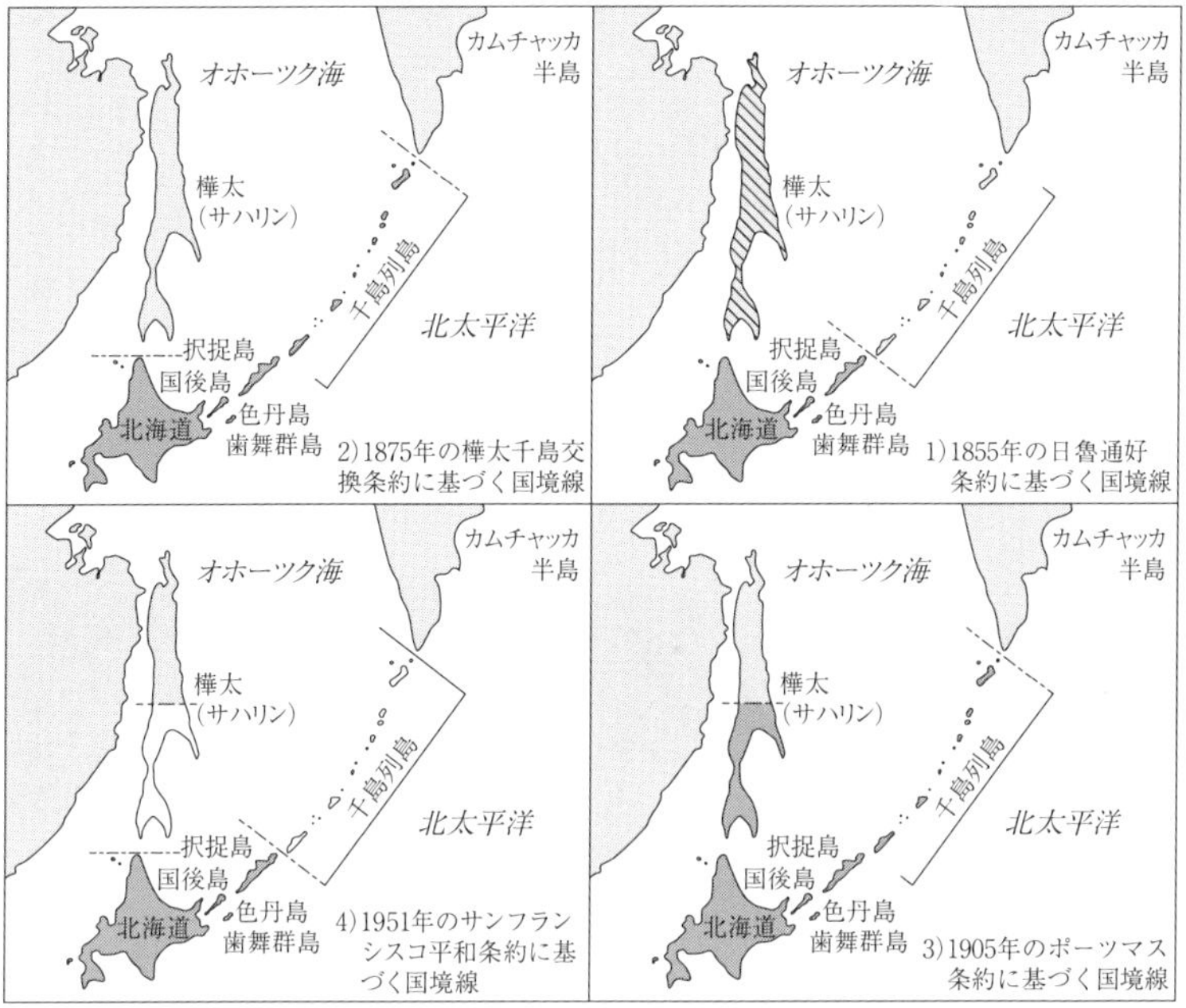

北方領土の経緯（日本外務省作成の『われらの北方領土2015年版』より）

一年（昭和二十六年）十月十九日、衆議院特別委員会で千島列島の定義の問題が取り上げられ、西村熊雄外務省条約局長は、「条約にある千島列島の範囲については、北千島と南千島の両者を含むと考えております。〈中略〉なお歯舞と色丹島が千島に含まれないことは、アメリカ外務当局も明言されました」と述べた。また、その前年の一九五〇年三月八日、衆議院外務委員会で島津久大政務局長がすでに先行して同じ主旨の答弁をしている。

サンフランシスコ平和条約で千島列島を放棄しておきながら、千島列島の一部である択捉、国後の返還を求めることは難しい。そこで、一九五六年二月十一日、森下國雄外務政務次官が衆議院外務委員会で、条約にある千島列島に「両島は含まれていないというのが政府の見解であります」と西村答弁を修正する政府見解を明らかにした。

さらに一九六一年（昭和三十六年）十月三日の衆議院予算委員会で池田勇人首相が、自民党の野田卯一議員と社会党の河野密議員の質問に対し、明治以来千島とはウルップ島など十八島を指し、択捉、国後は日本固有の領土であると答弁、その根拠として一八五五年の日魯通好条約で択捉、国後が日本領土と確認され、一八七五年の樺太・千島交換条約で千島がウルップ島以北の十八島とされていること、またサンフランシスコでの吉田代表の演説を挙げた。池田首相はさらに、日本は平和条約で千島を放棄したが、これは締約国に対して放棄したのであり、ソ連が四島を占領している理由はないはずだと述べた(6)。その後の日本政府の北方領土問題に対する主張はこの池田答弁を基本としている。

一九六四年六月十七日には外務次官通達で政府としては択捉、国後を指していた南千島という呼称を使わず、北方領土という言葉を使用することを打ち出し、その後、北方領土という呼称が定着していった。こうした経緯を見ると、千島列島の定義が揺らいでいたことは確かだ。

ではソ連に弱みはないのかというと全くそうではない。ソ連はそもそも日ソ中立条約に違反して千島列島に侵攻し、占拠した。しかも天皇が終戦の詔勅を出し、降伏した後に、である。南樺太、千島、北方領土の住民は財産を奪われ、着の身着のまま逃げた。こうして、日本人の中にソ連が火事場泥棒的な侵略戦争を仕掛けたという感情が生まれた。

ソ連/ロシアはよくヤルタ協定を国際法上の根拠として持ち出す。一九四五年二月四日から同月十一日までソ連のヤルタで米英ソ参加国首脳が会談、作成した。その日本に関する合意の中の第二項は「南樺太およびそれに隣接するすべての諸島がソ連邦に返還される」、第三項は「千島列島がソビエト連邦に引き渡されること」と規定している。だが、これらの条項は日本の関知しないところでの秘密合意であって、一九四五年九月二日の降伏文書調印の際にはこれらの内容が日本に知らされてなかった。したがって、日本に対して効力を持たないと主張できる(ヤルタ会談については、第7章の「戦後処理と冷戦の始まり」の項を参照のこと)。

また、ソ連はサンフランシスコ平和条約に調印していないのだから、この平和条約を四島領有の根拠とすることはできない。同条約第二十五条は、署名しない国にはこの条約のいかなる規定に基づく利益も与えない旨規定している。つまり、ソ連は南樺太、千島の放棄から利益を受けない。したがって、ソ連／ロシアは戦前には自国領土でなかった島々を国際法の根拠がないまま占拠していると主張できる。

なお、サンフランシスコ平和条約で千島列島とともに放棄した南樺太について日本政府は返還を要求していない。放棄した「樺太の一部及びこれに近接する諸島」の定義が「千島列島」と違ってはっきりしているといった理由が考えられる。ただし、日本政府は、千島列島（北方四島を除く）についても南樺太についても最終的な帰属は将来の国際的解決手段に委ねられており、現時点では未定であるとの立場を取っている[7]。

国交回復と難航する交渉

ソ連はサンフランシスコ平和条約に調印しなかったため双方は別途、二国間での平和条約の締結をめざし一九五五年に交渉を開始した。しかし、領土問題を最終決着することができず、翌一九五六年（昭和三十一年）十月十九日にモスクワで日ソ平和条約ではなく、日ソ共同宣言 1956 Japan-Soviet Joint Declaration / **Советско-японская совместная декларация 1956 года** に調印することで折り合った。鳩山一郎首相、河野一郎農相、松本俊一全権大使（衆議院議員）、ソ連側はニコライ・ブルガーニン首相、ドミトリー・シェレーピン外相が共同宣言に調印した。

共同宣言は第九項で「ソヴィエト社会主義共和国連邦は、日本国の要望にこたえかつ日本国の利益を考慮して、歯舞群島及び色丹島を日本に引き渡すことに同意する。ただし、これらの諸島は、日本国とソヴィエト社会主義共和国連邦との間の平和条約が締結された後に現実に引き渡されるものとする」と規定している。宣言には択捉、国後両島についての言及はない。日本の領土に対する姿勢は交渉当初に定まらないところがあったが、最終的には四島の返還を求めた。ソ連がそれを受け入れることはなかった。日本は領土交渉を継続し、残り二島を取り戻

1956年10月19日，モスクワで日ソ共同宣言に調印する鳩山一郎首相（左）とニコライ・ブルガーニン首相（提供：SPUTNIK／時事通信フォト）

すよう努力すると総括した。しかし、すでに指摘したように、一九六一年十月の池田首相の国会答弁までは日本政府も国会も歯舞と色丹の二島の返還の早期実現に重きを置いていた。

両国は国交を回復したものの、冷戦の影響もあって交渉はフルシチョフ時代、ブレジネフ時代に事実上止まり、日本の首相の訪ソが実現したのは、日ソ共同宣言調印から十七年後の一九七三年（昭和四十八年）十月だった。田中角栄首相はブレジネフ書記長との会談で、領土問題が未解決であることを口頭でよいから認めさせようと努力した。だが、田中・ブレジネフ会談の結果発表された共同声明には領土問題への具体的言及はなかった。

ソ連が再び領土問題の存在を認めたのは、ミハイル・ゴルバチョフ時代になってからだ。ゴルバチョフ書記長は一九九一年（平成三年）四月十八日に東京で海部俊樹首相と会談、共同声明を発表した。その第四項は「歯舞群島、色丹島、国後島および択捉島の帰属について双方の立場を考慮しつつ領土確定の問題を含む日本国とソヴィエト社会主義共和国連邦との間の平和条約の作成と締結に関する諸問題の全体について詳細かつ徹底的な話し合いを行った」と指摘した。具体的に四島の名前に言及しており、画期的だった。

さらにソ連崩壊後、ロシア側からそれまでに見られなかった提案があった。外務省欧亜局長やロシア公使などを務め長い間、領土交渉に関与した東郷和彦は二〇〇七年の著作で、一九九二年三月にアンドレイ・コズイレフ外相が来日、渡辺美智雄外相と会談した際、一九五六年の日ソ共同宣言に基づいて歯舞群島と色丹島の日本への引き渡しを約束し、さらに択捉、国後を含む四島の帰属を解決して平和条約を結ぶことを主な内容とする案を出

したことを示唆した。(8)

東郷はその後、二〇一三年一月に産経新聞に対し、コズイレフ外相から秘密提案があったと認めた。その柱は、（一）一九五六年の日ソ共同宣言でうたった歯舞、色丹の引き渡しに関する協議を始め、合意したら協定を結び、二島を引き渡す、（二）これにならって国後・択捉について協議し、合意に至れば四島の問題を解決する平和条約を締結する――といった内容であったという。(9)平和条約の締結前に歯舞、色丹の二島を引き渡すといういわゆる二島先行返還の一案だ。しかし、日本はこの案を受け入れなかった。四島を一括して返してもらうという立場を堅持した。ロシアが限定的ではあるが、このような譲歩案を出したのは、ロシアが当時、極めて深刻な経済困難に直面、日本から経済支援を得る目的で対日関係の改善を図ったことが考えられる。

この時、コズイレフ提案に前向きに対応していたら、日露関係が一気に改善し、継続される国後・択捉の交渉も前進、北方領土問題全体の解決の展望が開かれたのか、それとも逆に国後・択捉返還の可能性を低めたのか。議論のあるところだ。四島を一括で交渉するという方針へのこだわりは正しかったのかどうか。ほかに何か手段はなかったのか。いずれにせよ、二〇一七年半ばの時点で過去の北方領土交渉を振り返ると、この頃が両国間で問題解決への雰囲気が最も盛り上がっていた時期だ。しかし、その後、ロシア国内でエリツィン大統領の政策全般に対する批判が強まり、大統領は一九九二年九月に予定されていた訪日を取り消すという一件もあった。

新生ロシアとの領土交渉の基盤ができたのは、一九九三年（平成五年）十月十三日にエリツィン大統領が来日、細川護熙首相との間で「東京宣言」に調印してからだ。東京宣言第二項前段は「日本国総理大臣及びロシア連邦大統領は、両国関係における困難な過去の遺産は克服されなければならないとの認識を共有し、択捉島、国後島、色丹島および歯舞群島の帰属に関する問題について真剣な交渉を行った。双方は、この問題を歴史的・法的事実に立脚し、両国の間で合意の上作成された諸文書及び法と正義の原則を基礎として解決することにより平和条約を早期に締結するよう交渉を継続し、もって両国間の関係を完全に正常化すべきことに合意する」と指摘した。

1998年4月18日，川奈でのエリツィン大統領（左）と橋本首相（提供：時事通信）

領土問題を解決して平和条約に調印することをはっきりと打ち出している。

はねのけられた川奈提案

東京宣言後、日露間の雰囲気は改善し、一九九八年（平成十年）四月の橋本龍太郎首相とエリツィン大統領の静岡県川奈における会談で領土問題は解決される寸前だったとされる。両首脳は四月十八、十九日に会談、橋本首相は次のような提案を示した。

▽日露間で締結する平和条約の中で、両国の国境が択捉島とウルップ島の間にあることを規定する。

▽同条約において別途、日露間で合意する時点まで当分の間、日本はロシアが四島において施政権を行使することを認める。すなわち、その間は四島の現状が変えられることなく継続することが認められる。

これに対しエリツィン大統領は「興味深い、興味深い（インテレースノ、インテレースノ）」と受け入れてもよいかの反応を示した。しかし、そばにいたセルゲイ・ヤストロジェムスキー大統領報道官が「これは香港方式の解決案だ。この提案を国に持ち帰り検討すると言って下さい」とエリツィン大統領に囁き、実際にそうなってしまった。その場にいた外務審議官の丹波實はしゃしゃり出たヤストロジェムスキーに「この野郎」と思ったが、どうしようもなかったという。[10] エリツィン大統領が橋本提案に同意していたら、領土交渉は一気に解決に向けて大きく踏み出した可能性がある。

この提案に対するロシア側の回答は一九九八年十一月十一日から十三日まで訪露した小渕恵三首相に示された。「極端な」問題解決法であるという趣旨の拒否回答だった。

「ヒキワケ」をめざすプーチン

エリツィンから政権を引き継いだウラジーミル・プーチン大統領は、対日領土問題についてソ連時代を含め最も詳しく勉強した指導者だろう。柔道家でもあり日本に対する関心は高い。プーチン大統領の基本的姿勢は次のようなものだ。

▽　四島をロシアが領有する国際法的根拠はあるし、日本は第二次世界大戦で侵略国だった。ソ連は四島を侵略国から得た。日本は第二次世界大戦の結果を受け入れ、四島の返還を求めるべきではない。

▽　しかし、一九五六年の日ソ共同宣言は平和条約の締結後に歯舞、色丹の二島を引き渡すと指摘しており、同宣言は両国の国会で批准された重みのある国際法であるし、ロシアは対日関係を改善したいと思っており、善意から二島を引き渡す用意がある。

▽　交渉には応じるし、解決の意思もある。

このうち日本は第二次世界大戦の結果を認めるべきだとの主張は、特にミハイル・ガルージン駐日ロシア大使館公使がロシア外務省発行の『国際生活 *Международная жизнь*』誌二〇〇五年六月号に発表した「ロシアと日本――まだ解決策は見つかっていない」と題する論文が出てから目立つようになった。しかし、日ソ中立条約に違反して日本軍を攻撃、しかも満洲で蛮行の限りを尽くし、五十万人を超えるシベリア抑留者を出したという第二次世界大戦の結果をロシアはどう受け止めるつもりなのだろうか。

プーチンは首相だった二〇一二年三月二日、日本を含む外国の報道機関と会見した。その際、記者団との間で次のようなやり取りがあった。少々長いが引用する。

　われわれはこの問題、日本との領土問題を最終的に解決してしまいたいと思っている。両国と両国の国民の双方に受け入れ可能な形で解決したいと思っている。〈中略〉

私の姿勢は（二〇〇九年三月に訪日した際と）変わっていない。われわれは、でこぼこした部分を取り除き、滑らかにして前向きの建設的な対話へと戻る必要がある。中国とは四十年間、国境問題の解決へ交渉を続けた。四十年間だ。そして国と国の関係の水準、その質が現在のような状態に達してわれわれは妥協策を見出した。日本との間でも同じことが起きるよう強く希望している。私はそうなってほしいと本当に思っている。

われわれは柔道をする者として勇敢に歩まなければならない。だが、それは勝つためでも負けないためでもない。この状況ではわれわれは勝利を得てはいけない。この状況ではわれわれには受け入れ可能な妥協が必要だ。これは「ヒキワケ」のようなものだ。それに似ている。あなたはヒキワケが何を意味するかわかっている。君ら（日本人記者以外の記者）は知らないだろうが、われわれは知っている。

（ヒキワケとは何かとの問いに）引き分けのことだ。というわけで、イルクーツク声明を想起させてくれたが、私は別のことを想起したい。ソ連は日本との長い協議の末、一九五六年に宣言に調印した。この宣言には、注意深く聞いてほしいが、平和条約が調印された後に二島が日本に引き渡されると書かれている。これは一九五六年宣言の第九項だ。この一九五六年の宣言を取り上げて第九項を読んでみてください。繰り返すが、そこには、ソ連が平和条約調印後に二島を引き渡すと書いてある。どのような条件の下で引き渡されるのか、それらが誰の主権の下に入るのかは書いていない。〈中略〉

宣言が調印された後、それは日本の国会とソ連最高会議で批准された。つまり、この文書は法的に発効した。経緯がわかったでしょう。しかし、その後、日本側は一方的に、この宣言を実行しないと言った。つまり政府が調印し、議会が批准したが、その後で日本はこの宣言の執行を拒否した。ソ連大統領だったゴルバチョフ氏はこうした長い休止期間の後、ソ連もこの宣言を執行しないと言った。

あなたが言及したイルクーツク（の会談）で日本の森（喜朗）首相は私に聞いてきた。ゴルバチョフ氏はかつて一九五六年宣言の実行を拒否したが、今のロシアはその宣言に戻る用意があるのかと。私は次のように答えた。ダー、私は外務省と協議しなければならないが、全体として一九五六年宣言に戻る用意はある。日本側は沈黙した後で、一九五六年宣言のことはわかった、だがそこでは二島と平和条約のことしか考慮されていないが、われわれは四島を求めており、その後で平和条約だと言った。しかし、これはもう一九五六年宣言ではない。というわけで、われわれはまた出発点に戻ってしまった。〈中略〉（引き分けを望むなら、二島では不十分だとの記者の問いかけに）あなたは外務省で働いていないし、私は今、大統領ではない。したがって、こうしようではないか。私が大統領になったら、わが外務省を呼んで、日本の外務省もテーブルに着かせ、彼らに「ハジメ」という指示を出しましょう。(11)

交渉には応じるし解決の意思もあることを示す発言で、ブレジネフ時代のソ連の対応とは異なる。ただし、態度は硬い。

ソ連崩壊後、ロシアの大統領はエリツィン、プーチン、ドミトリー・メドベージェフと続き、そして二〇一二年に再びプーチンが就任した。この間、日本の首相はくるくると替わったが、中にはロシア側指導者と個人的に親しい関係を築いた首相もいる。まず、橋本龍太郎（首相在任一九九六年一月〜一九九八年七月）で、エリツィンとはウマが合った。橋本は首相退任後、エリツィンの病気見舞いにも行っている。森喜朗（同、二〇〇〇年四月〜二〇〇一年四月）はプーチンとは仲がよかった。森の父親が対露交流に熱心で、父親の墓がシベリアにある。ロシアの指導者で日本に対して最も配慮のなかったのはメドベージェフだ。二〇一〇年（平成二十二年）十一月に大統領として初めて北方領土を訪問、二〇一二年七月には今度は首相として北方領土を訪問した。

領土問題解決案あれこれ

交渉が延々と続く中、日露両国では様々な解決案が議論されてきた。以下列挙した。なお、これらの案は相互立場。

に矛盾しない場合もある。

▽**二島返還**　一九五六年日ソ共同宣言が言及する色丹、歯舞の二島の返還で決着する。これがロシアの基本的

▽**四島返還**　この案はいくつかの案に分けられる。

（一）四島一括返還　日本にとってのもともとの要求であるが、最近はあまり一括とは言わなくなった。

（二）柔軟な四島返還　ロシアが四島に対する日本の主権を確認すれば、具体的な返還方法については柔軟に対応するという案。現在の日本政府の立場と思われる。四島を一括して一時に返還させるわけではないが、一括して日本の主権の存在を認めるわけだから、四島一括返還の一種とも言える。また実際の返還の時期については柔軟に対応するのだから実際の返還は段階的に実施されることもありうる。したがって段階的返還という側面も併せ持つ。

▽**二島先行返還**　まず色丹、歯舞の二島を返還させ、その後は継続交渉で残りの二島返還を求める。四島の返還をめざすのだから四島返還の一種といえよう。次に述べる二島＋アルファ返還の一種になる可能性がある。

▽**二島＋アルファ返還**　論理的にはアルファが択捉、国後の二島を含むこともありうるが、ここでは四島返還以外を指すこととする。この案もいくつかに細分化できる。

（一）面積折半　四島の面積を半分ずつに分け、半分の返還を得る。四島の面積は歯舞が全体の二％を占め、以下色丹五％、国後三〇％、択捉六三％。これを面積で半分に分けると、国境線は択捉島の南側に引かれる。

（二）三島返還　一つの島に国境線を引くと紛争が生じやすいので、国後、色丹、歯舞の三島の返還で決着させる。

（三）「二島返還・二島共同立法」　歯舞、色丹の二島を返還させ、国後、択捉の二島については日本とロシ

アの「共同立法」により「特別経済特区」にするとの案。

これら三つの案のうち、係争地域を半分に分けるという考えは、中露が国境画定交渉で採用した。両国はソ連時代を含め一九六〇年代から国境画定交渉を続け、最終的に三カ所での交渉が難航したが、結局、その三カ所について面積を等分することで決着した。この方式を日本にも採用したらどうかという考え。

第一次安倍晋三内閣（二〇〇六年九月～翌年九月）の麻生太郎外相が就任の記者会見で、折半論あるいは三島返還論を「一つのアイデアとして」口にした。また、北海道大学の岩下明裕教授が折半論あるいは三島返還論を主張したことがある。ロシア側は日本政府から提案されていないので答えるわけにはいかないとの立場。

「二島返還・二島共同立法」の案は東郷和彦元外務省欧州局長とロシアのアレクサンドル・パノフ元駐日大使が二〇一三年七月にロシアの『独立新聞』と『朝日新聞』に発表した。両島における経済活動を対象に両国共同で法律を作り、それを適用、経済以外の分野についてはロシアの法律を適用する案のようでもあるが、どう実際に適用するのかなど詳しい言及はない。

▽**千島列島全島返還**　日本共産党の主張。連合国の戦後処理の大原則は一九四三年十一月のカイロ宣言に明記されている「領土不拡大」だが、ソ連の千島占領はこれに反すると論じ、戦前には全千島が日本の領土だったからロシアは全千島を日本に返還すべきだと強調している。

歴代首相の対露外交原則

北方領土交渉が難航する中、日本の歴代の首相は様々な対ソ連・ロシア外交スローガンを掲げ、新味を出そうと苦労してきた。「政経不可分」、「拡大均衡」、「重層的アプローチ」、そして「新アプローチ」がある。

政経不可分の原則は冷戦時代の対応。一九六〇年調印の日米安全保障条約に反発したソ連が領土問題は解決済みとの姿勢を示したことに対抗して打ち出した。政治、つまり北方領土問題と経済関係を相互に結びつけ、交渉が進展しなければ、経済関係も進展させないという考えだ。

しかし、一九九一年末にソ連が崩壊し、ロシアが経済的困難に直面し、国際的支援の輪が広がると、日本政府は政経不可分を強調しなくなり、一九九三年四月に政府はその放棄を明言した。

政府は代わって拡大均衡を前面に押し出し始めた。領土問題の解決をめざしながらも均衡の取れた関係を広げていくという方針で、ソ連時代の一九八九年五月に訪ソした宇野宗佑外相が表明した。政経不可分が有効だった時期と重なるが、ソ連崩壊後の対ロ外交の基本姿勢として定着した。

次に登場した原則が「重層的アプローチ」。一九九七年一月に橋本龍太郎首相が施政方針演説の中で提唱、二〇〇三年一月に小泉純一郎首相とプーチン大統領が採択した「日露行動計画」は冒頭で「重層的かつ全面的な対話の推進」を指摘した。

こうした対ソ・対露外交の基本原則は言葉遊びのようではあるが、その時々の首相の思いを映し出している。

安倍首相の「新アプローチ」と共同経済活動

安倍首相は二〇一六年五月六日、ロシアのソチでプーチン大統領と会談した際、北方領土問題を含む平和条約締結交渉について、*「双方が受け入れられる解決策」の作成に向け「新たな発想に基づくアプローチ」で交渉を加速することを提案、プーチン大統領も賛成した。

この「新アプローチ」が何を意味するのか。安倍首相はこの時の会談で医療、都市交通網整備など八分野を中心にロシアとの経済協力を進めていきたいとの考えを伝えた。さらに安倍首相は同年九月にウラジオストクを訪問した際、日露首脳会談を毎年開催するよう提案した。こうした発言を総合すると、「新アプローチ」とは、経済協力を従来以上に充実させ、また首脳同士の信頼醸成に力を入れて日露関係全体を太く緊密にしながら北方領土問題の解決を図る対応を意味していると思われるが、曖昧模糊としている感は否めない。

安倍首相は二〇一六年十二月十五、十六日にプーチン大統領を自らの故郷である山口県の長門市と東京に招き会談、その結果、両国で北方領土における「共同経済活動」を検討することで合意した。これも新アプローチの柱の一つと位置づけられるかもしれない。

だが、共同経済活動がどちらの国の主権の下で実施されるのかを詰めなければならない。仮に日本がロシアの主権の下でという条件を認めたなら、日本は北方領土がロシア領土であることを認めてしまうことになる。逆に日本の主権下でということになれば、ロシアはこれら四島が日本領土であることを認めてしまう。

十二月十六日に発表されたプレス向け声明は、共同経済活動が「平和条約問題に関する日本およびロシアの立場を害するものではないことに立脚する」と指摘した。つまり、四島に対する双方の立場を変えないことが前提という。そのような法的条件を作り出すことが可能なのかどうか。

北方領土における共同経済活動の案は目新しいものではない。一九九六年十一月のイエブゲニー・プリマコフ外相と池田行彦外相との会談にさかのぼる。プリマコフはこの会談で初めて水産加工、観光、運輸の三分野を挙げ、共同経済活動を打診した。その後もロシア側は積極的にこの案を働き掛け、ボリス・エリツィン大統領が一九九八年四月に訪日し橋本龍太郎首相と会談した際にも北方領土での水産加工工場の建設を提案している。

日本は、日本の法的立場を害さないとの前提、つまりロシアの法律の下で共同経済活動が実施されることはないとの立場を維持しながらも一応前向きに対応、一九九九年一月には次官級の協議の場として国境画定委員会とともに共同経済活動委員会の設置に合意し、両国は協議を進めた。

二〇〇〇年九月には両国は「四島における共同経済活動の発展に関する日露協力プログラム」を採択、その中でウニ、貝類の栽培漁業があり得ると具体的に指摘、根室市内の漁協の関係者らが養殖したウニなどを国後島の周辺海域に放ち、成長させるという案も浮上した。しかし、利益にならないなどの理由でその後、消滅した。

安倍首相が言う「特別な制度」の参考になるかもしれない案としては、一九九八年二月に小渕恵三外相とボリス・ネムツォフ第一副首相が調印した「北方四島周辺海域における日本漁船の安全操業枠組協定」がある。この協定では日露双方が領海と主張する四島の沿岸十二カイリの水域で違反操業した場合の取り締まりの管轄権を棚上げした。つまりこれは領有権問題を避けた合意だ。そのほか、四島を共同統治するとかロシアの行政区の中で特別な区に指定するなどの案もあるかもしれない。

共同経済活動案は二〇〇〇年以降、徐々に政府間では協議されなくなっていたが、在野の専門家たちの間では消えたわけではなかった。二〇一二年にはロシアの著名な国際政治学者のドミトリー・トレーニンが米国の学者、ユバル・ウェバーと共同で発表した論文（詳細は後述）で、両国が南クリール諸島を対象に共同経済圏を設立し、その経済および法律の体制については両国当局が管理することを提唱した。(12)

さらに、すでに指摘したように、二〇一三年にアレクサンドル・パノフ元駐日大使と東郷和彦元外務省欧州局長が共同で両国の新聞に発表した「二島返還・二島共同立法」案の中でも、国後、択捉両島における経済活動を対象に共同で法律を作り、それを適用、経済以外の分野についてはロシアの法律を適用することを提案した。(13)

二〇一六年十二月の日露首脳会談を一言で表現するなら、すべては継続協議ということになろう。一九九〇年代後半から二〇〇〇年代初めにかけて北海道開発庁長官や内閣官房副長官の地位にあり対露外交に深く関与し安倍首相と話し合う機会を持つとされる鈴木宗男は、「新アプローチ」がめざす具体的な領土返還は二島＋アルファ案が安倍首相の腹案だろうとみている。(14)

二〇一七年以降の交渉は共同経済活動を主要な議題として展開する。すでに指摘したように一九九九年には共同経済活動と同時に国境画定を別途、議題として設定していたが、山口県での首脳会談の合意では国境画定が抜け落ちた感もあり、日本にとって前途は厳しい。

＊**「双方に受け入れ可能な解決策」**……北方領土交渉では「双方（あるいは相互）に受け入れ可能な解決策」という文言が頻繁に出てくる。日本外務省編纂の『われらの北方領土』がこれまでの交渉の経緯を詳述しているが、そこで言及さ

れている文書の中でこの文言が最初に出てくるのは、二〇〇一年三月二十五日のイルクーツク声明である。森首相とプーチン大統領がイルクーツクで会談、その時に発表された声明の中に、双方は「相互に受け入れ可能な解決に達することを目的として、交渉を活発化させ、平和条約締結に向けた前進の具体的な方向性をあり得べき最も早い時点で決定することで合意した」とある。その後、両国の合意文書に頻繁に登場する。

この表現は各国の外交交渉でも時々使われる。交渉する以上、双方が受け入れなければ合意が成立しないのだから、あまり意味のない文言のようにも思えるが、北方領土問題との関連ではすでにソ連時代末期にソ連の学者が再三口にしていた。例えば、一九九〇年五月に週刊誌『アガニョーク』に掲載された対談でコンスタンチン・サルキソフ東洋学研究所日本研究センター長は、「唯一の正しい道は、相互に受け入れ可能な妥協に達するような政治対話であるという方向で世論を準備しなければならない」と述べた[15]。

一九九〇年八月一日にモスクワで開かれた次官級の平和条約作業グループの協議では、「条約には双方受け入れ可能なもののみ規定する」ことで一致している[16]。当事者である小和田恒・外務審議官は「双方の努力で受入れ可能な範囲を拡大し、最終合意するならば、日ソの見解は一致する」と述べた。読み方によっては日本も譲歩することを前提にしているようでもある。

対日理解派の大胆な提案

ロシア政府の領土問題に関する姿勢はソ連時代もソ連崩壊後も一言で言えば、「硬い」ままだが、ロシアには日本の要求に理解を示す人がいないわけではない。

スターリン時代の強制収容所の実態を描いたことで知られるノーベル賞作家、アレクサンドル・ソルジェニーツィンはロシアの民族的伝統を大切にしたことでも知られる。彼は一九九八年発表の評論『廃墟の中のロシア』の中で、南千島に対するロシアの指導者の「許しがたい鈍感さ」を指摘、「(ロシアやソ連の)政権が国際法の名のもとにカザフスタンやウクライナを簡単に手放したにもかかわらず、ロシア帝政時代からこれまで一度もロシアに帰属したことがなかった島々を愛国主義と名誉にしがみつき、あたかもこの小さな島々にロシアの運命がかかっているかのように説明し、手放そうとしない」と批判した[17]。

二〇一二年にはドミトリー・トレーニンが米国の研究者ユバル・ウェバーと共同執筆で、既述の二島先行返還による四島返還あるいは柔軟な四島返還に相当する案を提唱した。こうした対日理解派はロシアでは極めて少数にとどまるが、日本にとっても参考になる内容を多く含むので、要旨を以下紹介したい。

次のように段階を踏んで解決する。

（一）ロシアは即時に色丹と歯舞の二島を完全に放棄する。

（二）日本は南クリール諸島とロシア全体に対して公共部門への直接投資と自国の民間分野への積極的な経済的刺激措置を通じて経済活動支援を開始する。

（三）両国は南クリール諸島を対象に共同経済圏を設立する。その経済および法律の体制については両国当局が管理する。

（四）両国の政治合意も必要で、全地域を非軍事化する。ロシアは択捉と国後について主権を行使し続ける。ロシアの民間人のこれら諸島への移住は制限されず、日本人はこれら全四島に自由に移住できる。

そして五十年経ったら択捉と国後は日本の法律と主権の下に移る。しかし経済体制はその後さらに五十年継続し、ロシアの永住者は日本とロシアの二重国籍を保有する権利を与えられ、自由にとどまることができる。南クリール諸島は香港に似た地位を持つことになる。最終的には日本に統合されるが、最初の五十年間はロシアの旗の下にあり、それが終わると全島が法的に日本の一部となる。ただし経済的な特別の地位はその後五十年続く。

これを実現するには強い政治的意思と政治的支持が必要。

日露間の領土紛争を解決することによって、ロシアは開発の遅れている東方の地方を開発するための貴重なパートナーを得られる。日本は新たな同盟国を得てアジアにおける安全保障体制を改善できる。解決するには妥協するしかなく、そのためには両国で指導者が十分な支持を得なければならない。ロシアは多くのロシア人が考えている以上に譲歩しなければならないし、日本は大半の日本人が考えているものより少ないものを受け取らなければならない。

シベリアと太平洋地域の開発の遅れは、ロシアが現在、そして予見しうる将来において直面する最も重要な地政学的課題だ。日本をロシアにとって東方のドイツとみることはロシアの戦略家たちにとって魅力的だ。

米国はこの取引を支持すべきだ。日露関係の緊密化はアジア太平洋の安定に貢献し米国の戦略にも恩恵をもたらす。

「水平線に見えているロシアのすべての指導者の中でプーチンは彼の強い愛国者像のおかげで真剣に話し合う相手となりうる、そして取引が成立したらそれを実行できる唯一の人物だ(18)」

これは、ロシアの有力な識者から出た前代未聞の北方領土問題解決論だ。基本的に日本が主張する四島返還論を受け入れている。歴史的経緯についてほぼ客観的に説明している点でも高く評価できる。

この論文が示した四島を特別な共同経済活動体制に置くという案は、二〇一三年二月のパノフ・東郷共同論文に引き継がれ、二〇一六年十二月の安倍・プーチン会談で公式に協議することが決まった。

トレーニンらは日露関係を戦略的に変えるために領土問題を解決しなければならないと強調している。論文には何度も「戦略的」「地政学的」観点の重要性が言及されている。ロシアにとっては中国との関係も極めて重要だと指摘しているが、トレーニンらには中国の台頭への警戒があり、それを背景に日露関係改善の必要を説いているとの印象も受ける。

日本にとっても対中関係を視野に入れた地政学的観点からの対露関係の構築が極めて重要だ。北方領土の返還交渉は、国家としての正義の実現、元島民の「思い」への配慮といった観点から重要であることは当然であり、それが決着した方がよいに決まっているが、地政学的観点からは日米関係を国家戦略の柱として堅持しつつ、ロシアとの関係を改善する過程自体も有意義だろう。

この論文は問題解決には両国で強力な政治的指導力を発揮できる指導者が必要だと指摘している。これも正鵠を得ている。両国の指導者が領土問題についてどのような解決策を打ち出すにしても、それぞれの国民を説得する力量を持ち、政権が安定していなければならない。政権の安定の必要性はどのような外交交渉についても言えるが、領土問題といった国の主権そのものに関わることについてはなおさらだ。指導者や政権が頻繁に交替するようでは、合意が後からひっくり返されるかもしれず、交渉に身が入らない。

注

第Ⅰ部　ロシア国家の起源から現代まで

第1章　古代国家、帝国、そして革命への道

（1）Michael Balter, “Mysterious Indo-European homeland may have been in the steppes of Ukraine and Russia,” *Science*, 13 February 2015. [http://news.sciencemag.org.]

（2）Обращение Президента Российской Федерации. 18.3.2014. [http://kremlin.ru/events/president/news/20603]

（3）下斗米伸夫『ソビエト連邦史　一九一七―一九九一』講談社学術文庫、二〇一七年、一七ページ。

（4）John Ure, *The Cossacks : An Illustrated History* (Woodstock, NY : Overlook Press, 2002).

（5）ナポレオンのロシア侵攻の兵士数、戦死者数には資料によってばらつきがある。ここでは Nicholas V. Riasanovsky & Mark D. Steinberg, *A History of Russia*, 8th edition (Oxford : Oxford University Press, 2011), p. 309 から引用した。

（6）Заседание международного дискуссионного клуба «Валдай». 19.9.2013. [http://kremlin.ru/events/president/news/19243]

（7）移住したユダヤ人の人数の引用先は、John M. Thompson, *Russia and the Soviet Union ; A Historical Introduction from the Kievan State to the Present*, 7th edition (Boulder, Colorado : Westview Press, 2013), p. 189.

第2章　帝国崩壊とロシア革命

（1）Leon Trotsky, “Report on the Communist International,” *Fourth International*, Vol. 4. No. 8 (New York, August 1944), pp. 245–250. [https://www.marxists.org/archive/trotsky/1922/12/comintern.htm.]

(2) *Федоров В. А.* История России 1861–1917. Глава 15. Февральская революция 1917 г. М., Высш. шк., 2000. С. 384. [http://www.alleng.ru/d/hist/hist005.htm]

(3) N. K. Krupskaya, *Reminiscences of Lenin* (New York: International Publishers, 1970), p. 335. 原著題名は、Воспоминания о Ленине。邦訳『レーニンの思い出』松本滋・藤川覚訳、大月書店、一九七〇年。英語版は、[https://www.marxists.org/archive/krupskaya/works/rol/index.htm] で閲覧可。

(4) Масоны правили Россией // Русский порталь [http://www.opoccuu.com/130811.htm.]

(5) Richard Pipes, *Russia under the Bolshevik Regime 1919–1924* (London/New York: Harvill / HarperCollinsPublishers, 1994), p. 498.

(6) Ibid., p. 498.

(7) Ibid., p. 494.

(8) История Всесоюзной коммунистической партии (большевиков). Краткий курс Коллектив авторов. — Под ред. Комиссии ЦК ВКП(б). Одобрен ЦК ВКП(б). 1938 год. — М., Изд-во ЦК ВКП(б). スターリン死後に書名変更され、Краткий курс истории КПСС になった。翻訳は『ソ連共産党小史』ナウカ、東京、一九七〇年と『ソ連共産党小史』労働大学、一九八〇年がある。

(9) 和田春樹『歴史としての社会主義』岩波新書、一九九一年、七五ページ。

(10) Richard Pipes, "Did the Russian Revolution Have to Happen?" *The American Scholar,* Vol. 63, No. 2 (Spring 1994) [http://www.jstor.org/stable/41212239]

(11) *Миронов Б.Н.* Русская революция 1917 года в контексте теорий революции // Обществунные Науки и Современность. 2013. No. 2, С. 72–84. [http://ecsocman.hse.ru/data/2015/05/05/1251193695/106-115 (Mironov).pdf]

(12) Pipes, "Did the Russian Revolution Have to Happen?" p. 216.

(13) Ibid., p. 224.

(14) Mansur Mirovalev, "Lenin's Jewish Roots Displayed In Moscow Museum," *AP*, May 23, 2011.

(15) *Волкогонов Д. А.* Ленин. Политический портрет. Кн. 1 и 2. М., Новости, 1994. 邦訳『レーニンの秘密』上・下、白須英子訳、日本放送出版協会、一九九五年。邦訳は英語版からの翻訳。

(16) エレーヌ・カレール＝ダンコース『レーニンとは何だったか』石崎晴己・東松秀雄訳、藤原書店、二〇〇六年、三四六ページ。

(17) この問題については河合秀和『レーニン——革命家の形成とその実践』中公新書、一九七一年、二一四〜二一五ページ参照。『我らの革命 On our Revolution / О нашей революции』は一九二三年一月十六〜十七日に書かれた。

(18) Dmitry Babich, "A coup Led by Dangerous Radicals, Official Russia's New View of the October Revolution," *Russia Profile*, November 7, 2007.

(19) ミハイル・ゴルバチョフ『ゴルバチョフ回想録』下、工藤精一郎・鈴木康雄訳、新潮社、一九九六年、五〇五ページ。

(20) ドミートリー・ヴォルコゴーノフ『七人の首領——レーニンからゴルバチョフまで』下、生田真司訳、朝日新聞社、一九九七年、六四〜六五ページ。

(21) ***Юрий Фельштинский.*** Крушение мировой революции. Брестский мир. М., ТЕРРА, 1992. 656с. [http://lib.ru/HISTORY/FELSHTINSKY/brestskij_mir.txt]

(22) Evan Mawdsley, *The Russian Civil War* (New York: Pegasus Book), p. 285.

(23) 『七人の首領』上、二九ページ。

(24) Kenneth Rose, *King George* V. (London: Weidenfeld and Nicolson, 1983), p. 210.

(25) ここで紹介したソロビヨフの見解は、二〇一〇年六月十五日のЭхо Москвы の番組、二〇一一年一月十七日の『イズベスチア』紙との会見、二〇一三年七月十七日の『プラウダ』紙との会見での発言を総合した。番組と新聞見出しの参照先はそれぞれ順に*Расследование убийства царской семьи* [http://echo.msk.ru/programs/razvorot/686895-echo/]、**Уголовное дело цесаревича Алексея** [http://izvestia.ru/news/370107]、**Разговор со старшим следователем по особо важным делам Владимиром СОЛОВЬЁВЫМ ведет политический обозреватель "Правды" Виктор КОЖЕМЯКО** [https://kprf.ru/history/date/120719.html]

(26) *Ленин В. И.* О мерах по Улучшению Продовольственного Положения Проект Прстановления СНК. Полное Собрание Сочинений, Издание Пятое, Том 35. М., Издательство Политической Литературы. 1974. [http : //uaio.ru/vil/35.htm.]

(27) Richard Pipes (ed.), *The Unknown Lenin : From the Secret Archive* (Yale University Press, 1996), p. 50.

(28) Ibid., p. 56. レーニンのこのメモには日付がなく、パイプスは九月三日か四日だと推定している。

(29) 例えばレーニンについての教科書的存在の Christopher Hill, *Lenin and the Russian Revolution* (Penguin Books, 1971, 初版一九四七年)(邦訳『レーニンとロシヤ革命』岡稔訳、岩波新書、一九五五年)も河合秀和『レーニン――革命家の形成とその実践』中公新書、一九七一年もレーニン時代の粛清やテロについて詳しく言及していない。

(30) 岡義武『国際政治史』岩波書店、一九五五年、二四三ページ。

(31) 犠牲者の数字はロシアの辞典 Политлогия. Словарь から引用。

(32) *Lenin Collective Works*, Vol. 21 (Moscow : Progress Publishers, 1974), pp. 25–34. レーニンは一九一七年の『四月テーゼ』で「革命的防衛主義」つまり革命勢力が祖国防衛に回ることは許されないと強調、同様の主張を繰り返した。

(33) Gine Kolata, "Lenin's Stroke : Doctor Has a Theory (and a Suspect)," *The New York Times*, May 7, 2012.

第3章　大粛清と第二次世界大戦の苦難

(1) *Земсков В. Н.* Сталин и народ. Почему не было восстания. М., Издательство Алгоритм. 2014.

(2) *Солженицын А. И.* Поссорить родные народы? // Известия. 2.4.2008.

(3) Mark B. Tauger, "What Caused Famine in Ukraine? —a Polemical Response," *RFE/RL Poland, Belarus and Ukraine Report*, vol. 4, №. 25, Prague, Czech Republic, June 25, 2002.

(4) *Платонов О. А.* История русского народа в XX веке. Том 1. Глава 71. М., Алгоритм. 1997.

(5) *Поспеловский Д. В.* Русская Православная Церковь в XX веке. М., Республика. 1995.

(6) Ленин, Социализм и религия // Новая жизнь. №. 28. 3.12.1905.

(7) [http : //pastukh.blogspot.jp/2011/09/introduction-what-were-scales-of.html]

(8) スターリン弾圧の犠牲者数については、ブロフスキーの著書が詳しい。*Буровский, А. М.* 1937. Контрреволюция Сталина. Яуза, Эксмо. 2009. [http://www.universalinternetlibrary.ru/book/24180/ogl.shtml#t1]

(9) Жертвы политического террора в СССР // Мемориал. версия от 24.12.2015. [http://lists.memo.ru/]

(10) *Отв. ред. Н. Верт, С. В. Мироненко ; отв. составитель И. А. Зюзина.* История сталинского Гулага. Конец 1920-х-первая половина 1950-х годов. Собрание документов в 7 томах. М., Российская политическая энциклопедия. 2004. [http://www.statearchive.ru/]

(11) Отчетный доклад на XVIII съезде партии о работе ЦК ВКП (Б). 10.3.1939. [http://www.petrograd.biz/stalin/14-27.php]

(12) A. J. P. Taylor, *The Origins of the Second World War* (London: Penguin Books, 1964), pp. 302–336.

(13) チャーチルの発言は "I cannot forecast to you the action of Russia. It is a riddle wrapped in mystery inside an enigma." (*BBC Broadcast*, London, October 1, 1939. The Churchill Society のウェブサイト参照)

(14) Сталину нравился Гитлер // RT. 3.9.2010. [http://4vlada.net/obshchestvo/rt-rossiya-stalinu-nravilsya-gitler]

(15) Antony Beevor, *Berlin: The Downfall 1945* (London: Viking Penguin, 2002).

(16) ヒトラーの最期および遺体の行方については、Ada Perova and Peter Watson, *The Death of Hitler: The Final Words from Russia's Secret Archives* (London: Richard Cohen Books, 1995)、さらに Hugh Thomas, *Doppelgängers: The Truth about the Bodies in the Berlin Bunker* (London: Fourth Estate, 1995) が詳しい。

(17) Thomas de Waal, Maria Lipman, Lev Gudkov, Lasha Bakradze, "The Stalin Puzzle: Deciphering Post-Soviet Public Opinion," Carnegie Europe, March 1, 2013. [http://carnegieeurope.eu/2013/03/01/stalin-puzzle-deciphering-post-soviet-public-opinion-pub-51075]

第4章　スターリン批判と「停滞の時代」

(1) ヴォルコゴーノフ『七人の首領』上、四二一ページ。

（2）ストローブ・タルボット編『フルシチョフ回想録』タイムライフブックス編集部訳、タイム・ライフ・インターナショナル、一九七二年、三五三ページ。
（3）Известия ЦК КПСС. #3. Издательство ЦК КПСС «Правда». 1989. С. 128–170.
（4）『フルシチョフ回想録』三五一ページ。
（5）同前、三五三ページ。
（6）ストローブ・トールボット序、ジェロルド・シェクター&ヴァチェスラフ・ルチコフ編『フルシチョフ――封印されていた証言』福島正光訳、草思社、一九九一年、八二ページ。
（7）Frank A. Durgin, Jr., "The Virgin Lands Programme 1954–1960", *Soviet Studies* 13, no. 3（1962）, pp. 255–280.
（8）『七人の首領』上、五三六ページ。
（9）William Taubman, *Khrushchev : The Man and His Era*（New York : W. W. Norton & Company, 2003）, pp. 3–17.
（10）北海道大学スラブ・ユーラシア研究センターのソ連経済統計データベース（Soviet Economic Statistical Series）参照。
（11）"A Comparison of Soviet and US Gross National Products, 1960–1983", August 1984, Directorate of Intelligence, CIA.
（12）この段落の数字は、О. Д. Кузнецова, И. Н. Шапкин. *История экономики*（М : ИНФРА-М, 2002）から引用。
（13）"A Comparison of Soviet and US Gross National Products, 1960–1983", August 1984, Directorate of Intelligence, CIA.
（14）"Russians dub Brezhnev best national leader in 20th century-poll", *Interfax*, May 22, 2013
（15）ВЦИОМ : 31% россиян хотели бы вернуть времена Л. Брежнева // РБК. 15. 12. 2005. [http : //www.rbc.ru/society/15/12/2005/92772.shtml]

第5章　ペレストロイカとソ連崩壊

（1）『ゴルバチョフ回想録』下、三三八〜三五〇ページ。
（2）アレクサンドル・ヤコブレフ『歴史の幻影――ロシア、失われた世紀』月出皎司訳、日本経済新聞社、一九九三年、六一〜六四ページ。

（3）『ゴルバチョフ回想録』上、四二二〜四二三ページ。

（4）Mikhail Gorbachev, *Perestroika : New Thinking for Our Country and the World*（New York : Harper & Row, 1987）. 邦訳『ペレストロイカ』田中直毅訳、講談社、一九八七年。

（5）同前（邦訳）、六五ページ。

（6）Margaret Thatcher TV Interview for BBC（"I like Mr Gorbachev. We can do business together"）, *Margaret Thatcher Foundation*, December 17, 1984. [http : //www.margaretthatcher.org/document/105592]

（7）『ゴルバチョフ回想録』下、六四四ページ。

（8）クーデターの顛末については Степанков В. Г., Лисов Е. К.（1992）. *Кремлёвский заговор*. М. : Огонёк に詳しい。この件に関する読み物としては最高傑作だろう（邦訳はない）。

（9）自殺者三人については、Roy Medvedev, "Three Suicides," *Moscow News*, August 21–27, 2002 に詳しい。

（10）Jack Matlock Jr., *Autopsy on an Empire*（New York & Toronto : Random House, 1995）, pp. 540–541.

（11）『ゴルバチョフ回想録』下、六四三ページ。

（12）同前、六九四ページ。

（13）同前、七二五ページ。

（14）同前、六九九ページ。

（15）"The End of the Soviet Union : Stanislau Shushkevich's Eyewitness Account". [https : //www.gwu.edu/~ieresgwu/assets/docs/demokratizatsiya%20archive/GWASHU_DEMO_21_3/T43W21215152W574/T43W21215152W574.pdf]

（16）Независьмая газета. 20.4.2010.

（17）Там же.

（18）15 лет без СССР : политики вспоминают подписание Беловежских соглашений. [http : //www.newsru.com/russia/07dec2006/data.html]

（19）Paul Globe, "Shakhray Describes How and Why the Soviet Union Died," *Window on Eurasia*, December 8, 2008.

(20) Ibid.

(21) 『ゴルバチョフ回想録』下、六九六ページ。

(22) Yegor Gaidar, "The Soviet Collapse-Grain and Oil," *the American Enterprise Institute*, April 19, 2007 ; Gaidar, *Collapse of an Empire—Lessons for Modern Russia* (Washington : Brookings Institution Press, 2007).

(23) Вторая «холодная» Николай Патрушев : «Отрезвление» украинцев будет жестким и болезненным // Российская газета. 15.10.2014.

(24) 『ゴルバチョフ回顧録』下、三四八ページ。

(25) アーチー・ブラウン『共産主義の興亡』下斗米伸夫監訳、中央公論新社、二〇一二年、六八四ページ。原著 Archie Brown, *The Rise and Fall of Communism*. (New York : HarperCollins Publishers, 2009).

(26) Leon Aron, "The 'Mystery' of the Soviet Collapse," *Journal of Democracy*, April 2006, vol. 17, №. 2. [www.jounalofdemocracy.org.]

(27) *Ren TV*, February 25, 2006, BBC Monitoring.

(28) George Kennan, "Witness to the Fall," *The New York Review of Books*, November 16, 1995. [http : //www.nybooks.com/articles/archives/1995/nov/16/witness-to-the-fall/]

(29) "Russians think Soviet breakdown could have been avoided, many have no regrets-poll," *Interfax*, December 29, 2012.

(30) О роли Михаила Горбачева // ФОМ, 04 Марта 2016. [http : //fom.ru/Politika/12542]

(31) 『共産主義の興亡』一三〇ページ。このアネクドートの出所は Mikhail Gorbachev and Zdenek Mlynar, *Conversations with Gorbachev : On Perestroika, the Prague Spring, and the Crossroads of Socialism* (New York : Columbia University, 2007), p. 37.

第6章　新生ロシアの混迷と豪腕プーチン

(1) 『ゴルバチョフ回想録』上、四九五ページ。

(2) "Soros funds face $2bn loss on Russian bonds" *Financial Times Service*, August 27, 1998.

(3) Полный текст обращения Президента Российской Федерации Б. Н. Ельцина. [http://www.grankin.ru/dosye/archiv/otst_prez.htm?]

(4) "Берегите Россию". Путин о Борисе Ельцине // ВЕСТИ.RU. 1.2.2011. [http://www.vesti.ru/doc.html?id=425032]

(5) Роль Б. Ельцина в истории России, Опрос населения // ФОМ, 03.05.2007. [http://bd.fom.ru/report/cat/pres/eltzin_/d071822]

(6) Most Russians see Yeltsin legacy in negative light, poll shows, *RT*, 1 Feb, 2016. [ttps://www.rt.com/politics/330845-most-russians-see-yeltsin-legacy/]

(7) *Коржаков А. В.* Борис Ельцин : от рассвета до заката. М., Интербук. С. 997.

(8) ウラジーミル・プーチン『プーチン、自らを語る』扶桑社、二〇〇〇年、三三ページ。От первого лица. Разговор с Владимиром Путимым. М., Вагриус. 2000.

(9) Россия на рубеже тысячелетий. 30.12.1999. [http://www.ng.ru/politics/1999-12-30/4_millenium.html]

(10) Interview to "BBC Breakfast with Frost", March 5, 2000. [http://en.kremlin.ru/events/president/transcripts/24194]

(11) Владимир Путин выступил на расширенном заседании Государственного совета «О стратегии развития России до 2020 года». 8.2.2008. [http://kremlin.ru/events/president/news/43775]

(12) *Вадим Вислогузов* Депутат барреля // Коммерсантъ-Власть. № 48. 8.12.2003.

(13) Операция «Внедрение» Завепшена! // Новая газета. № 63. 30.8.2004. [http://2004.novayagazeta.ru/nomer/2004/63n/n63n-s43.shtml]

(14) このシロビキー間の抗争については、小田健『現代ロシアの深層』日本経済新聞社、八八〜一〇一ページに詳述。

(15) Прямая линия с Владимиром Путиным. 17.4.2014. [http://kremlin.ru/events/president/news/20796]

(16) Обращение Президента Российской Федерации. 18.3.2014. [http://kremlin.ru/events/president/news/20603]

(17) Соцопрос : На Украине сложился языковой паритет // Regnum. 18.5.2005. [https://regnum.ru/news/456035.html]

(18) Пресс-конференция по итогам российско-армянских переговоров. 25.3.2005. Ереван. [http://kremlin.ru/events/president/transcripts/22883]

(19) Там же.

(20) Laura Mills and Lynn Berry, "The Associated Press-NORC Center for Public Affairs Research-Poll: 81 percent back Putin even as ruble falls", *Associated Press*, December 18, 2014 [http://www.apnorc.org/news-media/Pages/News+Media/Poll-81-percent-back-Putin-even-as-ruble-falls.aspx]

第Ⅱ部　現代国際関係の展開

第7章　冷戦の構図

(1) 『共産主義の興亡』一六九〜一七〇ページ。

(2) Dr. Valentin Falin for RIA Novosti, Cold War an offspring of "hot war", *Sputnik International*, 03.03.2006. [https://sputniknews.com/analysis/20060303/43901038.html]

(3) 『七人の首領』上、三三八ページ。

(4) *Кривошеев Г. Ф.* (под редакцией). Россия и СССР в войнах XX века-Потери вооружённых сил. М., ОЛМА-ПРЕСС. 2001.

(5) Army Historical Series, American Military History, Chapter 25, *Center of Military History*, US Army, Washington DC, 1989.

(6) Donggil Kim and William Stueck, "Did Stalin Lure the United States into the Korean War?" North Korea International Documentation Project, *Woodrow Wilson International Center for Scholars*, June 2008.

(7) "The Manhattan Project: An interactive history" U. S. Department of Energy, 2003. [http://www.cfo.doe.gov/me70/manhattan/index.htm]

(8) Ibid.

（9） Robert Lamphere, *The FBI-KGB War*（Macon, GA : Mercer University Press, 1986）& Peter Wright, *Spycatcher : The Candid Autobiography of a Senior Intelligence Officer*（Viking Press, 1987）.

（10） John Earl Haynes and Harvey Klehr, *Venona : Decoding Soviet Espionage in America.*（Yale University Press, 2000）. p. 12.（邦訳　ジョン・アール・ヘインズ＆ハーヴェイ・クレア『ヴェノナ――解読されたソ連の暗号とスパイ活動』中西輝政監訳、山添博史・佐々木太郎・金自成訳、ＰＨＰ研究所、二〇一〇年）

（11） Hope M. Harrison, "New Evidence on the Building of the Berlin Wall," *Cold War International History Project e-Dossier*, No. 23, 2011.

（12） Marion Lloyd, "Soviet Close to Using A-Bomb in 1962 Crisis, Forum is Told," *the Boston Globe*, October 13, 2002.

（13）『フルシチョフ回想録』五〇〇ページ。

（14） *Громыко А. А.* Памятное. Кн. 2. М., Политиздат. 1990. この回想録にある関連部分は［https : //limtmir.co/br/?b=254465&p=135］で閲覧可。

（15） Robert F. Kennedy, *Thirteen Days : A Memoir of the Cuban Missile Crisis*（New York : W. W. Norton & Company, 1969）.（邦訳『十三日間――キューバ・ミサイル危機回顧』毎日新聞社外信部訳、中央公論新社、二〇〇一年）

（16） *Минеев А.* Наш на Вьетнамской войне // Эхо планеты. № 35. 1991. С. 30.

（17） Chen Jian, "China's Involvement in the Vietnam War, 1964–69," *The China Quarterly*, No. 142（Cambridge University Press, June 1995）, p. 378.

（18） Ibid., p. 376.

（19） 小田健「ソ連の有力政治局員、経済改革・外交で『鞘当て』」『日本経済新聞』、一九八八年八月十七日付朝刊六ページ。

（20） 一九九五年にジョージ・H・W・ブッシュ元米大統領がゴルバチョフ、サッチャー、ミッテランを米国に招いてベルリンの壁崩壊とドイツ統一を回顧した円卓会議での発言。Nathan Gardels, "Why Gorbachev Feels Betrayed By The Post-Cold War West," *The WorldPost*, July 11, 2014を参照。

（21） Михаил Горбачев и германский вопрос. Сб. документов, 1986–1991. Сост. А. А. Галкин, А. С. Черняев. 2006. М.,

Издательство «Весь Мир». 英語版 *Mikhail Gorbachev and the German Question*, A collection of documents from 1986–1991（Moscow : Wes Mir, 2006）.

(22) Michael Binyon, “Thatcher told Gorbachev Britain did not want German reunification”, *The Times*, September 11, 2009.

(23) マーガレット・サッチャー『サッチャー回顧録』下、石塚雅彦訳、日本経済新聞社、一九九六年、四一九ページ。

(24) この見解は一九九五年、ブッシュ元大統領がゴルバチョフ氏らを米国に招き主催した会議での発言の内容。“Recalling the Fall of the Berlin Wall,” *New Perspective Quarterly*, October 21, 2009を参照。

(25) Klaus Wiegrefe, “Germany’s Unlikely Diplomatic Triumph, An Inside Look at the Reunification Negotiations,” *SPIEGEL ONLINE*, September 29, 2010.

(26) 原文 “I say that it is a narrow policy to suppose that this country or that is to be marked out as the eternal ally or the perpetual enemy of England. We have no eternal allies and no perpetual enemies -- our interests are eternal and those interests it is our duty to follow.” Speech to the House of Commons（March 1, 1848）, *Hansard’s Parliamentary Debates*, 3rd series, vol. 97. col. 122.

第8章　冷戦終了後の米露関係

(1) Выступление и дискуссия на Мюнхенской конференции по вопросам политики безопасности. 10.2.2007. [http : //kremlin.ru/events/president/transcripts/24034]

(2) Обращение Президента Российской Федерации. 18.3.2014. [http : //kremlin.ru/events/president/news/20603]

(3) Interview to “BBC Breakfast with Frost”, March 5, 2000. [http : //en.kremlin.ru/events/president/transcripts/24194]

(4) Владимир Путин после завершения саммита Россия-ЕС выступил на пресс-конференции и ответил на вопросы журналистов. 3.10.2001. [http : //kremlin.ru/events/president/news/40425]

(5) 原語は “To keep the Americans in, the Russians out, and the Germans down.” とされる。ＮＡＴＯの目的についての

一九四九年の発言とされ、よく引用されるが、出所を確認できなかった。

（6）Mark Kramer, "The Myth of a No-NATO-Enlargement Pledge to Russia," *The Washington Quarterly*, April 2009 ; Uwe Klussmann, Matthias Schepp, and Klaus Wiegrefe, "NATO's Eastward Expansion : Did the West Break Its Promise to Moscow?" *SPIEGEL ONLINE*, November 26, 2009.

（7）James Goldgeier, "Promises Made, Promises Broken? What Yeltsin Was Told about NATO in 1993 and Why It Matters", July 12, 2016, *War on the Rocks*.［http : //warontherocks.com/2016/07/promises-made-promises-broken-what-yeltsin-was-told-about-nato-in-1993-and-why-it-matters/］

第9章　中露関係の紆余曲折

（1）Bevin Alexander, *The Strange Connection : U. S. Intervention in China, 1944–1972*（New York : Greenwood Press, 1992）, pp. 4–6. そのほか、中嶋嶺雄『中ソ対立と現代』中央公論社、一九七八年、七六ページ。

（2）中嶋嶺雄『増補　現代中国論』青木書店、一九七一年、九三ページ。

（3）デイヴィッド・ハルバースタム『ザ・コールデスト・ウインター朝鮮戦争』下、山田耕介・山田侑平訳、文藝春秋、二〇〇九年、一九～二一ページ。原著 David Halberstam, *The Coldest Winter : America and the Korean War*（New York : Hyperion, 2007）.

（4）『七人の首領』上、四九一～四九二ページ。

（5）*Громыко А. А.* Памятное. Кн. 1. М., Политиздат. 1990. 回想録の中の関連部分は［https : //www.litmir.co/br/?b=254465&p=1］で閲覧可。

（6）『中ソ対立と現代』一四五～一九三ページ。

（7）『ゴルバチョフ回想録』下、五〇七ページ。

（8）*The Writings of Mao Zedong 1949–1976*, Vol. II, January 1956–December 1957, ed. by John K. Leung and Michael Y. M. Kau（Armonk, NY : M. E. Sharpe, 1992）, p. 707. および Scott H. *Mao's Evaluations of Stalin : A Collection and Sum-*

mary, September 6, 2006. [http://www.massline.org/SingleSpark/Stalin/StalinMaoEval.htm.]

(9) 『中ソ対立と現代』二一四ページ。

(10) 『七人の首領』上、四九三～四九四ページ。

(11) 『日中関係資料集（一九四五―一九六六）』日中貿易促進議員連盟刊、一九六七年。この毛沢東発言は中国の公文書にも記録されており、その詳細は Yang Kuisong, "The Sino-Soviet Border Clash of 1969: From Zhenbao Island to Sino-American Rapprochment," *Cold War History* 1, no. 1, 2000 を参照のこと。

(12) Dmitri S. Ryabushkin, "New Documents on the Sino-Soviet Ussuri Border Clashes of 1969," *Eurasia Border Review Special Issue*, Spring 2012, Slavic-Eurasian Research Center, Sapporo, Japan, pp. 161–174.

(13) ダビドフ、ヘルムスの発言は米公文書で確認されている。Henry Kissinger, *White House Years*（Boston: Little, Brown & Co. 1979）, p. 183; W. Burr, "Sino-American Relations, 1969: The Sino-Soviet Border War and Steps towards Rapprochement," *Cold War History*, Vol. 1, No. 3, London: Routledge, April 1, 2001, pp. 73–112.

(14) 『ゴルバチョフ回想録』下、五〇七ページ。

(15) 『増補　中国現代論』二〇四ページ。

(16) 二カ所三島の画定の経緯については、岩下明裕『北方領土問題――4でも0でも、2でもなく』中公新書、二〇〇五年に詳しい。黒害瞎子島はボリショイ・ウスリスキー島とタラバロフ島を合わせた一つの島と記されることもある。同書では黒害瞎子島をそのように扱っている。その場合、銀竜島は黒害瞎子島の一部ということになる。

(17) Bobo Lo, *Axis of Convenience: Moscow, Beijing, and the New Geopolitics*（Washington: Brookings Institution Press, 2008）, p. 10.

(18) *Варвар Сиянов* Русских не пускают в Айгунский музей // Амурская правда. 19.4.2015.

(19) Lo, op. cit.

(20) Dmitri Trenin, "From Greater Europe to Greater Asia? The Sino-Russian Entente," *Carnegie Moscow Center*, April 9, 2015. [http://carnegieendowment.org/files/CP_Trenin_To_Asia_WEB_2015Eng.pdf.]

第10章　日露関係と北方領土問題

（1）保田孝一『ニコライ二世の日記』講談社学術文庫、二〇〇九年。

（2）三浦信行、ジンベルグ・ヤコブ、岩城成幸『日露の資料で読み解く「ノモンハン事件」の一側面』*Asia Japan Journal*, 5, 国士舘大学アジア日本研究センター、二〇〇九年、七七ページ。

（3）同前、七六ページ。

（4）Genrikh Borovik, *The Philby Files: the Secret Life of the Master Spy--KGB Archives Revealed* (London: Little, Brown and Company, 1994), pp. 186–187.

（5）若槻泰雄『戦後引揚げの記録　新版』時事通信社、一九九五年、一一三ページ。

（6）衆議院会議録情報、第三九回国会予算委員会第二号、昭和三六年十月三日。[http://kokkai.ndl.go.jp/SENTAKU/syugiin/039/0514/03910030514002a.html]

（7）日本外務省『北方領土問題に関するQ＆A（関連質問）』平成十五年五月。[http://www.mofa.go.jp/mofaj/area/hoppo/topic.html]

（8）東郷和彦『北方領土交渉秘史——失われた五度の機会』新潮社、二〇〇七年、一六六〜一六八ページ。

（9）産経新聞、二〇一三年一月八日付一ページ。

（10）「日ロ首脳会談の証言者は語る　北方領土交渉史の内幕」『中央公論』二〇〇九年一月号所収。

（11）Председатель Правительства России В. В. Путин встретился с главными редакторами ведущих иностранных изданий, 02.03.2012. [http://archive.government.ru/docs/18323/]

（12）Dmitri Trenin and Yuval Weber, "Russia's Pacific Future: Solving the South Kuril Islands Dispute," *The Carnegie Papers*, Carnegie Moscow Center, December 2012.

（13）パノフ・東郷共同論文の掲載紙は二〇一三年七月十八日付のロシアの『独立新聞』と同十九日付の『朝日新聞』の朝刊。

（14）『日本経済新聞』二〇一六年六月二十六日付朝刊、一四ページ。

（15）『朝日新聞』一九九〇年五月二十二日付朝刊、四ページ。

(16) 『読売新聞』一九九〇年八月二日付朝刊、一ページ。
(17) *Солженицын А. И.* Россия в обвале. М., Русский путь. 1998. С. 45. このソルジェニーツィンの評論は同じ出版社から二〇〇六年に再出版された。邦訳『廃墟のなかのロシア』井桁貞義・坂庭淳史・上野理恵訳、草思社、二〇〇〇年。
(18) Trenin and Weber, op. cit.

＊ウェブサイトの閲覧日は記入しなかったが、すべて二〇一六〜二〇一七年である。

〈著者紹介〉

小田　健（おだ・たけし）

1949年　北海道生まれ。

1973年　東京外国語大学ロシア語科卒業，日本経済新聞社入社後モスクワ支局長，ロンドン編集総局次長，論説委員などを経て，

2012～2016年　国際教養大学客員教授。

著　書『現代ロシアの深層』日本経済新聞社，2010年など。

訳　書『共産主義の興亡』アーチー・ブラウン著，中央公論新社，2012年（共訳）など。

ロシア近現代と国際関係
——歴史を学び，政治を読み解く——

2017年９月10日　初版第１刷発行　〈検印省略〉

定価はカバーに
表示しています

著　者　小　田　　　健
発行者　杉　田　啓　三
印刷者　藤　森　英　夫

発行所　株式会社　ミネルヴァ書房
607-8494　京都市山科区日ノ岡堤谷町１
電話代表（075）581-5191
振替口座　01020-0-8076

亜細亜印刷・藤沢製本

ISBN978-4-623-08087-8
Printed in Japan

人名索引

あ　行

か　行

さ　行

た　行

な　行

は　行

ま　行

や　行

ら・わ　行

事項索引

さ　行

た　行

な　行

は　行

ま　行

や　行

ら・わ　行

欧　文

主要参考文献

Albats, Yevgenia (1995). *KGB : State Within a State.* London & New York : I.B. Tauris.

Andrew, Christopher and Mitrokhin, Vasili (1999). *The Sword and the Shield : the Mitrokhin Archive and the Secret History of the KGB.* New York : Basic Books.

Borovik, Genrikh (1994). *The Philby Files : the Secret Life of the Master Spy--KGB Archives Revealed.* London : Little, Brown and Company.

Desai, Padma (2006). *Conversation on Russia : Reform from Yeltsin to Putin.* London & New York : Oxford University Press.

Dukes, Paul (1990). *A History of Russia : Medieval, Modern, Contemporary.* 2nd edition. London : Macmillan.

Fernandez-Armesto, Felipe, ed. (1994). *Guide to the Peoples of Europe.* London : Times Books.

Goncharov, Sergei N., Lewis, John W., and Xue Litai (1993). *Uncertain Partners : Stalin, Mao, and the Korean War.* Stanford : Stanford University Press.

Gromyko, Andrei (1989). *Memoirs,* tr. Harold Shukman (from Russian). New York : Doubleday.

Hobsbawm E. J. (1991). *Nations and Nationalism since 1780.* Canto ed., Cambridge : Cambridge University Press.

Hoffman, David E. (2002, 2003). *The Oligarchs : Wealth and Power in the New Russia.* New York : Public Affairs.

Kochan, Lionel and Abraham, Richard (1983). *The Making of Modern Russia.* London : Penguin Books.

Lo, Bobo (2008). *Axis of Convenience : Moscow, Beijing, and the New Geopolitics.* Washington : Brookings Institution Press.

Matlock, Jack F. Jr, (1995). *Autopsy on an Empire.* New York & Toronto : Random House.

McDaniel, Tim (1996). *The Agony of the Russian Idea.* Princeton : Princeton University Press.

Pankin, Boris (1996). *The Last Hundred Days of the Soviet Union.* London & New York: I.B.Tauris.

Pipes, Richard (1994). *Russia under the Bolshevik Regime 1919–1924.* London: Harvill.

Pipes, Richard, ed. (1998). *The Unknown Lenin: From the Secret Archive.* New Haven and London: Yale University Press.

Riasanovsky, Nicholas V., and Steinberg, Mark D. (2011). *A History of Russia.* 8th edition. Oxford & New York: Oxford University Press.

Smith, Anthony D. (1991). *National Identity.* London: Penguin Books.

Smith, Anthony D. (2000). *The Nation in History.* Cambridge. UK: Polity Press.

Taubman, William (2003). *Khrushchev: The Man and His Era.* New York: W. W. Norton & Company.

Thompson, John M. (2013). *Russia and the Soviet Union: A Historical Introduction from the Kievan State to the Present.* 7th edition. Boulder Colorado: Westview Press.

Thomson, David (1957, revised 1966). *Europe since Napoleon.* London: Penguin Books.

Trenin, Dmitri (2011). *Post-Imperium.* Washington D. C.: Carnegie Endowment for International Peace.

Tsygankov, Andrei P. (2006). *Russia's Foreign Policy: Change and Continuity in National Identity.* Lanham Maryland: Roman & Littlefield Publishers.

Walker, Martin (1993). *The Cold War.* London: Fourth Estate Limited.

Zimmerman, William (2014). *Ruling Russia.* Princeton and Oxford: Princeton University Press.

安全保障問題研究会編（1999）『変わる日ロ関係――ロシア人からの88の質問』文春新書

池田嘉郎（2017）『ロシア革命――破局の８か月』岩波新書

石井規衛（1995）『文明としてのソ連――初期現代の終焉』山川出版社

岩城成幸（2013）『ノモンハン事件の虚像と実像――日露の文献で読み解くその深層』彩流社

岩下明裕（2005）『北方領土問題――４でも０でも，２でもなく』中公新書

イワノフ，イーゴリ（2002）『新ロシア外交――十年の実績と展望』鈴木康雄訳，三元

社。原著 Иванов Игорь（2001）. *Новая российская дипроматия. Десять лет внешней политики страны.* Москва : ОЛМА-ПРЕСС.

ウェッソン，ロバート・G.（1970）『ソ連とは何か』大朏人一訳，サイマル出版会（邦訳では原著は Wesson, Robert G.（1969）. *Soviet foreign policy in perspective.* Homewood, Ill. : Dorsey Press を基にした別の著書 *The Problem of Soviet Foreign Policy* と説明されている）。

ヴォルコゴーノフ，ドミートリー（1995）『レーニンの秘密』上・下，白須英子訳，NHK 出版（英語版 Volkogonov, D. A.（1994）. *Lenin : A New Biography.* New York : Free Press の翻訳）。原著 Волкогонов, Д. А.（1994）. *Ленин. Политический портрет.* Кн. 1 и 2. Москва : Новости.

ヴォルコゴーノフ，ドミートリー（1997）『七人の首領――レーニンからゴルバチョフまで』上・下，生田真司訳，朝日新聞社。原著 Волкогонов, Д. А.（1995）. *Семь вождей* в 2-х книгах. Москва : Новости.

枝村純郎（1997）『帝国解体前後――駐モスクワ日本大使の回想 1990～1994』都市出版

エリツィン，ボリス（1990）『告白』小笠原豊樹訳，草思社。原著 Ельцин Б. Н.（1990）. *Исповедь на заданную тему.* Москва : ПИК.

大庭柯公（1984）『露国及び露人研究』中公文庫。原著は1925年（大正14），柯公全集刊行会。1951年に朝日新聞社の朝日文庫としても出版されている

岡義武（1955）『国際政治史』岩波全書

小田健（2010）『現代ロシアの深層――揺れ動く政治・経済・外交』日本経済新聞出版社

カー，E. H.（1952）『危機の二十年』井上茂訳，岩波書店。原著 Carr, E. H.（1946）, *The Twenty Years' Crisis 1919-1939 : An Introduction to the Study of International Relations,* 2nd edition, London : The Macmillan Press.

カー，E. H.（1969）『ロシア革命の考察』南塚信吾訳，みすず書房。原著 Carr, E. H.（1962）. *1917 : Before and After,* London : The Macmillan and Company.

外務省（2015）『われらの北方領土』

神谷不二（1966）『朝鮮戦争――米中対決の原形』中公新書

カレール＝ダンコース，エレーヌ（2001）『甦るニコライ二世』谷口侑訳，藤原書店。原著 Carrère d'Encausse, Hélène（1996）. *Nicolas II.* Paris : Fayard.

カレール＝ダンコース，エレーヌ（2006）『レーニンとは何だったか』石崎晴己・東松

秀雄訳，藤原書店。原著 Carrère d'Encausse, Hélène (1998). *Lénine*. Paris : Fayard.
河合秀和（1971）『レーニン——革命家の形成とその実践』中公新書
菊地昌典（1967）『ロシア革命』中公新書
キッシンジャー，ヘンリー・A.（1996）『外交』上・下，岡崎久彦監訳，日本経済新聞社。原著 Kissinger, Henry A.(1994). *Diplomacy*, London : Simon & Schuster.
木村汎（1993）『日露国境交渉史』中公新書
キリチェンコ，アレクセイ・A.（2013）『知られざる日露の二百年』川村秀編，名越陽子訳，現代思想社
倉山満（2015）『嘘だらけの日露近現代史』扶桑社新書
ゲヴォルクヤン，ナタリア；チマコワ，ナタリア；コレスニコフ，アンドレイ（2000）『プーチン，自らを語る』高橋則明訳，扶桑社（英語版 Gevorkyan, Natalya, Timakova, Natalya and Kolesnikov, Andrei (2000). *First Person : An Astonishingly Frank Self-Portrait by Russia's President*. New York : PublicAffairs の翻訳）。原著 Геворкян Наталья, Тимакова Наталья, Колесников Андрей (2000). *От первого лица. Разговоры с Владимиром Путиным*. Москва : Вагриус.
ケナン，ジョージ・F.（1952）『アメリカ外交50年』近藤晋一・飯田藤次訳，岩波現代叢書。原著 Kennan, George F. (1951). *American Diplomacy 1900–1950*, Chicago : University of Chicago Press.
ケナン，ジョージ・F（1973）『ジョージ・F・ケナン回顧録』上・下，奥畑稔訳，読売新聞社。原著 Kennan, George. F.(1972). *Memoirs : 1950–1963*. Boston : Little, Brown and Company.
ゴルバチョフ，ミハイル（1987）『ペレストロイカ』田中直毅訳，講談社（英語版 Gorbachev, M. S.(1987). *Perestroika : New Thinking for Our Country and the World*. New York : Harper & Row の翻訳）。原著 Горбачёв, М. С.(1987). *Перестройка и Новое Мышление для нашей страны и для всего мира*. Москва : Политиздат.
ゴルバチョフ，ミハイル（1996）『ゴルバチョフ回想録』上・下，工藤精一郎・鈴木康雄訳，新潮社。原著 Горбачёв, М. С. (1995). *Жизнь и реформы*, 2 т. Москва : Новости.
斎藤元秀（2004）『ロシアの外交政策』勁草書房
坂本直道（1970）『中ソ国境紛争の背景』鹿島研究所出版会
サッチャー，マーガレット（1996）『サッチャー回顧録』上・下，石塚雅彦訳，日本経

済新聞社。原書 Thatcher, Margaret (1993). *The Downing Street Years.* London : HarperCollins.

下斗米伸夫（2013）『ロシアとソ連　歴史に消された者たち――古儀式派が変えた超大国の歴史』河出書房新社

下斗米伸夫（2017）『ソビエト連邦史　1917-1991』講談社学術文庫。原本（2002）『ソ連＝党が所有した国家　1917-1991』講談社選書メチエ

シューマン，フレデリック　L.（1956）『ソヴエトの政治Ⅰ――内政と外交』坂本義和・勝田吉太郎・渡邊一訳，および『ソヴエトの政治Ⅱ――内政と外交』渡邊一訳，岩波現代叢書。原著 Schuman, Frederick L. (1946). *Soviet Politics at Home and Abroad.* New York : Alfred A. Knopf.

末澤昌二・茂田宏・川端一郎編著（2003）『日露（ソ連）基本文書・資料集（改訂版）』RP プリンティング

武田善憲（2010）『ロシアの論理――復活した大国は何を目指すのか』中公新書

丹波實（2011）『わが外交人生』中央公論新社

テイラー，A. J. P.（1977）『第二次世界大戦の起源』吉田輝夫訳，中央公論社（同じ題名，訳者で講談社学術文庫（2011）もある）。原著 Taylor, A. J. P. (1964). *The Origins of the Second World War.* London : Penguin Books. First published by Hamish Hamilton 1961.

東郷和彦（2007）『北方領土交渉秘録――失われた五度の機会』新潮社

歳川隆雄・二木啓孝（2002）『宗男の言い分』飛鳥新社

トルクノフ，A. V.（2001）『朝鮮戦争の謎と真実』下斗米伸夫・金成浩訳，草思社。原著 Торкунов, A. B. (2000). *Загадочная война : корейский конфликт 1950-1953 годов.* Москва : РОССПЭН.

トロワイヤ，アンリ（1978）『女帝エカテリーナ』，(1979)『大帝ピョートル』，(1981)『アレクサンドル一世――ナポレオンを敗走させた男』，(1982)『イヴァン雷帝』。いずれも工藤庸子訳，中央公論社。原著は省略。

中嶋嶺雄（1971）『増補　現代中国論』青木書店

中嶋嶺雄（1978）『中ソ対立と現代』中央公論社

名越健郎（2012）『独裁者プーチン』文春新書

ニコルソン，ハロルド（1968）『外交』斉藤真・深谷満雄訳，東京大学出版会。原著 Nicolson, Harold George (1939). *Diplomacy,* New York : Oxford University Press (2nd edition, 1952).

長谷川毅（1989）『ロシア革命下のペトログラードの市民生活』中公新書
パノフ，アレクサンドル（1992）『不信から信頼へ——北方領土交渉の内幕』高橋実・佐藤利郎訳，サイマル出版会
ヒル，クリストファー（1955）『レーニンとロシヤ革命』岡稔訳，岩波新書。原著 Hill, Christopher（1971）. *Lenin and the Russian Revolution.* London : Pelican Books.（原著は1947年に The English University Press から出版され，1971年にペリカン・ブックスから再出版された）
広瀬隆（2017）『ロシア革命史入門　』集英社インターナショナル
ブラウン，アーチー（2012）『共産主義の興亡』下斗米伸夫監訳，中央公論新社。原書 Brown, Archie（2009）. *The Rise and Fall of Communism.* New York : Harper-Collins Publishers.
プリマコフ，エヴゲニー（2002）『クレムリンの5000日——プリマコフ政治外交秘録』鈴木康雄訳，NTT 出版
フルシチョフ，ニキタ・セルゲービッチ（1972）『フルシチョフ回想録』ストローブ・タルボット編，タイムライフブックス編集部訳，タイム・ライフ・インターナショナル。原著 Khrushchev, N. S.（1970）. *Khrushchev Remembers,* tr. and ed. Strobe Talbott. Boston : Little, Brown & Company.
フルシチョフ，ニキタ・セルゲービッチ（1975）『フルシチョフ——最後の遺言』佐藤亮一訳，河出書房新社。原著 Khrushchev, N. S.（1974）. *Khrushchev Remembers : The Last Testament,* tr. and ed. Strobe Talbott. Boston : Little, Brown & Company.
古屋哲夫（1966）『日露戦争』中公新書
ヘインズ，ジョン・アール&クレア，ハーヴェイ（2010）『ヴェノナ——解読されたソ連の暗号とスパイ活動』中西輝政監訳，山添博史・佐々木太郎・金自成訳，PHP 研究所。原著 Haynes, John Earl and Klehr, Harvey（2000）. *Venona : Decoding Soviet Espionage in America.* Yale University Press.
細谷雄一（2012）『国際秩序——18世紀ヨーロッパから21世紀アジアへ』中公新書
松戸清裕（2011）『ソ連史』ちくま新書
メドヴェージェフ，ジョレス&メドヴェージェフ，ロイ（2003）『知られざるスターリン』久保英雄訳，現代思潮新社。原著 Медведев, Жорес и Медведев, Рой（2001）. *Неизвестный Сталин.* М- : Издательство Права Человека.
ヤコブレフ，アレクサンドル（1993）『歴史の幻影ロシア——失われた世紀』月出皎司

訳，日本経済新聞社

横手慎二（2014）『スターリン――「非道の独裁者」の実像』中公新書

ラウホ，ゲオルク・フォン（1971）『ソヴェト・ロシア史』丸山修吉訳，法政大学出版局。原著 Rauch, Georg von (1967). *A History of Soviet Russia.* 5th ed. New York : Frederick A. Praeger.

レオンハルト，W.（1969）『ソ連の指導者と政策』加藤雅彦訳，サイマル出版界。原著 Leonhard, Wolfgang (1962). *Kreml ohne Stalin.* Köln : Verlag für Politik und Wirtschaft. 及び（1965）. *Chruschtschow - Aufstieg und Fall eines Sowjetfuhrers.* などを組み合わせた訳書。詳しくは訳者まえがきを参照のこと。

若槻泰雄（1995）『戦後引揚げの記録　新版』時事通信社

和田春樹（1992）『歴史としての社会主義』岩波新書

和田春樹（1999）『北方領土問題』朝日選書，朝日新聞社

和田春樹編（2002）『ロシア史』山川出版社

Анисимов Е. В. (2010). *История России от Рюрика до Путина. Люди, События, Даты.* СПб : Питер. [http://www.e-reading.mobi/book.php?book=1006038]

Боханов А. Н., Горинов М. М., Дмитренко В. П. (2001). *История России с древнейших времен до конца XX века.* 3 тома. М. : АСТ. [http://www.gumer.info/bibliotek_Buks/History/Bohan_3/index.php]

Данилов А. А. (под ред.) (2009). *История России, 1945–2008, 11 класс.* М. : Просвещение. [http://fileskachat.com/download/13280_b8f15f34d3a70aa6e843bf5f1a9beb7d.html]

Земцов Б. Н., Шубин А. В., Данилевский И. Н. (2013). *История России : для студентов технических вузов.* Спб : Питер. [http://wordweb.ru/rustory/index.htm]

Кривошеев Г. Ф. (под редакцией) (2001). *Россия и СССР в войнах XX века : Потери вооруженных сил.* М. : ОЛМА-ПРЕСС. [http://lib.ru/MEMUARY/1939-1945/KRIWOSHEEW/poteri.txt#w10.htm]

Медведев Рой (2007). *Владимир ПУТИН.* М. : Молодая гвардия.

Мунчаев Ш. М., Устинов В. М. (2003). *История России : Учебник для вузов.* 3-е изд., изм. и доп. М. : НОРМА.

Платонов О. А. (2009). *История русского народа в XX веке.* М. : Алгоритм. [http://wordweb.ru/ist_rus_xx/index.htm]

Степанков В. Г., Лисов Е. К. (1992). *Кремлёвский заговор.* М. : Огонёк

Федоров. А.(2000). *История России 1861–1917.* М. : Высш. шк.[http://www.alleng.ru/d/hist/hist005.htm]

Черняев А. С. (1997).*1991 год : Дневник помощника Президента СССР.* М. : ТЕРРА : Республика